建设法规教程

(第二版)

刘文锋 编著

中国建材工业出版社

图书在版编目(CIP)数据

建设法规教程/刘文锋编著.—2版.—北京：中国建材工业出版社，2011.9（2015.9重印）
ISBN 978-7-80227-992-6

Ⅰ.①建… Ⅱ.①刘… Ⅲ.①建筑法—中国—教材 Ⅳ.①D922.297

中国版本图书馆CIP数据核字（2011）第152203号

内 容 简 介

鉴于近年来建设工程领域的法律、法规变化较大，本书在第一版的基础上新增了城乡规划法，建设工程质量、安全、执业资格许可和法律责任，国有土地上房屋征收与补偿，公积金管理，建筑节能，环境保护法、消防法、税法、劳动法，FIDIC土木工程施工合同条件（2006版）等内容。同时对建设工程领域的热点问题和国家执业资格考试的法律、法规也进行了修改和增删。本书力求系统反映我国建设工程及相关领域的法律制度，以便读者全面了解相关的法律、法规知识。

全书共八章，主要内容包括：建设法规概述、城乡规划法、建筑法、招标投标法、房地产管理法、土地管理法、建设工程合同管理和建设工程其他相关法律法规。

本书可作为普通高等教育、高职高专、成人教育的城市规划、工程管理、房地产、土木工程等专业的教学用书，也可作为工程建设工程技术、管理人员的培训教材。

建设法规教程（第二版）

刘文锋　编著

出版发行：中国建材工业出版社
地　　址：北京市海淀区三里河路1号
邮　　编：100044
经　　销：全国各地新华书店
印　　刷：北京雁林吉兆印刷有限公司
开　　本：787mm×1092mm　1/16
印　　张：20.5
字　　数：506千字
版　　次：2011年9月第2版
印　　次：2015年9月第13次
书　　号：ISBN 978-7-80227-992-6
定　　价：45.00元

本社网址：www.jccbs.com.cn
本书如出现印装质量问题，由我社发行部负责调换。联系电话：(010) 88386906

前　　言

近年来，国家修订、颁布了《建筑法》、《城乡规划法》、《城市房地产管理法》、《物权法》、《土地管理法》、《节约能源法》、《安全生产法》、《劳动合同法》、《物业管理条例》、《国有土地上房屋征收与补偿条例》、《民用建筑节能条例》、《生产安全事故报告和调查处理条例》、《建设工程安全生产管理条例》等一批与工程建设有关的法律、法规。这些法律法规的实施对工程建设领域产生了深远的影响。本书在第一版的基础上进行了全面修订。

本次修订的主要内容有：第一章全面介绍了近年来建设法律、法规的立法状况，调整充实了行政复议的相关内容；第二章新增城乡规划法的相关内容，主要包括：城乡规划法规概述、城乡规划的制定、城乡规划的实施和法律责任等内容。第三章补充增加了建设工程质量、安全、执业资格许可和法律责任等方面新规定。第四章、第六章调整增删了部分内容。第五章新增了国有土地上房屋征收与补偿、物业管理、公积金管理等内容。第七章调整了FIDIC土木工程施工合同条件的相关内容，调整增删了部分内容。增加了第八章，主要包括环境保护法、节约能源法、消防法、保险法、税法、劳动法和劳动合同法等内容。

参加本次修订、编写的有刘文锋、杨松森、黄卫珍，具体分工：第一章至第六章刘文锋编写、第七章黄卫珍编写、第八章杨松森编写。全书由刘文锋修改定稿。

由于编者的水平和经验有限，加上成书仓促，书中难免有不当之处，敬请批评指正。

编者
2011 年 8 月

目 录

第一章 建设法规概述 ... 1
第一节 概述 ... 1
一、建设法规的概念和调整对象 ... 1
二、建设法规的地位和作用 ... 2
三、建设法规的立法概况 ... 3
第二节 建设法规的制定 ... 4
一、建设法规立法的基本原则 ... 4
二、建设法规的立法机构和权限 ... 5
三、建设法规的立法程序和方法 ... 6
第三节 建设执法 ... 7
一、建设行政执法监督检查 ... 7
二、建设行政处罚 ... 9
第四节 建设行政复议与行政诉讼 ... 12
一、建设行政复议 ... 12
二、建设行政诉讼 ... 15
第五节 建设法规的法律体系 ... 18
一、建设法规体系的概念 ... 18
二、建设法规体系的构成 ... 19
思考题 ... 20

第二章 城乡规划法 ... 21
第一节 城乡规划法概述 ... 21
一、城乡规划的概念 ... 21
二、城乡规划的基本原则 ... 21
三、城乡规划法的概念、基本内容和适用范围 ... 22
第二节 城乡规划的制定 ... 23
一、城乡规划的编制 ... 23
二、城乡规划的审批和审议 ... 28
三、城乡规划的修改 ... 29
第三节 城乡规划的实施 ... 30
一、城乡规划实施的基本原则 ... 30
二、新区开发与旧区改建 ... 30
三、城乡规划实施的管理制度 ... 32
四、城乡规划的监督检查制度 ... 35
第四节 法律责任 ... 36

思考题 …… 37
第三章 建筑法 …… 39
第一节 概述 …… 39
一、建筑法的概念 …… 39
二、建筑法的立法目的 …… 39
三、建筑法的调整对象和适用范围 …… 40
四、建筑法的基本原则 …… 41
第二节 建筑许可制度 …… 41
一、施工许可 …… 42
二、从业资格许可 …… 45
第三节 建设工程发包与承包 …… 69
一、一般规定 …… 69
二、发包与承包 …… 71
第四节 建设工程监理 …… 72
一、建设工程监理的范围 …… 72
二、实行强制监理的范围 …… 73
三、工程建设监理的执业准则 …… 74
四、工程建设的监理内容 …… 76
五、监理责任 …… 77
第五节 建设工程安全生产管理 …… 77
一、建设工程安全生产管理概述 …… 77
二、建设工程安全生产监督管理制度 …… 78
三、建设工程安全生产责任制 …… 79
四、施工现场的安全生产管理制度 …… 84
五、建设工程安全生产许可制度 …… 86
六、建设工程安全生产事故的应急救援和调查处理制度 …… 87
第六节 建设工程质量管理 …… 91
一、建设工程质量管理概述 …… 91
二、建设工程质量的标准化制度 …… 91
三、建设工程的质量责任制度 …… 93
四、建设工程质量体系认证 …… 95
五、建筑材料使用许可制度 …… 97
六、建设工程质量检测制度 …… 98
七、建设工程的质量监督管理制度 …… 100
八、建设工程竣工验收制度 …… 102
九、建设工程质量保修制度 …… 104
第七节 法律责任 …… 105
一、建设工程发包与承包的法律责任 …… 106
二、建设工程质量的法律责任 …… 107
三、建设工程的安全法律责任 …… 108
四、其他法律责任 …… 112

思考题 …………………………………………………………………………… 112
第四章　招标投标法 …………………………………………………………………… 113
　第一节　概述 ……………………………………………………………………… 113
　　一、招标投标的概念 …………………………………………………………… 113
　　二、招标投标法的适用范围 …………………………………………………… 113
　　三、招标投标的基本原则 ……………………………………………………… 114
　第二节　招标 ……………………………………………………………………… 115
　　一、招标活动的特点 …………………………………………………………… 115
　　二、招标与招标代理 …………………………………………………………… 115
　　三、招标方式 …………………………………………………………………… 118
　　四、招标程序 …………………………………………………………………… 118
　第三节　投标 ……………………………………………………………………… 121
　　一、投标 ………………………………………………………………………… 121
　　二、投标的程序 ………………………………………………………………… 122
　第四节　开标、评标和中标 ……………………………………………………… 123
　　一、开标 ………………………………………………………………………… 123
　　二、评标 ………………………………………………………………………… 123
　　三、中标 ………………………………………………………………………… 126
　第五节　招标投标的法律责任 …………………………………………………… 127
　　一、招标人违法行为应承担的法律责任 ……………………………………… 127
　　二、投标人和中标人违法行为应承担的法律责任 …………………………… 127
　　三、招标人与投标人或中标人共同违法行为应承担的法律责任 …………… 128
　　四、招标代理机构违法行为应当承担的法律责任 …………………………… 128
　　五、评标委员会违法行为应承担的法律责任 ………………………………… 128
　　六、国家机关工作人员违法行为应当承担的法律责任 ……………………… 128
　　七、其他情况 …………………………………………………………………… 129
　　思考题 …………………………………………………………………………… 129
第五章　房地产管理法 ………………………………………………………………… 130
　第一节　概述 ……………………………………………………………………… 130
　　一、房地产管理法的概念 ……………………………………………………… 130
　　二、房地产管理法的立法目的 ………………………………………………… 131
　　三、房地产管理法的调整对象和适用范围 …………………………………… 132
　　四、房地产管理法的基本原则 ………………………………………………… 133
　第二节　房地产开发用地 ………………………………………………………… 134
　　一、城市房地产开发用地 ……………………………………………………… 134
　　二、土地使用权有偿出让制度 ………………………………………………… 134
　　三、土地使用权出让的方式 …………………………………………………… 136
　　四、土地使用权出让合同 ……………………………………………………… 139
　　五、土地使用权划拨 …………………………………………………………… 140
　第三节　房地产开发 ……………………………………………………………… 140
　　一、房地产开发 ………………………………………………………………… 140

二、房地产开发企业 …………………………………………………… 142
　　三、房地产开发项目管理 ………………………………………………… 144
第四节　房地产交易 ………………………………………………………… 145
　　一、房地产交易 …………………………………………………………… 145
　　二、房地产转让 …………………………………………………………… 146
　　三、房地产抵押 …………………………………………………………… 150
　　四、房屋租赁 ……………………………………………………………… 153
　　五、房地产中介服务机构 ………………………………………………… 156
　　六、住房公积金 …………………………………………………………… 159
　　七、国有土地上房屋征收与补偿 ………………………………………… 162
第五节　房地产权属登记管理 ……………………………………………… 165
　　一、房地产权属登记制度 ………………………………………………… 165
　　二、房地产权属登记制度管理体制 ……………………………………… 165
第六节　物业管理法律制度 ………………………………………………… 170
　　一、物业服务企业 ………………………………………………………… 171
　　二、业主、业主大会和业主委员会 ……………………………………… 174
　　三、物业服务合同 ………………………………………………………… 176
第七节　法律责任 …………………………………………………………… 179
　　一、违反房地产开发经营管理规定的法律责任 ………………………… 179
　　二、违反国有土地上房屋征收与补偿管理规定的法律责任 …………… 180
　　三、违反房地产交易管理规定的法律责任 ……………………………… 180
　　四、违反房地产中介服务管理规定的法律责任 ………………………… 182
　　五、违反房地产权属登记管理规定的法律责任 ………………………… 183
　　六、违反住房公积金管理规定的法律责任 ……………………………… 184
　　七、违反物业管理规定的法律责任 ……………………………………… 185
思考题 ………………………………………………………………………… 186

第六章　土地管理法 …………………………………………………………… 187
第一节　概述 ………………………………………………………………… 187
　　一、土地管理法的概念 …………………………………………………… 187
　　二、土地管理法的立法目的 ……………………………………………… 187
　　三、土地管理法的立法原则 ……………………………………………… 188
第二节　土地的所有权和使用权 …………………………………………… 188
　　一、土地所有权 …………………………………………………………… 188
　　二、土地使用权 …………………………………………………………… 189
第三节　土地利用总体规划 ………………………………………………… 190
　　一、土地利用总体规划的编制 …………………………………………… 190
　　二、土地利用年度计划 …………………………………………………… 192
　　三、土地利用总体规划与其他规划的关系 ……………………………… 192
　　四、土地调查制度和土地统计制度 ……………………………………… 193
第四节　耕地保护 …………………………………………………………… 193
　　一、国家实行占用耕地补偿制度 ………………………………………… 193

二、基本农田保护制度 …………………………………………………… 194
　　三、保护耕地的必要措施 ………………………………………………… 195
　第五节　建设用地 ……………………………………………………………… 196
　　一、建设用地的来源 ……………………………………………………… 196
　　二、农用地转为建设用地的审批 ………………………………………… 196
　　三、土地征收 ……………………………………………………………… 196
　　四、建设单位国有土地使用权的取得与使用 …………………………… 197
　　五、农民集体所有土地的使用 …………………………………………… 199
　第六节　监督检查和法律责任 ………………………………………………… 200
　　一、监督检查 ……………………………………………………………… 200
　　二、法律责任 ……………………………………………………………… 201
　思考题 …………………………………………………………………………… 202

第七章　建设工程合同管理 …………………………………………………… 203
　第一节　概述 …………………………………………………………………… 203
　　一、建设工程合同的概念 ………………………………………………… 203
　　二、建设工程合同的法律特征 …………………………………………… 203
　　三、建设工程合同的分类 ………………………………………………… 204
　　四、建设工程合同当事人的一般权利义务 ……………………………… 205
　　五、建设工程合同管理的概念 …………………………………………… 205
　第二节　建设工程勘察、设计合同 …………………………………………… 207
　　一、勘察、设计合同概述 ………………………………………………… 207
　　二、勘察、设计合同的签订 ……………………………………………… 208
　　三、勘察合同 ……………………………………………………………… 211
　　四、设计合同 ……………………………………………………………… 216
　第三节　建设工程委托监理合同 ……………………………………………… 220
　　一、建设工程委托监理合同概述 ………………………………………… 220
　　二、建设工程委托监理合同的签订 ……………………………………… 221
　　三、建设工程委托监理合同的主要内容 ………………………………… 223
　　四、建设工程委托监理合同的履行 ……………………………………… 223
　　五、违约责任 ……………………………………………………………… 226
　第四节　工程造价咨询合同 …………………………………………………… 227
　　一、工程造价咨询合同的概述 …………………………………………… 227
　　二、工程造价咨询合同的内容 …………………………………………… 227
　　三、工程造价咨询合同的履行 …………………………………………… 228
　　四、合同生效、变更与终止 ……………………………………………… 229
　　五、双方的违约责任 ……………………………………………………… 229
　　六、争议的解决 …………………………………………………………… 230
　第五节　建设工程施工合同 …………………………………………………… 230
　　一、施工合同概述 ………………………………………………………… 230
　　二、施工合同的签订 ……………………………………………………… 233
　　三、施工合同的履行 ……………………………………………………… 237

  四、合同生效、解除与终止 ………………………………………………… 248
  五、违约与争议 …………………………………………………………… 249
 第六节　FIDIC 土木工程施工合同条件 ……………………………………… 249
  一、FIDIC 土木工程施工合同条件简介 …………………………………… 249
  二、业主、工程师和承包商 ………………………………………………… 252
  三、材料、工艺、设备与竣工试验 ………………………………………… 254
  四、进度、开工、延误、暂停和竣工 ……………………………………… 259
  五、计量、估价、变更和合同价款 ………………………………………… 261
  六、风险、保险与不可抗力 ………………………………………………… 266
  七、合同终止 ……………………………………………………………… 270
  八、索赔、争端和仲裁 …………………………………………………… 272
 思考题 ………………………………………………………………………… 273

第八章　建设工程其他相关法律法规 ……………………………………… 275
 第一节　环境保护法 ………………………………………………………… 275
  一、环境保护的基本原则 ………………………………………………… 275
  二、环境保护"三同时"制度 ……………………………………………… 276
  三、建设工程项目的环境影响评价制度 ………………………………… 277
  四、环境影响的后评价和跟踪管理 ……………………………………… 277
  五、水、大气、噪声和固体废物环境污染防治 …………………………… 277
 第二节　节约能源法 ………………………………………………………… 281
  一、节能的基本原则 ……………………………………………………… 281
  二、建筑节能 ……………………………………………………………… 282
  三、民用建筑节能的管理规定 …………………………………………… 283
  四、法律责任 ……………………………………………………………… 285
 第三节　消防法 ……………………………………………………………… 286
  一、消防设计的审核与验收 ……………………………………………… 287
  二、建筑消防安全措施 …………………………………………………… 287
  三、法律责任 ……………………………………………………………… 288
 第四节　保险法 ……………………………………………………………… 289
  一、建筑工程一切险 ……………………………………………………… 289
  二、安装工程一切险 ……………………………………………………… 291
 第五节　税法 ………………………………………………………………… 293
  一、税收法律制度 ………………………………………………………… 293
  二、建设工程相关的主要税种 …………………………………………… 296
 第六节　劳动法律制度 ……………………………………………………… 303
  一、劳动关系 ……………………………………………………………… 304
  二、劳动保护 ……………………………………………………………… 304
  三、劳动合同 ……………………………………………………………… 305
  四、劳动争议的处理 ……………………………………………………… 311
 思考题 ………………………………………………………………………… 314

参考文献 ……………………………………………………………………… 316

第一章 建设法规概述

第一节 概 述

一、建设法规的概念和调整对象

（一）建设法规概念

建设法规是指国家权力机关或其授权的行政机关制定的，旨在调整国家及其有关机构、企事业单位、社会团体、公民之间在建设活动中或建设行政管理活动中发生的各种社会关系的法律、法规的统称。

（二）建设法规的调整对象

建设法规的调整对象，即建设关系，也就是发生的各种建设活动中的社会关系。

1. 建设活动中的行政管理关系

建设活动是社会经济发展中的重大活动，同社会发展息息相关。国家对此类活动必然要实行严格的管理。包括对建设工程的立项、计划、资金筹集、设计、施工、验收等均进行严格监督管理，进而形成建设活动中的行政管理关系。

建设活动中的行政管理关系，是国家及其建设行政主管部门同建设单位、设计单位、施工单位及有关单位（如中介服务机构）之间发生的相应的管理与被管理关系。它包括两个相互关联的方面：一方面是规划、指导、协调与服务；另一方面是检查、监督、控制与调节。这其中不但要明确各种建设行政管理部门相互间及内部各方面的责权利关系，而且还要科学地建立建设行政管理部门同各类建设活动主体及中介服务机构之间规范的管理关系。这些都必须纳入法律调整范围，由有关的建设法规来承担。

2. 建设活动中的经济协作关系

在各项建设活动中，各种经济主体为了自身的生产和生活需要，或为了实现一定的经济利益或目的，必须寻求协作伙伴，随即发生相互间的建设协作经济关系。如投资主体（建设单位）同勘察设计单位、建设安装施工单位等发生的勘察设计和施工关系。

建设活动中的经济协作关系是一种平等自愿、互利互助的横向协作关系。一般应为以建设合同的形式确定，建设合同关系大多具有较强的计划性。这是由建设活动的建设关系自身特点所决定的。

3. 建设活动中的民事关系

是指因从事建设活动而产生的国家、单位法人、公民之间的民事权利、义务关系。主要包括：在建设活动中发生的有关自然人的损害、侵权、赔偿关系；建设领域从业人员的人身和经济权利保护关系；房地产交易中买卖、租赁、产权关系；土地征收、房屋拆迁导致的拆迁安置关系等等。建设活动中的民事关系既涉及国家社会利益，又关系着个人的权益和自由，因此必须按照民法和建设法规中的民事法律规范予以调整。

应当指出的是，建设法规的三种具体调整对象，彼此间既互相关联，又各具自身属性。它们都是因从事建设活动所形成的社会关系，都必须以建设法规来加以规范和调整，不能或不应当撇开建设法规来处理建设活动中所发生的各种关系。这是其共同点或相关联之处。同时这三种调整对象又不尽相同；它们各自的形成条件不同；处理关系的原则或调整手段不同；适用的范围不同；适用规范的法律后果也不完全相同。从这个意义上说，它们又是三种并行不悖的社会关系，既不能混同，也不能相互取代。在承认建设法规统一调整的前提下，应当侧重适用它们各自所属的调整规范。

二、建设法规的地位和作用

（一）建设法规的地位

法律地位，即指法律在整个法律体系中所处的状态，具体指法律属于哪一个部门法且居于何等层次。要确定建设法规的法律地位，必须明确其法律性质。也就是确定建设法规属于哪一个部门法。而部门法的划分标准，即是以某一类社会关系为共同的调整对象。在此基础上所形成的所有法律规范的总和即构成同一法的部门。比如，以平等主体之间的财产关系和人身关系为共同调整对象所形成的所有法律规范，其总和即构成独立的民法部门。而作为其构成主体的民法通则则是国家的基本法，其效力仅次于宪法。

建设法规主要调整三种社会关系，即建设活动中的行政管理关系、建设活动中的经济关系和建设活动中的民事关系。对于第一种社会关系的调整采取的是行政手段的方式；对于第二种社会关系的调整采取的是行政的、经济的、民事的诸多手段相结合的方式；对于第三种社会关系的调整主要的是采取民事手段的方式。这表明：建设法规是运用综合的手段对行政的、经济的、民事的社会关系加以规范调整的法规。但就其主要的法律规范性质来说，多数属于行政法或经济法范围。

（二）建设法规的作用

建设法规的作用有：规范指导建设行为；保护合法建设行为；处罚违法建设行为。

1. 规范指导建设行为

人们所进行的各种具体行为必须遵循一定的准则进行。只有在法律规定的范围内进行的行为才能得到国家的承认与保护，也才能实现行为人预期的目的。从事各种具体的建设活动所应遵循的行为规范即建设法律规范。建设法规对人们建设行为的规范性表现为：

（1）必须为一定的建设行为。比如《中华人民共和国建筑法》第7条规定："建设工程开工前，建设单位应当按照国家有关规定向工程所在地县级以上地方人民政府建设行政主管部门申请领取施工许可证。"此即为义务性的建设行为规定。

（2）禁止所为的建设行为。如《中华人民共和国招标投标法》第20条规定："招标文件不得要求或者标明特定的生产供应者以及含有倾向或者排斥潜在投标人的其他内容。"第33条规定："投标人不得以低于成本的报价竞标，也不得以他人名义投标或者以其他方式弄虚作假，骗取中标。"正是由于有了上述法律的规定，建设行为主体才明确了自己可以为、不得为和必须为的一定的建设行为，并以此指导制约自己的行为，体现出建设法规对具体建设行为的规范和指导作用。

2. 保护合法建设行为

建设法规的作用不仅在于对建设主体的行为加以规范和指导，还应对一切符合本法规的建设行为给予确认和保护。这种确认和保护性规定一般是通过建设法规的原则规定反映的。

如《城市燃气安全管理规定》第36条："对于维护燃气安全做出显著成绩的单位和个人，城市人民政府城建行政主管部门或城市燃气生产、储存、输配、经营单位应当予以表彰和奖励。"

3. 处罚违法建设行为

建设法规要实现对建设行为的规范和指导作用，必须对违法建设行为给予应有的处罚。否则，建设法规的制度由于得不到实施过程中强制制裁手段的法律保障，即变成无实际意义的规范。一般地讲，建设法规都有对违法建设行为的处罚规定。如《城乡规划法》第64条："未取得建设工程规划许可证或者未按照建设工程规划许可证的规定进行建设的，由县级以上地方人民政府城乡规划主管部门责令停止建设；尚可采取改正措施消除对规划实施的影响的，限期改正，处建设工程造价百分之五以上百分之十以下的罚款；无法采取改正措施消除影响的，限期拆除，不能拆除的，没收实物或者违法收入，可以并处建设工程造价百分之十以下的罚款。"

三、建设法规的立法概况

从1978年到现在的三十几年，是我国建设立法硕果累累的时期，全国人大常委会、国务院及国务院建设行政主管部门颁布，以及由国务院建设行政主管部门同有关部门联合颁布的关于建设方面的法律、行政法规、部门规章共计500余项。主要的法律有：2011年4月22日第十一届全国人民代表大会常务委员会第二十次会议通过修订后的《中华人民共和国建筑法》，2008年12月27日第十一届全国人民代表大会常务委员会第六次会议通过了修订后的《中华人民共和国防震减灾法》，2007年10月28日第十届全国人民代表大会常务委员会第三十次会议通过了《中华人民共和国城乡规划法》，2007年8月30日，第十届全国人民代表大会常务委员会第二十九次会议通过了修订后的《中华人民共和国城市房地产管理法》，2007年3月16日第十届全国人民代表大会第五次会议通过了《中华人民共和国物权法》，2002年6月29日第九届全国人民代表大会常务委员会第二十八次会议通过了《中华人民共和国安全生产法》，1999年8月30日第九届全国人民代表大会常务委员会第十一次会议通过了《中华人民共和国招标投标法》等。主要的行政法规有：2011年1月19日国务院颁布了《国有土地上房屋征收与补偿条例》，2008年4月22日颁布了《历史文化名城名镇名村保护条例》；2008年8月1日国务院颁布了《民用建筑节能条例》；2007年8月26日国务院修改了《物业管理条例》；2006年9月19日国务院颁布了《风景名胜区条例》；2003年11月24日国务院颁布了《建设工程安全生产管理条例》；2002年3月24日国务院修改了《住房公积金管理条例》；2000年9月25日国务院颁布了《建设工程勘察设计管理条例》；2000年1月30日国务院颁布了《建设工程质量管理条例》等。主要的部门规章有：2010年12月1日住房和城乡建设部颁布了《城市、镇控制性详细规划编制审批办法》；2010年4月25日住房和城乡建设部颁布了《省域城镇体系规划编制审批办法》；2009年10月19日住房和城乡建设部修改了《房屋建筑工程和市政基础设施工程竣工验收备案管理暂行办法》；2008年10月7日住房和城乡建设部颁布了《市政公用设施抗灾设防管理规定》；2008年2月15日建设部颁布了《房屋登记办法》；2007年12月4日建设部和财政部颁布了《住宅专项维修资金管理办法》；2007年11月26日建设部修改了《物业管理企业资质管理办法》；2007年11月22日建设部修改了《建设工程勘察质量管理办法》；2007年6月27日建设部颁布了《建筑业企业资质管理规定》、《建设工程勘察设计资质管理规定》、《工程监理企业资质管理规定》；2007年11月8日建设部、国家发展和改革委员会、监察部、民政部、财政部、国土资源部、中国人民银行、国家税务总局、国家统计局颁布了《廉租住房保障办法》；2007年1月22日建设部颁布了《外商投资建设工程服务企业管理规定》；2006年3月7日建设部颁布了《注册房地产估价师管理办法》；2006年1月27日建设部颁布了《房屋建筑工程抗震设防管理规定》；2005年12月31日建设部颁布了《城市规划编制办法》；2005年11月10日建设部颁布了《民用建筑节能管理规定》；2005年12月20日建设部颁布了《城市黄线管理办法》和《城市蓝线管理办法》；2005年10月12日建设部颁布了《房地产估价机构管理办法》；2004年8月23日建设部颁布了《房屋建筑和市政基础设施工程施工图设计文件审查管理办法》；2004年7月20日建设部修改了《城市危险房屋管理规定》和《城市商品房预售管理办法》；2004年7月5日建设部颁布了《建筑施工企业安全生产许可证管理规定》；2004年2月3日建设部颁布了《房屋建筑和市政基础设施工程施工分包管理办法》；2003年12月17日建设部颁布了《城市紫线管理办法》；2003年9月19日建设部颁布了《城市抗震防灾规划管理规定》；2003年9月19日建设部颁布了《城市抗震防灾规划管理规定》；2003年3月8日七部委联合颁布《工程建设项目施工招标投标办法》；2003年2月13日建设部和对外贸易经济合作部联合颁布了《外商投资城市规划服务企业管理规定》；2001年11月5日建设部颁布了《建筑工程施工发包与承包计价管理办法》；2002年9月13日建设部颁布了《城市绿线管理办法》；2001年8月15日建设部修改了《城市房地产转让管理规定》、《城市房地产中介服务管理规定》、《城市房地产抵押管理办法》、《城市房屋权属登记管理办法》、《城市异产毗连房屋管理规定》；2001年6月1日建设部颁布了《房屋建筑和市政基础设施工程施工招标投标管理办法》；2001年1月17日建设部颁布了《建设工程监理范围和规模标准规定》；2000年10月18日建设部颁布了《建筑工程设计招标投标管理办法》；2000年8月25日建设部颁布了《实施工程建设强制性标准监督规定》等。

第二节 建设法规的制定

一、建设法规立法的基本原则

建设法规立法的基本原则，是指建设立法时所必须遵循的基本准则或要求。

（一）法制统一原则

所有法律有着内在统一联系，并由此构成一个国家的法律体系。建设法规体系是我国法律体系中的一个组成部分。本体系的每一个法律都必须符合宪法的精神与要求；该法律体系与其他体系法律也不应冲突；对于基本法的有关规定，建设行政法规和部门规章以及地方性建设法规、规章，必须遵循；与其地位同等的法律、法规所确立的有关内容应相互协调；建设法规系统内部高层次的法律、法规对低层次的法规、规章具有制约性和指导性；地位相等的建设法规和规章在内容规定上不应相互矛盾；即建设法规的立法必须遵循法制统一原则。

建设法规的立法坚持法制统一的基本要求，不仅是立法本身的要求，即规范化、科学化的要求。更主要的是便于实际操作，不能因法律制度的自相矛盾而导致建设法规的无所适从。

(二) 遵循市场经济规律原则

市场经济,是指市场对资源配置起基础性作用的经济体制。社会主义市场经济,是指与社会主义基本制度相结合的、市场在国家宏观调控下对资源配置起基础性作用的经济体制。第八届全国人大第一次会议通过的《中华人民共和国宪法修正案》规定"国家实行社会主义市场经济"。这不仅是宪法的基本原则,也是建设法规的立法基本原则。

1. 遵循市场经济规律,反映在建设法规立法中,就是要建立健全市场主体体系。建设法规要规定各种建设市场主体的法律地位,对他们在建设活动中的权利和义务作出明确的规定。这些主体理应包括建设行政主管部门、勘察规划建设设计主体、建设监理单位、建设施工单位、房地产开发经营部门、土地管理部门、标准化部门、城市市政公用事业单位、环境保护部门、建设材料供应部门等。活跃的建设市场主体,要求国家、集体和个人一齐参与。一旦条件成熟,政策或法规亦可考虑公民主体的法律地位,如个人合伙的建设事务所等。

2. 遵循市场经济规律,要求建设法规的立法确立建设市场体系具有统一性和开放性。建设立法应当确立规划与设计市场、建设监理市场、工程承包的招投标市场、施工管理市场、房地产市场、市政公用事业市场、建设资金市场等多元化的建设活动大市场。

3. 遵循市场经济规律,要求建设法规的立法确立以间接手段为主的宏观调控体系。建设法规主要运用行政手段实现对建设行为的调整。但这种调整不应是直接干预性的。各建设法规主体在具体的建设行为中都有其独立性和自主性。国家对其行为实施的调控只是间接性的。

4. 遵循市场经济规律,要求建设法规立法本身具有完备性。要把建设行为纳入法制轨道,必须要先使建设法规自身完备。唯有如此,才能有效地规范建设市场主体行为,维护建设市场活动秩序。

(三) 责权利相一致原则

责权利相一致是对建设行为主体的权利和义务或责任在建设立法上提出的一项基本要求。具体表现为:建设法规主体享有的权利和履行的义务是统一的,任何一个主体享有建设法规规定的权利,同时必须履行法律规定的义务;建设行政主管部门行使行政管理权既是其权利,也是其责任或义务,权利和义务彼此结合。

二、建设法规的立法机构和权限

建设法规按其立法权限可分五个层次:即法律、建设行政法规、建设部门规章、地方性建设法规、地方建设规章。

1. 法律

指由全国人大及其常委会审议发布的属于住房与城乡建设方面的各项法律。如《城乡规划法》、《城市房地产管理法》、《防震减灾法》、《招标投标法》、《建筑法》等。

2. 建设行政法规

指国务院依法制定并颁布的属于住房与城乡建设方面的各项法规。如《国有土地上房屋征收与补偿条例》、《民用建筑节能条例》、《物业管理条例》、《建设工程安全生产管理条例》、《住房公积金管理条例》、《建设工程勘察设计管理条例》、《建设工程质量管理条例》等。

3. 建设部门规章

指住房和城乡建设部根据国务院规定的职责范围,依法制定并颁布的住房与城乡建设方面的各项规章,或由住房和城乡建设部与国务院有关部门联合制定并发布的有关住房与城乡建设方面的规章。如《省域城镇体系规划编制审批办法》、《房屋建筑工程和市政基础设施工程竣工验收备案管理暂行办法》、《市政公用设施抗灾设防管理规定》、《房屋登记办法》、《建设工程勘察质量管理办法》、《建筑业企业资质管理规定》、《建设工程勘察设计资质管理规定》、《工程监理企业资质管理规定》、《廉租住房保障办法》等。

4. 地方性建设法规

指在不与宪法、法律、行政法规相抵触的前提下，由省、自治区、直辖市人大及其常委会制定并发布的住房与城乡建设方面的法规。包括省会（自治区首府）城市和经国务院批准的较大的市人大及其常委会制定的，报经省、自治区人大或其常委会批准的各种法规。如《山东省物业管理条例》、《山东省城市房屋拆迁管理条例》、《山东省商品房销售条例》、《山东省城市房地产开发经营管理条例》、《山东省城市国有土地使用权出让转让规划管理办法》、《山东省城市房地产交易管理条例》、《山东省建筑市场管理条例》等。

5. 地方建设规章

指省、自治区、直辖市以及省会（自治区首府）城市和经国务院批准的较大的市的人民政府，根据法律和国务院的行政法规制定并颁布的住房与城乡建设方面的规章。如《山东省建筑装饰装修管理办法》、《山东省供热管理办法》、《山东省经济适用住房管理办法》、《山东省新型墙体材料发展应用与建筑节能管理规定》、《山东省建筑安全生产管理规定》、《山东省城镇廉租住房管理暂行办法》等。

三、建设法规的立法程序和方法

（一）建设法规立法程序

建设法规立法程序是指具有立法权的国家机关在创制建设方面法律规范的活动中，必须履行的法定步骤和手续。法律、法规、规章的制定程序在我国已经形成和确立，一般包括四个阶段：法规案的提出、法规案的审议、法规案的处理和法规的公布，这是我国在长期立法实践经验中总结出来的科学的立法程序，也是建设立法必须遵循的程序。

为使建设部立法工作规范化，原建设部制定并颁布了《建设部立法工作程序分工的规定》和《建设部立法工作程序规定》，对制定建设方面的法律、行政法规、部门规章的程序作了详细具体规定。

草拟建设方面的法律、行政法规的程序是：（1）向国务院呈报起草法律的工作安排；（2）确定起草小组成员名单；（3）调查研究，收集和编译国内外有关政策、法规、案例；（4）草拟法律、行政法规条文及说明，送有关部门征求意见；（5）召开专家论证会，进一步修改，形成送审稿；（6）部常务会议讨论通过送审稿，由部长签署后，呈报国务院；（7）配合国务院法制局对法律、行政法规（送审稿）进行论证，形成法律、行政法规（草案）；（8）配合全国人大法律工作委员会对法律（草案）进行论证。

制定建设方面的部门规章的程序是：（1）草拟部门规章的司（厅、局）成立部门规章起草小组；（2）调查研究，收集和编译国内外有关政策、法规、案例；（3）草拟部门规章条文及说明，形成送审稿；（4）由起草部门规章的司（厅、局）的主要负责人签署送审稿，送法规司；（5）法规司征求有关部门的意见，进一步修改，形成草案后送主管副部长同意，提交部常务会议审议；（6）由法规司负责人在部常务会议上作有关草案的审查报告；（7）由起草部门规章的司（厅、局）的主要负责人在部常务会议上作关于草案的说明；（8）部常务会议通过的建设部单独发布的部门规章，由部长签署建设部令颁布；（9）与有关部门共同颁布的部门规章，经部长签署后，与有关部门共同颁布。

（二）建设法规立法方法

建设法规立法方法是指在起草建设方面的法律、行政法规、部门规章的过程中，为保证立法质量和进度所采取的手段和措施。

在我国多年来的建设立法实践中，已经总结出一套科学的建设立法工作方法。首先，重视调查研究工作。没有调查研究，就不了解实际情况，立法工作就无从做起。在调查研究的基础上，收集材料，包括国内的、国外的有关材料，进行分析比较，予以科学借鉴。例如在起草《注册建筑师条例》的过程中，建设部多次组织由注册建筑师组成的考察团赴美国、加拿大及马来西亚、新加坡等国进行考察；组织调查组，赴辽宁等省进行调查研究，对国内外的注册建筑师制度建立的必要性、注册建筑师管理体制、注册建筑师考试和注册、权利和义务等作了全面的了解；收集了大量资料，为制定《注册建筑师条例》打下了良好的基础。其次，进行科学论证。科学论证是建立在调查研究和广泛征求意见的基础上，既听取法律专家的意见，又听取实际工作部门专家的意见。论证的内容既包括对立法项目的可靠性的论证，又包括对法规内容的论证。经过修改、推敲，严格把关。建设部在起草建设方面的法律、行政法规的过程中，已经把召开专家论证会作为立法的必经程序。最后，积极主动地做好协调工作。在立法过程中，协调相关部门的意见是影响建设立法质量和进度的一个重要因素。由于建设部门与相关部门业务交叉多，因此立法的协调量多难度大。在起草法规稿时，主动征求有关部门的意见，采取开协调会、座谈会、专家论证会以及登门或书面征求意见等方式，做好协调工作，尽可能在上报或颁布前同各有关部门取得一致意见，经协商仍不能达成一致意见，就将建设部与有关部门的意见一并上报国务院，由国务院裁决。

第三节 建设执法

建设执法是指国家机关及其工作人员、社会组织和公民实现建设方面法律规范的活动。主要通过国家行政机关及其工作人员严格执行法律、适用法律，使建设法律规范得到实现。

一、建设行政执法监督检查

建设行政执法监督检查是指各级建设行政主管部门对其所属工作机构及其行政执法人员和其下级建设行政主管部门实施建设方面法律、法规、规章和其他规范性文件的行政行为进行监督检查的活动。建设行政执法监督检查的对象主要是行政机关、执法机构及其工作人员，而不是行政管理人员。

（一）建设行政执法监督检查的内容

建设行政执法监督检查的内容既包括抽象行政行为，又包括具体行政行为。内容包括：（1）规范性文件的合法性。审查并纠正下级行政机关及其工作人员在执法中所依据的规范性文件是否违反法律、法规、规章；（2）建设行政主管部门的具体行为的合法性与适当性。纠正下级行政机关及其工作人员在执法程序上或者在适用法律上的违法或不当行为；（3）建设行政执法主体的合法性。非行政机关执法是否依法通过授权或委托取得执法权。纠正无行政执法权的机构所进行的执法活动；（4）建设法律、法规、规章的实施情况。督促下级行政机关及其工作人员严格执行相应的法律、法规和规章，认真履行职责；（5）处理行政执法中出现的一些重大问题，特别是群众所关注的问题；（6）调查研究法律、法规、规章实施中的问题，并提出处理意见；(7) 其他需要监督检查的事项。

(二) 建设行政执法监督检查的方式

1. 建设法规、规章和规范性文件的备案制度

各级建设行政主管部门制定的规范性文件要及时向上一级建设行政主管部门备案；由各级建设行政主管部门起草，有立法权的地方人大或地方人民政府发布的地方性法规、规章，要由起草该法规、规章的建设行政主管部门向上一级建设行政主管部门报送。

2. 建设法律、法规、规章实施情况报告制度

建设法律、法规、规章实施一年后，负责实施的建设行政主管部门应向上一级建设行政主管部门报告实施情况。报告的内容包括实施法律、法规、规章的配套措施、取得的成就、存在的问题以及改进的意见。

3. 建设法律、法规、规章实施情况检查制度

建设行政主管部门应根据国家中心工作并结合地区实际情况，于每年初制定并下发当年执法检查计划。检查内容可以检查单项法律、法规、规章的实施情况，也可以对行政执法中的专门性问题进行专项检查或综合检查。

4. 重大行政处罚决定备案制度

县以上建设行政主管部门做出的重大处罚决定或采取的强制措施，应向上一级建设行政主管部门备案。

5. 重要行政案件督查制度

县以上建设行政主管部门应受理公民、法人和其他组织对重要行政案件或违法行为的申诉、控告和检举，视具体情况组织调查或责成有关部门查处。

(三) 建设行政执法监督检查的程序

建设行政执法监督检查一般按以下程序进行：

1. 制定执法检查计划

执法检查机关一般在每年年底提出下一年度执法检查计划。执法检查计划包括：拟检查的法律、法规、规章的名称，执法检查的目的、内容、方式、时间安排、参加单位等。

2. 书面检查

对将要检查的内容用提纲的形式列举出来，发到要检查的单位，各地根据书面执法检查的要求，对本地的执法情况进行调查，形成书面文字上报。

3. 实地检查

由有关部门联合组成检查组，选择执法典型的地方进行检查，采取听汇报、召开座谈会、个别走访、抽样调查、实地考察等多种形式，掌握执法检查的第一手材料。

4. 检查总结报告

根据书面检查和实地检查的结果，执法检查机关应写出总结报告。总结报告应对法律、法规、规章在执行中的成绩和问题作出评价，对违法行为提出处理意见，并对法律、法规、规章的进一步完善提出改进意见。

5. 问题的处理

在执法监督检查中发现的问题，按下列办法处理：(1) 对规范性文件与法律、法规、规章抵触或者违背的，应视情况通知改正、责令废止或提请有关机关予以撤销；(2) 对不具备行政执法主体资格或授权、委托不当的，责令停止行政执法或由授权、委托的机关处理；(3) 对行政执法无合法依据或执法不当的，应予以变更、撤销或责令重新作出行政处理；

（4）对不履行或拖延履行法定职责和不执行或拖延执行法律、法规、规章以及规范性文件规定的，督促其履行或限期执行。

二、建设行政处罚

建设行政处罚是指建设行政主管部门或授权、委托的其他行政主体依法对违反建设方面的法律、法规、规章但尚未构成犯罪的行政管理相对人实施的制裁。建设行政处罚的种类包括：①警告；②罚款；③没收违法所得、没收违法建筑物、构筑物和其他设施；④责令停业整顿、责令停止执业业务；⑤降低资质等级、吊销资质证书、吊销执业资格证书和其他许可证、执照；⑥法律、行政法规规定的其他行政处罚。

（一）建设行政处罚的原则

建设行政处罚的原则是对建设行政处罚的设定和实施具有普遍指导意义的准则。根据《中华人民共和国行政处罚法》的规定，建设行政处罚同其他行政处罚，必须遵循以下原则：

1. 行政处罚法定原则

行政处罚法定原则是依法行使权力在行政处罚中的具体体现。它包含有三个方面含义：①实施处罚的主体必须是法定行政主体。行政处罚由具有行政处罚权的行政机关实施，法律、法规授权或依照法律、法规或规章规定，由法律、法规授权的组织或行政机关委托的组织也可以在法定的授权或委托范围内实施处罚，其他任何机关或组织不得实施行政处罚；②处罚的依据是法定的。公民法人或者其他组织的行为，只有明文规定应予行政处罚的，才受处罚；③行政处罚的程序合法。行政机关实施行政处罚，必须严格遵照法定程序。

2. 行政处罚公正、公开的原则

实施行政处罚，必须以事实为根据，有关行政处罚的规定要公布，实施行政处罚要公开，以便人民群众了解和监督。

3. 处罚与教育相结合的原则

行政处罚的目的是纠正违法行为，教育公民、法人或者其他组织自觉守法。

4. 保障当事人权利的原则

在行政处罚实施过程中，必须保障当事人的权利。它包含有五个方面的含义：①当事人对行政机关给予行政处罚所认定的事实及适用的法律是否准确、适当，有陈述自己看法、意见的权利；②当事人对行政机关的指控、证据，有提出不同意见和质问的申辩权利；③公民、法人或其他组织对行政机关作出的行政处罚不服，有向上一级行政机关提出行政复议的权利；④公民、法人或其他组织对行政机关作出的行政处罚不服，有向人民法院提起行政诉讼的权利；⑤公民、法人或者其他组织因行政机关违法，遭受行政处罚后利益受到损害的，有依法提出赔偿要求的权利。

（二）建设行政处罚的程序

建设行政处罚程序是指建设行政处罚的方式、方法、步骤的总称。根据《行政处罚法》原建设部制定了《建设行政处罚程序暂行规定》。建设行政处罚的程序可分为简易程序、一般程序和听证程序三种。

1. 简易程序

简易程序是指国家行政机关或法律授权的组织对符合法定条件的行政处罚事项，当场进行处罚的行政处罚程序。

(1) 简易程序适用的条件

①违法事实确凿，违法事实清楚，证据确实充分；②有法定依据。行政执法人员在作出当场处罚时，一定要根据法律、行政法规、地方性法规和规章的规定作出裁决；③罚款数额较小或者警告处罚。对公民处以五十元以下，对法人或者其他组织处以一千元以下罚款或者警告。

(2) 简易程序的内容

①表明身份。执法人员应向当事人出示必要的证件以表明自己是合法的执法人员；②确认违法事实，说明处罚理由。行政执法人员应当告诉当事人的违法行为的事实并提出证据，并说明处罚的事实根据和法律根据；③告知当事人依法享有的权利。执法人员必须告知当事人享有的陈述、申辩的权利；享有不服行政处罚决定申请行政复议和提起行政诉讼的权利；④制定行政处罚决定书。行政处罚决定书由行政机关统一制作，有一定格式并编有号码。行政处罚决定书应当明确当事人违法行为、行政处罚依据、罚款数额、时间、地点以及行政机关名称，并由执法人员签名或者盖章；⑤送达。执法人员按照法律规定的格式要求填写完处罚决定书后，应当当场交付当事人；⑥备案。执法人员当场作出的行政处罚决定，必须向所属行政机关备案；⑦申诉。当事人对当场作出的行政处罚决定不服的，可以依法申请行政复议或者提请行政诉讼。

2. 一般程序

行政处罚的一般程序，是指除法律特别规定应当适用简易程序和听证程序以外的，行政处罚通常所应适用的程序。

(1) 立案

立案是指行政机关发现有违法情况或重大违法嫌疑情况，认为有调查处理必要的，决定进行查处的活动。立案的条件是：①有违法行为发生；②违法行为是应受行政处罚的行为；③属于适用一般程序的案件；④属本机关管辖。

(2) 调查

调查是指行政机关为了正确实施处罚而采取的对公民或组织的有关事项而进行的调研、检查等活动，以获得行政处罚所需要的证据或事实根据。①调查原则。调查应遵循全面、客观、公正的原则；②调查的方式或程序。询问当事人或询问证人。执法人员调查时不得少于三人，并须表明身份，制作笔录；③检查。检查必须依照法律、法规的规定进行。执法人员在检查时，不得少于二人，应出示证件。被检查人应如实回答询问，并协助检查，不得阻挠。询问或检查应制作笔录。执法人员与当事人有利害关系的，应当回避。

(3) 处理决定

①一般行政案件的处理程序：a. 调查终结，执法人员应当将情况报告行政机关负责人并附有对案件的处理意见；b. 行政机关负责人对案件的调查报告和处理意见进行审核；c. 行政机关负责人经审查后，对事实清楚、证据确凿、适用法律正确的行政处罚案件，可以作出行政处罚决定；d. 行政机关应将草拟作出的行政处罚决定的内容告知当事人，再次听取当事人的意见和申辩；e. 制作行政处罚决定书，行政机关负责人应当在行政处罚决定书上签名或盖章。对情节复杂或者重大违法行为给予较重行政处罚的，行政机关的负责人应当集体讨论决定。

②根据不同情况，进行处理：a. 确有应受行政处罚违法行为的，根据情节轻重及具体情况，作出行政处罚决定；b. 违法行为轻微，依法可以不予行政处罚的，不予行政处罚；c. 违法事实不能成立的，不得给予行政处罚；d. 违法行为已构成犯罪的，移送司法机关。

（4）行政处罚决定书

行政机关依法应当给予行政处罚的，应制作行政处罚决定书。行政处罚决定书应载明下列事项：①当事人的姓名或者名称、地址；②违反法律、法规或者规章的事实和证据；③行政处罚的种类和依据；④行政处罚的履行方式和期限；⑤不服行政处罚决定，申请行政复议或者提起诉讼的途径和期限；⑥作出行政处罚决定的行政机关的名称和作出决定的日期。行政处罚决定书必须盖有作出行政处罚决定的行政机关的印章。

（5）送达

行政处罚决定书送达的方式有：直接送达、留置送达、转交送达、委托送达、邮寄送达和公告送达。

（6）申诉

当事人不服行政处罚决定，可以在法定期限内提起行政复议或行政诉讼。

3. 听证程序

听证程序是指行政机关为了查明案件事实、公正合理地实施行政处罚，在决定行政处罚的过程中通过公开举行由有关各方利害关系人参加的听证会，广泛听取意见的方式、方法和制度。我国行政处罚法明确规定听证程序，标志着我国行政程序在民主化方面前进了一大步。

（1）听证的适用范围

《行政处罚法》第42条规定："行政机关作出责令停产停业、吊销许可证和执照、较大数额罚款等行政处罚决定之前，应当告知当事人有要求举行听证的权利；当事人要求听证的，行政机关应当组织听证。"适用听证程序必须有两个条件即：①只有责令停产停业、吊销许可证和执照、较大数额罚款等行政处罚案件才能适用听证程序；②当事人要求听证。

（2）听证程序

听证依照以下程序组织：①当事人要求听证的，应当在行政机关告知后三日内提出；②行政机关应当在听证的七日前，通知当事人举行听证的时间、地点；③听证应公开举行，但涉及国家秘密、商业秘密或者个人隐私的除外；④听证由行政机关指定的非本案调查人员主持；当事人认为主持人与本案有直接利害关系的，有权申请回避；⑤当事人可以亲自参加听证，也可以委托一至二人代理；⑥举行听证时，调查人员提出当事人违法的事实、证据和行政处罚建议，当事人可进行申辩和质证；⑦听证应当制作笔录，笔录应当交当事人审核无误后签字或者盖章。听证结束后，行政机关依照行政处罚法的有关规定作出决定。

（三）建设行政处罚的执行程序

建设行政处罚的执行程序是指建设行政主管部门及有关国家机关保证建设行政处罚决定为当事人所确定的义务得以履行的程序。这里主要介绍罚款决定与收缴分离制度和强制执行。

1. 罚款决定与收缴分离制度

罚款决定与收缴分离制度是指行政罚款决定由享有行政处罚权的机关作出，而罚款的缴纳则由法定的专门机构或机关统一收缴的制度。

（1）罚款决定与收缴分离制度的适用范围

根据行政处罚法的有关规定，适用罚款决定与收缴分离制度有以下三种情况：①对公民处以五十元以下，对法人或者其他组织处以一千元以下罚款；②在交通比较方便的地区，当事人向专门机构缴纳罚款没有困难的；③在边远、水上和交通不便地区，行政机关依法作出罚款的决定后，当事人没有提出需要当场缴纳罚款的。

(2) 专门机构收缴罚款的程序

根据行政处罚法的规定，专门机构收缴罚款的具体程序如下：①通知送达。行政处罚决定书送达当事人；②催交；③收受罚款；④上缴国库。

行政处罚对罚款决定与收缴分离制度只作了原则规定，具体实施办法由国务院另行制定。

2. 强制执行

强制执行是指享有行政强制执行权的国家机关以强制手段迫使拒绝履行行政处罚所确定的义务的当事人履行义务的行为。

(1) 执行措施

根据《行政处罚法》第51条规定，强制执行措施有：①到期不缴纳罚款的，每日按罚款数额的百分之三加处罚款；②根据法律规定，可将查封、扣押的财物拍卖或者将冻结的存款划拨抵缴罚款；③申请人民法院强制执行。

(2) 执行责任

《行政处罚法》第53条第2款规定："罚款、没收违法所得或者没收非法财物拍卖的款项，必须全部上缴国库，任何行政机关或者个人不得以任何形式截留、私分或者变相私分；财政部门不得以任何形式向作出行政处罚决定的行政机关返还罚款、没收的违法所得或者返还没收非法财物的拍卖款项。"

第四节 建设行政复议与行政诉讼

一、建设行政复议

建设行政复议是指在建设行政管理过程中发生的当事人不服建设行政主管部门作出的具体行政行为，在法定时间内，按照法定的程序和条件向有管辖权的建设行政主管部门提出复议申请，要求变更或撤销原处理决定，复议机关对引起争议的具体行政行为进行审理后作出裁决的活动。

(一) 建设行政复议的范围

建设行政复议的范围指建设行政主管部门受理建设行政复议案件的权限。《行政复议法》第6条规定，有下列情形之一的，公民、法人或者其他组织可以申请行政复议：

(1) 对行政机关作出的警告、罚款、没收违法所得、没收非法财物、责令停产停业、暂扣或者吊销许可证、暂扣或者吊销执照、行政拘留等行政处罚决定不服的；

(2) 对行政机关作出的限制人身自由或者查封、扣押、冻结财产等行政强制措施决定不服的；

(3) 对行政机关作出的有关许可证、执照、资质证、资格证等证书变更、中止、撤销的决定不服的；

(4) 对行政机关作出的关于确认土地、矿藏、水流、森林、山岭、草原、荒地、滩涂、海域等自然资源的所有权或者使用权的决定不服的；

(5) 认为行政机关侵犯合法的经营自主权的；

(6) 认为行政机关变更或者废止农业承包合同，侵犯其合法权益的；

（7）认为行政机关违法集资、征收财物、摊派费用或者违法要求履行其他义务的；

（8）认为符合法定条件，申请行政机关颁发许可证、执照、资质证、资格证等证书，或者申请行政机关审批、登记有关事项，行政机关没有依法办理的；

（9）申请行政机关履行保护人身权利、财产权利、受教育权利的法定职责，行政机关没有依法履行的；

（10）申请行政机关依法发放抚恤金、社会保险金或者最低生活保障费，行政机关没有依法发放的；

（11）认为行政机关的其他具体行政行为侵犯其合法权益的。

（二）建设行政复议的申请与受理

1. 建设行政复议的申请

建设行政复议的申请是指行政管理相对人认为建设行政主管部门及其工作人员在行使行政权力时所作出的建设具体行政行为侵犯其合法权益，而依法要求行政复议机关对该具体行政行为进行审查和处理，以保护自己的合法权益的一种意见表示。

（1）提起复议申请须具备以下条件：①申请人是认为具体行政行为直接侵犯其合法权益的公民、法人或者其他组织；②有明确的被申请人；③有具体的复议请求和事实根据；④属于复议范围和受理复议机关的管辖范围；⑤必须在法定期限内。一般应在知道具体行政行为之日起60日内提出。

（2）申请人申请行政复议，可以书面申请，也可以口头申请；口头申请的，行政复议机关应当当场记录申请人的基本情况、行政复议请求、申请行政复议的主要事实、理由和时间。申请人书面申请行政复议的，应当在行政复议申请书中载明下列事项：①申请人的基本情况，包括：公民的姓名、性别、年龄、身份证号码、工作单位、住所、邮政编码；法人或者其他组织的名称、住所、邮政编码和法定代表人或者主要负责人的姓名、职务；②被申请人的名称；③行政复议请求、申请行政复议的主要事实和理由；④申请人的签名或者盖章；⑤申请行政复议的日期。

2. 建设行政复议的受理

建设行政复议的受理是指行政复议机关通过对行政管理相对人提出的建设行政复议申请的审查，认为该申请符合法定条件时，接受申请并予以立案。

行政复议申请符合下列规定的，应当予以受理：①有明确的申请人和符合规定的被申请人；②申请人与具体行政行为有利害关系；③有具体的行政复议请求和理由；④在法定申请期限内提出；⑤属于行政复议法规定的行政复议范围；⑥属于收到行政复议申请的行政复议机构的职责范围；⑦其他行政复议机关尚未受理同一行政复议申请，人民法院尚未受理同一主体就同一事实提起的行政诉讼。

（三）建设行政复议的审理与决定

1. 建设行政复议的审理

建设行政复议的审理是指行政复议机关对复议申请受理立案后，将通过审查证据和有关材料，调查研究，或组织复议参加人进行辩论，全面审查具体行政行为所依据的事实和规范性文件，以查清事实，分清是非。

（1）被申请人的答复

行政复议机关负责法制工作的机构应当自行政复议申请受理之日起七日内，将行政复议申请书副本或者行政复议申请笔录复印件发送被申请人。被申请人应当自收到申请书副本或者申请笔录复印件之日起十日内,提出书面答复,并提交当初作出具体行政行为的证据、依据和其他有关材料。

(2) 复议申请的撤回

申请人在行政复议决定作出前自愿撤回行政复议申请的,经行政复议机构同意,可以撤回。撤回行政复议申请的,行政复议终止。申请人撤回行政复议申请的,不得再以同一事实和理由提出行政复议申请。但是,申请人能够证明撤回行政复议申请违背其真实意思表示的除外。

(3) 复议期间具体行政行为的效力

行政复议期间具体行政行为不停止执行;但是,有下列情形之一的,可以停止执行:①被申请人认为需要停止执行的;②行政复议机关认为需要停止执行的;③申请人申请停止执行,行政复议机关认为其要求合理,决定停止执行的;④法律规定停止执行的。

(4) 复议审理的范围

复议机关审理活动,既要审理被申请人的具体行政行为所依据事实是否清楚、认定是否准确,又要审查这一具体行政行为有无法律依据,被申请人在作出具体行政行为时所适用的法律规范及有关文件是否正确、适当;同时还要审查有无遗漏及未处理的问题,被申请人有无超越职权、滥用权力的情况。

(5) 复议审理

行政复议机构审理行政复议案件,应当由2名以上行政复议人员参加。行政复议机构认为必要时,可以实地调查核实证据;对重大、复杂的案件,申请人提出要求或者行政复议机构认为必要时,可以采取听证的方式审理。行政复议人员向有关组织和人员调查取证时,可以查阅、复制、调取有关文件和资料,向有关人员进行询问。调查取证时,行政复议人员不得少于2人,并应当向当事人或者有关人员出示证件。被调查单位和人员应当配合行政复议人员的工作,不得拒绝或者阻挠。行政复议期间涉及专门事项需要鉴定的,当事人可以自行委托鉴定机构进行鉴定,也可以申请行政复议机关委托鉴定机构进行鉴定。行政复议期间被申请人改变原具体行政行为的,不影响行政复议案件的审理。但是,申请人依法撤回行政复议申请的除外。

2. 建设行政复议的决定

建设行政复议的决定是指行政机关通过对建设行政复议案件的审理,就有关的行政争议,作出结论性的意见并制作复议决定书。

(1) 行政复议决定

行政复议机关应当自受理申请之日起六十日内作出行政复议决定;但是法律规定的行政复议期限少于六十日的除外。情况复杂,不能在规定期限内作出行政复议决定的,经行政复议机关的负责人批准,可以适当延长,并告知申请人和被申请人;但是延长期限最多不超过三十日。行政复议机关作出行政复议决定,应当制作行政复议决定书,并加盖印章。

行政复议机关负责法制工作的机构应当对被申请人作出的具体行政行为进行审查,提出意见,经行政复议机关的负责人同意或者集体讨论通过后,按照下列规定作出行政复议决定:①具体行政行为认定事实清楚,证据确凿,适用依据正确,程序合法,内容适当的,决定维持;②被申请人不履行法定职责的,决定其在一定期限内履行;③具体行政行为有下列情形之一的,决定撤销、变更或者确认该具体行政行为违法;决定撤销或者确认该具体行政行为违法的,可以责令被申请人在一定期限内重新作出具体行政行为:a. 主要事实不清、证据不足的；b. 适用依据错误的；c. 违反法定程序的；d. 超越或者滥用职权的；e. 具体行政行为明显不当的。④被申请人未依法提出书面答复、提交当初作出具体行政行为的证据、依据和其他有关材料的，视为该具体行政行为没有证据、依据，决定撤销该具体行政行为。

(2) 行政复议决定的效力

行政复议决定书一经送达，即发生法律效力。公民、法人或者其他组织对行政复议决定不服的，可以依照行政诉讼法的规定向人民法院提起行政诉讼，但是法律规定行政复议决定为最终裁决的除外。

(四) 建设行政复议决定的执行

申请人逾期不起诉又不履行行政复议决定的，或者不履行最终裁决的行政复议决定的，按照下列规定分别处理：(1) 维持具体行政行为的行政复议决定，由作出具体行政行为的行政机关依法强制执行，或者申请人民法院强制执行；(2) 变更具体行政行为的行政复议决定，由行政复议机关依法强制执行，或者申请人民法院强制执行。

二、建设行政诉讼

建设行政诉讼是指公民、法人或者其他组织在认为建设行政主管部门及其工作人员的行政行为侵犯自己的合法权益时，依法向法院请求司法保护，并由法院对行政行为进行审查和裁判的一种诉讼活动。

(一) 建设行政诉讼的范围

建设行政诉讼范围是指法律规定的，法院受理审判一定范围内建设行政案件的权限。

根据我国《行政诉讼法》第2条、第11条的规定，结合建设行政案件的特点，人民法院受理公民、法人和其他组织对建设行政主管部门作出的建设具体行政行为不服提起的诉讼。内容包括：

(1) 对罚款、吊销许可证和执照、责令停产停业、没收财物等行政处罚不服的；(2) 认为行政机关侵犯法律规定的经营自主权的；(3) 认为符合法定条件申请行政机关颁发许可证和执照，行政机关拒绝颁发或不予答复的；(4) 认为行政机关违法要求履行义务的；(5) 认为行政机关侵犯其人身权、财产权的；(6) 法律、法规规定可以提起诉讼的其他行政案件。

(二) 建设行政诉讼的起诉和受理

1. 建设行政诉讼的起诉

建设行政诉讼的起诉是指公民、法人或者其他组织认为建设行政主管部门作出的建设具体行政行为侵犯其合法权益，依法请求人民法院行使国家审判权给予司法补救的诉讼行为。

(1) 起诉的条件

根据我国《行政诉讼法》第41条规定，提起行政诉讼应符合以下条件：①原告是认为具体行政行为侵犯其合法权益的公民、法人或者其他组织；②有明确的被告；③有具体的诉讼请求和事实根据；④属于人民法院受案范围。

(2) 起诉的程序

①行政诉讼与行政复议关系

根据我国《行政诉讼法》第37条规定，我国采用的是以复议前置和当事人选择补救手段并存的原则，处理行政复议与行政诉讼关系。当事人选择补救手段是处理行政复议与行政诉讼关系的一般原则，行政复议前置是例外，需要法律、法规的特别规定。

②起诉期限

申请人不服复议决定的,可以在收到复议决定书之日起十五日内向人民法院提起诉讼。复议机关逾期不作决定的,申请人可以在复议期满之日起十五日内向人民法院起诉。法律另有规定的除外。公民、法人或者其他组织直接向人民法院提起诉讼的,应当在知道作出具体行政行为之日起三个月内提出。法律另有规定的除外。

(3) 起诉的方式

我国未对此作出明确规定,但根据有关条文规定的精神,起诉应以书面形式进行。

2. 建设行政诉讼的受理

受理是指人民法院对公民、法人或其他组织的起诉进行审查,认为符合法律规定的起诉条件而决定立案并予以审理的诉讼行为。

对起诉进行审查的内容包括:法定条件、法定起诉程序、法定起诉期限、是否重复诉讼、起诉状是否符合法律要求等。人民法院接到起诉状应当在七日内立案或者作出裁定不予受理。原告对裁定不服的,可以提起上诉。

(三) 建设行政诉讼的审理和判决

1. 建设行政诉讼审理的原则和制度

(1) 决定是否停止具体行政行为的执行

根据《行政诉讼法》第44条规定,诉讼期间,不停止具体行政行为的执行。但有下列情形之一的,停止具体行政行为的执行:①被告认为需要停止执行的;②原告申请停止执行,人民法院认为该具体行政行为的执行会造成难以弥补的损失,并且停止执行不损害社会公共利益,裁定停止执行的;③法律、法规规定停止执行的。

(2) 公开审理原则

人民法院审理行政案件应公开进行,但涉及国家秘密、个人隐私和法律另有规定的除外。

(3) 回避原则

当事人认为审判人员与本案有利害关系或者有其他关系可能影响公正审判,有权申请审判人员回避;审判人员认为自己与本案有利害关系或者有其他关系,应当申请回避;回避人员包括书记员、翻译人员、鉴定人、勘验人;院长担任审判长时的回避,由审判委员会决定;审判人员的回避,由院长决定;其他人员的回避,由审判长决定。当事人对决定不服的,可以申请复议。

(4) 不适用调解原则

人民法院审理行政案件,不适用调解。

(5) 撤诉制度

撤诉有自愿申请撤诉和视为申请撤诉两种。人民法院对行政案件宣告判决或者裁定前,原告申请撤诉的;或者被告改变其所作的具体行政行为,原告同意并申请撤诉的,是否准许,由人民法院裁定。经人民法院两次合法传唤,原告无正当理由拒不到庭的,视为申请撤诉。

(6) 缺席判决制度

缺席判决是人民法院在开庭审理时,在一方当事人或双方当事人未到庭陈述、辩论的情况下,合议庭经过审理所作的判决。根据《行政诉讼法》第48条、第51条的有关规定,缺席判决适用于被告不到庭;原告申请撤诉时,人民法院裁定不准许撤诉;原告不到庭或原告、被告均不到庭三种情况。

2. 行政诉讼的法律适用

人民法院审理行政案件，以法律和行政法规、地方性法规为依据。地方性法规适用于本区域内发生的行政案件。人民法院审理民族自治地区的行政案件，并以该民族自治地区的自治条例和单行条例为依据。

人民法院审理行政案件，参照国务院部、委根据法律和国务院的行政法规、决定、命令制定、发布的规章以及省、自治区、直辖市和省、自治区的人民政府所在地的市和经国务院批准的较大市的人民政府根据法律和国务院的行政法规制定、发布的规章。人民法院认为部门规章与地方政府规章之间和部门规章之间不一致的，由最高人民法院送请国务院作出解释或者裁决。

3. 第一审程序

(1) 审理前准备

①组成合议庭

人民法院审理行政案件，由审判员组成合议庭；或者由审判员、陪审员组成合议庭。合议庭成员，应当是三人以上单数。

②通知被告应诉和发送诉讼文书

人民法院应当在立案之日起5日内，将起诉状副本发送被告。被告应当在收到起诉状副本之日起10日内向人民法院提交作出具体行政行为的有关资料，并提出答辩状。人民法院应当在收到答辩状之日起5日内，将答辩状副本发送原告。被告不提出答辩状的，不影响人民法院审理。

(2) 开庭审理

开庭审理是指在审判人员主持下，在当事人和其他诉讼参与人的参加下，依法定程序对行政案件进行审理并作出裁决的诉讼活动。开庭审理分为审理开始阶段、法庭调查阶段、法庭辩论阶段、合议庭评议阶段、判决裁定阶段等。

(3) 判决

根据《行政诉讼法》第54条规定，人民法院作出一审判决可分为四种形式：①维持判决。具体行政行为证据确凿，适用法律、法规正确，符合法定程序，判决维持；②撤销判决。即撤销或部分撤销并责令重新作出具体行政行为。撤销判决的条件是：主要证据不足的，适用法律、法规错误的，违反法定程序的，超越职权的，滥用职权的；③履行判决。即责令被告限期履行法定职责的判决；④变更判决。即变更行政处罚显失公平的判决。当事人不服人民法院第一审判决的，有权在判决书送达之日起15日内向上一级人民法院提起上诉。逾期不上诉的，一审判决发生法律效力。

4. 第二审程序

第二审程序是提请上级人民法院对下级人民法院，就第一审案件所作的判决、裁定，在发生法律效力前，基于当事人的上诉，依据事实和法律，对案件进行审理的程序。

第二审人民法院审理上诉案件，除《行政诉讼法》对第二审有特别规定处，均适用第一审程序。二审程序特别之处有：

(1) 审判组织。二审程序中必须由审判员组成合议庭，合议庭成员必须是三人以上单数。

(2) 审理方式。人民法院审理上诉案件，认为事实清楚的，可以实行书面审理。

(3) 审理期限。人民法院审理上诉案件，应当在收到上诉状之日起两个月内作出终审判决。有特殊情况需要延长的，由高级人民法院批准；高级人民法院审理上诉案件需要延长的，由最高人民法院批准。

(4) 二审判决。根据《行政诉讼法》第61条规定，二审判决分为两种：

①判决驳回上诉、维持原判。条件是：原判认定事实清楚，适用法律、法规正确。

②依法改判。有两种情况：a. 原判决认定事实清楚，但适用法律、法规错误的；b. 原判决认定事实不清，证据不足，或者由于违反法定程序可能影响案件正确判决的，裁定撤销原判，发回重审，也可以查清事实后改判。当事人对重审案件的判决、裁定，可以上诉。

二审判决是终审判决，一经作出即发生法律效力。

5. 审判监督程序

审判监督程序又称再审程序，是指人民法院对已经发生法律效力的判决、裁定，发现违反法律、法规的规定，依法再次审理的程序。

(1) 提起审判监督程序的条件

根据《行政诉讼法》第63条、64条规定，提起再审程序应具备以下条件：①提起审判监督程序的主体，必须是有审判监督权的组织或专职人员。最高人民法院、上级人民法院、本院院长提交审判委员会决定、人民检察院是提起再审程序的主体；②提起审判监督程序必须具备法定理由。即已生效的判决、裁定违反法律、法规规定，确有错误。

(2) 提起再审程序的程序

内容包括：①原审人民法院院长提起审判监督程序，必须报经审判委员会决定；②上级人民法院提起审判监督程序，即可以自己审理，也可以指令下级人民法院再审；③人民检察院的抗诉，应符合有关法律的规定；④对当事人申诉，人民法院应认真审查，决定是否提请再审。

（四）建设行政诉讼执行

建设行政诉讼执行，是指执行组织对已生效的建设行政案件的法律文书，在义务人逾期拒不履行时，依法采取强制措施，从而使生效法律文书的内容得以实施的活动。

公民、法人或者其他组织拒绝履行生效的判决、裁定的，行政机关可以向第一审人民法院申请强制执行，或者依法强制执行。行政机关拒绝履行生效的判决、裁定的，第一审人民法院可以采取以下措施：(1) 对应当归还的罚款或者应当给付的赔偿金，通知银行从该行政机关的账户内划拨；(2) 在规定期限内不执行的，从期满之日起，对该行政机关按日处50元至100元的罚款；(3) 向该行政机关的上一级行政机关或者监察、人事机关提出司法建议。接受司法建议的机关，根据有关规定处理，并将处理情况告知人民法院；(4) 拒不执行判决、裁定，情节严重构成犯罪的，依法追究主管人员和直接责任人员的刑事责任。

第五节 建设法规的法律体系

一、建设法规体系的概念

（一）法规体系的概念

法规体系，通常指由一个国家的全部现行法律规范分类组合为不同的法律部门而形成的有机联系的统一整体。任何一个国家的各种现行法律规范，虽然所调整的社会关系的性质不同，具有不同的内容和形式，但都是建立在共同的经济基础上，反映同一的阶级意志，受共同的原则指导，具有内在的协调一致性，从而构成一个有机联系的统一整体。在统一的法规体系中，各种法律规范，因其所调整的社会关系的性质不同，而划分为不同的法律部门，如《宪法》、《行政法》、《刑法》、《刑事诉讼法》、《民法》、《经济法》、《婚姻法》、《民事诉讼法》等等。它是组成法规体系的基本因素。在各个法的部门内部或几个法的部门之间，又包括各种法律制度，如所有权制度、合同制度、公开审理制度、辩护制度等。制度与制度之间，部门与部门之间，既存在差别，又相互联系，相互制约，于是形成一个内在一致的统一整体。

（二）建设法规体系概念

建设法规体系的建立，是指把已经制定和需要制定的建设法律、建设行政法规和建设部门规章衔接起来，形成一个相互联系、相互补充、相互协调的完整统一的体系。就广义的建设法规体系而言，还应包括地方性法规和规章。

建设法规体系的建立，是我国现代化进程中建设事业客观的必然的要求。我国建设事业方兴未艾，而我国建设立法起步晚，法律、行政法规、部门规章尚不配套。两相比较还不相称。由于建设事业行业多，又具有很强的社会性、综合性，决定了建设立法不仅应当为数可观，并且应当十分健全。坚持法制统一原则，协调配套原则，则能保证我国建设法规体系科学化、系统化。

建设法规体系是国家法律体系的重要组成部分。同时，建设法规体系又相对自成体系，具有相对独立性。根据法制统一原则，要求建设法规体系必须服从国家法律体系的总要求，建设方面的法律必须与宪法和相关的法律保持一致，建设行政法规、部门规章和地方性法规、规章不得与宪法、法律以及上一层次的法规相抵触。另外，建设法规应能覆盖建设事业的各个行业、各个领域以及建设行政管理的全过程，使建设活动的各个方面都有法可依、有章可循，使建设行政管理的每一个环节都纳入法制轨道。并且，在建设法规体系内部，不仅在纵向不同层次的法规之间，应当相互衔接，不能抵触；而且在横向同层次的法规之间，亦应协调配套，不能互相矛盾，重复或者留有"空白"。

二、建设法规体系的构成

（一）建设法规体系构成的基本含义

建设法规体系的构成，即建设法规体系采取的框架或结构。从理论上说，建设法规体系可采取宝塔形的结构方式或梯形结构方式。所谓宝塔形结构，即设立"中华人民共和国建设法"，以其作为建设事业的基本法，综合覆盖住房和城乡建设部主管的全部业务，依次再用专项法律、行政法规，部门规章作补充；所谓梯形结构，即不设"中华人民共和国建设法"，而以若干并列的专项法律共同组成体系框架的顶层，依序再配置相应的行政法规和部门规章，形成若干相互联系又相对独立的小体系。我国建设法规体系确定为梯形结构方式。这种选择符合建设系统多行业的特点，有着其现实的依据。目前，我国建设立法工作正按着这一体系进行着。

（二）我国的建设法规体系

我国建设法规体系，是以建设法律为龙头，建设行政法规为主干，建设部门规章和地方法规、规章为枝干而构成的。国务院建设行政主管部门制定了《建设法律体系规划方案》，作为规划列入8个方面的建设法规体系，部分现已制定并颁布实施，如《建筑法》、《房地产管理法》、《城乡规划法》，部分做出了补充如《招标投标法》。随着社会经济的发展和客观形势的变化，《建设法律体系规划方案》所设置的法律、行政法规、部门规章等势必要作相应调整，使我国建设法规体系在实践中不断得以充实完善。

（1）城市规划法是调整人们在制定和实施城市规划及在城市规划区内进行各项建设过程中发生的社会关系的法律规范的总称。其立法目的在于确定城市的规模和发展方向，实现城市的经济和社会发展目标，合理地制定城市规划和进行城市建设。城市规划法已调整为城乡规划法，《中华人民共和国城乡规划法》已于 2007 年 10 月 28 日公布，自 2008 年 1 月 1 日起施行。

（2）城市房地产管理法是调整城市房地产业和各项房地产经营活动及其社会关系的法律规范的总称。其立法目的是为了保障城市房地产所有人、经营人、使用人的合法权益，促进房地产业的发展，适应社会主义现代化建设和人民生活的需要。修订的《中华人民共和国城市房地产管理法》于 2007 年 8 月 30 日公布，自公布之日起施行。

（3）建筑法。调整在土木工程、建筑工程、线路管道和设备安装工程的新建、扩建、改建、拆除活动及建设装饰装修活动中发生的法律规范的总称。其立法目的在于加强对建筑活动的监督管理，维护建筑市场秩序，保证建筑工程的质量和安全，促进建筑业健康发展。修订的《中华人民共和国建筑法》已于 2011 年 4 月 22 日公布，自 2011 年 7 月 1 日起施行。

（4）市政公用事业法是调整城市市政设施公用事业、市容环境卫生、园林绿化等建设、管理活动及其社会关系的法律规范的总称。其立法目的是为了加强市政公用事业的统一管理，保证城市建设和管理工作的顺利进行，发挥城市多功能的作用。

（5）工程设计法是调整工程设计的资质管理、质量管理、技术管理，以及制定设计文件全过程活动及其社会关系的法律规范的总称。其立法目的在于加强工程设计的管理，提高工程设计水平。

（6）住宅法是调整城乡住宅的所有权、建设、资金与融通、优惠、买卖与租赁、管理与维修等活动及其社会关系的法律规范的总称。其立法目的是为了保障公民享有住房的权利，保证住宅所有者和使用者的合法权益，促进住宅建设发展，不断改善公民的住房条件和提高居住水平。住房保障法于 2008 年 11 月被列入十一届全国人大常委会五年立法规划和国务院 2010 年立法计划，并已形成基本住房保障法征求意见稿。该稿规定了城镇基本住房保障标准、范围、方式，保障性住房的规划、建设与管理，住房租赁补贴，土地、财政、税收与金融支持，基本住房保障的组织落实，农村住房保障制度。

（7）风景名胜区法是调整人们在保护、利用、开发和管理风景名胜资源各项活动中产生的各种社会关系的法律规范的总称。其立法目的是为了加强风景名胜区的管理、保护、利用和开发风景名胜资源。

（8）村镇建设法是调整村庄、集镇在规划综合开发、设计、施工、公用基础设施、住宅和环境管理等项活动及其社会关系的法律规范的总称。其立法目的是为了加强村镇建设管理，不断改善村镇的环境，促进城乡经济、社会协调发展，推动社会主义新村镇的建设。

思考题

1. 何为建设法规？
2. 建设法规的调整对象和调整范围是什么？
3. 建设法规的立法原则是什么？
4. 建设行政复议的条件和程序是什么？
5. 建设行政诉讼的条件和程序是什么？

第二章 城乡规划法

第一节 城乡规划法概述

一、城乡规划的概念

1. 城乡规划是指对一定时期内城乡的经济和社会发展、土地利用、空间布局以及各项建设的综合部署、具体安排和实施管理。城乡规划调整的是城乡、镇、村庄等居民点以及居民点之间的相互关系,是城乡居民点的空间布局规划,不是覆盖全国国土面积的规划。城乡规划是各级政府统筹安排城乡发展建设空间布局、保护生态和自然环境、合理利用自然资源的基本手段,是促进城市和乡村发展的有效途径,也是维护社会公正与公平、保障公共安全和公众利益、提供公共服务的重要公共政策依据。

城乡规划包括城镇体系规划、城市规划、镇规划、乡规划和村庄规划。城市规划、镇规划分为总体规划和详细规划。详细规划分为控制性详细规划和修建性详细规划。

2. 规划区是指城市、镇和村庄的建成区以及因城乡建设和发展需要,必须实行规划控制的区域。规划区的具体范围由有关人民政府在组织编制的城市总体规划、镇总体规划、乡规划和村庄规划中,根据城乡经济社会发展水平和统筹城乡发展的需要划定。

二、城乡规划的基本原则

制定和实施城乡规划,应当遵循城乡统筹、合理布局、节约土地、集约发展和先规划后建设的原则,改善生态环境,促进资源、能源节约和综合利用,保护耕地等自然资源和历史文化遗产,保持地方特色、民族特色和传统风貌,防止污染和其他公害,并符合区域人口发展、国防建设、防灾减灾和公共卫生、公共安全的需要。具体表现在以下几个方面:

1. 城乡统筹、合理发展的原则

城乡统筹是城乡规划制定的首要原则,因为农村和城市是相互联系、相互依赖、相互补充、相互促进的。要以科学发展观统筹城乡区域协调发展,积极发展中心镇和其他小城镇,形成大中小城市和小城镇协调发展的城镇体系,认真贯彻城市支持农村、工业反哺农业的方针,把推进城镇化与优化城乡经济布局、调整城乡利益关系有机结合起来,充分发挥城市的辐射带动作用,加快城乡互动,促进城乡经济社会相互融合、协调发展。

2. 节约资源、保护环境,坚持可持续发展的原则

必须充分认识我国人口众多、人均资源短缺和环境容量压力大的基本国情。在制定城乡规划时,认真分析城乡建设发展的资源环境条件,明确为保护环境、资源需要严格控制的区域,合理确定发展规模、建设步骤和建设标准,推进城乡建设发展方式由粗放型向集约型转变,增强可持续发展能力。

3. 关注民生,坚持以人为本的原则

始终把维护好、实现好、发展好人民群众的根本利益作为城乡规划的出发点和落脚点,落实党的十七大提出的加快推进以改善民生为重点的社会建设的重要战略部署,在制定和实施城乡规划时进一步重视社会公正和改善民生。要有效配置公共资源,合理安排城市基础设施和公共服务设施,改善人居环境,方便群众生活。要关注中低收入阶层的住房问题,做好住房建设规划。要加强对公共安全的研究,提高城乡居民点的防火、防爆、防洪、防泥石流以及治安、交通管理,人防建设等管理水平,在可能发生强烈地震和严重洪水灾害的地区,必须在规划中采取相应的抗震、防洪措施,切实保障人民群众生命财产安全和社会稳定。

4. 规划公开和公众参与的原则

城乡规划组织及编制机关应当及时公布经依法批准的城乡规划,任何单位和个人都应当遵守经依法批准并公布的城乡规划,服从规划管理。城乡规划报送审批前,组织编制机关应当依法将城乡规划草案予以公告,并采取论证会、听证会或者其他方式征求专家和公众的意见。省域城镇体系规划、城市总体规划、镇总体规划批准前,审批机关应当组织专家和有关部门进行审查。

5. 先规划后建设的原则

按照《城乡规划法》的要求,依法编制城乡规划,包括近期建设规划、控制性详细规划、乡和村庄规划。没有科学规划的指导,建设活动必然没有明确的目标,城乡建设必然盲目无序,城乡建设必须依据批准的规划,坚决杜绝"先建设后规划,边建设边规划"的现象。

6. 突出特色的原则

城乡规划应因地制宜,发挥优势,坚持继承与发展相结合,注重历史文物古迹和有地方特色的文化、自然景观的保护和利用,创建既有地方特色又有时代气息的城乡规划。乡规划、村庄规划应当从农村实际出发,尊重村民意愿,努力体现地方和农村特色。

三、城乡规划法的概念、基本内容和适用范围

1. 城乡规划法的概念

城乡规划法是指国家制定或认可的,依靠国家强制力保证实施的调整城乡规划、实施和管理过程中发生的各种社会关系的法律规范的总称。

2. 城乡规划法的基本内容

1989年12月七届全国人大常委会通过的《城市规划法》,1993年6月国务院发布的《村庄和集镇规划建设管理条例》,形成了中国城乡规划法律制度,即"一法一条例"。这种就城市论城市、就乡村论乡村的规划制定与实施模式,使城市和乡村规划之间缺乏统筹协调,衔接不够,已经不适应我国经济社会迅速发展的新形势。因此,2007年10月28日经十届全国人大常委会第三十次会议表决通过了《城乡规划法》。这部法律是在总结原有的城市规划法和村庄集镇规划建设管理条例实施经验的基础上制定出来的,标志着我国进入了城乡总体规划的新时代。《城乡规划法》共7章70条,对城乡规划的制定、实施、修改、监督检查和法律责任作了规定。

第一章总则,主要阐明了立法的目的和本法的适用范围;规定了有关城乡规划、建设和发展的基本方针;明确了国家和地方的管理体制和外部关系协调的要求。

第二章城乡规划的制定,主要明确了各级政府组织编制城乡规划的职责;阐明了城乡规

划编制的主要内容；规定了编制城乡规划的审批和审议程序；规定了城乡规划编制单位的资质和执业资格要求。

第三章城乡规划的实施，主要确立了城乡规划行政主管部门对城乡规划区内基础建设布局、新区开发和旧区改建和各项建设实施规划管理的基本原则；明确实行"一书二证"规划许可制度；规定了近期建设规划的内容和实施。

第四章城乡规划的修改，主要确立了规划评估制度，明确了省域城镇体系规划、城市总体规划、镇总体规划、详细规划、乡规划、村规划和近期建设规划的修改审批程序，确定了规划修改给合法权益人造成损失的赔偿制度。

第五章监督检查，包括对城乡规划行政监督、人大监督、公众监督以及行政监督检查结果的法定处理措施等的规定。

第六章法律责任，规定了有关人民政府、城乡规划行政主管部门、相关行政部门、城乡规划编制单位、行政相对方违反《城乡规划法》的法律责任以及乡村违法建设所应承担的法律责任。明确了对违法建设的强制执行措施。

第七章附则，规定了本法开始施行的具体时间。

3. 城乡规划法的适用范围

法律的适用范围是指该法律规定的效力范围。《城乡规划法》规定：制定和实施城乡规划，在规划区内进行建设活动，必须遵守本法。其法律效力范围包括三个方面。

（1）地域适用范围

在中华人民共和国境内制定和实施城乡规划的，包括城镇体系规划、城市规划、镇规划、乡规划和村庄规划，也包括总体规划、控制性详细规划和修建性详细规划。

（2）主体适用范围

《城乡规划法》的主体适用范围包括：一是负责编制、审批、审议和管理的各级人大、各级人民政府、主管行政机关和其他相关主管部门；二是参与规划编制的规划设计单位、科研单位，进行建设活动的建设单位、设计单位、施工单位、监理单位和其他单位；三是参与规划活动的其他任何单位和个人。

（3）行为适用范围

《城乡规划法》的行为适用范围包括：一是制定城乡规划的行为，主要是指编制城乡规划、承担编制城乡规划、负责审批或审议城乡规划以及调整和修改城乡规划等行为；二是实施城乡规划的行为，主要是指负责城乡规划的管理，组织城乡规划的实施；三是在城乡规划区内使用土地和进行建设等行为。

第二节 城乡规划的制定

一、城乡规划的编制

（一）城乡规划的编制体系

为了加强城乡规划，协调城乡空间布局，改善人居环境，促进城乡经济社会全面协调可持续发展，必须科学、合理地编制城乡规划。

《城乡规划法》规定的城乡规划编制体系由4个不同层面的规划组成：城镇体系规划、城镇总体规划、城镇详细规划和乡村规划。城镇体系规划是编制城镇总体规划的重要依据，城镇总体规划是编制城镇详细规划的依据。对省域城镇体系规划、城市总体规划、镇总体规划和详细规划中涉及区域协调发展、资源利用、环境保护、风景名胜资源管理、自然与文化遗产保护、公众利益和公共安全等方面的内容，在《城乡规划法》中规定为强制性内容。

（二）城乡规划的主要内容

1. 城镇体系规划

城镇体系规划是指一定地域范围内，以区域生产力合理布局和城镇职能分工为依据，确定不同人口规模等级和职能分工的城镇的分布和发展规划。城镇体系规划一般分为全国城镇体系规划、省域（或自治区域）城镇体系规划、市域（包括直辖市、市和有中心城市依托的地区、自治州、盟域）城镇体系规划、县域（包括县、自治县、旗、自治旗域）城镇体系规划4个基本层次。城镇体系规划区域范围一般按行政区划定。我国已经形成一套由国土规划→城镇体系规划→城镇总体规划→城镇分区规划→城镇详细规划等组成的空间规划系列。城镇体系规划既是城乡规划的组成部分，又是区域国土规划的组成部分。

《城乡规划法》对全国城镇体系规划和省域城镇体系规划作了规定。全国城镇体系规划的内容主要包括：全国城镇化发展战略与目标、全国城镇发展布局、确定区域性中心城市、涉及国民经济和社会发展的大型基础设施的布局原则等。全国城镇体系规划在规划体系中具有重要的地位，对省域城镇体系规划、城市规划、镇规划、乡规划和村庄规划具有指导作用。

《城乡规划法》规定，省域城镇体系规划的内容包括城镇空间布局和规模控制，重大基础设施的布局，为保护生态环境、资源等需要严格控制的区域。省域城镇体系规划的强制性内容包括：限制建设区、禁止建设区的管制要求，重要资源和生态环境保护目标，省域内区域性重大基础设施布局等。

2. 城镇总体规划

《城乡规划法》规定，城市规划、镇规划分为总体规划和详细规划。

城镇总体规划是对一定时期内城镇性质、发展目标、发展规模、土地利用、空间布局以及各项建设的综合部署和实施措施。城镇总体规划直接关系到城镇总体功能的有效发挥，关系到经济、社会、人口、资源和环境的协调发展，必须体现前瞻性、战略性和综合性。

《城乡规划法》规定，城市总体规划、镇总体规划的内容应当包括：城市、镇的发展布局，功能分区，用地布局，综合交通体系，禁止、限制和适宜建设的地域范围，各类专项规划等。规划区范围、规划区内建设用地规模、基础设施和公共服务设施用地、水源地和水系、基本农田和绿化用地、环境保护、自然与历史文化遗产保护以及防灾减灾等内容，应当作为城市总体规划、镇总体规划的强制性内容。城市总体规划、镇总体规划的规划期限一般为二十年。城市总体规划还应当对城市更长远的发展作出预测性安排。

为了落实城乡总体规划，应当编制近期建设规划。近期建设规划是指根据城镇总体规划、土地利用总体规划和年度计划以及国民经济和社会发展规划的要求，确定近期的建设目标、内容和实施部署，并对城镇近期内发展布局和主要建设目标作出安排，为各单项工程设计提供依据。近期建设规划是总体规划的主要组成部分，是城乡近期建设项目安排的依据，也是落实城乡总体规划的重要步骤和实施手段。近期建设规划应当以重要基础设施、公共服务设施和中低收入居民住房建设以及生态环境保护为重点内容，明确近期建设的时序、发展方向和空间布局。近期建设规划的规划期限为五年。城市近期建设规划包括：确定近期人口和建设用地规模，确定近期建设用地范围和布局；确定近期交通发展策略，确定主要对外交通设施和主要道路交通设施布局；确定各项基础设施、公共服务和公益设施的建设规模和选址；确定近期居住用地安排和布局；确定历史文化名城、历史文化街区、风景名胜区等的保护措施，城市河湖水系、绿化、环境等保护、整治和建设措施；确定控制和引导城市近期发展的原则和措施。

3. 城镇详细规划

《城乡规划法》规定，详细规划分为控制性详细规划和修建性详细规划。

详细规划是指在总体规划的基础上，对需要进行开发建设地区的土地使用性质、开发强度、绿化建设、基础设施建设、历史文化保护等作出具体规划。按照详细规划的不同作用，详细规划又分为控制性详细规划和修建性详细规划。

控制性详细规划是指以总体规划或分区规划为依据，确定建设地区的土地使用性质和使用强度的控制指标、道路和工程管线控制性位置以及空间环境控制的规划要求。控制性详细规划是确定规划条件、核发建设用地规划许可证和核发建设工程规划许可证的法定依据。控制性详细规划包括下列基本内容：土地使用性质及其兼容性等用地功能控制要求；容积率、建筑高度、建筑密度、绿地率等用地指标；基础设施、公共服务设施、公共安全设施的用地规模、范围及具体控制要求，地下管线控制要求；基础设施用地的控制界线（黄线）、各类绿地范围的控制线（绿线）、历史文化街区和历史建筑的保护范围界线（紫线）、地表水体保护和控制的地域界线（蓝线）等"四线"及控制要求。控制性详细规划的强制性内容包括：各地块的主要用途、建筑密度、建筑高度、容积率、绿地率、基础设施和公共服务设施配套规定。

修建性详细规划是指以总体规划、控制性详细规划为依据，制定用以指导各项建筑和工程设施的设计和施工的规划设计。修建性详细规划应当符合控制性详细规划，是控制性详细规划的深化和具体化，是对城市建设地区的房屋建筑、市政工程、基础设施、园林绿地和其他公共设施做出具体布置和为确定各项工程设计指标提供依据。修建性详细规划应当包括下列主要内容：建设条件分析及综合技术经济论证；作出建筑、道路和绿地等的空间布局和景观规划设计，布置总平面图；道路交通规划设计；绿地系统规划设计；工程管线规划设计；竖向规划设计；估算工程量、拆迁量和总造价，分析投资效益。

4. 乡村规划、村庄规划

《城乡规划法》规定，乡规划、村庄规划应当从农村实际出发，尊重村民意愿，体现地方和农村特色。乡规划、村庄规划的内容应当包括：规划区范围，住宅、道路、供水、排水、供电、垃圾收集、畜禽养殖场所等农村生产、生活服务设施、公益事业等各项建设的用地布局、建设要求，以及对耕地等自然资源和历史文化遗产保护、防灾减灾等的具体安排。乡规划还应当包括本行政区域内的村庄发展布局。

（三）城乡规划的编制权限

全国城镇体系规划由国务院城乡规划主管部门会同国务院有关部门组织编制；省域城镇体系规划由省、自治区人民政府组织编制。

城市总体规划由城市人民政府组织编制；县人民政府所在地镇的总体规划，由县人民政府组织编制；其他镇的总体规划由镇人民政府组织编制。

城市的控制性详细规划由城市人民政府城乡规划主管部门根据城市总体规划的要求组织编制；镇的控制性详细规划由镇人民政府根据镇总体规划的要求组织编制；县人民政府所在

地镇的控制性详细规划，由县人民政府城乡规划主管部门根据镇总体规划的要求组织编制；重要地块的修建性详细规划由城市、县人民政府城乡规划主管部门和镇人民政府组织编制。

乡规划、村庄规划由乡、镇人民政府组织编制。

（四）城乡规划的编制单位

1. 城乡规划的编制单位

（1）编制单位的基本条件

城乡规划组织编制机关应当委托具有相应资质等级的单位承担城乡规划的具体编制工作。编制城乡规划必须遵守国家的有关标准。

从事城乡规划编制工作应当具备下列条件，并经国务院城乡规划主管部门或者省、自治区、直辖市人民政府城乡规划主管部门依法审查合格，取得相应等级的资质证书后，方可在资质等级许可的范围内从事城乡规划编制工作：①有法人资格；②有规定数量的经国务院城乡规划主管部门注册的规划师；③有规定数量的相关专业技术人员；④有相应的技术装备；⑤有健全的技术、质量、财务管理制度。关于城乡规划的资质管理的规章仍是原建设部于2000年12月14日颁布的《城市规划编制单位资质管理规定》。目前正在制定《城乡规划编制单位资质管理规定》。

（2）编制单位的资质等级

城市规划编制单位资质分为甲、乙、丙三级。甲级城市规划编制单位标准：①具备承担各种城市规划编制任务的能力；②具有高级技术职称的人员占全部专业技术人员的比例不低于20%，其中高级城市规划师不少于4人，具有其他专业高级技术职称的不少于4人（建筑、道路交通、给排水专业各不少于1人）；具有中级技术职称的城市规划专业人员不少于8人，其他专业（建筑、道路交通、园林绿化、给排水、电力、通讯、燃气、环保等）的人员不少于15人；③达到国务院城市规划行政主管部门规定的技术装备及应用水平考核标准；④有健全的技术、质量、经营、财务管理制度并得到有效执行；⑤注册资金不少于80万元；⑥有固定的工作场所，人均建筑面积不少于10平方米。

（3）编制单位的业务范围

甲级城市规划编制单位承担城市规划编制任务的范围不受限制。乙级城市规划编制单位可以在全国承担下列任务：①20万人口以下城市总体规划和各种专项规划和编制（含修订或者调整）；②详细规划的编制；③研究拟定大型工程项目规划选址意见书。丙级城市规划编制单位可以在本省、自治区、直辖市承担下列任务：①建制镇总体规划编制和修订；②20万人口以下城市的详细规划的编制；③20万人口以下城市的各种专项规划的编制；④中、小型建设工程项目规划选址的可行性研究。

2. 注册规划师

注册城市规划师是指通过全国统一考试，取得注册城市规划师执业资格证书，并经注册登记后从事城市规划业务工作的专业技术人员。1999年4月7日人事部、建设部联合颁布了《注册城市规划师执业资格制度暂行规定》和《注册城市规划师执业资格认定办法》，对注册城市规划师的考试、注册管理、权利与义务等作出了具体规定。目前正在制定《注册规划师执业资格管理办法》。

（1）资格考试

凡中华人民共和国公民和香港、澳门居民，遵纪守法，并具备以下条件之一者，均可报名参加注册城市规划师执业资格考试：①取得城市规划专业大专学历，并从事城市规划业务工作满6年。②取得城市规划专业大学本科学历，并从事城市规划业务工作满4年；或取得城市规划相近专业大学本科学历，并从事城市规划业务工作满5年。③取得通过评估的城市规划专业大学本科学历，并从事城市规划业务工作满3年。④取得城市规划相近专业硕士学位，并从事城市规划业务工作满3年。⑤取得城市规划专业硕士学位或相近专业博士学位，并从事城市规划业务工作满2年。⑥取得城市规划专业博士学位，并从事城市规划业务工作满1年。⑦1980年底前，取得城市规划专业中专学历，并从事城市规划业务工作满15年。⑧1982年底前，取得非城市规划专业大专学历，并从事城市规划业务工作满10年。

注册城市规划师执业资格考试实行全国统一大纲、统一命题、统一组织的办法，原则上每年举行一次。考试科目包括：《城市规划实务》、《城市规划原理》、《城市规划相关知识》、《城市规划管理与法规》4个科目，参加全部4个科目考试的人员，必须在连续2个考试年度内通过全部科目的考试。

(2) 注册城市规划师的注册

注册城市规划师执业资格考试合格者，由各省、自治区、直辖市人事部门颁发人事部统一印制、人事部和建设部（现住房和城乡建设部）用印的中华人民共和国注册城市规划师执业资格证书。取得注册城市规划师执业资格证书申请注册的人员，可由本人提出申请，经所在单位同意后报所在地省级城市规划行政主管部门审查，统一报建设部（现住房和城乡建设部）注册登记。经批准注册的申请人，由建设部（现住房和城乡建设部）核发《注册城市规划师注册证》。申请注册的人员必须同时具备以下条件：①遵纪守法，恪守注册城市规划师职业道德；②取得注册城市规划师执业资格证书；③所在单位考核同意；④身体健康，能坚持在注册城市规划师岗位上工作。

注册城市规划师每次注册有效期为三年。有效期满前三个月，持证者应当重新办理注册登记。再次注册者，应经单位考核合格并有参加继续教育、业务培训的证明。注册城市规划师有下列情况之一的，其所在单位应及时向所在省级城市规划行政主管部门报告，有关的省级城市规划行政主管部门必须及时向建设部（现住房和城乡建设部）办理撤销注册手续：①完全丧失民事行为能力的；②受到刑事处罚的；③脱离注册城市规划师岗位连续2年以上的；④因在城市规划工作中的失误造成损失，受到行政处罚或者撤职以上行政处分的。被撤销注册的当事人对撤销注册有异议的，可以在接到撤销注册通知之日起15日内向建设部（现住房和城乡建设部）申请复议。

(3) 注册城市规划师的权利和义务

注册城市规划师的权利：①注册城市规划师对所经办的城市规划工作成果的图件、文本以及建设用地和建设工程规划许可文件有签名盖章权。②注册城市规划师有权对违反国家有关法律、法规和技术规范的要求及决定提出劝告，并可在拒绝执行的同时向上级城市规划部门报告。

注册城市规划师的义务：①注册城市规划师应严格执行国家有关城市规划工作的法律、法规和技术规范；秉公办事，维护社会公众利益，保证工作成果质量。②注册城市规划师应保守工作中的技术和经济秘密。③注册城市规划师不得同时受聘于两个或两个以上单位执行城市规划业务，不得准许他人以本人名义执行业务。④注册城市规划师按规定接受专业技术人员继续教育，不断更新知识，提高工作水平。参加规定的专业培训和考核，并作为重新注册登记的必备条件之一。

注册城市规划师对所经办的城市规划工作成果的图件、文本以及建设用地和建设工程规划许可文件承担相应的法律和经济责任。

二、城乡规划的审批和审议

(一) 城乡规划的审批

全国城镇体系规划由国务院城乡规划主管部门报国务院审批。省、自治区人民政府组织编制省域城镇体系规划，报国务院审批。

直辖市的城市总体规划由直辖市人民政府报国务院审批。省、自治区人民政府所在地的城市以及国务院确定的城市的总体规划，由省、自治区人民政府审查同意后，报国务院审批。其他城市的总体规划，由城市人民政府报省、自治区人民政府审批。

县人民政府组织编制县人民政府所在地镇的总体规划，报上一级人民政府审批。其他镇的总体规划由镇人民政府组织编制，报上一级人民政府审批。

乡、镇人民政府组织编制乡规划、村庄规划，报上一级人民政府审批。

(二) 城乡规划的审议

省、自治区人民政府组织编制的省域城镇体系规划，城市、县人民政府组织编制的总体规划，在报上一级人民政府审批前，应当先经本级人民代表大会常务委员会审议，常务委员会组成人员的审议意见交由本级人民政府研究处理。

镇人民政府组织编制的镇总体规划，在报上一级人民政府审批前，应当先经镇人民代表大会审议，代表的审议意见交由本级人民政府研究处理。

规划的组织编制机关报送审批省域城镇体系规划、城市总体规划或者镇总体规划，应当将本级人民代表大会常务委员会组成人员或者镇人民代表大会代表的审议意见和根据审议意见修改规划的情况一并报送。

(三) 公众参与规划和规划公布

1. 公众参与规划

公众参与规划是平衡规划公共管理权和私人权利，实现规划制定的民主参与，提高规划执行效率的重要手段。城乡规划关系着城乡各行各业的发展和广大人民群众的根本利益，要保证它的顺利实施，必须依靠社会各界和广大人民群众的支持和合作。为此，《城乡规划法》规定了公众参与规划的内容。

城乡规划报送审批前，组织编制机关应当依法将城乡规划草案予以公告，并采取论证会、听证会或者其他方式征求专家和公众的意见。公告的时间不得少于三十日。组织编制机关应当充分考虑专家和公众的意见，并在报送审批的材料中附具意见采纳情况及理由。

2. 规划公布

为了使全社会都能够了解、熟悉和执行城乡规划，近年来我国许多城乡人民政府和城乡规划行政主管部门采取多种方式，将经批准的城乡规划予以公布。总结国内经验并参照国外的做法，《城乡规划法》第八条明确规定："城乡规划组织编制机关应当及时公布经依法批准的城乡规划。但是，法律、行政法规规定不得公开的内容除外。"。城乡规划经批准后，公布的方式可以多种多样，例如通过报纸公布、举办展览、举行报告会、设置宣传栏、印发小册子等。城乡规划的内容，除按规定应予保密的以外一般均可公布，采取什么样的方式公布和公布哪些内容由城乡人民政府决定。

实践证明，公布城乡规划对于提高人民群众的规划意识、参与意识和知法守法的自觉性，产生了良好的效果，具体表现在：

(1) 便于群众了解

将批准后的城乡规划公布施行，城乡中各行各业和广大人民群众就可以了解城乡性质、发展规模和发展方向、各项用地的布局、各项建设的具体安排等，有利于把城乡整体的利益和自身的局部利益结合起来，以城乡规划作为进行建设活动的准则，并自觉维护城乡规划的权威。

（2）便于群众参与

将批准后的城乡规划公布施行，使城乡各行各业各个部门和广大人民群众真正了解到，城乡规划所确定的城乡发展目标与建设部署，与自身长远的和当前的利益都是息息相关的，从而提高参与城乡规划实施的积极性和主动性。使广大人民群众自觉配合城乡规划行政主管部门，按照城乡规划的要求进行建设活动；并且配合城乡规划行政主管部门，及时发现和制止各类违背城乡规划要求的违法行为。

（3）便于群众监督

把行政机关及其工作人员的执法行为置于群众监督之下，是发扬社会主义民主，有效地防止和反对官僚主义，同一切不良现象作斗争的重要手段。将批准后的城乡规划公布，群众就可以对城乡规划区内的建设活动进行监督，发现问题，及时举报，以便城乡规划行政主管部门能够及时制止和处理各种违法占地和违法建设行为。

三、城乡规划的修改

城乡规划一经批准，不得随意修改，特别是不能因为地方领导人的变更而变更，更不能因为个别领导人的意见而擅自修改，为此，《城乡规划法》对各类城乡规划的修改作出了严格的规定。

（一）省域城镇体系规划、城市总体规划、镇总体规划的修改

省域城镇体系规划、城市总体规划、镇总体规划的组织编制机关，应当组织有关部门和专家定期对规划实施情况进行评估，并采取论证会、听证会或者其他方式征求公众意见。组织编制机关应当向本级人民代表大会常务委员会、镇人民代表大会和原审批机关提出评估报告并附具征求意见的情况。

有下列情形之一的，组织编制机关方可按照规定的权限和程序修改省域城镇体系规划、城市总体规划、镇总体规划：（1）上级人民政府制定的城乡规划发生变更，提出修改规划要求的；（2）行政区划调整确需修改规划的；（3）因国务院批准重大建设工程确需修改规划的；（4）经评估确需修改规划的；（5）城乡规划的审批机关认为应当修改规划的其他情形。

修改省域城镇体系规划、城市总体规划、镇总体规划前，组织编制机关应当对原规划的实施情况进行总结，并向原审批机关报告；修改涉及城市总体规划、镇总体规划强制性内容的，应当先向原审批机关提出专题报告，经同意后，方可编制修改方案。修改后的省域城镇体系规划、城市总体规划、镇总体规划，应当依照《城乡规划法》有关规定的审批程序报批。

（二）控制性详细规划、乡村庄规划、近期建设规划的修改

修改控制性详细规划的，组织编制机关应当对修改的必要性进行论证，征求规划地段内利害关系人的意见，并向原审批机关提出专题报告，经原审批机关同意后，方可编制修改方案。修改后的控制性详细规划，应当依照《城乡规划法》有关规定的审批程序报批。控制性详细规划修改涉及城市总体规划、镇总体规划的强制性内容的，应当先修改总体规划。

修改乡规划、村庄规划的，应当依照《城乡规划法》有关规定的审批程序报批。

城市、县、镇人民政府修改近期建设规划的，应当将修改后的近期建设规划报总体规划审批机关备案。

第三节 城乡规划的实施

一、城乡规划实施的基本原则

城乡发展和建设必须严格执行批准的城乡规划，确保城乡规划依法、科学、有序的实施。《城乡规划法》对城乡规划的实施做出了原则性规定。

地方各级人民政府应当根据当地经济社会发展水平，量力而行，尊重群众意愿，有计划、分步骤地组织实施城乡规划。

城市新区的开发和建设，应当合理确定建设规模和时序，充分利用现有市政基础设施和公共服务设施，严格保护自然资源和生态环境，体现地方特色。在城市总体规划、镇总体规划确定的建设用地范围以外，不得设立各类开发区和城市新区。城市的建设和发展，应当优先安排基础设施以及公共服务设施的建设，妥善处理新区开发与旧区改建的关系，统筹兼顾进城务工人员生活和周边农村经济社会发展、村民生产与生活的需要。城市地下空间的开发和利用，应当与经济和技术发展水平相适应，遵循统筹安排、综合开发、合理利用的原则，充分考虑防灾减灾、人民防空和通讯等需要，并符合城市规划，履行规划审批手续。旧城区的改建，应当保护历史文化遗产和传统风貌，合理确定拆迁和建设规模，有计划地对危房集中、基础设施落后等地段进行改建。

镇的建设和发展，应当结合农村经济社会发展和产业结构调整，优先安排供水、排水、供电、供气、道路、通讯、广播电视等基础设施和学校、卫生院、文化站、幼儿园、福利院等公共服务设施的建设，为周边农村提供服务。

乡、村庄的建设和发展，应当因地制宜、节约用地，发挥村民自治组织的作用，引导村民合理进行建设，改善农村生产、生活条件。

城乡规划确定的铁路、公路、港口、机场、道路、绿地、输配电设施及输电线路走廊、通信设施、广播电视设施、管道设施、河道、水库、水源地、自然保护区、防汛通道、消防通道、核电站、垃圾填埋场及焚烧厂、污水处理厂和公共服务设施的用地以及其他需要依法保护的用地，禁止擅自改变用途。

城乡建设和发展，应当依法保护和合理利用风景名胜资源，统筹安排风景名胜区及周边乡、镇、村庄的建设。风景名胜区的规划、建设和管理，应当遵守有关法律、行政法规和国务院的规定。历史文化名城、名镇、名村的保护以及受保护建筑物的维护和使用，应当遵守有关法律、行政法规和国务院的规定。

二、新区开发与旧区改建

（一）新区开发

新区开发是指按照城乡总体规划的部署，在城乡现有建成区以外的一定地段，进行集中成片、综合配套的开发建设活动。新区开发是随着城乡经济与社会的发展、城乡规模的扩大，为了满足城乡生产、生活日益增长的需要，逐步实现城乡预期的发展目标而进行的，是城乡建设和发展的重要组成部分。

根据不同城乡建设和发展的规划要求，新区开发的内容主要包括以下几个方面。

（1）新区的开发建设。主要是为了解决城乡建成区内由于布局混乱、密度过高、负荷过重造成的种种弊端，或为了比较完整地保护古城的传统风貌，在建成区外围进行集中成片的开发建设，以达到疏解旧区人口、调整旧区结构、完善旧区功能和改善旧区环境等目的。

（2）经济技术开发区的建设。它是随着我国经济体制改革和对外开放形势的发展而出现的一种开发建设形式，其目的是为了提供优惠政策、创造良好的投资环境，以吸引外资、引进先进技术和进行横向经济联合。经济技术开发区的建设主要集中在沿海城乡及一些对外开放条件较好的城乡。

（3）卫星城镇的开发建设。主要是为了有效地控制大城市市区的人口和用地规模，按照总体规划要求，将市区搬迁的项目或新建的大、中型项目安排到周围的小城镇去，而有计划、有重点地开发建设这些小城镇，逐步形成以大城市为中心的、比较完善的城镇体系。

（4）新工矿区的开发建设。是指国家或地方政府根据矿产资源开发和加工的需要，在城乡郊区或郊县建设大、中型工矿企业，并逐步形成相对独立的工矿区，在统一规划的指导下，进行配套建设。

在新区的开发建设中，必须注意的问题包括：第一，城市新区的开发和建设应当根据土地资源、水资源等的承载能力，量力而行，妥善处理近期建设与长远发展的关系；第二，城市新区的开发和建设应当坚持统一规划和管理，各类开发区要纳入城市的统一规划，防止擅自下放规划管理权；第三，城市新区的开发和建设应当坚持保护好大气环境、河湖水系等水环境和绿化植被等生态环境和自然资源，避开地下文物埋藏区，防止破坏现有的历史文化遗存；第四，城市新区的开发和建设应该结合城市的社会经济发展情况，结合现有基础设施和公共服务设施的配置，防止讲排场、搞形式、盲目追求形象和高标准；第五，新区的开发和建设应当坚持保障人民群众基本利益优先，特别是关注中低收入人群，体现社会公平的原则；第六，新区的开发和建设应当充分考虑保护城市的传统特色。

（二）旧区改建

城乡旧区是城乡在长期历史发展和演变过程中逐步形成的进行各项政治、经济、文化、社会活动的居民集聚区。城乡旧区的形成，显示了各个不同历史阶段发展的轨迹，通常历史文化遗存比较丰富，历史格局和传统风貌比较完整，但同时旧区也存在：（1）布局混乱、城市格局尺度比较小；（2）人口密度比较高而且居民中低收入人群占的比例较高，居住拥挤；（3）房屋破旧，房屋质量比较差；（4）基础设施比较陈旧、道路交通比较拥堵、环境污染、市政和公共设施短缺等问题，不能适应城乡经济、社会发展的需要，迫切需要完善。根据各城乡的实际情况和存在的主要矛盾，有计划、有步骤、有重点地对旧区进行充实和更新。所以，保护、利用、充实和更新构成了旧区改建的完整概念。

在城市旧区更新中应当注意的主要问题包括：第一，在城市旧区的规划建设中，要结合城市新区的发展，对旧区功能逐步进行调整，将污染严重、干扰较大的二三类工业用地、仓储用地等逐步搬迁，同时增加交通、居住、各类基础设施和公共服务设施用地，促使城市旧区的功能结构逐步完善；第二，要合理确定旧区的居住人口规模，重点对危房集中地区进行改建，结合城市新区的开发建设，逐步推动城市旧区人口的疏散，使城市旧区的人居环境能够逐步得到改善。第三，要重点做好公共交通系统、改善旧区道路、完善自行车交通和步行交通系统、公共停车设施等交通设施的安排，从根本上解决交通问题；第四，要高度重视完善和增建市政基础设施，加强基础设施、公共服务设施、公共绿地和日常健身场所建设，促进城市旧区人居环境的功能改善；第五，要高度关注历史格局、传统历史文化街区和各级文物的保护，采取渐进式有机更新的方式防止大拆大建；第六，要严格依法行政，按照《城乡规划法》规定的程序，以及《物权法》等相关法律法规的规定进行，防止野蛮拆迁等行为导致的不稳定因素。

三、城乡规划实施的管理制度

《城乡规划法》规定，我国城镇规划实施管理施行"一书二证"，即选址意见书、建设用地规划许可证和建设工程规划许可证制度，在乡村规划管理中，实行乡村建设规划许可证制度。此外，还规定了临时建设的规划许可制度和建设工程竣工后的规划核实制度。

（一）选址意见书

1. 选址意见书的概念

选址意见书是指建设工程（主要指新建大、中型工业与民用项目）在立项过程中，上报的设计任务书必须附有由城乡规划行政主管部门提出的关于建设项目选在哪个城乡或者选在哪个方位的意见。

《城乡规划法》第三十六条规定："按照国家规定需要有关部门批准或者核准的建设项目，以划拨方式提供国有土地使用权的，建设单位在报送有关部门批准或者核准前，应当向城乡规划主管部门申请核发选址意见书。前款规定以外的建设项目不需要申请选址意见书"。其中，按照国家规定需要有关部门批准或者核准的建设项目是指《国务院关于投资体制改革的决定》（国发〔2004〕20号）之中的项目。除划拨提供国有土地使用权以外的项目，都实行土地使用有偿出让，出让前规划条件已纳入国有土地使用权出让合同，没有必要再申请核发选址意见书。

2. 选址意见书的内容

（1）建设项目的基本情况

建设项目的基本情况主要是指建设项目的名称、性质、用地与建设规模，供水与能源的需求量，采取的运输方式与运输量，以及废水、废气、废渣的排放方式和排放量。

（2）建设项目规划选址的依据

建设项目规划选址的依据主要有：①经批准的项目建议书；②建设项目与城乡规划布局是否协调；③建设项目与城乡交通、通讯、能源、市政、防灾规划是否衔接与协调；④建设项目配套的生活设施与城乡生活居住及公共设施规划是否衔接与协调；⑤建设项目对于城乡环境可能造成的污染影响，以及与城乡环境保护规划和风景名胜、文物古迹保护规划是否协调。

（3）建设项目选址意见书的审批管理

建设项目选址意见书的审批实行分级规划管理：①县人民政府计划行政主管部门审批的建设项目，由县人民政府城乡规划行政主管部门核发选址意见书；②地级、县级市人民政府计划行政主管部门审批的建设项目，由该市人民政府城乡规划行政主管部门核发选址意见书；③直辖市、计划单列市人民政府计划行政主管部门审批的建设项目，由直辖市、计划单列市人民政府城乡规划行政主管部门核发选址意见书；④省、自治区人民政府计划行政主管部门审批的建设项目，由项目所在地县、市人民政府城乡规划行政主管部门提出审查意见，报省、自治区人民政府城乡规划行政主管部门核发选址意见书；⑤中央各部门、公司审批的小型和限额以下的建设项目，由项目所在地县、市人民政府城乡规划行政主管部门核发选址意见书；⑥国家审批的大中型和限额以上的建设项目，由项目所在地县、市人民政府城乡规划行政主管部门提出审查意见，报省、自治区、直辖市、计划单列市人民政府城乡规划行政主管部门核发选址意见书,并报国务院城乡规划行政主管部门备案。

国家对建设项目,特别是大、中型项目的宏观管理,在可行性研究阶段,主要是通过计划管理和规划管理来实现的,将计划管理和规划管理有机结合起来,规定选址意见书制度,就能保证各项工程有计划并按照规划的内容进行建设,以取得良好的经济效益、社会效益和环境效益。

(二) 建设用地规划许可证制度

1. 建设用地规划许可证制度的概念

建设用地规划许可证是由建设单位或个人提出建设用地申请,城乡规划行政主管部门根据规划和建设项目的用地需要,确定建设用地位置、面积、界限的法定凭证。

2. 建设用地规划许可证的审批程序

(1) 划拨方式

《城乡规划法》第三十七条规定:"在城市、镇规划区内以划拨方式提供国有土地使用权的建设项目,经有关部门批准、核准、备案后,建设单位应当向城市、县人民政府城乡规划主管部门提出建设用地规划许可申请,由城市、县人民政府城乡规划主管部门依据控制性详细规划核定建设用地的位置、面积、允许建设的范围,核发建设用地规划许可证。建设单位在取得建设用地规划许可证后,方可向县级以上地方人民政府土地主管部门申请用地,经县级以上人民政府审批后,由土地主管部门划拨土地。"

(2) 有偿出让方式

《城乡规划法》第三十八条规定:"在城市、镇规划区内以出让方式提供国有土地使用权的,在国有土地使用权出让前,城市、县人民政府城乡规划主管部门应当依据控制性详细规划,提出出让地块的位置、使用性质、开发强度等规划条件,作为国有土地使用权出让合同的组成部分。未确定规划条件的地块,不得出让国有土地使用权。以出让方式取得国有土地使用权的建设项目,在签订国有土地使用权出让合同后,建设单位应当持建设项目的批准、核准、备案文件和国有土地使用权出让合同,向城市、县人民政府城乡规划主管部门领取建设用地规划许可证。城市、县人民政府城乡规划主管部门不得在建设用地规划许可证中,擅自改变作为国有土地使用权出让合同组成部分的规划条件。"

《城乡规划法》第三十九条规定:"规划条件未纳入国有土地使用权出让合同的,该国有土地使用权出让合同无效;对未取得建设用地规划许可证的建设单位批准用地的,由县级以上人民政府撤销有关批准文件;占用土地的,应当及时退回;给当事人造成损失的,应当依法给予赔偿。"

(三) 建设工程规划许可证制度

1. 建设工程规划许可证的概念

建设工程规划许可证件是有关建设工程符合城乡规划要求的法律凭证,建设工程规划许可证的作用,一是确认有关建设活动的合法地位,保证有关建设单位和个人的合法权益;二是作为建设活动进行过程中接受监督检查时的法定依据,城乡规划管理工作人员要根据建设工程规划许可证规定的建设内容的要求进行监督检查,并将其作为处罚违法建设活动的法律依据;三是作为城乡规划行政主管部门有关城乡建设活动的重要历史资料和城乡建设档案的重要内容留存。

多年来,各地城乡规划管理部门一直实行核发建设工程规划许可证制度,实践证明,对促使各项建设按照城乡规划要求进行,防止违法建设活动的发生,是行之有效的。为了使城乡建设工程规划管理规范化,《城乡规划法》从城乡规划的角度对建设工程予以行政许可。

2. 建设工程规划许可证的审批

《城乡规划法》第四十条规定:"在城市、镇规划区内进行建筑物、构筑物、道路、管线和其他工程建设的,建设单位或者个人应当向城市、县人民政府城乡规划主管部门或者省、自治区、直辖市人民政府确定的镇人民政府申请办理建设工程规划许可证。申请办理建设工程规划许可证,应当提交使用土地的有关证明文件、建设工程设计方案等材料。需要建设单位编制修建性详细规划的建设项目,还应当提交修建性详细规划。对符合控制性详细规划和规划条件的,由城市、县人民政府城乡规划主管部门或者省、自治区、直辖市人民政府确定的镇人民政府核发建设工程规划许可证。城市、县人民政府城乡规划主管部门或者省、自治区、直辖市人民政府确定的,镇人民政府应当依法将经审定的修建性详细规划、建设工程设计方案的总平面图予以公布。"城市、县人民政府城乡规划主管部门审定的主要内容包括:一是申请人是否符合法定资格,申请事项是否符合法定程序和法定形式,申请材料、图纸是否完备等;二是要依据控制性详细规划、相关的法律法规以及其他具体要求,对申请事项的内容进行审核;三是依据控制性详细规划对修建性详细规划进行审定。

(四) 乡村建设规划许可证制度

《城乡规划法》第四十一条规定:"在乡、村庄规划区内进行乡镇企业、乡村公共设施和公益事业建设的,建设单位或者个人应当向乡、镇人民政府提出申请,由乡、镇人民政府报城市、县人民政府城乡规划主管部门核发乡村建设规划许可证。在乡、村庄规划区内使用原有宅基地进行农村村民住宅建设的规划管理办法,由省、自治区、直辖市制定。在乡、村庄规划区内进行乡镇企业、乡村公共设施和公益事业建设以及农村村民住宅建设,不得占用农用地;确需占用农用地的,应当依照《中华人民共和国土地管理法》有关规定办理农用地转用审批手续后,由城市、县人民政府城乡规划主管部门核发乡村建设规划许可证。建设单位或者个人在取得乡村建设规划许可证后,方可办理用地审批手续。"

(五) 临时建设的规划许可制度和建设工程竣工后的规划核实制度

1. 临时建设的规划许可制度

《城乡规划法》第四十四条规定:"在城市、镇规划区内进行临时建设的,应当经城市、县人民政府城乡规划主管部门批准。临时建设影响近期建设规划或者控制性详细规划的实施以及交通、市容、安全等的,不得批准。临时建设应当在批准的使用期限内自行拆除。临时建设和临时用地规划管理的具体办法,由省、自治区、直辖市人民政府制定。"

2. 建设工程竣工后的规划核实制度

《城乡规划法》第四十五条规定:"县级以上地方人民政府城乡规划主管部门按照国务院规定对建设工程是否符合规划条件予以核实。未经核实或者经核实不符合规划条件的,建设单位不得组织竣工验收。建设单位应当在竣工验收后六个月内向城乡规划主管部门报送有关竣工验收资料。"

(六) 规划条件的变更

《城乡规划法》第四十三条规定:"建设单位应当按照规划条件进行建设;确需变更的,必须向城市、县人民政府城乡规划主管部门提出申请。变更内容不符合控制性详细规划的,城乡规划主管部门不得批准。城市、县人民政府城乡规划主管部门应当及时将依法变更后的规划条件通报同级土地主管部门并公示。建设单位应当及时将依法变更后的规划条件报有关人民政府土地主管部门备案。"

《城乡规划法》第五十条规定，在选址意见书、建设用地规划许可证、建设工程规划许可证或者乡村建设规划许可证发放后，因依法修改城乡规划给被许可人合法权益造成损失的，应当依法给予补偿。这种补偿是指行政机关的合法行政行为给公民、法人或其他组织的合法权益造成损失所给予的行政补偿。经依法审定的修建性详细规划、建设工程设计方案的总平面图不得随意修改；确需修改的，城乡规划主管部门应当采取听证会等形式，听取利害关系人的意见；因修改给利害关系人合法权益造成损失的，应当依法给予补偿。

四、城乡规划的监督检查制度

城乡规划监督检查贯穿于城乡规划制定和实施的全过程，是城乡规划管理工作的重要组成部分，也是保障城乡规划工作科学性与严肃性的重要手段。为此，《城乡规划法》专门设立了"监督检查"一章，强化了对城乡规划工作的人大监督、公众监督、行政监督，以及各项监督检查措施。目的就是从法律上明确城乡规划的监督管理制度，进一步强化城乡规划对城乡建设的引导和调控作用，促进城乡建设健康有序发展。

1. 行政监督

《城乡规划法》中对于城乡规划工作行政监督的规定包括两个层面的内容：一是县级以上人民政府及其城乡规划主管部门对下级政府及其城乡规划主管部门执行城乡规划编制、审批、实施、修改情况的监督检查，《城乡规划法》第五十一条规定："县级以上人民政府及其城乡规划主管部门应当加强对城乡规划编制、审批、实施、修改的监督检查"。二是县级以上地方人民政府城乡规划主管部门对城乡规划实施情况进行的监督检查，《城乡规划法》第五十三条规定："县级以上人民政府城乡规划主管部门对城乡规划的实施情况进行监督检查，有权采取以下措施：（1）要求有关单位和人员提供与监督事项有关的文件、资料，并进行复制；（2）要求有关单位和人员就监督事项涉及的问题作出解释和说明，并根据需要进入现场进行勘测；（3）责令有关单位和人员停止违反有关城乡规划的法律、法规的行为。"

2. 人大监督

《城乡规划法》第五十二条规定：地方各级人民政府应当向本级人民代表大会常务委员会或者乡、镇人民代表大会报告城乡规划的实施情况。可以根据实际需要进行主动报告，也可以根据人大及其常委会的要求进行报告，以充分运用听取和审议政府专项工作报告这一基本形式，接受人民代表大会及其常委会的检查和监督。此外，按照宪法和有关法律规定，地方各级人民政府还应接受本级人民代表大会常务委员会或者乡、镇人民代表大会依法对城乡规划实施情况的其他形式的监督，如视察、执法检查等。

3. 公众监督

《城乡规划法》规定，县级以上人民政府及其城乡规划主管部门的监督检查，县级以上地方各级人民代表大会常务委员会或者乡、镇人民代表大会对城乡规划工作的督查，其基本情况和处理结果都应当依法公开，供公众查阅和监督。一般情况下，有关城乡规划编制、审批、实施、修改的监督检查情况和处理结果，都应依法公开。遇有按照相关法律规定不得公开的情形除外：一是涉及国家秘密的，二是涉及商业秘密的。

4. 行政监督检查结果的法定处理措施

《城乡规划法》规定，城乡规划主管部门在查处违反本法规定的行为时，发现国家机关工作人员违法应当给予行政处分的，应当向其任免机关或者监察机关提出处分建议。依照《城乡规划法》规定应当给予行政处罚，而有关城乡规划主管部门不给予行政处罚的，上级人民政府城乡规划主管部门有权责令其作出行政处罚决定或者建议有关人民政府责令其给予行政处罚。城乡规划主管部门违反《城乡规划法》规定作出行政许可的，上级人民政府城乡规划主管部门有权责令其撤销或者直接撤销该行政许可。因撤销行政许可给当事人合法权益造成损失的，应当依法给予赔偿。

第四节　法律责任

法律责任是指违反法律规定而必须承担的法律后果。按违法行为的性质不同可以分为民事法律责任、行政法律责任和刑事法律责任三大类。具体采取哪一种法律责任形式，应当根据违法行为人所侵害的社会关系的性质、特点以及侵害的程度等多种因素来确定。违反《城乡规划法》强制性规定和有关民事、刑事法律规定的，即构成《城乡规划法》规定的法律责任。《城乡规划法》规定的法律责任包括民事法律责任、行政法律责任和刑事法律责任。

1. 有关人民政府违反《城乡规划法》的法律责任

（1）依法应当编制城乡规划而未组织编制，或者未按法定程序编制、审批、修改城市规划的，由上级人民政府责令改正，通报批评；对有关人民政府负责人和其他责任人员依法给予处分。

（2）委托不具有相应资质等级的单位编制城乡规划的，由上级人民政府责令改正，通报批评；对有关人民政府负责人和其他责任人员依法给予处分。

2. 城乡规划行政主管部门违反《城乡规划法》的法律责任

城乡规划行政主管部门有下列行为之一的，由本级人民政府、上级人民政府城乡规划行政主管部门或者监察机关依据职权责令改正，通报批评；对直接负责的主管人员和其他直接责任人员依法给予处分：

（1）未依法组织编制城市的控制性详细规划、县人民政府所在地镇的控制性详细规划的；

（2）超越职权或者对不符合法定条件的申请人核发选址意见书、建设用地规划许可证、建设工程规划许可证、乡村建设规划许可证的；

（3）对符合法定条件的申请人未在法定期限内核发选址意见书、建设用地规划许可证、建设工程规划许可证、乡村建设规划许可证的；

（4）未依法对经审定的修建性详细规划、建设工程设计方案的总平面图予以公布的；

（5）同意修改修建性详细规划、建设工程设计方案的总平面图前未采取听证会等形式听取利害关系人意见的；

（6）发现未依法取得规划许可或者违反规划许可的规定在规划区内进行建设的行为，而不予查处或者接到举报后不依法处理的。

3. 相关行政部门违反《城乡规划法》的法律责任

县级以上人民政府有关部门有下列行为之一的，由本级人民政府或者上级人民政府有关部门责令改正，通报批评；对直接负责的主管人员和其他直接责任人员依法给予处分：

（1）对未依法取得选址意见书的建设项目核发建设项目批准文件的；

（2）未依法在国有土地使用权出让合同中确定规划条件或者改变国有土地使用权出让合同中依法确定的规划条件的；

（3）对未依法取得建设用地规划许可证的建设单位划拨国有土地使用权的。

4. 城乡规划编制单位违反《城乡规划法》的法律责任

（1）城乡规划编制单位有下列行为之一的，由所在地城市、县人民政府城乡规划主管部门责令限期改正，处合同约定的规划编制费1倍以上2倍以下的罚款；情节严重的，责令停业整顿，由原发证机关降低资质等级或者吊销资质证书；造成损失的，依法承担赔偿责任：

①超越资质等级许可的范围承揽城乡规划编制工作的；

②违反国家有关标准编制城乡规划的。

（2）未依法取得资质证书承揽城乡规划编制工作的，由县级以上地方人民政府城乡规划主管部门责令停止违法行为，依照前款规定处以罚款；造成损失的，依法承担赔偿责任。

（3）以欺骗手段取得资质证书承揽城乡规划编制工作的，由原发证机关吊销资质证书，依照前款规定处以罚款；造成损失的，依法承担赔偿责任。

（4）城乡规划编制单位取得资质证书后，不再符合相应的资质条件的，由原发证机关责令限期改正；逾期不改正的，降低资质等级或者吊销资质证书。

5. 行政相对方违反《城乡规划法》的法律责任

（1）未取得建设工程规划许可证或者未按照建设工程规划许可证的规定进行建设的，由县级以上地方人民政府城乡规划主管部门责令停止建设；尚可采取改正措施消除对规划实施的影响的，限期改正，处建设工程造价5%以上10%以下的罚款；无法采取改正措施消除影响的，限期拆除，不能拆除的，没收实物或者违法收入，可以并处建设工程造价10%以下的罚款。

（2）建设单位或者个人有下列行为之一的，由所在地城市、县人民政府城乡规划主管部门责令限期拆除，可以并处临时建设工程造价1倍以下的罚款：

①未经批准进行临时建设的；

②未按照批准内容进行临时建设的；

③临时建筑物、构筑物超过批准期限不拆除的。

（3）建设单位未在建设工程竣工验收后六个月内向城乡规划主管部门报送有关竣工验收资料的，由所在地城市、县人民政府城乡规划主管部门责令限期补报；逾期不补报的，处1万元以上5万元以下的罚款。

6. 乡村违法建设所应承担的法律责任

在乡、村庄规划区内未依法取得乡村建设规划许可证或者未按照乡村建设规划许可证的规定进行建设的，由乡、镇人民政府责令停止建设、限期改正；逾期不改正的，可以拆除。

7. 对违法建设的强制执行

城乡规划主管部门作出责令停止建设或者限期拆除的决定后，当事人不停止建设或者逾期不拆除的，建设工程所在地县级以上地方人民政府可以责成有关部门采取查封施工现场、强制拆除等措施。

8. 违反《城乡规划法》的刑事法律责任

违反《城乡规划法》规定，构成犯罪的，依法追究刑事责任。

思考题

1. 城乡规划的概念是什么？
2.《城乡规划法》的适用范围是什么？

3. 城乡规划包括哪些规划？何谓规划区？
4. 城乡规划的基本原则是什么？
5. 控制性详细规划和修建性详细规划分别是什么？
6. 强制性内容有哪些规定？
7. 简述城乡规划的编制权限。
8. 如何修改城乡规划？
9. 什么是选址意见书？选址意见书是怎样规定的？
10. 何谓规划用地许可证？如何取得规划用地许可证？
11. 何谓建设规划许可证？如何取得规划用地许可证？
12. 城乡规划的监督检查有哪些内容？

第三章 建 筑 法

第一节 概 述

一、建筑法的概念

建筑法是调整建设单位、建筑从业单位及从业者、建筑行政机关在建筑活动中的市场准则、工程发包与承包、勘察设计、施工、竣工验收直至交付使用等各个环节所发生的各种社会关系的法律规范的总称。第八届全国人民代表大会常委会第二十八次会议于1997年11月1日通过了《中华人民共和国建筑法》，它是我国第一次以法律的形式规范建筑活动的行为，标志着我国工程建设和建筑业的发展开始迈入了法制管理的新时期。它的公布，确立了我国建筑活动的基本法律制度，标志着我国建筑活动开始纳入依法管理的轨道；它的施行，对加强建筑活动的监督管理，维护建筑市场秩序，保障建筑工程的质量和安全，促进建筑业的健康发展，保护建筑活动当事人的合法权益，具有重要的意义。

2011年4月22日第十一届全国人民代表大会常务委员会第二十次会议通过修订后的《中华人民共和国建筑法》，自2011年7月1日起施行。《建筑法》共计八章，85条。包括总则、建筑许可、建筑工程发包与承包、建筑工程监理、建筑安全生产管理、建筑工程质量管理、法律责任及附则等内容。

二、建筑法的立法目的

（一）加强对建筑活动的监督管理

新中国成立以来，特别是改革开放以来，我国建筑业迅猛发展，由于建筑活动的复杂性和重要性，加强对建筑活动的监督管理，规范建筑市场，已经十分必要。然而，我国长期以来一直没有一部统一的建筑法，只有一些部门规章和地方性法规、规章。因此，《建筑法》的首要目的，就是为了加强对建筑活动的监督管理。

对建筑活动的监督包括两个方面的内容：宏观的监督管理和微观的监督管理。宏观的监督管理主要是指从宏观的产业政策、行业标准上对建筑活动进行的组织、协调、控制、监督和惩治等措施。微观的监督管理主要是指有关部门对建筑项目的施工许可管理，从业者资质与资格认定管理、建设工程承包管理以及建筑安全生产管理和建设工程质量管理。

（二）维护建筑市场秩序

我国经济体制改革的目标是建立社会主义市场经济体制。建立起一个统一的、开放的、竞争的、有序的建筑市场是我们的目标之一。随着我国改革开放和社会主义市场经济体制的建立，我国建筑业发生了重大的战略转变。建筑活动已由过去的封闭性、计划性向开放性、竞争性转变，施工企业从单纯生产向生产经营型、效益型转变，以招标、投标竞争机制为主线的建筑市场体系和市场机制正日趋完善。然而，我国建筑市场的形成和发展过程中，一些扰乱市场秩序，违反市场规则的行为时有发生。主要表现在以下几个方面：（1）发包方的行为不规范。主要是一部分建设单位不遵守建设程序，不报建、不招标，搞私下交易，任意肢解工程，强行要求垫资承包，强行指定购买质次价高的材料设备，不合理压价和拖欠工程款等；（2）承包方的行为不规范。主要是一些设计、施工单位无证或越级承包设计、施工任务，层层转包，以及在施工中偷工减料；（3）中介方的行为不规范。主要是一些中介机构因为专业人员缺乏、服务水平低、机构功能不健全、内部管理混乱等原因，致使一些不法分子以介绍工程为名到处招摇撞骗，给国家和企业造成很大的损失。因此，制定《建筑法》，就要从根本上解决建筑市场的混乱状况，确立与社会主义市场经济相适应的建筑市场管理制度，以维护建筑市场的秩序。

（三）保证建筑工程质量和安全

由于建筑生产的特殊性和复杂性，建筑产品使用的长期性和固定性，建筑工程质量和安全对社会生产和人民生活影响巨大。《建筑法》首次出台前由于建筑市场的竞争激烈，导致问题迭出，主要表现在：（1）设计不合理。如室内平面布置、设施等不能满足使用功能的要求；（2）施工质量差。如管道不畅、地面不平、墙体空鼓或开裂等，危及工程安全，甚至导致房屋倒塌；（3）建筑材料功能不过关。如钢筋强度不够、水泥标号不足等；（4）农民施工队伍大量涌入，施工事故频繁发生。由于上述各方面原因，导致近几年相继发生了一些重大质量事故。如重庆綦江县大桥、河南焦作天堂歌舞厅、重庆武隆县高切坡垮塌事故。建筑业长期以来存在的渗、漏、堵、空、裂等工程质量问题，严重侵犯了消费者的合法权益，这些在社会上都造成了不良的影响。在建筑安全生产方面，建筑安全事故频繁发生，全国每年施工死亡人数仅次于矿山，位于第二，却未能引起全社会的应有的重视。因此，制定《建筑法》的一个重要目的，就是为了保证建筑工程质量和安全，促进建筑业的健康发展。

《建筑法》以切实保证建筑工程质量和安全为主要目的之一，作出了以下一些重要的规定：（1）要求建筑活动应当确保建筑工程的质量和安全，符合国家的建筑工程安全标准，严格遵守《建筑工程质量管理条例》，严格遵守《工程建设标准强制性条文》和《建设工程技术法规》；（2）建筑工程的质量和安全应当贯穿建筑活动的全过程，进行全过程的监督管理；（3）建筑活动的各个阶段、环节，如设计、施工、监理、竣工验收等，都要保证质量和安全；（4）明确建筑活动各有关方面在保证建筑工程质量和安全中的法律责任等。

（四）促进建筑业健康发展

建筑业是国民经济的重要物质生产部门，是国家重要支柱产业之一。党的十一届三中全会以来，特别是建筑业综合体制改革以来，随着国民经济的发展和改革的不断深化，我国的城市建设、村镇建设和住宅建设等的规模不断扩大，建筑业在国民经济和社会发展中的地位和作用越来越重要。建筑活动是国家最重要的经济活动之一，建筑活动的管理水平、效果、效益，直接影响到我国固定资产投资的效果和效益，从而影响到国民经济的健康发展。为了保障建筑业在国民经济和社会发展中的地位和作用，同时也是为了解决建筑业发展中存在的问题，迫切需要制定《建筑法》，以促进建筑业健康发展。

三、建筑法的调整对象和适用范围

《建筑法》第2条规定："在中华人民共和国境内从事建筑活动，实施对建筑活动的监督管理，应当遵守本法。本法所称建筑活动，是指各类房屋建筑及其附属设施的建造和与其配套的线路、管道、设备的安装活动。"建筑法的调整范围包含三层意思：（1）调整的地域范围是中华人民共和国境内；（2）调整的主体是建设单位、勘察设计单位、施工企业、监理单位以及管理机关，同时从事建筑活动的个人如注册建筑师、注册结构师、注册监理师、注册造价师等也适用本法；（3）调整的行为是各类房屋建筑及其设施的新建、改建、扩建、维修、拆除、装饰装修活动，以及线路、管道、设备的安装活动。应当说明的是，《建筑法》虽然是调整各类房屋建筑的建筑活动，但本法所确定的基本制度，也是适用于其他专业（如铁路工程、民航工程、交通运输工程、水利工程等）的建筑活动的。为此，《建筑法》第81条规定："本法关于施工许可、建筑施工企业资质审查和建筑工程发包、承包、转包，以及建筑工程监理、建筑工程安全和质量管理的规定，适用于其他专业建筑工程的建筑活动，具体办法由国务院规定。"还应当说明的是，有些工程不可能完全按照《建筑法》规定的要求去进行，如省、自治区、直辖市人民政府确定的小型房屋建筑工程；有些工程需要依照有关法律执行，如古建筑等的修缮；有些工程根本不适用建筑法的规定，如抢险救灾等工程；有些工程需要另行制定管理办法，如军用房屋建筑工程等。《建筑法》充分考虑到了这一点，在《建筑法》第83条及第84条中明确规定："省、自治区、直辖市人民政府确定的小型房屋建筑工程的建筑活动，参照本法执行。"；"依法核定作为文物保护的纪念建筑物和古建筑等的修缮，依照文物保护法的有关规定执行。"；"抢险救灾及其他临时性房屋建筑和农民自建低层住宅的建筑活动，不适用本法。"；"军用房屋建筑工程建筑活动的具体管理办法，由国务院、中央军事委员会依据本法制定。"

四、建筑法的基本原则

《建筑法》的基本原则，是《建筑法》的主旨和基本准则，它是制定和实施《建筑法》的出发点，《建筑法》的基本原则贯穿于整个《建筑法》的条文中。《建筑法》的基本原则有三项：（1）建筑活动应当确保工程质量和安全，符合国家的建筑工程安全标准；（2）国家扶持建筑业的发展，支持建筑科学研究，提高房屋建筑设计水平，鼓励节约能源和保护环境，提倡使用先进技术、先进工艺、新型建筑材料和现代管理方式；（3）从事建筑活动应当遵守法律、法规，不得损害社会公共利益和他人的合法权益，任何单位和个人都不得妨碍和阻挠依法进行的建筑活动。

第二节 建筑许可制度

建筑许可是指建设行政主管部门或者其他有关行政主管部门准许、变更和终止公民、法人和其他组织从事建筑活动的具体行政行为。建筑许可的表现形式为施工许可证、批准证件（开工报告）、资质证书、执业资格证书等。实行建筑许可制度旨在有效保证建筑工程质量和安全，也是国际上的通行做法。如日本、韩国、英国、挪威、德国以及我国台湾的建筑立法，都明确地规定实施建筑许可制度。《建筑法》规定的建筑许可包括施工许可与从业资格许可两种。实践证明，实行施工许可，既可以监督建设单位尽快建成拟建项目，防止闲置土地，影响社会公共利益；又能保证建设项目开工后能够顺利进行，避免由于不具备施工条件而盲目上马，给参与建筑工程的单位造成不必要的损失；同时也有助于建设行政主管部门对在建项目实施有效的监督管理。实行从业资格制度，有利于确保从事建筑活动的单位和个人的素质，提高建筑工程的质量，确保建筑工程的安全和国家财产安全。

一、施工许可

(一) 实施施工许可证的范围

建筑工程施工许可制度是建设行政主管部门根据建设单位的申请，依法对建筑工程是否具备施工条件进行审查，符合条件者，准许该建筑工程开始施工并颁发建筑许可证的一种制度。施工许可证是指建筑工程开始施工前，建设单位向建筑行政主管部门申请的可以施工的证明。建筑工程开工前，建设单位应当按照国家有关规定向工程所在地县级以上人民政府建设行政主管部门申请领取施工许可证。但是，国务院建设行政主管部门确定的限额以下的小型工程除外。按照国务院规定的权限和程序批准开工报告的建筑工程，不再领取施工许可证。目前，国务院建设行政主管部门对限额以下的小型工程尚未确定，国务院对开工报告的建筑工程亦未作出明确规定，这些需要在将来制定《建筑法》的配套法规中具体加以规定。

(二) 申请领取施工许可证的条件

施工许可证的申请条件，是指申请领取施工许可证应当达到的要求。施工许可证申请条件的确定是为了保证建筑工程开工后，组织施工能够顺利进行。根据《建筑法》第8条规定，申请领取施工许可证，应当具备下列条件：

1. 已经办理该建筑工程用地批准手续

根据《城市房地产管理法》、《土地管理法》规定，建设单位取得建筑工程用地土地使用权，可以通过两种方式，即出让和划拨。土地使用权出让，是指国家将国有土地使用权在一定年限内出让给土地使用者，由土地使用者向国家支付土地使用权出让金的行为。土地使用权划拨是指经县级以上人民政府依法批准，在土地使用者缴纳补偿、安置等费用后将该幅土地交付其使用，或者将土地使用权无偿交付给土地使用者使用的行为。建设单位依法以出让或划拨方式取得土地使用权，应当向县级以上地方人民政府土地管理部门申请登记，经县级以上地方人民政府土地管理部门核实，由同级人民政府颁发土地使用权证书。建设单位取得土地使用权证书表明已经办理了该建筑工程用地批准手续。

2. 在城市规划区的建筑工程，已经取得规划许可证

根据《城乡规划法》的规定，规划许可证包括建设用地规划许可证和建设工程规划许可证。建设用地规划许可证是由建设单位和个人提出建设用地申请，城市规划行政主管部门根据规划和建设项目的用地需要，确定建设用地位置、面积、界限的法定凭证。根据《城乡规划法》第37条规定："在城市、镇规划区内以划拨方式提供国有土地使用权的建设项目，经有关部门批准、核准、备案后，建设单位应当向城市、县人民政府城乡规划主管部门提出建设用地规划许可申请，由城市、县人民政府城乡规划主管部门依据控制性详细规划核定建设用地的位置、面积、允许建设的范围，核发建设用地规划许可证。建设单位在取得建设用地规划许可证后，方可向县级以上地方人民政府土地主管部门申请用地，经县级以上人民政府审批后，由土地主管部门划拨土地。"《城乡规划法》第38条规定："在城市、镇规划区内以出让方式提供国有土地使用权的，在国有土地使用权出让前，城市、县人民政府城乡规划主管部门应当依据控制性详细规划，提出出让地块的位置、使用性质、开发强度等规划条件，作为国有土地使用权出让合同的组成部分。未确定规划条件的地块，不得出让国有土地使用权。以出让方式取得国有土地使用权的建设项目，在签订国有土地使用权出让合同后，建设单位应当持建设项目的批准、核准、备案文件和国有土地使用权出让合同，向城市、县人民政府城乡规划主管部门领取建设用地规划许可证。"建设工程规划许可证是由城市规划行政

主管部门核发的,用于确认建设工程是否符合城市规划要求的法律凭证。《城乡规划法》第40条规定:"在城市、镇规划区内进行建筑物、构筑物、道路、管线和其他工程建设的,建设单位或者个人应当向城市、县人民政府城乡规划主管部门或者省、自治区、直辖市人民政府确定的镇人民政府申请办理建设工程规划许可证。申请办理建设工程规划许可证,应当提交使用土地的有关证明文件、建设工程设计方案等材料。需要建设单位编制修建性详细规划的建设项目,还应当提交修建性详细规划。对符合控制性详细规划和规划条件的,由城市、县人民政府城乡规划主管部门或者省、自治区、直辖市人民政府确定的镇人民政府核发建设工程规划许可证。"建设工程规划许可证的取得是申请领取施工许可证的必要条件之一。

3. 需要拆迁的,其拆迁进度符合施工要求

这里的拆迁一般是指房屋拆迁。房屋拆迁是指根据城市规划和国家专项工程的迁建计划以及当地政府的用地文件,拆除和迁移建设用地范围内的房屋及其附属物,并由拆迁人对原房屋及其附属物的所有人或使用人进行补偿和安置的行为。对在城市旧区进行建筑工程的新建、改建、扩建,拆迁是施工准备的一项重要任务。对成片进行综合开发的,应根据建筑工程建设计划,在满足施工要求的前提下,分期分批进行拆迁。拆迁必须按计划和施工进度要求进行,过早或过迟,都会造成损失和浪费。拆迁国有土地上单位、个人的房屋的,应当按照《国有土地上房屋征收与补偿条例》的规定,依法进行房屋的征收和补偿。

4. 已经确定建筑施工企业

建筑工程的施工必须由具备相应资质的建筑施工企业来承担。在建筑工程开工前,建设单位必须确定承包该建筑工程的建筑施工企业。否则,建筑工程的施工就无法进行。建设单位确定建筑施工企业可以通过招标发包或直接发包两种方式。招标发包又可分为公开招标、邀请招标两种形式。建设单位通过以上方式确定建筑施工企业后,双方应当签订建筑安装工程承包合同,明确双方的责任、权利和义务。

5. 有满足施工需要的施工图纸及技术资料

这一项包括两个方面:一方面要有满足施工需要的施工图纸,另一方面要有满足施工需要的技术资料。施工图纸是实现建筑工程的最根本的技术文件,是施工的依据。这就要求设计单位按工程的施工顺序和施工进度,安排好施工图纸的配套交付计划,保证满足施工的需要。建筑工程一般按两个阶段进行设计,即初步设计和施工图设计。初步设计是对批准的项目建议书或可行性研究报告所提出的内容,进行概略的计算,作出初步的规定。初步设计应当具有规定的内容,满足以下深度要求:设计方案的评选和确定,主要设备材料定货,土地征收,基建投资的控制,施工图设计的编制,施工组织设计的编制,施工准备和生产准备等。施工图设计是在初步设计的基础上,将设计的工程加以形象化。施工图设计图纸一般包括:施工总平面图,房屋建筑施工平面图和剖面图,安装施工详图,各种专门工程的施工图,非标准设备加工详图,以及设备和各类材料明细表等。施工图设计的深度应能满足设备材料的安装和非标准设备的制作,施工图预算的编制,施工等要求。在建筑工程开工前,建筑施工企业要认真做好施工图纸的自审和会审工作,要领会设计意图,掌握技术要求,以便精心施工。技术资料是建筑工程施工的重要前提条件。掌握客观、准确、全面的技术资料,是建筑工程质量和安全的重要保证。因此,在建筑工程开工前,必须要有满足施工需要的技术资料。技术资料包括地形、地质、水文、气象等自然条件资料和主要原材料、燃料来源、水电供应和运输条件等技术经济条件资料。技术资料可以通过勘察、调查等方式取得。

6. 有保证工程质量和安全的具体措施

保证工程质量和安全的具体措施是施工组织设计的一项重要内容。施工组织设计的编制是施工准备工作的中心环节，其编制的好坏直接影响建设工程质量和建筑安全生产，影响组织施工能否顺利进行。因此，施工组织设计必须在建筑工程开工前编制完毕。施工组织设计主要内容包括：（1）工程任务情况；（2）施工总方案，主要施工方法，工程施工进度计划，主要单位工程综合进度计划和施工力量，机具及部署；（3）施工组织技术措施，包括工程质量、安全防护以及环境污染防护等各种措施；（4）施工总平面布置图；（5）总包和分包的分工范围及交叉施工部署等。施工组织设计由建筑施工企业负责编制，按照其隶属关系及工程的性质、规模、技术繁简程度实行分级审批。

7. 建设资金已经落实

建设资金的落实是建筑工程开工后顺利实施的关键。近年来，一些建设单位无视国家固定资产投资的宏观调控和自身的经济实力，违反工程建设程序，在建设资金不落实或资金不足的情况下，盲目上新建设项目，强行要求建筑施工企业带资承包工程和垫款施工，转嫁投资缺口，造成拖欠工程款数额急剧增加。这不仅干扰了国家对固定资产投资的宏观调控和工程建设的正常进行，严重影响了投资效益的提高，也加重了建筑施工企业生产经营的困难。因此，在建筑工程开工前，建设资金必须足额落实。按照国家有关规定应当纳入投资计划的，必须列入年度计划。计划、财政、审计等部门应严格审查建设项目开工前和年度计划中的资金来源，据实出具资金证明。对建设资金不落实或资金不足的建筑工程，建设行政主管部门不予颁发施工许可证。

8. 法律、行政法规规定的其他条件

这是指法律、行政法规对施工许可证申领条件的特别规定。由于建筑工程的施工活动本身复杂，各类建筑工程的施工方法、技术要求等不同，申请领取施工许可证的条件也有其复杂性和诸多不同的特点，很难用列举的方式把这些条件都包容进去。况且，对建筑活动的管理正在不断完善，施工许可证的申领条件也会发生变化。法律、行政法规可以根据实践的需要，发展和完善施工许可证的申领条件。为了保证施工许可证申领的统一性和权威性，本项规定只有由全国人大及其常委会制定的法律和国务院制定的行政法规，才可以增加施工许可证的其他条件，其他法规如部门规章、地方性法规、规章均不得规定增加施工许可证的申领条件。2000年1月30日国务院颁布的《建设工程质量管理条例》，对强制监理的范围作出规定："下列建设工程必须实行监理：国家重点建设工程；大中型公用事业工程；成片开发建设的住宅小区工程；利用外国政府或者国际组织贷款、援助资金的工程；国家规定必须实行监理的其他工程。"对于这些工程，已经确定建筑工程监理单位是申请领取施工许可证必须具备的必要条件之一。

上述八方面条件，是建设单位申领施工许可证所必须具备的必要条件，这八个条件，必须同时具备，缺一不可。

（三）施工许可证的颁发程序及其管理规定

1. 施工许可证的颁发

建设单位应当在建筑工程开工前，申请领取施工许可证。建设行政主管部门应当自收到申请之日起十五日内，对符合条件的申请颁发施工许可证。施工许可证的颁发程序如下：（1）建设单位必须向有权颁发施工许可证的建设行政部门书面提出申请；（2）提出申请的时间是在建筑工程开工前；（3）有权颁发施工许可证的部门是工程所在地县级以上人民政府建设行政主管部门；（4）建设行政主管部门应当自收到申请之日起十五日内，作出是否颁发施工许可证的决定，对符合条件的申请颁发施工许可证。对有权颁发施工许可证的建设行政部门不批准施工许可证的申请，或未在规定时间内颁发施工许可证的，建设单位可以根据《行政复议条例》第9条的规定，向复议机关申请行政复议，对行政复议决定不服的，可以向人民法院提起行政诉讼；建设单位也可以根据《行政诉讼法》第11条的规定，直接向人民法院提起行政诉讼。

2. 领取施工许可证的有效期与延期

领取施工许可证后，建设单位应当自领取施工许可证之日起三个月内开工。因故不能按期开工的，应当向发证机关申请延期；延期以两次为限，每次不超过三个月。既不开工又不申请延期或者超过延期时限的，施工许可证自行废止。

3. 中止施工与恢复施工

中止施工是指建筑工程开工后，在施工过程中，因特殊情况的发生而中途停止施工的一种行为。恢复施工是指建筑工程中止施工后，造成中断施工的情况消除，而继续进行施工的一种行为。在建的建筑工程因故中止施工的，建设单位应当自中止施工之日起一个月内，向发证机关报告，并按照规定做好建筑工程的维护管理工作。建筑工程恢复施工时，应当向发证机关报告；中止施工满一年的工程恢复施工前，建设单位应当报发证机关核验施工许可证。

此外，按照国务院有关规定批准开工报告的建筑工程，因故不能按期开工或者中止施工的，应当及时向批准机关报告情况。因故不能按期开工超过六个月的，应当重新办理开工报告的批准手续。

4. 擅自施工

建设单位未取得施工许可证或开工报告未经批准擅自施工的责令改正，对不符合开工条件的责令停止施工，可以处工程合同价款1％以上2％以下的罚款。

二、从业资格许可

从业资格许可的内容包括：（1）建筑企业、勘察单位、设计单位和工程监理单位从事建筑活动应具备的条件；（2）建筑施工企业、勘察单位、设计单位和工程监理单位应在许可范围内从事建筑活动；（3）专业技术人员从事建筑活动依法取得执业资格证书。

（一）从业单位的基本条件

从事建筑活动的建筑施工企业、勘察、设计单位和工程监理单位，应当具备下列条件：（1）有符合国家规定的注册资本；（2）有与其从事的建筑活动相适应的，具有法定执业资格的专业技术人员；（3）具备从事相关建筑活动所应有的技术装备；（4）法律、行政法规规定的其他条件。

（二）从业单位的资质审查制度

资质审查是指从事建筑活动的建筑施工企业、勘察单位、设计单位和工程监理单位，按照其拥有的注册资本、专业技术人员、技术装备和已完成的建筑工程业绩等资质条件，划分为不同的资质等级，经资质审查合格，取得相应等级的资质证书后，方可在其资质等级许可的范围内从事建筑活动。

1. 建筑施工企业

2007年6月26日建设部颁布的《建筑业企业资质管理规定》，2001年4月20日建设部颁布的《建筑业企业资质等级标准》，2007 年 3 月 30 日建设部修订的《施工总承包企业特级资质标准》，对施工企业的资质等级、资质标准、申请与审批、业务范围等作出了明确规定。

(1) 企业资质类别划分

建筑施工企业资质分施工总承包企业、专业承包企业和劳务分包三个序列。取得施工总承包资质的企业，可以承接施工总承包工程。施工总承包企业可以对所承接的施工总承包工程内各专业工程全部自行施工，也可以将专业工程或劳务作业依法分包给具有相应资质的专业承包企业或劳务分包企业。取得专业承包资质的企业，可以承接施工总承包企业分包的专业工程和建设单位依法发包的专业工程。专业承包企业可以对所承接的专业工程全部自行施工，也可以将劳务作业依法分包给具有相应资质的劳务分包企业。取得劳务分包资质的企业，可以承接施工总承包企业或专业承包企业分包的劳务作业。

施工总承包资质、专业承包资质、劳务分包资质序别划分为若干资质类别。

施工总承包企业资质划分为 12 个资质类别：

①房屋建筑工程施工总承包企业资质、②公路工程施工总承包企业资质、③铁路工程施工总承包企业资质、④港口与航道工程施工总承包企业资质、⑤水利水电工程施工总承包企业资质、⑥电力工程施工总承包企业资质、⑦矿山工程施工总承包企业资质、⑧冶炼工程施工总承包企业资质、⑨化工石油工程施工总承包企业资质、⑩市政公用工程施工总承包企业资质、⑪通信工程施工总承包企业资质、⑫机电安装工程施工总承包企业资质。

专业承包企业资质划分为 60 个资质类别：

①地基与基础工程专业承包企业资质、②土石方工程专业承包企业资质、③建筑装修装饰工程专业承包企业资质、④建筑幕墙工程专业承包企业资质、⑤预拌商品混凝土专业企业资质、⑥混凝土预制构件专业企业资质、⑦园林古建筑工程专业承包企业资质、⑧钢结构工程专业承包企业资质、⑨高耸构筑物工程专业承包企业资质、⑩电梯安装工程专业承包企业资质、⑪消防设施工程专业承包企业资质、⑫建筑防水工程专业承包企业资质、⑬防腐保温工程专业承包企业资质、⑭附着升降脚手架专业承包企业资质、⑮金属门窗工程专业承包企业资质、⑯预应力工程专业承包企业资质、⑰起重设备安装工程专业承包企业资质、⑱机电设备安装工程专业承包企业资质、⑲爆破与拆除工程专业承包企业资质、⑳建筑智能化工程专业承包企业资质、㉑环保工程专业承包企业资质、㉒电信工程专业承包企业资质、㉓电子工程专业承包企业资质、㉔桥梁工程专业承包企业资质、㉕隧道工程专业承包企业资质、㉖公路路面工程专业承包企业资质、㉗公路路基工程专业承包企业资质、㉘公路交通工程专业承包企业资质、㉙铁路电务工程专业承包企业资质、㉚铁路铺轨架梁工程专业承包企业资质、㉛铁路电气化工程专业承包企业资质、㉜机场场道工程专业承包企业资质、㉝机场空管工程及航站楼弱电系统工程专业承包企业资质、㉞机场目视助航工程专业承包企业资质、㉟港口与海岸工程专业承包企业资质、㊱港口装卸设备安装工程专业承包企业资质、㊲航道工程专业承包企业资质、㊳通航建筑工程专业承包企业资质、㊴通航设备安装工程专业承包企业资质、㊵水上交通管制工程专业承包企业资质、㊶水工建筑物基础处理工程专业承包企业资质、㊷水工金属结构制作与安装工程专业承包企业资质、㊸水电机电设备安装工程专业承包企业资质、㊹河湖整治工程专业承包企业资质、㊺堤防工程专业承包企业资质、㊻水工大坝工程专业承包企业资质、㊼水工隧洞工程专业承包企业资质、㊽火电设备安装工程专业承包企业资质、㊾送变电工程专业承包企业资质、㊿核工程专业承包企业资质、(51)炉窑工程专

业承包企业资质、㊾冶炼机电设备安装工程专业承包企业资质、㊼化工石油设备管道安装工程专业承包企业资质、㊾管道工程专业承包企业资质、㊾无损检测工程专业承包企业资质、㊾海洋石油工程专业承包企业资质、㊾城市轨道交通工程专业承包企业资质、㊾城市及道路照明工程专业承包企业资质、㊾体育场地设施工程专业承包企业资质、⑥特种专业工程专业承包企业资质。

劳务分包企业资质划分为13个资质类别：
①木工作业分包企业资质、②砌筑作业分包企业资质、③抹灰作业分包企业资质、④油漆制作分包企业资质、⑤油漆作业分包企业资质、⑥钢筋作业分包企业资质、⑦混凝土作业分包企业资质、⑧脚手架作业分包企业资质、⑨模板作业分包企业资质、⑩焊接作业分包企业资质、⑪水暖电安装作业分包企业资质、⑫钣金作业分包企业资质、⑬架线作业分包企业资质。

（2）企业资质等级划分

各资质类别按照规定的条件划分为若干等级。施工总承包企业资质分为特级、一、二、三级；专业承包企业资质分为一、二、三级和无级别，一般的专业承包企业资质分为一、二、三级，少数专业承包企业资质分为一、二级或二、三级，个别专业不分等级；劳务分包企业资质分为一、二级和无级别，木工、砌筑、钢筋、脚手架、模板、焊接等作业资质分为一、二级，其他作业的资质不分等级。

现仅将房屋建筑工程施工总承包企业的特级资质的标准做介绍。房屋建筑工程施工总承包企业特级资质标准申请特级资质，必须具备以下条件：

①企业资信能力：a. 企业注册资本金3亿元以上；b. 企业净资产3.6亿元以上；c. 企业近3年年平均工程结算收入5000万元以上；d. 企业银行授信额度近三年均在5亿元以上。

②企业主要管理人员和专业技术人员要求：a. 企业经理具有10年以上从事工程管理工作经历；b. 技术负责人具有15年以上从事工程技术管理工作经历，且具有工程序列高级职称及一级注册建造师或注册工程师执业资格；主持完成过两项及以上施工总承包一级资质要求的代表工程的技术工作或甲级设计资质要求的代表工程或合同额2亿元以上的工程总承包项目；c. 财务负责人具有高级会计师职称及注册会计师资格；d. 企业具有注册一级建造师（一级项目经理）50人以上；e. 企业具有本类别相关的行业工程设计甲级资质标准要求的专业技术人员。

③科技进步水平：a. 企业具有省部级（或相当于省部级水平）及以上的企业技术中心；b. 企业近三年科技活动经费支出平均达到营业额的0.5%以上；c. 企业具有国家级工法3项以上；近五年具有与工程建设相关的，能够推动企业技术进步的专利3项以上，累计有效专利8项以上，其中至少有一项发明专利；d. 企业近十年获得过国家级科技进步奖项或主编过工程建设国家或行业标准；e. 企业已建立内部局域网或管理信息平台，实现了内部办公、信息发布、数据交换的网络化；已建立并开通了企业外部网站；使用了综合项目管理信息系统和人事管理系统、工程设计相关软件，实现了档案管理和设计文档管理。

④代表工程业绩：近5年承担过下列5项工程总承包或施工总承包项目中的3项，工程质量合格。a. 高度100米以上的建筑物；b. 28层以上的房屋建筑工程；c. 单体建筑面积5万平方米以上的房屋建筑工程；d. 钢筋混凝土结构单跨30米以上的建筑工程或钢结构单跨36米以上的房屋建筑工程；e. 单项建安合同额2亿元以上的房屋建筑工程。

现仅将房屋建筑工程施工总承包企业的特级资质的承包范围做介绍。

房屋建筑工程施工总承包企业特级资质的承包范围：①取得施工总承包特级资质的企业可承担本类别各等级工程施工总承包、设计及开展工程总承包和项目管理业务；②取得房屋建筑、公路、铁路、市政公用、港口与航道、水利水电等专业中任意1项施工总承包特级资质和其中2项施工总承包一级资质，即可承接上述各专业工程的施工总承包、工程总承包和项目管理业务，及开展相应设计主导专业人员齐备的施工图设计业务；③取得房屋建筑、矿山、冶炼、石油化工、电力等专业中任意1项施工总承包特级资质和其中2项施工总承包一级资质，即可承接上述各专业工程的施工总承包、工程总承包和项目管理业务，及开展相应设计主导专业人员齐备的施工图设计业务；④特级资质的企业，限承担施工单项合同额3000万元以上的房屋建筑。

2. 勘察单位

2007年6月27日建设部颁布的《建设工程勘察设计资质管理规定》，2001年1月20日建设部修订的《工程勘察资质分级标准》，2007年3月29日建设部修订的《工程设计资质分级标准》，对工程勘察、设计企业的资质等级与标准、申请与审批、业务范围等作出了明确规定。

（1）资质等级

工程勘察资质范围包括建设项目的岩土工程、水文地质勘察和工程测量等专业。其中岩土工程是指：岩土工程勘察、岩土工程设计、岩土工程测试、监测、检测、岩土工程咨询、监理、岩土工程治理。

《建设工程勘察设计资质管理规定》规定，工程勘察资质分为工程勘察综合资质、工程勘察专业资质、工程勘察劳务资质。工程勘察综合资质只设甲级；工程勘察专业资质设甲级、乙级，根据工程性质和技术特点，部分专业可以设丙级；工程勘察劳务资质不分等级。

现仅将工程勘察综合类甲级资质的条件做介绍。取得工程勘察综合类甲级资质的条件：①资历和信誉：具有独立法人资格，3个主专业中有不少于2个具有10年及以上工程勘察资历，是行业的骨干单位，在国外同行业中享有良好信誉；至少2个专业分别独立承担过本专业甲级工程专业任务不少于5项，其工程质量合格、效益好；单位有良好的社会信誉并有相应的经济实力，工商注册资本金不少于800万元人民币。②技术力量：3个主专业中不少于2个专业各有能力同时承担2项甲级工程任务，每专业至少有5名具有本专业高级技术职称的技术骨干和级配合理的技术队伍，岩土工程专业至少5名注册岩土工程师。③技术装备及应用水平：有足够数量、品种、性能良好的室内试验、原位测试及工程物探等测试监测检测设备或测量仪器设备，或有依法约定能提供满足专项勘察、测试监测检测等质量要求的协作单位。应用计算机出图率达100%。有满足工作需要的固定工作场所。④管理水平：有健全的生产经营、财务会计、设备物资、业务建设等管理办法和完善的质量保证体系，并能有效地运行。⑤业务成果：近10年内获得不少于3项国家级或省部级优秀工程勘察奖；主编过1项或参编过3项国家、行业、地方工程勘察技术规程、规范、标准、定额、手册等工作。

（2）业务范围

取得工程勘察综合资质的企业，可以承接各专业（海洋工程勘察除外）、各等级工程勘察业务，承担工程勘察业务范围和地区不受限制。

工程勘察专业资质设甲级、乙级，根据工程性质和技术特点，部分专业可以设丙级。取得工程勘察专业资质的企业，可以承接同级别相应专业的工程勘察业务。专业类甲级工程勘察企业承担本专业工程勘察业务范围和地区不受限制。专业类乙级工程勘察企业可承担本专业工程勘察中、小型工程项目，承担工程勘察业务的地区不受限制。专业类丙级工程勘察企业可承担本专业工程勘察小型工程项目，承担工程勘察业务限定在省、自治区、直辖市所辖行政区范围内。

工程勘察劳务类资质不分级别，劳务类工程勘察企业只能承担岩土工程治理、工程钻探、凿井等工程勘察劳务工作，承担工程勘察劳务工作的地区不受限制。

3. 设计企业

（1）资质等级

工程设计范围包括本行业建设工程项目的主体工程和配套工程［含厂（矿）区内的自备电站、道路、专用铁路、通信、各种管网管线和配套的建筑物等全部配套工程］以及与主体工程、配套工程相关的工艺、土木、建筑、环境保护、水土保持、消防、安全、卫生、节能、防雷、抗震等。包括煤炭、电力、化工、石化、医药、石油、天然气、民用建筑等21个行业。

《建设工程勘察设计资质管理规定》规定，工程设计资质分为工程设计综合资质、工程设计行业资质、工程设计专业资质和工程设计专项资质。工程设计综合资质只设甲级；工程设计行业资质、工程设计专业资质、工程设计专项资质设甲级、乙级。根据工程性质和技术特点，个别行业、专业、专项资质可以设丙级，建设工程专业资质可以设丁级。

现仅将工程设计综合类甲级资质的条件做介绍。取得工程设计综合甲级资质的条件：①资历和信誉。具有独立企业法人资格；注册资本不少于6000万元人民币；近3年年平均工程勘察设计合同额不少于10000万元人民币，且近5年内2次工程勘察设计合同额排名在全国列前50名以内。具有2个工程设计行业甲级资质，且近10年内独立承担大型建设项目工程设计每行业不少于2项，并已建成投产。或同时具有某1个工程设计行业甲级资质和其他3个不同行业甲级工程设计的专业资质，且近10年内独立承担大型建设项目工程设计不少于4项。其中，工程设计行业甲级相应业绩不少于1项，工程设计专业甲级相应业绩各不少于1项，并已建成投产。近10年内独立承担大型建设项目工程总承包或工程项目管理不少于2项。②技术条件。技术力量雄厚，专业配备合理。企业从事勘察设计的工程专业技术人员不少于500人，其中具备注册执业资格或高级专业技术职称不少于200人（一级注册建筑师、一级注册结构工程师、一级注册建造师各不少于3人）。拥有与工程设计有关的专利、专有技术、工艺包（软件包）不少于3项。近10年获得过国家级优秀工程设计、优秀工程勘察、科技进步三等奖（铜奖）及以上的奖项不少于3项，或省部级优秀工程设计、科技进步三等奖以上的奖项不少于6项。近10年主编2项或参编过5项及以上国家、行业工程建设标准、规范、定额、标准设计。③技术装备及管理水平。有完善的技术装备及固定工作场所，且主要固定工作场所建筑面积不少于10000平方米，有完善的企业技术、质量、安全和管理标准，通过ISO 9000族标准质量体系认证。具有与承担建设项目工程总承包或工程项目管理相适应的组织机构或管理体系。

（2）业务范围

取得工程设计综合资质的企业，可以承接各行业、各等级的建设工程设计业务，即可承担各行业建设工程项目主体工程及其配套工程的设计，其范围和规模不受限制。

取得工程设计行业资质的企业，可以承接相应行业相应等级的工程设计业务及本行业范围内同级别的相应专业、专项（设计施工一体化资质除外）工程设计业务。工程设计行业甲级资质，可承担本行业建设工程项目主体工程及其配套工程的设计，其范围和规模不受限制。工程设计行业乙级资质，可承担本行业中、小型建设工程项目的主体工程及其配套工程的工程设计业务。工程设计行业丙级资质，可承担本行业小型建设项目的工程设计任务。

取得工程设计专业资质的企业，可以承接本专业相应等级的专业工程设计业务及同级别的相应专项工程设计业务（设计施工一体化资质除外）。工程设计专业甲级资质，可承担行业相应设计类型建设工程项目主体工程及其配套工程的设计，其范围和规模不受限制。工程设计专业乙级资质，可承担行业相应设计类型中、小型建设工程项目的主体工程及其配套工程的工程设计任务。工程设计专业丙级资质，可承担相应行业设计类型小型建设项目的工程设计任务。

取得工程设计专项资质的企业，可以承接本专项相应等级的专项工程设计业务。

4. 监理企业

2007年6月27日建设部颁布的《工程监理企业资质管理规定》，对工程监理单位的资质等级与标准、申请与审批、业务范围等作出了明确规定。

（1）资质等级

工程监理企业资质分为综合资质、专业资质和事务所资质。其中，专业资质按照工程性质和技术特点划分为若干工程类别。综合资质、事务所资质不分级别。专业资质分为甲级、乙级；其中，房屋建筑、水利水电、公路和市政公用专业资质可设立丙级。

现仅将监理企业综合类资质的标准做介绍。设置综合资质标准：①具有独立法人资格且注册资本不少于300万元人民币。②企业技术负责人应为注册监理工程师，并具有15年以上从事工程建设工作的经历或者具有工程类高级职称。③具有5个以上工程类别的专业甲级工程监理资质。④注册监理工程师不少于60人，注册造价工程师不少于5人，一级注册建造师、一级注册建筑师、一级注册结构工程师或者其他勘察设计注册工程师合计不少于15人次。⑤企业具有完善的组织结构和质量管理体系，有健全的技术、档案等管理制度。⑥企业具有必要的工程试验检测设备。⑦申请工程监理资质之日前一年内没有《工程监理企业资质管理规定》第十六条禁止的行为。⑧申请工程监理资质之日前一年内没有因本企业监理责任造成重大质量事故。⑨申请工程监理资质之日前一年内没有因本企业监理责任发生三级以上工程建设重大安全事故或者发生两起以上四级工程建设安全事故。

（2）业务范围

工程监理企业资质相应许可的业务范围如下：①综合资质企业可以承担所有专业工程类别建设工程项目的工程监理业务。②专业甲级资质企业可承担相应专业工程类别建设工程项目的工程监理业务。③专业乙级资质企业可承担相应专业工程类别二级以下（含二级）建设工程项目的工程监理业务。④专业丙级资质企业可承担相应专业工程类别三级建设工程项目的工程监理业务。⑤事务所资质企业可承担三级建设工程项目的工程监理业务，但是，国家规定必须实行强制监理的工程除外。工程监理企业可以开展相应类别建设工程的项目管理、技术咨询等业务。

5. 工程造价咨询企业

2006年3月22日建设部颁布的《工程造价咨询企业管理办法》，对工程造价咨询企业的资质等级与标准、申请与审批、业务范围等作出了明确规定。

(1) 资质等级

工程造价咨询企业资质等级分为甲级、乙级。现仅将甲级工程造价咨询企业资质等级标准做介绍。甲级工程造价咨询企业资质标准如下：①已取得乙级工程造价咨询企业资质证书满3年；②企业出资人中，注册造价工程师人数不低于出资人总人数的60%，且其出资额不低于企业注册资本总额的60%；③技术负责人已取得造价工程师注册证书，并具有工程或工程经济类高级专业技术职称，且从事工程造价专业工作15年以上；④专职从事工程造价专业工作的人员不少于20人，其中，具有工程或者工程经济类中级以上专业技术职称的人员不少于16人；取得造价工程师注册证书的人员不少于10人，其他人员具有从事工程造价专业工作的经历；⑤企业与专职专业人员签订劳动合同，且专职专业人员符合国家规定的职业年龄（出资人除外）；⑥专职专业人员人事档案关系由国家认可的人事代理机构代为管理；⑦企业注册资本不少于人民币100万元；⑧企业近3年工程造价咨询营业收入累计不低于人民币500万元；⑨具有固定的办公场所，人均办公建筑面积不少于10平方米；⑩技术档案管理制度、质量控制制度、财务管理制度齐全；⑪企业为本单位专职专业人员办理的社会基本养老保险手续齐全；⑫在申请核定资质等级之日前3年内无《工程造价咨询企业管理办法》第二十七条禁止的行为。

(2) 业务范围

工程造价咨询业务范围包括：①建设项目建议书及可行性研究投资估算、项目经济评价报告的编制和审核；②建设项目概预算的编制与审核，并配合设计方案比选、优化设计、限额设计等工作进行工程造价分析与控制；③建设项目合同价款的确定（包括招标工程工程量清单和标底、投标报价的编制和审核）；合同价款的签订与调整（包括工程变更、工程洽商和索赔费用的计算）及工程款支付；工程结算及竣工结（决）算报告的编制与审核等；④工程造价经济纠纷的鉴定和仲裁的咨询；⑤提供工程造价信息服务等。工程造价咨询企业可以对建设项目的组织实施进行全过程或者若干阶段的管理和服务。

工程造价咨询企业依法从事工程造价咨询活动，不受行政区域限制。甲级工程造价咨询企业可以从事各类建设项目的工程造价咨询业务。乙级工程造价咨询企业可以从事工程造价5000万元人民币以下的各类建设项目的工程造价咨询业务。

(三) 从业人员执业资格审查制度

执业资格是指政府对某些责任较大、社会通用性强、关系到国家和公众利益的专业（工种）实行的准入控制，规定专业技术人员从事某一特定专业（工种）的学识、技术和能力的必备标准。执业资格制度是国家对某些承担较大责任，关系国家、社会和公众利益的重要专业岗位实行的一项管理制度。这项制度在发达国家已实行了近百年，对保证执业人员素质、促进市场经济有序发展具有重要作用。改革开放后，执业资格制度作为国际通行的管理制度在我国得到较快发展。1994年，我国开始制定各类职业的资格标准和录用标准，实行学历文凭和执业资格两种证书制度，在涉及国家和人民生命财产安全及公共利益的专业技术领域，积极稳妥、有步骤地推行专业技术执业资格制度。

工程建设执业资格法律制度是指依法取得相应资质和资格的单位与个人，才允许在法规所规定的范围从事一定的建设活动的制度。建设行业执业资格制度就是政府对建设行业中事关工程质量和安全以及关系国家、社会和公众财产、生命、安全的专业实行的专业技术人员市场准入制度。

建筑工程的种类很多，对于不同的建筑工程，其建设规模和技术要求的复杂程度也会有很大的区别。而从事建筑活动的施工企业、勘察单位、设计单位和工程监理单位的情况也各有不同，有的资本雄厚，专业技术人员较多，技术装备齐全，有较强的经济和技术实力，而有的经济和技术实力则相对较弱。为此，我国在对建筑活动的监督管理中，将从事建筑活动的单位按其具有的不同经济、技术条件，划分为不同的资质等级，并对不同资质等级的单位所从事的建筑活动范围作出了明确的规定。《建筑法》第十三条明确规定："从事建筑活动的建筑施工企业、勘察单位、设计单位和工程监理单位，按照其拥有的注册资本、专业技术人员、技术装备和已完成的建筑工程业绩等资质条件，划分为不同的资质等级。经资质审查合格，取得相应等级资质证书后，方可在其资质等级许可的范围内从事建筑活动。"这在法律上确定了我国工程建设从业资格许可制度。实践证明，从业资格制度是建立和维护建筑市场的正常秩序，保证建筑工程质量的一项有效措施。但是随着改革开放的深入和市场经济的发展，单纯实行执业资质管理的不足也日益突出，具体表现在以下几个方面：

（1）只管单位资质，对具体的执业人员没有要求，出现高资质单位承接任务，而由低素质、低水平的人员来实施的问题，使工程建设的质量和水平难以保证；

（2）一些高水平的专业人员，由于其所在单位资质较低的限制，其聪明才智和业务能力难以得到充分发挥；

（3）工程建设的相关责任，只能落实到单位，对具体从业人员的责任却难以追究，遇到问题就是集体负责，表面上是大家共同负责，实际上却是谁也不承担责任；

（4）大家数发达国家和地区都实行了工程建设执业人员资格注册制度，这已形成了建筑行业管理的国际惯例。如果我们不实行这一制度，就会影响到我们和国际建筑业界的交流和合作，同时也会成为我国加入国际市场的障碍。

目前，工程建设执业资格法律制度初步建立，现将注册建筑师、注册结构工程师、注册岩土工程师、监理工程师、注册造价工程师和注册建造师做介绍。

1. 注册建筑师

注册建筑师是指经考试、特许、考核认定取得中华人民共和国注册建筑师执业资格证书，或者经资格互认方式取得建筑师互认资格证书，并按照规定注册，取得中华人民共和国注册建筑师证书和中华人民共和国注册建筑师执业印章，从事建筑设计及相关业务活动的专业技术人员。1995年9月23日国务院颁布了《中华人民共和国注册建筑师条例》，2008年1月29日建设部颁布了《中华人民共和国注册建筑师条例实施细则》，对注册建筑师的考试、注册管理、权利义务等作出了具体规定。我国注册建筑师分为两级，即一级注册建筑师和二级注册建筑师。

（1）注册建筑师执业资格的取得

①资格考试

一级注册建筑师报考的条件：a. 学位或学历和职业实践最少时间的要求，见表3-1。b. 按照一级注册建筑师职业实践标准，申请报考人员应完成不少于700个单元的职业实践训练。报考人员应向考试资格审查部门提供本人的《一级注册建筑师职业实践登记手册》，以供审查。c. 不具备表3-1所规定学历的人员应从事工程设计工作满15年且应具备下列条件之一：ⓐ作为项目负责人或专业负责人，完成民用建筑设计三级及以上项目四项全过程设计，其中二级以上项目不少于一项。ⓑ作为项目负责人或专业负责人，完成其他类型建筑设计中型及以上项目四项全过程设计，其中大型项目或特种建设项目不少于一项。

表 3-1　一级注册建筑师报考的学位或学历和职业实践最少时间

专业	学位或学历		职业实践最少时间
建筑学 建筑设计	本科及以上	建筑学硕士或以上毕业	2 年
		建筑学学士	3 年
		五年制工学学士毕业	5 年
		四年制工学学士毕业	7 年
	专科	三年制毕业	9 年
		两年制毕业	10 年
城市规划 城乡规划 建筑工程 房屋建筑工程 风景园林 建筑装饰技术	本科及以上	工学博士毕业	2 年
		工学硕士或研究生毕业	6 年
		五年制工学学士毕业	7 年
		四年制工学学士毕业	8 年
	专科	三年制毕业	10 年
		两年制毕业	11 年
其他工科	本科及以上	工学硕士或研究生毕业	7 年
		五年制工学学士毕业	8 年
		四年制工学学士毕业	9 年

首次报考二级注册建筑师：应符合下列条件之一的：①学位或学历和职业实践最少时间向要求，见表 3-2；②具有助理建筑师、助理工程师以上专业技术职称，并从事建筑设计或者相关业务 3 年（含 3 年）以上人员，可以申报考试；③不具备表 3-2 所规定的学历人员应从事工程设计工作满 13 年且应具备下列条件之一：a. 作为项目负责人或专业负责人，完成民用建筑设计四级及以上项目四项全过程设计，其中三级以上项目不少于一项。b. 作为项目负责人或专业负责人，完成其他类型建筑设计小型及以上项目四项全过程设计，其中中型项目不少于一项。

表 3-2　二级注册建筑师报考的学位或学历和职业实践最少时间

专业		学历	职业实践最少时间
中专（不含职业中专）	建筑学（建筑设计技术）	四年制毕业（含高中起点三年制）	5 年
	建筑学（建筑设计技术）	三年制毕业（含高中起点二年制）	7 年
	相近专业	四年制毕业（含高中起点三年制）	8 年
	相近专业	三年制毕业（含高中起点二年制）	10 年
	建筑学（建筑设计技术）	三年制成人中专毕业	8 年
	相近专业	三年制成人中专毕业	10 年
大专	建筑学（建筑设计技术）	毕业	3 年
	相近专业	毕业	4 年
本科及以上	建筑学	大学本科（含以上）毕业	2 年
	相近专业	大学本科（含以上）毕业	3 年

国家实行注册建筑师全国统一考试制度，一般每年进行一次。一级注册建筑师资格考试科目包括：①设计前期与场地设计（知识）；②建筑设计（知识）；③建筑结构；④建筑物理

与设备；⑤建筑材料与构造；⑥建筑经济、施工及设计业务管理；⑦建筑方案设计（作图）；⑧建筑技术设计（作图）；⑨场地设计（作图）9个科目。一级注册建筑师资格考试成绩五年滚动有效，即每个考试科目的成绩有效期为五年（次）。二级注册建筑师资格考试科目包括：①建筑设计（作图）；②建筑构造与详图（作图）；③建筑结构与设备；④法律、法规、经济与施工4个科目，二级注册建筑师资格考试成绩两年（次）滚动有效，即每个考试科目的成绩有效期为两年（次）。

②建筑师的初始注册

注册建筑师实行注册执业管理制度。取得执业资格证书或者互认资格证书的人员，必须经过注册方可以注册建筑师的名义执业。

取得一级注册建筑师资格证书并受聘于一个相关单位的人员，应当通过聘用单位向单位工商注册所在地的省、自治区、直辖市注册建筑师管理委员会提出申请；省、自治区、直辖市注册建筑师管理委员会受理后提出初审意见，并将初审意见和申请材料报全国注册建筑师管理委员会审批；符合条件的，由全国注册建筑师管理委员会颁发一级注册建筑师注册证书和执业印章。申请注册建筑师初始注册，应当具备以下条件：a. 依法取得执业资格证书或者互认资格证书；b. 只受聘于中华人民共和国境内的一个建设工程勘察、设计、施工、监理、招标代理、造价咨询、施工图审查、城乡规划编制等单位；c. 近三年内在中华人民共和国境内从事建筑设计及相关业务一年以上；d. 达到继续教育要求；e. 没有不予注册的情形。下列情形不予注册：a. 不具有完全民事行为能力的；b. 申请在两个或者两个以上单位注册的；c. 未达到注册建筑师继续教育要求的；d. 因受刑事处罚，自刑事处罚执行完毕之日起至申请注册之日止不满五年的；e. 因在建筑设计或者相关业务中犯有错误受行政处罚或者撤职以上行政处分，自处罚、处分决定之日起至申请之日止不满二年的；f. 受吊销注册建筑师证书的行政处罚，自处罚决定之日起至申请注册之日止不满五年的；g. 申请人的聘用单位不符合注册单位要求的；h. 法律、法规规定不予注册的其他情形。

③继续注册、变更、撤销和注销

继续注册每两年注册一次。已经注册的注册建筑师需继续注册时，应在注册有效期终止日前30日内向注册建筑师管理委员会提出注册申请。

注册建筑师变更执业单位，应当与原聘用单位解除劳动关系，并以申请注册的程序办理变更注册手续。变更注册后，仍延续原注册有效期。原注册有效期届满在半年以内的，可以同时提出延续注册申请。准予延续的，注册有效期重新计算。

注册建筑师有下列情形之一的，其注册证书和执业印章失效：a. 聘用单位破产的；b. 聘用单位被吊销营业执照的；c. 聘用单位相应资质证书被吊销或者撤回的；d. 已与聘用单位解除聘用劳动关系的；e. 注册有效期满且未延续注册的；f. 死亡或者丧失民事行为能力的；g. 其他导致注册失效的情形。

有下列情形之一的，全国注册建筑师管理委员会或者省、自治区、直辖市注册建筑师管理委员会可以撤销其注册：a. 全国注册建筑师管理委员会或者省、自治区、直辖市注册建筑师管理委员会的工作人员滥用职权、玩忽职守颁发注册证书和执业印章的；b. 超越法定职权颁发注册证书和执业印章的；c. 违反法定程序颁发注册证书和执业印章的；d. 对不符合法定条件的申请人颁发注册证书和执业印章的；e. 依法可以撤销注册的其他情形。

注册建筑师有下列情形之一的，由注册机关办理注销手续，收回注册证书和执业印章或公告注册证书和执业印章作废：（1）有注册证书和执业印章失效情形发生的；（2）依法被撤销注册的；(3)依法被吊销注册证书的；(4)受刑事处罚的；(5)法律、法规规定应当注销注册的其他情形。注册建筑师有以上情形之一的，注册建筑师本人和聘用单位应当及时向注册机关提出注销注册申请；有关单位和个人有权向注册机关举报；县级以上地方人民政府建设行政主管部门或者有关部门应当及时告知注册机关。

(2) 注册建筑师的执业

①注册建筑师的执业范围

注册建筑师的执业范围包括：a. 建筑设计；b. 建筑设计技术咨询；c. 建筑物调查与鉴定；d. 对本人主持设计的项目进行施工指导和监督；e. 国务院建设行政主管部门规定的其他业务。一级注册建筑师的业务范围与二级注册建筑师的业务范围有所不同，一级注册建筑师的执业范围不受工程项目规模和工程复杂程度的限制。二级注册建筑师的执业范围只限于承担工程设计资质标准中建设项目设计规模划分表中规定的小型规模的项目。

②注册建筑师的权利和义务

注册建筑师的权利有：a. 注册建筑师有权以注册建筑师的名义执行注册建筑师业务。非注册建筑师不得以注册建筑师的名义执行注册建筑师业务。二级注册建筑师不得以一级注册建筑师的名义执行业务，也不得超越国家规定的二级注册建筑师的执业范围执行业务。b. 国家规定的一定跨度、跨径和高度以上的房屋建筑，应当由注册建筑师主持设计并在设计文件上签字。c. 任何单位和个人修改注册建筑师的设计图纸，应当征得该注册建筑师同意，但是，因特殊情况不能征得该注册建筑师同意的除外。

注册建筑师的义务有：a. 遵守法律、法规和职业道德，维护社会公共利益；b. 保证建筑设计的质量，并在其负责的设计图纸上签字；c. 保守在执业中知悉的单位和个人的秘密；d. 不得同时受聘于两个以上建筑设计单位执行业务；e. 不能准许他人以本人名义执行业务。

③注册建筑师的法律责任

隐瞒有关情况或者提供虚假材料申请注册的，注册机关不予受理，并由建设行政主管部门给予警告，申请人一年之内不得再次申请注册。

以欺骗、贿赂等不正当手段取得注册证书和执业印章的，由全国注册建筑师管理委员会或省、自治区、直辖市注册建筑师管理委员会撤销注册证书并收回执业印章，三年内不得再次申请注册，并由县级以上人民政府建设行政主管部门处以罚款。其中没有违法所得的，处以1万元以下罚款；有违法所得的处以违法所得3倍以下且不超过3万元的罚款。

未受聘并注册于中华人民共和国境内一个具有工程设计资质的单位，从事建筑工程设计执业活动的，由县级以上人民政府建设行政主管部门给予警告，责令停止违法活动，并可处以1万元以上3万元以下的罚款。

未办理变更注册而继续执业的，由县级以上人民政府建设行政主管部门责令限期改正；逾期未改正的，可处以5000元以下的罚款。

涂改、倒卖、出租、出借或者以其他形式非法转让执业资格证书、互认资格证书、注册证书和执业印章的，由县级以上人民政府建设行政主管部门责令改正，其中没有违法所得的，处以1万元以下罚款；有违法所得的处以违法所得3倍以下且不超过3万元的罚款。

注册建筑师或者其聘用单位未按照要求提供注册建筑师信用档案信息的，由县级以上人民政府建设行政主管部门责令限期改正；逾期未改正的，可处以1000元以上1万元以下的罚款。

设计质量造成的经济损失，首先由设计单位承担赔偿责任，再由设计单位对签字的注册建筑师根据其责任大小，进行追偿。

2. 注册结构、岩土工程师

勘察设计注册工程师（简称注册工程师），是指经考试取得中华人民共和国注册工程师资格证书，并按规定注册，取得中华人民共和国注册工程师注册执业证书和执业印章，从事建设工程勘察、设计及有关业务活动的专业技术人员。全国勘察设计注册工程师包括：注册结构工程师、注册土木工程师（岩土、港口与航道工程、水利水电工程）、注册公用设备工程师（暖通空调、动力、给水排水）、注册电气工程师（发输变电、供配电）、注册化工工程、注册环保工程师等。除注册结构工程师分为一级和二级外，其他专业注册工程师不分级别。2005 年 2 月 4 日建设部颁布了《勘察设计注册工程师管理规定》。

（1）注册工程师执业资格的取得

1）资格考试

注册工程师执业资格的考试种类较多，下面仅介绍注册结构工程师考试和注册土木工程师（岩土）的考试。

注册结构工程师是指取得注册结构工程师执业资格证书和注册证书，从事房屋结构、桥梁结构及塔架结构等工程设计及相关业务的专业技术人员。1997 年 9 月 1 日建设部、人事部联合颁布了《注册结构工程师执业资格制度暂行规定》。

注册结构工程师考试实行全国统一大纲、统一命题、统一组织的方法，原则上每年举行一次。一级注册结构工程师资格考试由基础考试和专业考试两部分组成。基础考试内容包括：①工程科学基础（数学基础、物理基础、化学基础、理论力学基础、材料力学基础、流体力学基础）；②现代技术基础（电气技术基础、信号与信息基础）；工程管理基础（工程经济基础、计算机基础、法律法规）；③专业知识基础（土木工程材料、结构设计、结构力学、土木工程施工与管理、土力学与地基基础、结构试验、工程测量、职业法规）。专业考试内容包括：①结构设计总则；②钢筋混凝土结构；③钢结构；④砌体结构与木结构；⑤地基与基础；⑥高层建筑结构、高耸结构及横向作用；⑦桥梁结构。通过基础考试的人员，从事结构工程设计或相关业务满规定年限，方可申请参加专业考试。

具备规定学历的人员，报考一级注册结构工程师基础考试的条件见表 3-3。1971 年（含 1971 年）以后毕业，不具备规定学历的人员，从事建筑工程设计工作累计 15 年以上，且具备下列条件之一，也可申报一级注册结构工程师资格考试基础科目的考试：①作为专业负责人或主要设计人，完成建筑工程分类标准三级以上项目 4 项（全过程设计），其中二级以上项目不少于 1 项；②作为专业负责人或主要设计人，完成中型工业建筑工程以上项目 4 项（全过程设计），其中大中型项目不少于 1 项。

表 3-3　一级注册结构工程师报考的学位或学历和职业实践最少时间

类别	专业名称	学历或学位	Ⅰ类人员 职业实践最少时间	Ⅱ类人员 职业实践最少时间
本专业	结构工程	工学硕士或研究生毕业及以上学位	4 年	6 年
	建筑工程（不含岩土工程）	评估通过并在合格有效期内的工学学士学位	4 年	
		未通过评估的工学学士学位	5 年	8 年
		专科毕业	6 年	9 年

续表

类别	专业名称	学历或学位	Ⅰ类人员 职业实践最少时间	Ⅱ类人员 职业实践最少时间
相近专业	建筑工程的岩土工程 交通土建工程 矿井建设 水利水电建筑工程 港口航道及治河工程 海岸与海洋工程 农业建筑与环境工程 建筑学 工程力学	工学硕士或研究生毕业及以上学位	5年	8年
		工学学士或本科毕业	6年	9年
		专科毕业	7年	10年
其他工科专业		工学学士或本科毕业及以上学位	8年	12年

通过一级注册结构工程师基础考试，报考一级注册结构工程师专业考试的条件是：a. 表3-3中"Ⅰ类人员"指基础考试已经通过，继续申报专业考试的人员："Ⅱ类人员"指按原建设部、人事部发文《关于一级注册结构工程师资格考核认定和1997年资格报考工作有关问题的说明》[（97）建设注字第46号] 文件规定，符合免基础考试条件，只参加专业考试的人员免考范围不再扩大，该类人员可一直参加专业考试，直至通过为止；b. 1970年（含1970年）以前建筑工程专业大学本科、专科毕业的人员；c. 1970年（含1970年）以前建筑工程或相近专业中专及以上学历毕业，从事结构设计工作累计10年以上的人员；d. 1970年（含1970年）以前参加工作，不具备规定学历要求，从事结构设计工作累计15年以上的人员。

二级注册结构工程师资格考试是专业考试，考试内容包括：总则、钢筋混凝土结构、钢结构、砌体结构与木结构、地基与基础和高层建筑结构、高耸结构与横向作用。报考二级注册结构工程师专业考试的条件见表3-4。

表3-4 二级注册结构工程师报考的学位或学历和职业实践最少时间

类别	专业名称	学历或学位	职业实践最少时间
本专业	工业与民用建筑	本科及以上学历	2年
		普通大专毕业	3年
		成人大专毕业	4年
		普通中专毕业	6年
		成人中专毕业	7年
相近专业	建筑设计技术 村镇建设 公路与桥梁 城市地下铁道 铁道工程 铁道桥梁与隧道 小型土木工程 水利水电工程建筑 水利工程 港口与航道工程	本科及以上学历	4年
		普通大专毕业	6年
		成人大专毕业	7年
		普通中专毕业	9年
		成人中专毕业	10年

续表

类别	专业名称	学历或学位	职业实践最少时间
	不具备规定学历	从事结构设计工作满13年以上，且作为项目负责人或专业负责人，完成过三级（或中型工业建筑项目）不少于二项	13年

注册土木工程师（岩土）是指取得《中华人民共和国注册土木工程师（岩土）执业资格证书》和《中华人民共和国注册土木工程师（岩土）执业资格注册证书》，从事岩土工程工作的专业技术人员。2002年4月8日人事部、建设部颁布了《注册土木工程师（岩土）执业资格制度暂行规定》、《注册土木工程师（岩土）执业资格考试实施办法》和《注册土木工程师（岩土）执业资格考核认定办法》。

注册土木工程师（岩土）执业资格考试实行全国统一大纲、统一命题、统一组织的办法，原则上每年举行一次。注册土木工程师（岩土）执业资格考试由基础考试和专业考试（专业知识、专业案例）组成。基础考试内容包括：高等数学、普通物理、理论力学、材料力学、流体力学、建筑材料、电工学、工程经济、工程地质、土力学与地基基础、弹性力学结构力学与结构设计、工程测量、计算机与数值方法、建筑施工与管理、职业法规。专业考试内容包括：岩土工程勘察、浅基础、深基础、地基处理、土工结构、边坡、基坑与地下工程、特殊条件下的岩土工程、地震工程、工程经济与管理。

符合《注册土木工程师（岩土）执业资格制度暂行规定》的要求，并具备以下条件之一者，可申请参加基础考试：①取得勘察技术与工程、土木工程、水利水电工程、港口航道与海岸工程专业或地质勘探、环境工程、工程力学专业等相近专业大学本科及以上学历或学位；②取得本专业或相近专业大学专科学历，从事岩土工程专业工作满1年；③取得其他工科专业大学本科及以上学历或学位，从事岩土工程专业工作满1年。

基础考试合格，并具备以下条件之一者，可申请参加专业考试：①取得本专业博士学位，累计从事岩土工程专业工作满2年；或取得相近专业博士学位，累计从事岩土工程专业工作满3年；②取得本专业硕士学位，累计从事岩土工程专业工作满3年；或取得相近专业硕士学位，累计从事岩土工程专业工作满4年；③取得本专业双学士学位或研究生班毕业，累计从事岩土工程专业工作满4年；或取得相近专业双学士学位或研究生班毕业，累计从事岩土工程专业工作满5年；④取得本专业大学本科学历，累计从事岩土工程专业工作满5年；或取得相近专业大学本科学历，累计从事岩土工程专业工作满6年；⑤取得本专业大学专科学历，累计从事岩土工程专业工作满6年；或取得相近专业大学专科学历，累计从事岩土工程专业工作满7年；⑥取得其他工科专业大学本科及以上学历或学位，累计从事岩土工程专业工作满8年。

2）注册工程师的初始注册

注册工程师实行注册执业管理制度。取得资格证书的人员，必须经过注册方能以注册工程师的名义执业。

取得资格证书的人员申请注册，由省、自治区、直辖市人民政府建设行政主管部门初审，国务院建设行政主管部门审批；其中涉及有关部门的专业注册工程师的注册，由国务院建设行政主管部门和有关部门审批。取得资格证书并受聘于一个建设工程勘察、设计、施工、监理、招标代理、造价咨询等单位的人员，应当通过聘用单位向单位工商注册所在地的省、自治区、直辖市人民政府建设行政主管部门提出注册申请；省、自治区、直辖市人民政府建设行政主管部门受理后提出初审意见，并将初审意见和全部申报材料报审批部门审批；符合条件的，由审批部门核发由国务院建设行政主管部门统一制作、国务院建设行政主管部门或者国务院建设行政主管部门和有关部门共同用印的注册证书，并核发执业印章。

省、自治区、直辖市人民政府建设行政主管部门在收到申请人的申请材料后，应当即时作出是否受理的决定，并向申请人出具书面凭证；申请材料不齐全或者不符合法定形式的，应当在5日内一次性告知申请人需要补正的全部内容。逾期不告知的，自收到申请材料之日起即为受理。省、自治区、直辖市人民政府建设行政主管部门应当自受理申请之日起20日内审查完毕，并将申请材料和初审意见报审批部门。国务院建设行政主管部门自收到省、自治区、直辖市人民政府建设行政主管部门上报材料之日起，应当在20日内审批完毕并作出书面决定，自作出决定之日起10日内，在公众媒体上公告审批结果。其中，由国务院建设行政主管部门和有关部门共同审批的，审批时间为45日；对不予批准的，应当说明理由，并告知申请人享有依法申请行政复议或者提起行政诉讼的权利。二级注册结构工程师的注册受理和审批，由省、自治区、直辖市人民政府建设行政主管部门负责。

初始注册者，可自资格证书签发之日起3年内提出申请。逾期未申请者，须符合本专业继续教育的要求后方可申请初始注册。初始注册需要提交下列材料：①申请人的注册申请表；②申请人的资格证书复印件；③申请人与聘用单位签订的聘用劳动合同复印件；④逾期初始注册的，应提供达到继续教育要求的证明材料。

有下列情形之一的，不予注册：①不具有完全民事行为能力的；②因从事勘察设计或者相关业务受到刑事处罚，自刑事处罚执行完毕之日起至申请注册之日止不满2年的；③法律、法规规定不予注册的其他情形。

3）继续注册、变更、撤销和注销

注册工程师每一注册期为3年，注册期满需继续执业的，应在注册期满前30日，按照规定申请延续注册。延续注册需要提交下列材料：①申请人延续注册申请表；②申请人与聘用单位签订的聘用劳动合同复印件；③申请人注册期内达到继续教育要求的证明材料。

在注册有效期内，注册工程师变更执业单位，应与原聘用单位解除劳动关系，并按本规定办理变更注册手续，变更注册后仍延续原注册有效期。变更注册需要提交下列材料：①申请人变更注册申请表；②申请人与新聘用单位签订的聘用劳动合同复印件；③申请人的工作调动证明（或者与原聘用单位解除聘用劳动合同的证明文件、退休人员的退休证明）。

注册工程师有下列情形之一，其注册证书和执业印章失效：①聘用单位破产的；②聘用单位被吊销营业执照的；③聘用单位相应资质证书被吊销的；④已与聘用单位解除聘用劳动关系的；⑤注册有效期满且未延续注册的；⑥死亡或者丧失行为能力的；⑦注册失效的其他情形。

有下列情形之一的，负责审批的部门或者其上级主管部门，可以撤销其注册：①建设主管行政部门或者有关部门的工作人员滥用职权、玩忽职守颁发注册证书和执业印章的；②超越法定职权颁发注册证书和执业印章的；③违反法定程序颁发注册证书和执业印章的；④对不符合法定条件的申请人颁发注册证书和执业印章的；⑤依法可以撤销注册的其他情形。

注册工程师有下列情形之一的，负责审批的部门应当办理注销手续，收回注册证书和执业印章或者公告其注册证书和执业印章作废：①不具有完全民事行为能力的；②申请注销注册的；③有注册证书和执业印章失效情形发生的；④依法被撤销注册的；⑤依法被吊销注证书的；⑥受到刑事处罚的；⑦法律、法规规定应当注销注册的其他情形。注册工程师有以上情形之一的，注册工程师本人和聘用单位应当及时向负责审批的部门提出注销注册的申请；有关单位和个人有权向负责审批的部门举报；建设行政主管部门和有关部门应当及时向负责审批的部门报告。

（2）注册工程师的执业

1）注册工程师的执业范围

取得资格证书的人员，应受聘于一个具有建设工程勘察、设计、施工、监理、招标代理、造价咨询等一项或多项资质的单位，经注册后方可从事相应的执业活动。但从事建设工程勘察、设计执业活动的，应受聘并注册于一个具有建设工程勘察、设计资质的单位。

注册工程师的执业范围：①工程勘察或者本专业工程设计；②本专业工程技术咨询；③本专业工程招标、采购咨询；④本专业工程的项目管理；⑤对工程勘察或者本专业工程设计项目的施工进行指导和监督；⑥国务院有关部门规定的其他业务。

建设工程勘察、设计活动中形成的勘察、设计文件由相应专业注册工程师按照规定签字盖章后方可生效。各专业注册工程师签字盖章的勘察、设计文件种类及办法由国务院建设行政主管部门会同有关部门规定。修改经注册工程师签字盖章的勘察、设计文件，应当由该注册工程师进行；因特殊情况，该注册工程师不能进行修改的，应由同专业其他注册工程师修改，并签字、加盖执业印章，对修改部分承担责任。

2）注册工程师的权利和义务

注册工程师享有下列权利：①使用注册工程师称谓；②在规定范围内从事执业活动；③依据本人能力从事相应的执业活动；④保管和使用本人的注册证书和执业印章；⑤对本人执业活动进行解释和辩护；⑥接受继续教育；⑦获得相应的劳动报酬；⑧对侵犯本人权利的行为进行申诉。

注册工程师应当履行下列义务：①遵守法律、法规和有关管理规定；②执行工程建设标准规范；③保证执业活动成果的质量，并承担相应责任；④接受继续教育，努力提高执业水准；⑤在本人执业活动所形成的勘察、设计文件上签字、加盖执业印章；⑥保守在执业中知悉的国家秘密和他人的商业、技术秘密；⑦不得涂改、出租、出借或者以其他形式非法转让注册证书或者执业印章；⑧不得同时在两个或两个以上单位受聘或者执业；⑨在本专业规定的执业范围和聘用单位业务范围内从事执业活动；⑩协助注册管理机构完成相关工作。

3）注册工程师的法律责任

隐瞒有关情况或者提供虚假材料申请注册的，审批部门不予受理，并给予警告，一年之内不得再次申请注册。

以欺骗、贿赂等不正当手段取得注册证书的，由负责审批的部门撤销其注册，3年内不得再次申请注册；并由县级以上人民政府建设行政主管部门或者有关部门处以罚款，其中没有违法所得的，处以1万元以下的罚款；有违法所得的，处以违法所得3倍以下且不超过3万元的罚款；构成犯罪的，依法追究刑事责任。

注册工程师在执业活动中有下列行为之一的，由县级以上人民政府建设行政主管部门或者有关部门予以警告，责令其改正，没有违法所得的，处以1万元以下的罚款；有违法所得的，处以违法所得3倍以下且不超过3万元的罚款；造成损失的，应当承担赔偿责任；构成犯罪的，依法追究刑事责任：①以个人名义承接业务的；②涂改、出租、出借或者等形式非法转让注册证书或者执业印章的；③泄露执业中应当保守的秘密并造成严重后果的；④超出本专业规定范围或者聘用单位业务范围从事执业活动的；⑤弄虚作假提供执业活动成果的；⑥其他违反法律、法规、规章的行为。

因建设工程勘察、设计事故及相关业务造成的经济损失，聘用单位应承担赔偿责任；聘用单位承担赔偿责任后，可依法向负有过错的注册工程师追偿。

3. 注册监理工程师

注册监理工程师，是指经考试取得中华人民共和国监理工程师资格证书，并按照规定注册，取得中华人民共和国注册监理工程师注册执业证书和执业印章，从事工程监理及相关业务活动的专业技术人员。2006年1月26日建设部颁布的《注册监理工程师管理规定》，对注册监理工程师的注册管理、权利和义务等作出了具体规定。

(1) 注册监理工程师执业资格的取得

1) 资格考试

凡中华人民共和国公民，遵纪守法并具备以下条件之一者，均可申请参加全国监理工程师执业资格考试：①工程技术或工程经济专业大专（含大专）以上学历，按照国家有关规定，取得工程技术或工程经济专业中级职务，并任职满3年；②按照国家有关规定，取得工程技术或工程经济专业高级职务；③1970年（含1970年）以前工程技术或工程经济专业中专毕业，按照国家有关规定，取得工程技术或工程经济专业中级职务，并任职满3年。

监理工程师资格考试，在全国监理工程师资格考试委员会的统一组织指导下进行，每年进行一次。考试的科目包括：《建设工程监理基本理论与相关法规》、《建设工程合同管理》、《建设工程质量、投资、进度控制》、《建设工程监理案例分析》4个科目。参加全部4个科目考试的人员，必须在连续两个考试年度内通过全部科目考试。

2) 监理工程师的初始注册

注册监理工程师实行注册执业管理制度。取得资格证书的人员，经过注册方能以注册监理工程师的名义执业。注册监理工程师依据其所学专业、工作经历、工程业绩，按照《工程监理企业资质管理规定》划分的工程类别，按专业注册。每人最多可以申请两个专业注册。

取得资格证书的人员申请注册，由省、自治区、直辖市人民政府建设行政主管部门初审，国务院建设行政主管部门审批。

取得资格证书并受聘于一个建设工程勘察、设计、施工、监理、招标代理、造价咨询等单位的人员，应当通过聘用单位向单位工商注册所在地的省、自治区、直辖市人民政府建设行政主管部门提出注册申请；省、自治区、直辖市人民政府建设行政主管部门受理后提出初审意见，并将初审意见和全部申报材料报国务院建设行政主管部门审批；符合条件的，由国务院建设行政主管部门核发注册证书和执业印章。

初始注册者，可自资格证书签发之日起3年内提出申请。逾期未申请者，须符合继续教育的要求后方可申请初始注册。申请初始注册，应当具备以下条件：①经全国注册监理工程师执业资格统一考试合格，取得资格证书；②受聘于一个相关单位；③达到继续教育要求；④没有不予注册的情形。有下列情形之一的，不予注册：①不具有完全民事行为能力的；②刑事处罚尚未执行完毕或者因从事工程监理或者相关业务受到刑事处罚，自刑事处罚执行完毕之日起至申请注册之日止不满2年的；③未达到监理工程师继续教育要求的；④在两个或者两个以上单位申请注册的；⑤以虚假的职称证书参加考试并取得资格证书的；⑥年龄超过65周岁的；⑦法律、法规规定不予注册的其他情形。

3) 监理工程师的延续注册、变更、撤销和注销

注册监理工程师每一注册有效期为3年,注册有效期满需继续执业的,应当在注册有效期满30日前,按照申请注册的规定申请延续注册,延续注册有效期3年。

在注册有效期内,注册监理工程师变更执业单位,应当与原聘用单位解除劳动关系,并按申请注册的程序办理变更注册手续,变更注册后仍延续原注册有效期。

注册监理工程师有下列情形之一的,其注册证书和执业印章失效:①聘用单位破产的;②聘用单位被吊销营业执照的;③聘用单位被吊销相应资质证书的;④已与聘用单位解除劳动关系的;⑤注册有效期满且未延续注册的;⑥年龄超过65周岁的;⑦死亡或者丧失行为能力的;⑧其他导致注册失效的情形。

有下列情形之一的,国务院建设行政主管部门依据职权或者根据利害关系人的请求,可以撤销监理工程师注册:①工作人员滥用职权、玩忽职守颁发注册证书和执业印章的;②超越法定职权颁发注册证书和执业印章的;③违反法定程序颁发注册证书和执业印章的;④对不符合法定条件的申请人颁发注册证书和执业印章的;⑤依法可以撤销注册的其他情形。

注册监理工程师有下列情形之一的,负责审批的部门应当办理注销手续,收回注册证书和执业印章或者公告其注册证书和执业印章作废:①不具有完全民事行为能力的;②申请注销注册的;③有本规定第十四条所列情形发生的;④依法被撤销注册的;⑤依法被吊销证书的;⑥受到刑事处罚的;⑦法律、法规规定应当注销注册的其他情形。注册监理工程师有前款情形之一的,注册监理工程师本人和聘用单位应当及时向国务院建设行政主管部门提出注销注册的申请;有关单位和个人有权向国务院建设行政主管部门举报;县级以上地方人民政府建设行政主管部门或者有关部门应当及时报告或者告知国务院建设行政主管部门。

(2) 注册监理工程师的执业

1) 注册监理工程师的执业范围

取得资格证书的人员,应当受聘于一个具有建设工程勘察、设计、施工、监理、招标代理、造价咨询等一项或者多项资质的单位,经注册后方可从事相应的执业活动。从事工程监理执业活动的,应当受聘并注册于一个具有工程监理资质的单位。

注册监理工程师可以从事工程监理、工程经济与技术咨询、工程招标与采购咨询、工程项目管理服务以及国务院有关部门规定的其他业务。工程监理活动中形成的监理文件由注册监理工程师按照规定签字盖章后方可生效。修改经注册监理工程师签字盖章的工程监理文件,应当由该注册监理工程师进行;因特殊情况,该注册监理工程师不能进行修改的,应当由其他注册监理工程师修改,并签字、加盖执业印章,对修改部分承担责任。

2) 注册监理工程师的权利和义务

注册监理工程师的权利:①使用注册监理工程师称谓;②在规定范围内从事执业活动;③依据本人能力从事相应的执业活动;④保管和使用本人的注册证书和执业印章;⑤对本人执业活动进行解释和辩护;⑥接受继续教育;⑦获得相应的劳动报酬;⑧对侵犯本人权利的行为进行申诉。

注册监理工程师的义务:①遵守法律、法规和有关管理规定;②履行管理职责,执行技术标准、规范和规程;③保证执业活动成果的质量,并承担相应责任;④接受继续教育,努力提高执业水准;⑤在本人执业活动所形成的工程监理文件上签字、加盖执业印章;⑥保守在执业中知悉的国家秘密和他人的商业、技术秘密;⑦不得涂改、倒卖、出租、出借或者以其他形式非法转让注册证书或者执业印章;⑧不得同时在两个或者两个以上单位受聘或者执

业；⑨在规定的执业范围和聘用单位业务范围内从事执业活动；⑩协助注册管理机构完成相关工作。

3）注册监理工程师的法律责任

隐瞒有关情况或者提供虚假材料申请注册的，建设行政主管部门不予受理或者不予注册，并给予警告，1年之内不得再次申请注册。

以欺骗、贿赂等不正当手段取得注册证书的，由国务院建设行政主管部门撤销其注册，3年内不得再次申请注册，并由县级以上地方人民政府建设行政主管部门处以罚款，其中没有违法所得的，处以1万元以下罚款，有违法所得的，处以违法所得3倍以下且不超过3万元的罚款；构成犯罪的，依法追究刑事责任。

未经注册，擅自以注册监理工程师的名义从事工程监理及相关业务活动的，由县级以上地方人民政府建设行政主管部门给予警告，责令停止违法行为，处以3万元以下罚款；造成损失的，依法承担赔偿责任。

未办理变更注册仍执业的，由县级以上地方人民政府建设行政主管部门给予警告，责令限期改正；逾期不改的，可处以5000元以下的罚款。

注册监理工程师在执业活动中有下列行为之一的，由县级以上地方人民政府建设行政主管部门给予警告，责令其改正，没有违法所得的，处以1万元以下罚款，有违法所得的，处以违法所得3倍以下且不超过3万元的罚款；造成损失的，依法承担赔偿责任；构成犯罪的，依法追究刑事责任：①以个人名义承接业务的；②涂改、倒卖、出租、出借或者以其他形式非法转让注册证书或者执业印章的；③泄露执业中应当保守的秘密并造成严重后果的；④超出规定执业范围或者聘用单位业务范围从事执业活动的；⑤弄虚作假提供执业活动成果的；⑥同时受聘于两个或者两个以上的单位，从事执业活动的；⑦其他违反法律、法规、规章的行为。

因工程监理事故及相关业务造成的经济损失，聘用单位应当承担赔偿责任；聘用单位承担赔偿责任后，可依法向负有过错的注册监理工程师追偿。

4. 注册造价工程师

注册造价工程师是指通过全国造价工程师执业资格统一考试或者资格认定、资格互认，取得中华人民共和国造价工程师执业资格，并按照规定注册，取得中华人民共和国造价工程师注册执业证书和执业印章，从事工程造价活动的专业人员。2006年12月25日建设部颁布了《注册造价工程师管理办法》对注册造价工程师的注册管理、权利和义务关系作出了具体规定。

（1）注册造价工程师执业资格的取得

1）资格考试

造价工程师执业资格考试实行全国统一大纲、统一命题、统一组织的办法，原则上每年举行一次。凡中华人民共和国公民，遵纪守法并具备以下条件之一者，均可申请参加造价工程师执业资格考试：①工程造价专业大专毕业后，从事工程造价业务工作满5年；工程或工程经济类大专毕业后，从事工程造价业务工作满6年。②工程造价专业本科毕业后，从事工程造价业务工作满4年；工程或工程经济类本科毕业后，从事工程造价业务工作满5年。③获上述专业第二学士学位或研究生班毕业和获硕士学位后，从事工程造价业务工作满3年。④获上述专业博士学位后，从事工程造价业务工作满2年。通过造价工程师执业资格考试的合格者，由省、自治区、直辖市人事（职改）部门颁布人事部统一印制、人事部和建设部（现住房和城乡建设部）共同用印的造价工程师执业资格证书，该证书全国范围有效。

造价工程师执业资格实行全国统一考试制度。考试的科目包括：工程造价管理基础理论与相关法规、工程造价计价与控制、建设工程技术与计量、工程造价案例分析4个科目。考试以两年为一个周期，参加全部科目考试的人员须在连续两个考试年度内通过全部科目的考试。

2）造价工程师的初始注册

注册造价工程师实行注册执业管理制度。取得执业资格的人员，经过注册方能以注册造价工程师的名义执业。

取得执业资格的人员申请注册的，应当向聘用单位工商注册所在地的省、自治区、直辖市人民政府建设行政主管部门或者国务院有关部门提出注册申请。对申请初始注册的，注册初审机关应当自受理申请之日起20日内审查完毕，并将申请材料和初审意见报国务院建设行政主管部门。注册机关应当自受理之日起20日内作出决定。

注册造价工程师的注册条件为：①取得执业资格；②受聘于一个工程造价咨询企业或者工程建设领域的建设、勘察设计、施工、招标代理、工程监理、工程造价管理等单位；③无不予注册的情形。有下列情形之一的，不予注册：①不具有完全民事行为能力的；②申请在两个或者两个以上单位注册的；③未达到造价工程师继续教育合格标准的；④前一个注册期内工作业绩达不到规定标准或未办理暂停执业手续而脱离工程造价业务岗位的；⑤受刑事处罚，刑事处罚尚未执行完毕的；⑥因工程造价业务活动受刑事处罚，自刑事处罚执行完毕之日起至申请注册之日止不满5年的；⑦因前项规定以外原因受刑事处罚，自处罚决定之日起至申请注册之日止不满3年的；⑧被吊销注册证书，自被处罚决定之日起至申请注册之日止不满3年的；⑨以欺骗、贿赂等不正当手段获准注册被撤销，自被撤销注册之日起至申请注册之日止不满3年的；⑩法律、法规规定不予注册的其他情形。

3）延续注册、变更、撤销与注销

注册造价工程师注册有效期满需继续执业的，应当在注册有效期满30日前，按照申请注册的规定申请延续注册。延续注册的有效期为4年。

在注册有效期内，注册造价工程师变更执业单位的，应当与原聘用单位解除劳动合同，并依申请注册的程序办理变更注册手续。变更注册后延续原注册有效期。

注册造价工程师有下列情形之一的，其注册证书失效：①已与聘用单位解除劳动合同且未被其他单位聘用的；②注册有效期满且未延续注册的；③死亡或者不具有完全民事行为能力的；④其他导致注册失效的情形。

有下列情形之一的，注册机关或者其上级行政机关依据职权或者根据利害关系人的请求，可以撤销注册造价工程师的注册：①行政机关工作人员滥用职权、玩忽职守作出准予注册许可的；②超越法定职权作出准予注册许可的；③违反法定程序作出准予注册许可的；④对不具备注册条件的申请人作出准予注册许可的；⑤依法可以撤销注册的其他情形。申请人以欺骗、贿赂等不正当手段获准注册的，应当予以撤销。

有下列情形之一的，由注册机关办理注销注册手续，收回注册证书和执业印章或者公告其注册证书和执业印章作废：①有注册证书失效情形发生的；②依法被撤销注册的；③依法被吊销注册证书的；④受到刑事处罚的；⑤法律、法规规定应当注销注册的其他情形。注册造价工程师有以上情形之一的，注册造价工程师本人和聘用单位应当及时向注册机关提出注销注册申请；有关单位和个人有权向注册机关举报；县级以上地方人民政府建设行政主管部门或者其他有关部门应当及时告知注册机关。

（2）注册造价工程师的执业

1）注册造价工程师的执业范围

注册造价工程师的执业范围包括：①建设项目建议书、可行性研究投资估算的编制和审核，项目经济评价，工程概、预、结算，竣工结（决）算的编制和审核；②工程量清单、标底（或者控制价）、投标报价的编制和审核，工程合同价款的签订及变更、调整、工程款支付与工程索赔费用的计算；③建设项目管理过程中设计方案的优化、限额设计等工程造价分析与控制，工程保险理赔的核查；④工程经济纠纷的鉴定。

注册造价工程师应当在本人承担的工程造价成果文件上签字并盖章。修改经注册造价工程师签字盖章的工程造价成果文件，应当由签字盖章的注册造价工程师本人进行；注册造价工程师本人因特殊情况不能进行修改的，应当由其他注册造价工程师修改，并签字盖章；修改工程造价成果文件的注册造价工程师对修改部分承担相应的法律责任。

注册造价工程师禁止行为包括：①不履行注册造价工程师义务；②在执业过程中，索贿、受贿或者谋取合同约定费用外的其他利益；③在执业过程中实施商业贿赂；④签署有虚假记载、误导性陈述的工程造价成果文件；⑤以个人名义承接工程造价业务；⑥允许他人以自己名义从事工程造价业务；⑦同时在两个或者两个以上单位执业；⑧涂改、倒卖、出租、出借或者以其他形式非法转让注册证书或者执业印章；⑨法律、法规、规章禁止的其他行为。

2）注册造价工程师的权利和义务

造价工程师享有下列权利：①使用注册造价工程师名称；②依法独立执行工程造价业务；③在本人执业活动中形成的工程造价成果文件上签字并加盖执业印章；④发起设立工程造价咨询企业；⑤保管和使用本人的注册证书和执业印章；⑥参加继续教育。

造价工程师履行下列义务：①遵守法律、法规、有关管理规定，恪守职业道德；②保证执业活动成果的质量；③接受继续教育，提高执业水平；④执行工程造价计价标准和计价方法；⑤与当事人有利害关系的，应当主动回避；⑥保守在执业中知悉的国家秘密和他人的商业、技术秘密。

3）注册造价工程师的法律责任

以欺骗、贿赂等不正当手段取得造价工程师注册的，由注册机关撤销其注册，3年内不得再次申请注册，并由县级以上地方人民政府建设行政主管部门处以罚款。其中，没有违法所得的，处以1万元以下罚款；有违法所得的，处以违法所得3倍以下且不超过3万元的罚款。

隐瞒有关情况或者提供虚假材料申请造价工程师注册的，不予受理或者不予注册，并给予警告，申请人在1年内不得再次申请造价工程师注册。

以欺骗、贿赂等不正当手段取得造价工程师注册的，由注册机关撤销其注册，3年内不得再次申请注册，并由县级以上地方人民政府建设行政主管部门处以罚款。其中，没有违法所得的，处以1万元以下罚款；有违法所得的，处以违法所得3倍以下且不超过3万元的罚款。

未经注册而以注册造价工程师的名义从事工程造价活动的，所签署的工程造价成果文件无效，由县级以上地方人民政府建设行政主管部门或者其他有关部门给予警告，责令停止违法活动，并可处以1万元以上3万元以下的罚款。

未办理变更注册而继续执业的，由县级以上人民政府建设行政主管部门或者其他有关部门责令限期改正；逾期不改的，可处以5000元以下的罚款。

注册造价工程师有以上禁止行为之一的，由县级以上地方人民政府建设行政主管部门或者其他有关部门给予警告，责令改正，没有违法所得的，处以1万元以下罚款，有违法所得的，处以违法所得3倍以下且不超过3万元的罚款。

注册造价工程师或者其聘用单位未按照要求提供造价工程师信用档案信息的，由县级以上地方人民政府建设行政主管部门或者其他有关部门责令限期改正；逾期未改正的，可处以1000元以上1万元以下的罚款。

5. 注册建造师

注册建造师，是指通过考核认定或考试合格取得中华人民共和国建造师资格证书，并按照规定注册，取得中华人民共和国建造师注册证书和执业印章，担任施工单位项目负责人及从事相关活动的专业技术人员。2007年7月4日建设部颁布的《注册建造师执业工程规模标准》，2006年12月28日建设部颁布的《注册建造师管理规定》，2002年12月9日建设部颁布的《建造师执业资格制度暂行规定》，对注册监理工程师的考试、注册管理、权利和义务等作出了具体规定。注册建造师分为一级和二级，一级建造师的专业分为房屋建筑工程、公路工程、铁路工程、民航机场工程、港口与航道工程、水利水电工程、电力工程、矿山工程、冶炼工程、石油化工工程、市政公用工程、通信与广电工程、机电安装工程、装饰装修工程等14个。二级建造师的专业分为房屋建筑工程、公路工程、港口与航道工程、水利水电工程、电力工程、矿山工程、冶炼工程、石油化工工程、市政公用工程、通信与广电工程、机电安装工程、装饰装修工程等12个。

(1) 注册建造师执业资格的取得

1) 资格考试

凡遵守国家法律、法规，具备下列条件之一者，可以申请参加一级建造师执业资格考试：①取得工程类或工程经济类大学专科学历，工作满6年，其中从事建设工程项目施工管理工作满4年；②取得工程类或工程经济类大学本科学历，工作满4年，其中从事建设工程项目施工管理工作满3年；③取得工程类或工程经济类双学士学位或研究生班毕业，工作满3年，其中从事建设工程项目施工管理工作满2年；④取得工程类或工程经济类硕士学位，工作满2年，其中从事建设工程项目施工管理工作满1年；⑤取得工程类或工程经济类博士学位，从事建设工程项目施工管理工作满1年。凡遵纪守法并具备工程类或工程经济类中等专科以上学历并从事建设工程项目施工管理工作满2年，可报名参加二级建造师执业资格考试。

一级建造师执业资格实行统一大纲、统一命题、统一组织的考试制度，由人事部、建设部（现住房和城乡建设部）共同组织实施，原则上每年举行一次考试。一级建造师执业资格考试，分综合知识与能力和专业知识与能力两个部分。一级建造师考试科目：《建设工程经济》、《建设工程法规及相关知识》、《建设工程项目管理》、《专业工程管理与实务》4个科目。二级建造师执业资格实行全国统一大纲，建设部（现住房和城乡建设部）负责拟定二级建造师执业资格考试大纲，人事部负责审定考试大纲。各省、自治区、直辖市人事厅（局），建设厅（委）按照国家确定的考试大纲和有关规定命题并组织考试。二级建造师考试科目：《建设工程法规及相关知识》、《建设施工管理》、《专业工程管理与实务》3个科目。一级、二级建造师考试以两年为一个周期，参加全部科目考试的人员须在连续两个考试年度内通过全部科目的考试。

参加一级建造师执业资格考试合格，由各省、自治区、直辖市人事部门颁布人事部统一印制，人事部、建设部（现住房和城乡建设部）用印的《中华人民共和国一级建造师执业资格证书》，该证书在全国范围内有效。二级建造师执业资格考试合格者，由省、自治区、直辖市人事部门颁布由人事部、建设部（现住房和城乡建设部）统一格式的《中华人民共和国二级建造师执业资格证书》，该证书在所在行政区域内有效。

2）建造师的初始注册

注册建造师实行注册执业管理制度，注册建造师分为一级注册建造师和二级注册建造师。取得资格证书的人员，经过注册方能以注册建造师的名义执业。

取得一级建造师资格证书并受聘于一个建设工程勘察、设计、施工、监理、招标代理、造价咨询等单位的人员，应当通过聘用单位向单位工商注册所在地的省、自治区、直辖市人民政府建设行政主管部门提出注册申请。省、自治区、直辖市人民政府建设行政主管部门受理后提出初审意见，并将初审意见和全部申报材料报国务院建设行政主管部门审批；涉及铁路、公路、港口与航道、水利水电、通信与广电、民航专业的，国务院建设行政主管部门应当将全部申报材料送同级有关部门审核。符合条件的，由国务院建设行政主管部门核发《中华人民共和国一级建造师注册证书》，并核定执业印章编号。

取得二级建造师资格证书的人员申请注册，由省、自治区、直辖市人民政府建设行政主管部门负责受理和审批，具体审批程序由省、自治区、直辖市人民政府建设行政主管部门依法确定。对批准注册的，核发由国务院建设行政主管部门统一样式的《中华人民共和国二级建造师注册证书》和执业印章，并在核发证书后30日内送国务院建设行政主管部门备案。

申请初始注册时应当具备以下条件：①经考核认定或考试合格取得资格证书；②受聘于一个相关单位；③达到继续教育要求；④没有不予注册的情形。申请人有下列情形之一的，不予注册：①不具有完全民事行为能力的；②申请在两个或者两个以上单位注册的；③未达到注册建造师继续教育要求的；④受到刑事处罚，刑事处罚尚未执行完毕的；⑤因执业活动受到刑事处罚，自刑事处罚执行完毕之日起至申请注册之日止不满5年的；⑥因前项规定以外的原因受到刑事处罚，自处罚决定之日起至申请注册之日止不满3年的；⑦被吊销注册证书，自处罚决定之日起至申请注册之日止不满2年的；⑧在申请注册之日前3年内担任项目经理期间，所负责项目发生过重大质量和安全事故的；⑨申请人的聘用单位不符合注册单位要求的；⑩年龄超过65周岁的；⑪法律、法规规定不予注册的其他情形。

3）延续注册、变更、撤销和注销

注册有效期满需继续执业的，应当在注册有效期届满30日前，按照申请注册的规定申请延续注册。延续注册的，有效期为3年。

在注册有效期内，注册建造师变更执业单位，应当与原聘用单位解除劳动关系，并按照申请注册的规定办理变更注册手续，变更注册后仍延续原注册有效期。

注册建造师有下列情形之一的，其注册证书和执业印章失效：①聘用单位破产的；②聘用单位被吊销营业执照的；③聘用单位被吊销或者撤回资质证书的；④已与聘用单位解除聘用合同关系的；⑤注册有效期满且未延续注册的；⑥年龄超过65周岁的；⑦死亡或不具有完全民事行为能力的；⑧其他导致注册失效的情形。

有下列情形之一的，注册机关依据职权或者根据利害关系人的请求，可以撤销注册建造师的注册：①注册机关工作人员滥用职权、玩忽职守作出准予注册许可的；②超越法定职权作出准予注册许可的；③违反法定程序作出准予注册许可的；④对不符合法定条件的申请人颁发注册证书和执业印章的；⑤依法可以撤销注册的其他情形。申请人以欺骗、贿赂等不正当手段获准注册的,应当予以撤销。

注册建造师有下列情形之一的,由注册机关办理注销手续,收回注册证书和执业印章或者公告注册证书和执业印章作废:①有注册证书和执业印章失效情形发生的;②依法被撤销注册的;③依法被吊销注册证书的;④受到刑事处罚的;⑤法律、法规规定应当注销注册的其他情形。注册建造师有以上情形之一的,注册建造师本人和聘用单位应当及时向注册机关提出注销注册申请;有关单位和个人有权向注册机关举报;县级以上地方人民政府建设行政主管部门或者有关部门应当及时告知注册机关。

(2) 注册建造师的执业

1) 注册建造师的执业范围

取得资格证书的人员应当受聘于一个具有建设工程勘察、设计、施工、监理、招标代理、造价咨询等一项或者多项资质的单位,经注册后方可从事相应的执业活动。注册建造师可以从事建设工程项目总承包管理或施工管理,建设工程项目管理服务,建设工程技术经济咨询,以及法律、行政法规和国务院建设行政主管部门规定的其他业务。注册建造师的具体执业范围按照2007年7月4日建设部颁布的《注册建造师执业工程规模标准》执行。

担任施工单位项目负责人的,应当受聘并注册于一个具有施工资质的企业。建设工程施工活动中形成的有关工程施工管理文件,应当由注册建造师签字并加盖执业印章。施工单位签署质量合格的文件上,必须有注册建造师的签字盖章。

注册建造师禁止行为包括:①不履行注册建造师义务;②在执业过程中,索贿、受贿或者牟取合同约定费用外的其他利益;③在执业过程中实施商业贿赂;④签署有虚假记载等不合格的文件;⑤允许他人以自己的名义从事执业活动;⑥同时在两个或者两个以上单位受聘或者执业;⑦涂改、倒卖、出租、出借或以其他形式非法转让资格证书、注册证书和执业印章;⑧超出执业范围和聘用单位业务范围从事执业活动;⑨法律、法规、规章禁止的其他行为。

2) 注册建造师的权利和义务

注册建造师享有下列权利:①使用注册建造师名称;②在规定范围内从事执业活动;③在本人执业活动中形成的文件上签字并加盖执业印章;④保管和使用本人注册证书、执业印章;⑤对本人执业活动进行解释和辩护;⑥接受继续教育;⑦获得相应的劳动报酬;⑧对侵犯本人权利的行为进行申述。

注册建造师应当履行下列义务:①遵守法律、法规和有关管理规定,恪守职业道德;②执行技术标准、规范和规程;③保证执业成果的质量,并承担相应责任;④接受继续教育,努力提高执业水准;⑤保守在执业中知悉的国家秘密和他人的商业、技术等秘密;⑥与当事人有利害关系的,应当主动回避;⑦协助注册管理机关完成相关工作。

3) 注册建造师的法律责任

隐瞒有关情况或者提供虚假材料申请注册的,建设行政主管部门不予受理或者不予注册,并给予警告,申请人1年内不得再次申请注册。

以欺骗、贿赂等不正当手段取得注册证书的,由注册机关撤销其注册,3年内不得再次申请注册,并由县级以上地方人民政府建设行政主管部门处以罚款。其中没有违法所得的,处以1万元以下的罚款;有违法所得的,处以违法所得3倍以下且不超过3万元的罚款。

未取得注册证书和执业印章,担任大中型建设工程项目施工单位项目负责人,或者以注册建造师的名义从事相关活动的,其所签署的工程文件无效,由县级以上地方人民政府建设行政主管部门或者其他有关部门给予警告，责令停止违法活动，并可处以1万元以上3万元以下的罚款。

未办理变更注册而继续执业的，由县级以上地方人民政府建设行政主管部门或者其他有关部门责令限期改正；逾期不改正的，可处以5000元以下的罚款。

注册建造师在执业活动中有禁止行为之一的，由县级以上地方人民政府建设行政主管部门或者其他有关部门给予警告，责令改正，没有违法所得的，处以1万元以下的罚款；有违法所得的，处以违法所得3倍以下且不超过3万元的罚款。

注册建造师或者其聘用单位未按照要求提供注册建造师信用档案信息的，由县级以上地方人民政府建设行政主管部门或者其他有关部门责令限期改正；逾期未改正的，可处以1000元以上1万元以下的罚款。

第三节 建设工程发包与承包

一、一般规定

建设工程发包，是指建设单位或者招标代理单位通过招标方式将建设工程的全部或部分交由他人承包，并支付相应费用的行为。建设工程承包，是指通过招标方式取得建设工程的全部或部分并取得相应费用而完成建设工程的全部或部分的行为。建设工程承包发包活动的一般规定，包括建设工程承包合同、发包承包活动的基本原则、建设工程造价等规定。

（一）建设工程承包合同

建设工程的发包单位与承包单位应当依法签订书面合同，明确双方的权利和义务。发包单位和承包单位应当全面履行合同约定的义务。不按照合同约定履行义务的，依法承担违约责任。

建设工程承包合同的形式为法定要式合同，即合同双方应当依法签订书面合同。《合同法》第270条也明确规定："建设工程合同应当采用书面形式"。1999年12月国家工商局和建设部联合修订的《建设工程施工合同（示范文本）》，为建设单位和承包单位签订工程承包合同提供了权威性的示范文本，成为合同双方当事人签订工程承包合同的重要依据。在国际工程承包中，《FIDIC土木施工合同条件》是各国当事人签订工程承包合同的重要示范文本。

建设工程承包合同签订后，应当按照合同约定全面履行自己的义务。合同当事人一方不履行合同义务或者履行合同义务不符合约定的，应当承担违约责任。我国《民法通则》、《合同法》均采用严格责任制度。违约包括预期违约与实际违约。违约责任的方式主要包括实际履行、支付违约金和损害赔偿等。建设工程承包合同由于其标的额大，履行时间长，履行过程中的风险因素多，在承担违约责任方面应当在工程承包合同中有更加详细的规定。工程索赔也是双方在执行和履行合同中最先考虑的因素。因此，建设工程承包合同的违约责任承担相对于一般经济合同也表现得更为复杂。

（二）建设工程发包承包活动的基本原则

建设工程发包与承包的招标投标活动，应当遵循公开、公正、平等竞争的原则，择优选择承包单位。

公开原则是指建设工程的交易活动应当公开进行，不允许私下交易。发包方应当公开披露工程发包信息，承包方应当根据自身的实力，根据发包方的要求进行投标。发包单位组织的开标、评标、定标过程，也应当依法进行。目前，全国大部分地级以上城市已经建立了工程交易中心，不仅为发包、承包双方的招投标活动提供了交易场所，而且也充分保证了招标活动的公开进行。公正原则更多地体现在招标投标的开标、评标、定标活动中。开标、评标、定标是招投标活动中的重要阶段。根据我国目前有关招标投标的规定，开标的时间、开标的组织以及开标的形式都必须依法进行。发包人要组织评标委员会，以体现评标过程中的公正、合理、科学及合法性。平等原则包括两方面的含义：一方面，发包方应当根据公开、公正的招标原则，为承包方创造一个平等竞争的机会；另一方面，投标方在投标过程中都处于平等竞争的地位，不允许任何一方享有特权。首先，发包方公开发布招标工程信息后，经过资格预选合格的承包方都有权参加投标，在投标过程中享有相同的权利并处于平等的地位；其次，投标方和发包方在投标过程中要排除一切不正当竞争行为，发包单位及其工作人员在建设工程发包中不得收受贿赂、回扣或者索取其他好处。承包单位及其工作人员不得利用向发包单位及其工作人员行贿、提供回扣或者给予其他好处等不正当手段承揽工程。

公开、公正、平等竞争的原则是保证择优选择承包单位的条件，也是择优选择承包单位的基础。根据我国有关规定及国际惯例，"择优选择承包单位"包含了"合理价中标"的原则。因为，最低价中标在实践中往往会由于压低合理造价而出现偷工减料；导致质量问题的结果。评标、定标应采用科学的方法，按照平等竞争、公正合理的原则，一般应对投标单位的报价、工期、主要材料用量、施工方案、质量业绩、企业信誉等进行综合评价，择优确定中标单位。中标单位应符合下列条件之一：能够最大限度地满足招标文件中规定的各项综合评价标准；能够满足招标文件的实质性要求，并且经评审的投标价格最低，但投标价格低于成本的除外。

《建筑法》对于招投标活动作了一些规定，这些规定包括：(1) 招投标应当遵循的原则；(2) 不得采取不正当手段；(3) 建设工程造价通过法定程序产生；(4) 建设工程的发包方式应依法招标发包，不适于招标发包的可以直接发包；(5) 公开招标时发包单位应当依照法定程序和方式，发布招标公告，提供载有招标工程的主要技术要求，主要的合同条款，评标的标准和方法以及开标、评标、定标的程序等内容的招标文件。开标应当在招标文件规定的时间、地点公开进行。开标后应当按照招标文件规定的评标标准和程序对标书进行评价、比较，在具备相应资质条件的投标者中，择优选定中标者；(6) 建筑工程招标的开标、评标、定标，由建设单位组织实施；(7) 建设工程实行直接发包的，发包单位应将建设工程发包给具有相应资质条件的承包单位；(8) 发包过程中政府及其所属部门不得滥用行政权力，限定发包单位将招标发包的建设工程发包给指定承包单位；(9) 发包单位不得指定建筑用料的生产商和供应商。即按照合同约定，建筑材料、建筑构配件和设备由工程承包单位采购的，发包单位不得指定承包单位购入用于工程的建筑材料、建筑构配件和设备或者指定生产厂、供应商；(10) 承包建筑工程的单位应持有资质证书，并在其资质等级许可的业务范围内承揽工程。

建设工程招投标，《建筑法》没有规定的，适用《招标投标法》的相关规定。

（三）建设工程造价的确定

建设工程造价应当按照国家有关规定，由发包单位与承包单位在合同中约定。公开招标发包的，其造价的约定，须遵守招标投标法律的规定。发包单位应当按照合同的约定，及时拨付工程款项。建设工程造价是指由建设工程的双方当事人依法约定的建设工程所需要的总价款，工程造价的确定，是建设工程承包合同中的重要内容，是发、承包双方在招标过程中谈判的中心议题，是合同执行的重要依据。建设工程造价是由当事人约定的，约定包括两种情况：一是双方当事人直接约定，二是通过公开招标约定。

公开招标发包的，其造价的约定，须遵守招标投标法律的规定。招标投标工程可以采用工程量清单方法编制招标标底和投标报价。2008年7月9日住房和城乡建设部、国家质量监督检验检疫总局颁发了《建设工程工程量清单计价规范》(GB 50500—2008)。工程量清单应当依据招标文件、施工设计图纸、施工现场条件和国家制定的统一工程量计算规则、分部分项工程项目划分、计量单位等进行编制。工程量清单应由分部分项工程量清单、措施项目清单、其他项目清单组成。分部分项工程项目清单一般是以综合单价表示的，综合单价是考虑风险因素，完成工程量清单中一个规定计量单位项目所需的人工费、材料费、机械使用费、管理费和利润的价格。措施项目清单是完成工程项目施工，发生于该工程施工前和施工过程中技术、生活、安全等方面的非工程实体项目计价清单。其他项目清单是根据建设工程具体情况确定的预留金、材料购置费、总承包服务费、零星工作项目费等的清单。工程量清单应由具有编制招标文件能力的招标人，或受其委托具有相应资质的中介机构进行编制。

二、发包与承包

（一）发包

建设工程发包的方式有两种形式，即招标发包与直接发包。建设工程依法实行招标发包，对不适于招标发包的可以直接发包。建设工程实行招标发包的，发包单位应当将建设工程发包给依法中标的承包单位。《招标投标法》第3条确定我国建设工程强制招标发包的范围，并规定招标包括公开招标与邀请招标两种形式。建筑工程实行公开招标的，发包单位应当依照法定程序和方式，发布招标公告，提供载有招标工程的主要技术要求，主要的合同条款，评标的标准和方法以及开标、评标、定标的程序等内容的招标文件。开标应当在招标文件规定的时间、地点公开进行。开标后应当按照招标文件规定的评标标准和程序对标书进行评价、比较，在具备相应资质条件的投标者中，择优选定中标者。建筑工程招标的开标、评标、定标，由建设单位依法组织实施，并接受有关行政主管部门的监督。

建筑工程实行直接发包的，发包单位应当将建筑工程发包给具有相应资质条件的承包单位。一般说来，建筑工程采取公开招标或邀请招标的形式发包更有利于建设单位，直接发包主要适用于特殊工程，如保密工程、特殊专业、工程性质特殊、内容复杂等工程，在这种情况下，采用公开招标或邀请招标就存在诸多问题，可以采用直接发包的方式。

（二）承包

《建筑法》规定的承包方式包括：总承包、联合承包与分包。建筑工程的发包单位可以将建筑工程的勘察、设计、施工、设备采购一并发包给一个工程总承包单位；也可以将建筑工程勘察、设计、施工、设备采购的一项或者多项发包给一个工程总承包单位；但是，不得将应当由一个承包单位完成的建筑工程肢解成若干部分发包给几个承包单位。肢解发包是指建设单位将应当由一个承包单位完成的建筑工程分解成若干部分发包给不同承包单位的行为。

大型建筑工程或者结构复杂的建筑工程，可以由两个以上的承包单位联合共同承包。共同承包的各方对承包合同的履行承担连带责任。两个以上不同资质等级的单位实行联合共同承包的，应当按照资质等级低的单位的业务许可范围承揽工程。

建筑工程总承包单位可以将承包工程中的部分工程发包给具有相应资质条件的分包单位。但是，除总承包合同中约定的分包外，必须经建设单位认可。施工总承包的，建筑工程主体结构的施工必须由总承包单位自行完成。建筑工程总承包单位按照总承包合同的约定对建设单位负责；分包单位按照分包合同的约定对总承包单位负责。总承包单位和分包单位就分包工程对建设单位承担连带责任。

禁止承包单位将其承包的全部建筑工程转包给他人；禁止承包单位将其承包的全部建筑工程肢解以后以分包的名义分别转包给他人；禁止总承包单位将工程分包给不具备相应资质条件的单位；禁止分包单位将其承包的工程再分包。转包是指承包单位承包建设工程后，不履行合同的责任和义务，将其承包的全部建设工程转给他人或将其承包的全部建设工程肢解以后以分包的名义分别转给其他单位承包的行为。

（三）承包单位的资质要求

承包建筑工程的单位应当持有依法取得的资质证书，并在其资质等级许可的业务范围内承揽工程。禁止建筑施工企业超越本企业资质等级许可的业务范围或者以任何形式用其他建筑施工企业的名义承揽工程。禁止建筑施工企业以任何形式允许其他单位或者个人使用本企业的资质证书、营业执照，以本企业的名义承揽工程。

（四）对发包单位发包行为的要求

建设单位应当将工程发包给具有相应资质等级的单位。建设单位不得将建筑工程肢解发包。建设单位应当依法对工程项目的勘察、设计、施工、工程监理以及工程建设有关的重要设备、材料的采购进行招标。建设工程发包单位不得迫使承包方以低于成本的价格竞标，不得任意压缩合理工期。

按照合同约定，建筑材料、建筑构配件和设备由工程承包单位采购的，发包单位不得指定承包单位购入用于工程的建筑材料、建筑构配件和设备或者指定生产厂、供应商。

（五）承包发包中的不正当行为

发包单位及其工作人员在建筑工程发包中不得收受贿赂、回扣或者索要其他好处。承包单位及其工作人员不得利用向发包单位及其工作人员行贿、提供回扣或者给予其他好处等不正当手段承揽工程。

政府及其所属部门不得滥用行政权力，限定发包单位将招标发包的建筑工程发包给指定的承包单位。

第四节 建设工程监理

一、建设工程监理的范围

建设工程监理是指按照一定条件，经过政府主管部门的批准，取得资格证书的工程建筑咨询、监理单位，受建设单位的委托，依照国家法律、行政法规、规范标准和合同条款，对建设工程项目进行可行性研究、协助招标、评标、监督勘察、设计和施工的一种有偿服务。80年代初期，随着我国经济体制的改革，"三资"企业的工程项目，国际金融机构向我国贷款的工程项目，均要求实行监理制。云南鲁布革引水隧道工程是最早利用世界银行贷款建设，实行监理制并取得了很好效果的项目。1985年12月，全国基本建设管理体制改革会议指出：管理基本建设是一项专门的学问，需要一大批这方面的专门机构和专门人才。过去这个工作分散在许多部门，而且随着一个工程建设的完工，基建人员就解散了，管理经验难以积累。要使建设管理工作走上科学的轨道，不发展专门的从事建设组织管理的行业是不行的。在广泛征求有关部门和专家意见的基础上，1988年7月，建设部印发了《关于开展建设监理工作的通知》，提出要建立具有中国特色的建筑监理制度。同年10月，建设部明确了在北京、天津、上海、哈尔滨、沈阳、南京、宁波、深圳等市和能源部的水电系统、交通部的公路系统（即所谓"八市二部"）进行建设监理工作的试点，并制定印发了《关于开展建设监理工作试点工作的若干意见》。各试点地区和部门开始组建监理单位，选择试点工程项目，逐步开始了监理试点工作。按照原建设部的工作设想，建筑监理工作在我国的实施分几个阶段进行。先做好规划准备和试点，法规先导，谨慎起步。1989年7月，建设部颁布了《建设监理试行规定》，这是建筑监理工作的第一个规范性文件。1992年1月颁布了建设部第16号令《工程建设监理单位资质管理试行办法》，同年6月又颁发了建设部第18号令《监理工程师资格考试和注册实行办法》。1992年9月建设部、国家物价局联合印发了《关于发布工程建设监理费有关规定的通知》，这些法规的出台为监理事业的健康发展起到了重要作用。从1988年开始到1992年是建设监理的试点阶段。1993年，在全国第五次建设监理工作会议上，建设部全面总结了监理试点的成功经验，并根据形势发展的需要和全国监理工作的现状，部署了结束试点，转向稳步发展阶段的各项工作。这个时期，我国的监理事业发展得很快，队伍规模迅速扩大，实行监理的工程各方面效益显著，监理工作得到了中央领导的多次肯定和社会各界的普遍赞同。截止到1995年底，全国有29个省、自治区、直辖市和国务院39个工业部门，已经推行了建设工程监理制度。其中，京、津、沪和河北、辽宁、山东、湖北、河南、江苏等省的地级以上城市全部开展了监理工作。全国大中型水电工程、铁路工程、高等级公路工程都实行了监理，累计受监理工程的投资规模已达5000多亿元。建设工程监理的立法工作也有很大进展。1995年10月建设部、国家工商行政管理局印发了《工程建设监理合同》示例文体，同年12月，建设部、国家计委印发了《工程建设监理规定》。在1995年12月召开的全国第六次监理工作会议上，建设部决定按照原定计划，从1996年开始，在全国全面推行建设工程监理制度。

2011年4月22日第十一届全国人民代表大会常务委员会第二十次会议通过修订后的《建筑法》是在法律的层面规定了监理制度，2000年1月30日国务院发布的《建设工程质量管理条例》对《建筑法》规定的监理制度做出了细化，2001年1月17日建设部颁布了《建设工程监理范围和规模标准规定》对强制监理的范围和规模做出了具体规定，2006年1月26日建设部颁布的《注册监理工程师管理规定》，对注册监理工程师的注册管理、权利和义务等作出了具体规定。2007年6月27日建设部颁布的《工程监理企业资质管理规定》，对工程监理单位的资质等级与标准、申请与审批、业务范围等作出了明确规定。

二、实行强制监理的范围

《建筑法》第30条规定："国家推行建设工程监理制度。国务院可以规定实行强制监理的建设工程的范围。"2000年1月30日国务院发布的《建设工程质量管理条例》第12条规定："下列建设工程必须实行监理：国家重点建设工程；大中型公用事业工程；成片开发建设的住宅小区工程；利用外国政府或者国际组织贷款、援助资金的工程；国家规定必须实行监理的其他工程。"《建设工程监理范围和规模标准规定》对强制监理的范围和规模做出了具体规定。

1. 国家重点建设工程

国家重点建设工程，是指依据《国家重点建设项目管理办法》所确定的对国民经济和社会发展有重大影响的骨干项目。

2. 大中型公用事业工程

大中型公用事业工程，是指项目总投资额在 3000 万元以上的下列工程项目：

①供水、供电、供气、供热等市政工程项目；

②科技、教育、文化等项目；

③体育、旅游、商业等项目；

④卫生、社会福利等项目；

⑤其他公用事业项目。

3. 成片开发建设的住宅小区工程

成片开发建设的住宅小区工程，建筑面积在 5 万平方米以上的住宅建设工程必须实行监理；5 万平方米以下的住宅建设工程，可以实行监理，具体范围和规模标准，由省、自治区、直辖市人民政府建设行政主管部门规定。为了保证住宅质量，对高层住宅及地基、结构复杂的多层住宅应当实行监理。

4. 利用外国政府或者国际组织贷款、援助资金的工程

利用外国政府或者国际组织贷款、援助资金的工程范围包括：

①使用世界银行、亚洲开发银行等国际组织贷款资金的项目；

②使用国外政府及其机构贷款资金的项目；

③使用国际组织或者国外政府援助资金的项目。

5. 国家规定必须实行监理的其他工程

国家规定必须实行监理的其他工程是指：学校、影剧院、体育场馆项目以及项目总投资额在 3000 万元人民币以上关系社会公共利益、公众安全的下列基础设施项目：

①煤炭、石油、化工、天然气、电力、新能源等项目；

②铁路、公路、管道、水运、民航以及其他交通运输业等项目；

③邮政、电信枢纽、通讯、信息网络等项目；

④防洪、灌溉、排涝、发电、引（供）水、滩涂治理、水资源保护、水土保持等水利建设项目；

⑤道路、桥梁、地铁和轻轨交通、污水排放及处理、垃圾处理、地下管道、公共停车场等城市基础设施项目；

⑥生态环境保护项目；

⑦其他基础设施项目。

三、工程建设监理的执业准则

（一）资质许可执业准则

《建筑法》第 31 条规定，实行监理的建设工程，由建设单位委托具有相应资质条件的工程监理单位监理。《建设工程质量管理条例》第 34 条规定，工程监理单位应当在其资质等级许可的监理范围内，承担工程监理业务。禁止工程监理单位超越本单位资质等级许可的范围或者以其他工程监理单位的名义承担监理业务。禁止工程监理单位允许其他工程监理单位或者个人以本单位的名义承担监理业务。《工程监理企业资质管理规定》规定，工程监理企业应当按照其拥有的注册资本、专业技术人员和工程监理业绩等资质条件申请资质，经审查合格，取得相应等级的资质证书后，方可在其资质等级许可的范围内从事工程监理活动。工程

监理企业资质分为综合资质、专业资质和事务所资质。综合资质、事务所资质不分级别。专业资质分为甲级、乙级；其中，房屋建筑、水利水电、公路和市政公用专业资质可设立丙级。工程监理单位应当依法取得相应等级的资质证书，在其资质等级许可的范围内承担监理业务。禁止工程监理单位超越本单位资质等级许可的范围或者以其他工程监理单位的名义承担监理业务。禁止工程监理单位允许其他工程监理单位或者个人以本单位的名义承担监理业务。

（二）委托监理执业准则

实行监理的建筑工程，由建设单位委托具有相应资质条件的工程监理单位监理。建设单位与监理单位是一种委托与被委托的关系，建设单位与其委托的工程监理单位应当订立书面委托监理合同。实施建设工程监理前，建设单位应当将委托的工程监理单位、监理的内容及监理权限，书面通知被监理的建筑施工企业。实践中，委托监理合同是采用原建设部、国家工商局2000年2月17日联合印发的《建设工程委托监理合同（示范文本）》（GF－2000－0202）。《建设工程委托监理合同（示范文本）》包括建设工程委托监理合同、标准条件、专用条件三部分。标准条件共有49条，分为词语定义、适用范围和法规、监理人义务、委托人义务、监理人权利、委托人权利、监理人责任、委托人责任、合同生效、变更与终止、监理报酬、其他争议的解决等十一个部分。

（三）客观、公正执业准则

《建筑法》第34条规定，工程监理单位应当根据建设单位的委托，客观、公正地执行监理任务。所谓"客观"是指工程监理单位及其监理人员在执行监理任务中，应以事实为根据，并运用科学的方法，在充分掌握监理对象及其外部环境实际情况的基础上，适时、妥帖、高效地处理有关问题，用事实说话，不能主观臆断；所谓"公正"是指工程监理单位及其监理人员在对建设工程实施质量、投资和进度控制时，应当以独立、超脱的地位，做到公正廉洁，严格把关，不放过任何影响工程质量的问题，清退不合格的材料、提出合理化建议、纠正不合理设计、严格审查预决算，达到节省投资、保证工程质量的目的，同时在处理建设单位与承包单位之间的纠纷时要做到不偏不倚，"一碗水端平"。客观和公正是对工程监理活动最基本的要求，是工程监理单位及其监理人员应当遵循的最基本的执业准则。

（四）独立监理执业准则

《建筑法》第34条规定，工程监理单位不得转让工程监理业务。所谓"转让工程监理业务"，是指监理单位将其承揽的监理业务的全部或部分转让给其他单位的行为。工程监理是由建设单位与其信任的具有相应资质等级的监理单位通过订立委托监理合同，委托其对建设工程的施工进行的监督管理的活动。合同一经订立，就具有法律约束力，任何一方不得擅自变更合同，包括不得变更合同的主体。工程监理单位将委托监理合同约定的监理业务转让他人，违背了建设单位的意志，损害了建设单位的利益，而且有可能因其将监理业务转让给不具备相应资质条件的单位，不能按照建设单位的要求对工程质量、进度和资金进行控制，对工程质量问题留下隐患。因此，为了维护建设单位和被监理单位的权益，保证监理的有效性，监理单位不能转让监理业务。

（五）依法监理执业准则

《建筑法》第32条规定，建设工程监理应当依照法律、行政法规及有关的技术标准、设计文件和建设工程承包合同，对承包单位在施工质量、建设工期和建设资金使用等方面，代表建设单位实施监督。工程监理人员认为工程施工不符合工程设计要求、施工技术标准和合同约定的，有权要求建筑施工企业改正。工程监理人员发现工程设计不符合建设工程质量标准或者合同约定的质量要求的，应当报告建设单位要求设计单位改正。

工程监理单位应当选派具备相应资格的总监理工程师和监理工程师进驻施工现场。监理工程师应当按照工程监理范围的要求，采取旁站、巡视和平行检查等形式，对建设工程实施监理。房屋建筑工程施工旁站监理，是指监理人员在房屋建设工程施工阶段监理中，对关键部位、关键工序的施工质量实施全过程现场跟班的监督活动。房屋建筑工程的关键部位、关键工序，在基础工程方面包括：土方回填，混凝土灌注桩浇筑，地下连续墙、土钉墙、后浇带及其他结构混凝土、防水混凝土浇筑，卷材防水层细部构造处理，钢结构安装；在主体结构工程方面包括：梁柱节点钢筋隐蔽过程，混凝土浇筑，预应力张拉，装配式结构安装，钢结构安装，网架结构安装，索膜安装。

四、工程建设的监理内容

工程建设监理的基本任务是通过建设项目的一项项具体工作的完成来实现的，而这些具体的工作都取决于项目建设的阶段，阶段不同项目的具体工作就不同，因而其相应的监理内容也不同，具体如下：

（一）项目决策阶段监理

(1) 投资决策咨询。

(2) 项目评估（国外称机会研究）。

(3) 参与编制项目建议书。

(4) 项目可行性研究及编制可行性研究报告。

（二）项目实施阶段监理

1. 设计阶段监理

(1) 组织项目的选择或设计招投标工作，审查或评选设计方案，审查设计实施文件。

(2) 对设计单位进行资质调查，选择设计单位。

(3) 代签或参与签订勘察设计合同并监督合同的实施。

(4) 代编或代审项目的概预算。

2. 施工准备阶段监理

(1) 代理组织单项工程或单位工程的招投标，或提供工程建设咨询服务。

(2) 核查施工图设计和概预算。

(3) 编撰标书、制订标底，准备并发送招标文件，协助评审标书，提出意见和建议

(4) 协助建设单位与中标单位商签工程承包合同。

(5) 协助建设单位办理施工许可手续。

(6) 对施工准备阶段的预备性工程，如"四通一平"等实施监理。

(7) 协助建设单位优选设备供应公司或设备成套公司，商签设备成套供应合同。

3. 施工阶段监理

(1) 审查承包单位的施工组织设计、施工进度计划等，提出改进意见。

(2) 审查承包单位的材料和设备清单及所列规格和质量要求。

(3) 检查工程使用的材料、构配件、设备质量和安全保护设施。

(4) 核查施工图纸，组织图纸会审，参与设计修改、工程变更、材料代用等的核查工作并提出监理意见。

(5) 主持协商合同条款的变更，调解合同双方的争议。
(6) 检查工程进度和施工质量，验收分部分项工程，签署工程付款凭证。
(7) 处理索赔事宜。
(8) 整理承包合同文件和技术档案资料，收集、整理、传递、存储各类相关信息资料。
(9) 组织承包单位进行工程竣工初步验收，提出竣工验收报告。
(10) 核查工程结算。

4. 工程保修阶段监理

(1) 在规定的保修期限内，负责检查工程质量情况、鉴定质量责任并监督责任单位进行修理。
(2) 调解保修阶段中建设单位和承包单位的认识差异、意见分歧，协调他们之间的纠纷。

五、监理责任

《建筑法》第三十五条第一款规定："工程监理单位不按照委托监理合同的约定履行监理义务，对应当监督检查的项目不检查或者不按照规定检查，给建设单位造成损失的，应当承担相应的赔偿责任。"

《建筑法》第三十五条第二款规定："工程监理单位与承包单位串通，为承包单位牟取非法利益，给建设单位造成损失的，应当与承包单位承担连带赔偿责任。"

《建设工程质量管理条例》第三十六条规定："建设工程监理应当依照法律、行政法规及有关的技术标准、设计文件和建筑工程承包合同，对承包单位在施工质量、建设工期和建设资金使用等方面，代表建设单位实施监督，并对施工质量承担监理责任。"

《建设工程安全生产条例》第十四条规定："工程监理单位和监理工程师应当按照法律、法规和工程建设强制性标准实施监理，并对建设工程安全生产承担监理责任。"

第五节 建设工程安全生产管理

一、建设工程安全生产管理概述

(一) 建设工程安全生产管理的概念

国家对建筑活动实行建设工程安全生产管理制度。建设工程安全生产管理是指建设行政主管部门、建设工程安全监督管理机构、建筑施工企业及有关单位对建筑生产过程中的安全工作，进行计划、组织、指挥、控制、监督等一系列的管理活动。其目的在于保证建设工程安全和建筑职工的人身安全。建设工程安全生产管理包括纵向、横向、施工现场三个方面的管理。纵向方面的管理主要是指建设行政主管部门及其授权的建设工程安全监督管理机构对建设工程安全生产的行业监督管理。横向方面的管理主要是指建筑生产有关各方如建设单位、设计单位、建筑施工企业等应有的安全责任和义务。施工现场管理主要是指控制人的不安全行为和物的不安全状态，是建设工程安全生产管理的关键和集中体现。

建设工程安全生产管理直接关系到人身和财产安全，是建筑活动管理的重要内容之一。为此国务院建设行政主管部门制定了一系列的工程建设安全生产法规和规范性文件，主要有：2002年6月29日第九届全国人大常委会颁布了《中华人民共和国安全生产法》；2002

年8月22日建设部颁发了《关于加强安全生产监督管理工作的意见》；2002年9月9日建设部颁发了《安全生产行政责任规定》，2003年11月24日国务院颁布了《建设工程安全生产管理条例》；2004年7月5日国务院颁布的《安全生产许可证条例》；2004年6月29日建设部颁布了《建筑施工企业安全生产许可证管理规定》；2007年4月9日国务院颁布了《生产安全事故报告和调查处理条例》；2008年1月28日建设部颁布了《建筑起重机械安全监督管理规定》；2008年6月30日住房和城乡建设部颁布了《建筑施工企业安全生产许可证动态监管暂行办法》。

(二) 安全第一、预防为主的建设工程安全生产管理方针

《中华人民共和国安全生产法》第三条规定："安全生产管理，坚持安全第一、预防为主的方针。"所谓坚持安全第一、预防为主的方针，是指在建筑生产活动中，应当将保证生产安全放到第一位，在管理、技术等方面采取能够确保生产安全的预防性措施，防止建设工程事故发生。安全第一、预防为主的方针是建设工程安全生产管理工作的经验总结，只有认真贯彻执行这一方针，加强建设工程安全教育和管理，不断改善建设工程安全生产条件，才能减少建设工程事故的发生，提高劳动生产效率。为了落实安全第一、预防为主的方针，《建筑法》、《安全生产法》等法律法规还规定了安全生产责任制、安全生产群防群治制度、安全生产教育培训制度、安全生产检察监督制度、安全生产劳动保护制度、安全生产的许可制度、安全生产的责任追究制度。

二、建设工程安全生产监督管理制度

《安全生产法》第九条规定，国务院负责安全生产监督管理的部门依照本法，对全国安全生产工作实施综合监督管理；县级以上地方各级人民政府负责安全生产监督管理的部门依照本法，对本行政区域内安全生产工作实施综合监督管理。国务院有关部门依照本法和其他有关法律、行政法规的规定，在各自的职责范围内对有关的安全生产工作实施监督管理；县级以上地方各级人民政府有关部门依照本法和其他有关法律、法规的规定，在各自的职责范围内对有关的安全生产工作实施监督管理。

(一) 国务院负责安全生产监督管理部门的监督管理

国务院负责安全生产监督管理的部门（简称安全生产监督管理部门）依照《中华人民共和国安全生产法》的规定，对全国建设工程安全生产工作实施综合监督管理。安全生产监督管理部门依照有关法律、法规的规定，对涉及安全生产的事项需要审查批准（包括批准、核准、许可、注册、认证、颁发证照等）或者验收的，必须严格依照有关法律、法规和国家标准或者行业标准规定的安全生产条件和程序进行审查；不符合有关法律、法规和国家标准或者行业标准规定的安全生产条件的，不得批准或者验收通过。对未依法取得批准或者验收合格的单位擅自从事有关活动的，负责行政审批的部门发现或者接到举报后应当立即予以取缔，并依法予以处理。对已经依法取得批准的单位，负责行政审批的部门发现其不再具备安全生产条件的，应当撤销原批准。安全生产监督管理部门依法对生产经营单位执行有关安全生产的法律、法规和国家标准或者行业标准的情况进行监督检查，行使以下职权：(1) 进入生产经营单位进行检查，调阅有关资料，向有关单位和人员了解情况。(2) 对检查中发现的安全生产违法行为，当场予以纠正或者要求限期改正；对依法应当给予行政处罚的行为，依照本法和其他有关法律、行政法规的规定作出行政处罚决定。(3) 对检查中发现的事故隐患，应当责令立即排除；重大事故隐患排除前或者排除过程中无法保证安全的，应当责令从

危险区域内撤出作业人员,责令暂时停产停业或者停止使用;重大事故隐患排除后,经审查同意,方可恢复生产经营和使用。(4)对有根据认为不符合保障安全生产的国家标准或者行业标准的设施、设备、器材予以查封或者扣押,并应当在十五日内依法作出处理决定。

(二)县级以上地方各级人民政府的监督管理

县级以上地方各级人民政府应当根据本行政区域内的安全生产状况,组织有关部门按照职责分工,对本行政区域内容易发生重大生产安全事故的生产经营单位进行严格检查;发现事故隐患,应当及时处理。县级以上地方人民政府负责安全生产监督管理的部门依照《中华人民共和国安全生产法》的规定,对本行政区域内建设工程安全生产工作实施综合监督管理。

(三)建设行政主管部门的监督管理

国务院建设行政主管部门对全国的建设工程安全生产实施监督管理。国务院铁路、交通、水利等有关部门按照国务院规定的职责分工,负责有关专业建设工程安全生产的监督管理。县级以上地方人民政府建设行政主管部门对本行政区域内的建设工程安全生产实施监督管理。县级以上地方人民政府交通、水利等有关部门在各自的职责范围内,负责本行政区域内的专业建设工程安全生产的监督管理。县级以上人民政府负有建设工程安全生产监督管理职责的部门在各自的职责范围内履行安全监督检查职责时,有权采取下列措施:①要求被检查单位提供有关建设工程安全生产的文件和资料;②进入被检查单位施工现场进行检查;③纠正施工中违反安全生产要求的行为;④对检查中发现的安全事故隐患,责令立即排除;重大安全事故隐患排除前或者排除过程中无法保证安全的,责令从危险区域内撤出作业人员或者暂时停止施工。

(四)社会的监督管理

负有安全生产监督管理职责的部门应当建立举报制度,公开举报电话、信箱或者电子邮件地址,受理有关安全生产的举报;受理的举报事项经调查核实后,应当形成书面材料;需要落实整改措施的,报经有关负责人签字并督促落实。任何单位或者个人对事故隐患或者安全生产违法行为,均有权向负有安全生产监督管理职责的部门报告或者举报。县级以上人民政府建设行政主管部门和其他有关部门应当及时受理对建设工程生产安全事故及安全事故隐患的检举、控告和投诉。居民委员会、村民委员会发现其所在区域内的生产经营单位存在事故隐患或者安全生产违法行为时,应当向当地人民政府或者有关部门报告。新闻、出版、广播、电影、电视等单位有进行安全生产宣传教育的义务,有对违反安全生产法律、法规的行为进行舆论监督的权利。

三、建设工程安全生产责任制

(一)建设单位的安全责任

1. 严格遵守国家安全生产管理法律、法规和强制性标准的责任

建设单位不得对勘察、设计、施工、工程监理等单位提出不符合建设工程安全生产法律、法规和强制性标准规定的要求,不得压缩合同约定的工期。

建设单位不得明示或者暗示施工单位购买、租赁、使用不符合安全施工要求的安全防护用具、机械设备、施工机具及配件、消防设施和器材。

2. 提供工程资料的责任

建设单位应当向建筑施工企业提供与施工现场相关的地下管线资料,建筑施工企业应当

采取措施加以保护。建设单位应当向施工单位提供施工现场及毗邻区域内供水、排水、供电、供气、供热、通信、广播电视等地下管线资料，气象和水文观测资料，相邻建筑物和构筑物、地下工程的有关资料，并保证资料的真实、准确、完整。

3. 报送安全施工措施的责任

建设单位在申请领取施工许可证时，应当提供建设工程有关安全施工措施的资料。依法批准开工报告的建设工程，建设单位应当自开工报告批准之日起15日内，将保证安全施工的措施报送建设工程所在地的县级以上地方人民政府建设行政主管部门或者其他有关部门备案。

4. 安全生产投入的责任

《安全生产法》第18条规定，生产经营单位应当具备的安全生产条件所必需的资金投入，由生产经营单位的决策机构、主要负责人或者个人经营的投资人予以保证，并对由于安全生产所必需的资金投入不足导致的后果承担责任。建设单位在编制工程概算时，应当确定建设工程安全作业环境及安全施工措施所需费用。

5. 特殊作业的申请和备案责任

有下列情形之一的，建设单位应当按照国家有关规定办理申请批准手续：①需要临时占用规划批准范围以外场地的；②可能损坏道路、管线、电力、邮电通讯等公共设施的；③需要临时停水、停电、中断道路交通的；④需要进行爆破作业的；⑤法律、法规规定需要办理报批手续的其他情形。

建设单位应当将拆除工程发包给具有相应资质等级的施工单位。建设单位应当在拆除工程施工15日前，将下列资料报送建设工程所在地的县级以上地方人民政府建设行政主管部门或者其他有关部门备案：①施工单位资质等级证明；②拟拆除建筑物、构筑物及可能危及毗邻建筑的说明；③拆除施工组织方案；④堆放、清除废弃物的措施。实施爆破作业的，应当遵守国家有关民用爆炸物品管理的规定。

（二）勘察单位的安全责任

《建设工程安全生产管理条例》第12条规定，勘察单位应当按照法律、法规和工程建设强制性标准进行勘察，提供的勘察文件应当真实、准确，满足建设工程安全生产的需要。勘察单位在勘察作业时，应当严格执行操作规程，采取措施保证各类管线、设施和周边建筑物、构筑物的安全。

（1）勘察单位在勘察工作中，应当认真执行《建筑法》、《安全生产法》、《建设工程质量管理条例》、《建设工程勘察设计管理条例》等国家有关法律、法规。勘察单位在勘察过程中，应当依据工程建设强制性标准进行作业。工程建设强制性标准是指工程建设标准中，直接涉及人民生命财产安全、人身健康、环境保护和其他公众利益的、必须强制执行的条款。只有满足工程强制性标准，才能满足工程对安全、质量、卫生、环保等多方面的要求，因此必须严格执行。

（2）勘察工作在工程建设各个环节中居于先行地位，勘察成果文件是设计和施工的基础资料，是建设项目选址、设计和施工必不可少的依据，对设计和施工的安全性有直接的影响。因此，勘察单位提供的勘察文件应当真实、准确，以保证设计、施工单位根据地质勘察报告制订基础设计和施工的安全措施。

（3）勘察单位在进行勘察作业时，也易发生安全事故。为了保证勘察作业人员的安全，勘察单位应当按照国家有关规定，制定勘察钻机、经纬仪等设备和检测仪器的安全操作规程，并在作业时严格执行，防范生产安全事故的发生。

勘察单位在进行施工作业前，要根据建设单位提供的各类管线、设施情况制定相应的安全技术措施，在作业时按照安全施工方案进行作业，保护好与作业现场有关的各类管线和设施。同时，对周边建筑物、构筑物，也要定点、定期进行观测，并做好观测记录，以确保周边建筑物、构筑物的安全。

（三）设计单位的安全责任

《建筑法》第37条规定，建筑工程设计应当符合按照国家规定制定的建筑安全规程和技术规范，保证工程的安全性能。《建设工程安全生产管理条例》第13条规定，设计单位应当按照法律、法规和工程建设强制性标准进行设计，防止因设计不合理导致生产安全事故的发生。设计单位应当考虑施工安全操作和防护的需要，对涉及施工安全的重点部位和环节在设计文件中注明，并对防范生产安全事故提出指导意见。采用新结构、新材料、新工艺的建设工程和特殊结构的建设工程，设计单位应当在设计中提出保障施工作业人员安全和预防生产安全事故的措施建议。设计单位和注册建筑师等注册执业人员应当对其设计负责。

保证建设工程的安全性能，设计是前提。建设工程的安全性能，包括两层含义：一是在建造过程中的安全，这主要是指建造者即施工作业人员的安全；二是建成后的安全，这主要是指建筑物的安全。因此，建设工程设计应当符合按照国家规定制定的建筑安全规程和技术规范，这些规程和规范是建筑工程的安全性能、建筑职工的安全健康的可靠保障，在工程设计时，必须遵循。

（1）设计单位必须按照法律、法规和工程建设强制性标准进行设计。特别是工程建设强制性标准是工程建设技术和经验的总结、积累，对保证建设工程质量和安全起着重要作用。因此，法规强调设计单位在设计过程中必须考虑生产安全，强制性标准是设计工作的技术依据，应当严格执行。

（2）设计单位的工程设计文件对保证建筑结构安全非常重要，设计单位在编制设计文件时，应当结合建设工程的具体特点和实际情况，考虑施工安全操作和防护的需要，为施工单位制定安全防护措施提供技术指导。下列涉及施工安全的重点部位和环节应当在设计文件中注明，施工单位作业前，设计单位应当就设计意图、设计文件向施工单位作出说明和技术交底，并对防范生产安全事故提出指导意见。

①地下管线的防护。包括地下管线的种类和具体位置，地下管线的安全保护措施。

②外线电路防护。包括施工现场临时用电中外线电路与建筑物的距离，外线电路电压，应采用的防护措施，设置防护设施施工时应注意的安全作业事项，施工作业中的安全注意事项等。

③深基坑工程。包括基坑侧壁选用的安全系数、基坑支护结构选型，地下水控制方法及验算，承载能力极限状态和正常状态的设计计算和验算，支护结构计算和验算，质量检测及施工监控要求，安全防护设施的设置以及安全作业注意事项等。对于特殊结构的混凝土模板支护，设计单位应当提供模板支撑系统结构图及计算书。

（3）施工单位在施工过程中，发现设计文件存在违反强制性标准，或者按照设计文件进行施工，无法满足安全防护和施工安全，或者设计文件存在错、漏、碰、缺的问题时，设计单位有责任、有义务及时、无偿地修改设计文件，解决施工中存在的安全问题。

（4）采用新结构、新材料、新工艺的工程以及特殊结构的工程，设计单位应当在设计中提出保障施工作业人员安全和预防生产安全事故的措施建议。

(5) 实行注册建筑师、结构工程师、公用设备工程师执业制度，并按照"谁设计谁负责"的原则，设计单位和注册建筑师等注册执业人员应当对其设计负责。因此，设计单位的设计成果一旦被建设单位接受，就必须经过施工图设计审查，并对其审查意见逐一回复、签章后，该施工图设计文件就具备了设计单位、注册执业人员对其设计成果承担法律责任的条件。

（四）监理单位的安全责任

1. 安全生产的监理责任

工程监理单位和监理工程师应当按照法律、法规和工程建设强制性标准实施监理，并对建设工程安全生产承担监理责任。

2. 安全隐患的纠正和报告责任

工程监理单位在实施监理的过程中，发现存在安全事故隐患的，应当要求施工单位整改；情况严重的，应当要求施工单位暂时停止施工，并及时报告建设单位。施工单位拒不整改或者不停止施工的，工程监理单位应当及时向有关主管部门报告。

3. 安全措施的审查责任

工程监理单位应当审查施工组织设计中的安全技术措施或者专项施工方案是否符合工程建设强制性标准。

监理工程师对施工组织设计中的安全技术措施的审核一般包括以下内容：①安全管理、质量管理和安全保证体系的组织机构，包括项目经理、工长、安全管理人员、特种作业人员配备的人员数量及安全资格培训持证上岗情况；②施工安全生产责任制、安全管理规章制度、安全操作规程的制订情况；③起重机械设备、施工机具和电气设备等设置是否符合规范要求；④基坑支护、模板、脚手架工程、起重机械设备和整体提升脚手架拆装等专项方案是否符合规范要求；⑤事故应急救援预案的制订情况；⑥冬季、雨季等季节性施工方案的制订情况；⑦施工总平面图是否合理，办公楼、宿舍、食堂等临时设施的设置以及施工现场场地、道路、排污、排水、防火措施是否符合有关安全技术标准规范和文明施工的要求。

（五）施工单位的安全责任

1. 施工单位应具备的安全生产条件

《安全生产法》第 16 条规定："生产经营单位应当具备本法和有关法律、行政法规和国家标准或者行业标准规定的安全生产条件；不具备安全生产条件的，不得从事生产经营活动"。《建设工程安全生产管理条例》第 20 条规定："施工单位从事建设工程的新建、扩建、改建和拆除等活动，应当具备国家规定的注册资本、专业技术人员、技术装备和安全生产等条件，依法取得相应等级的资质证书，并在其资质等级许可的范围内承揽工程"。

2. 施工单位主要负责人的安全生产责任

《建筑法》第 44 条规定："建筑施工企业的法定代表人对本企业的安全生产负责"。《安全生产法》第 5 条规定："生产经营单位的主要负责人对本单位的安全生产工作全面负责"。《建设工程安全生产管理条例》第 21 条规定："施工单位主要负责人依法对本单位的安全生产工作全面负责"。

施工单位的主要负责人的安全生产职责主要包括：①建立、健全本单位安全生产责任制；②组织制定本单位安全生产规章制度和操作规程；③保证本单位安全生产投入的有效实施；④督促、检查本单位的安全生产工作，及时消除生产安全事故隐患；⑤组织制定并实施本单位的生产安全事故应急救援预案；⑥及时、如实报告生产安全事故。

3. 施工单位项目负责人的安全生产责任

施工单位的项目负责人应当由取得相应执业资格的人员担任，对建设工程项目的安全施工负责，组织对施工现场的安全生产，落实安全生产责任制度、安全生产规章制度和操作规程，确保安全生产费用的有效使用，并根据工程的特点组织制定安全施工措施，消除安全事故隐患，并落实隐患整改措施，及时、如实报告生产安全事故。

4. 施工单位安全生产管理人员的安全生产责任

施工单位应当设立安全生产管理机构，配备专职安全生产管理人员。专职安全生产管理人员负责对安全生产进行现场监督检查。发现安全事故隐患，应当及时向项目负责人和安全生产管理机构报告；对违章指挥、违章操作的，应当立即制止。

5. 施工单位的安全生产的资金投入

施工单位的安全生产投入包括以下几个方面。

（1）安全生产条件所必需的资金投入

生产经营单位应当具备的安全生产条件所必需的资金投入，由生产经营单位的决策机构、主要负责人或者个人经营的投资人予以保证，并对由于安全生产所必需的资金投入不足导致的后果承担责任。

（2）安全设施的资金投入

生产经营单位新建、改建、扩建工程项目的安全设施，必须与主体工程同时设计、同时施工、同时投入生产和使用。安全设施投资应当纳入建设项目概算。

（3）劳动防护用品和安全生产培训的资金投入

生产经营单位应当安排用于配备劳动防护用品、进行安全生产培训的经费。

（4）工伤社会保险的资金投入

生产经营单位必须依法参加工伤社会保险，为从业人员缴纳保险费。社会保险经办机构根据用人单位使用工伤保险基金、工伤发生率和所属行业费率档次等情况，确定用人单位缴费费率。用人单位应当按照本单位职工工资总额，根据社会保险经办机构确定的费率缴纳工伤保险费。

《建设工程安全生产管理条例》规定，施工单位对列入建设工程概算的安全作业环境及安全施工措施所需费用，应当用于施工安全防护用具及设施的采购和更新、安全施工措施的落实、安全生产条件的改善，不得挪作他用。

6. 总包单位和分包单位的安全责任

建设工程实行施工总承包的，由总承包单位对施工现场的安全生产负总责。总承包单位应当自行完成建设工程主体结构的施工。总承包单位依法将建设工程分包给其他单位的，分包合同中应当明确各自的安全生产方面的权利、义务。总承包单位和分包单位对分包工程的安全生产承担连带责任。分包单位应当服从总承包单位的安全生产管理，分包单位不服从管理导致生产安全事故的，由分包单位承担主要责任。

（六）其他相关单位的安全生产管理责任

1. 工程质量监督机构的安全生产管理责任

工程质量监督机构应当对工程的地基基础和结构安全进行严格监督检查，发现隐患，及时向建设行政主管部门报告。建设行政主管部门对建设工程的竣工备案，根据建设单位提交的竣工备案文件和工程质量监督机构提交的监督报告，发现有违反国家有关工程建设质量管理规定行为的，应当责令其停止使用，重新组织竣工验收。

2. 施工图设计文件审查机构的安全生产管理责任

施工图设计文件审查机构应当对施工图的结构安全和消防、抗震等强制性标准、规范执行情况，建筑物的稳定性、安全性以及施工图是否达到规定的深度要求等进行审查；对不符合安全要求的施工图设计文件，应当要求设计单位修改，并向委托审查的建设行政主管部门报告。建设行政主管部门对审查不合格或者未经审查的施工图设计文件，不得签发施工图设计文件审查合格批准书。

3. 机械设备和配件提供单位的安全生产管理责任

为建设工程提供机械设备和配件的单位，应当按照安全施工的要求配备齐全有效的保险、限位等安全设施和装置。

4. 机械设备施工机具及配件出租单位的安全生产管理责任

出租的机械设备和施工机具及配件，应当具有生产（制造）许可证、产品合格证。出租单位应当对出租的机械设备和施工机具及配件的安全性能进行检测，在签订租赁协议时，应当出具检测合格证明。禁止出租检测不合格的机械设备和施工机具及配件。

四、施工现场的安全生产管理制度

（一）编制安全技术措施

1. 编制安全技术措施

施工安全技术措施是在施工项目生产活动中，根据工程特点、规模、结构复杂程度、工期、施工现场环境、劳动组织、施工方法、施工机械设备、变配电设施、架设工具以及各项安全防护措施等，针对施工中存在的不安全因素进行预测和分析，找出危险点，为消除和控制危险隐患，从技术和管理上采取措施加以防范，消除不安全因素，防止事故发生，确保项目安全施工。《建设工程安全生产管理条例》规定，建设施工企业在编制施工组织设计时，应当根据建设工程的特点制定相应的安全技术措施。

施工安全技术措施主要包括：

（1）进入施工现场的安全规定。

（2）地面及深坑作业的防护。

（3）高处及立体交叉作业的防护。

（4）施工用电安全。

（5）机械设备的安全使用。

（6）预防因自然灾害（防台风、防雷击、防洪水、防地震、防暑降温、防冻、防寒、防滑等）促成事故的措施。

（7）防火防爆措施。

2. 编制施工现场临时用电方案

《建设工程安全生产管理条例》规定，施工单位应当在施工组织设计中编制安全技术措施和施工现场临时用电方案。临时用电方案按照《施工现场临时用电安全技术规范》（JGJ 46—2005）规定编制，防止触电事故发生，保障施工现场用电安全。

3. 编制专项施工方案

《建设工程安全生产管理条例》规定，对下列达到一定规模的危险性较大的分部分项工程编制专项施工方案，并附具安全验算结果，经施工单位技术负责人、总监理工程师签字后实施，由专职安全生产管理人员进行现场监督：

①基坑支护与降水工程；
②土方开挖工程；
③模板工程；
④起重吊装工程；
⑤脚手架工程；
⑥拆除、爆破工程；
⑦国务院建设行政主管部门或者其他有关部门规定的其他危险性较大的工程。

以上工程中涉及深基坑、地下暗挖工程、高大模板工程的专项施工方案，施工单位还应当组织专家进行论证、审查。

4. 施工安全技术交底

为了使编制的安全技术措施得到贯彻和落实，《建设工程安全生产管理条例》规定，建设工程施工前，施工单位负责项目管理的技术人员应当对有关安全施工的技术要求向施工作业班组、作业人员作出详细说明，并由双方签字确认。

（二）施工现场的安全要求

1. 施工现场布置的安全要求

施工单位应当将施工现场的办公、生活区与作业区分开设置，并保持安全距离；办公、生活区的选址应当符合安全性要求。职工的膳食、饮水、休息场所等应当符合卫生标准。施工单位不得在尚未竣工的建筑物内设置员工集体宿舍。

施工现场临时搭建的建筑物应当符合安全使用要求。施工现场使用的装配式活动房屋应当具有产品合格证。

2. 施工现场的安全防护

施工单位应当根据不同施工阶段和周围环境及季节、气候的变化，在施工现场采取相应的安全施工措施。施工现场暂时停止施工的，施工单位应当做好现场防护，所需费用由责任方承担，或者按照合同约定执行。

3. 施工现场的安全警示标志

施工单位应当在施工现场入口处、施工起重机械、临时用电设施、脚手架、出入通道口、楼梯口、电梯井口、孔洞口、桥梁口、隧道口、基坑边沿、爆破物及有害危险气体和液体存放处等危险部位，设置明显的安全警示标志。安全警示标志必须符合国家标准。

4. 施工现场的消防安全措施

施工单位应当在施工现场建立消防安全责任制度，确定消防安全责任人，制定用火、用电、使用易燃易爆材料等各项消防安全管理制度和操作规程，设置消防通道、消防水源，配备消防设施和灭火器材，并在施工现场入口处设置明显标志。

5. 施工现场作业人员的安全操作

作业人员应当遵守安全施工的强制性标准、规章制度和操作规程，正确使用安全防护用具、机械设备等。施工单位应当向作业人员提供安全防护用具和安全防护服装，并书面告知危险岗位的操作规程和违章操作的危害。

作业人员有权对施工现场的作业条件、作业程序和作业方式中存在的安全问题提出批评、检举和控告，有权拒绝违章指挥和冒险作业。在施工中发生危及人身安全的紧急情况时，作业人员有权立即停止作业或者在采取必要的应急措施后撤离危险区域。

6. 施工作业人员的工伤保险和意外伤害保险

建筑施工企业应当依法为职工缴纳工伤保险费，鼓励企业为从事危险作业的职工办理意外伤害保险，支付保险费。

7. 施工现场的安全防护设备管理

施工单位采购、租赁的安全防护用具、机械设备、施工机具及配件，应当具有生产（制造）许可证、产品合格证，并在进入施工现场前进行查验。

施工现场的安全防护用具、机械设备、施工机具及配件必须由专人管理，定期进行检查、维修和保养，建立相应的资料档案，并按照国家有关规定及时报废。

8. 施工现场的起重机械设备管理

施工单位在使用施工起重机械和整体提升脚手架、模板等自升式架设设施前，应当组织有关单位进行验收，也可以委托具有相应资质的检验检测机构进行验收；使用承租的机械设备和施工机具及配件的，由施工总承包单位、分包单位、出租单位和安装单位共同进行验收。验收合格后方可使用。

《特种设备安全监察条例》规定的施工起重机械，在验收前应当经有相应资质的检验检测机构监督检验合格。

施工单位应当自施工起重机械和整体提升脚手架、模板等自升式架设设施验收合格之日起30日内，向建设行政主管部门或者其他有关部门登记。登记标志应当置于或者附着于该设备的显著位置。

9. 施工现场周边的安全防护措施

施工单位对因建设工程施工可能造成损害的毗邻建筑物、构筑物和地下管线等，应当采取专项防护措施。施工单位应当遵守有关环境保护法律、法规的规定，在施工现场采取措施，防止或者减少粉尘、废气、废水、固体废物、噪声、振动和施工照明对人和环境的危害和污染。在城市市区内的建设工程，施工单位应当对施工现场实行封闭围挡。

五、建设工程安全生产许可制度

（一）建筑施工企业的安全生产许可制度

国家对建筑施工企业实行安全生产许可制度，确保施工企业具备法定的安全生产条件，建筑施工企业未取得安全生产许可证的，不得从事建筑施工活动。安全生产许可证的有效期为3年。建筑施工企业取得安全生产许可证，应当具备下列安全生产条件：

(1) 建立、健全安全生产责任制，制定完备的安全生产规章制度和操作规程；

(2) 保证本单位安全生产条件所需资金的投入；

(3) 设置安全生产管理机构，按照国家有关规定配备专职安全生产管理人员；

(4) 主要负责人、项目负责人、专职安全生产管理人员经建设行政主管部门或者其他有关部门考核合格；

(5) 特种作业人员经有关业务主管部门考核合格，取得特种作业操作资格证书；

(6) 管理人员和作业人员每年至少进行一次安全生产教育培训并考核合格；

(7) 依法参加工伤保险，依法为施工现场从事危险作业的人员办理意外伤害保险，为从业人员缴纳保险费；

(8) 施工现场的办公、生活区及作业场所和安全防护用具、机械设备、施工机具及配件符合有关安全生产法律、法规、标准和规程的要求；

（9）有职业危害防治措施，并为作业人员配备符合国家标准或者行业标准的安全防护用具和安全防护服装；

（10）有对危险性较大的分部分项工程及施工现场易发生重大事故的部位、环节的预防、监控措施和应急预案；

（11）有生产安全事故应急救援预案、应急救援组织或者应急救援人员，配备必要的应急救援器材、设备；

（12）法律、法规规定的其他条件。

（二）从业人员的安全生产许可制度

《安全生产法》第二十三条规定，生产经营单位的特种作业人员必须按照国家有关规定经专门的安全作业培训，取得特种作业操作资格证书，方可上岗作业。特种作业人员的范围由国务院负责安全监督管理的部门会同国务院有关部门确定。特种作业人员的范围由国务院负责安全监督管理的部门会同国务院有关部门确定。

《建设工程安全生产管理条例》规定，施工单位的主要负责人、项目负责人、专职安全生产管理人员应当经建设行政主管部门或者其他有关部门考核合格后方可任职。

《建设工程安全生产管理条例》规定，施工单位应当对管理人员和作业人员每年至少进行一次安全生产教育培训，其教育培训情况记入个人工作档案。安全生产教育培训考核不合格的人员，不得上岗。

《建设工程安全生产管理条例》规定，作业人员进入新的岗位或者新的施工现场前，应当接受安全生产教育培训。未经教育培训或者教育培训考核不合格的人员，不得上岗作业。施工单位在采用新技术、新工艺、新设备、新材料时，应当对作业人员进行相应的安全生产教育培训。

《建设工程安全生产管理条例》规定，垂直运输机械作业人员、安装拆卸工、爆破作业人员、起重信号工、登高架设作业人员等特种作业人员，必须按照国家有关规定经过专门的安全作业培训，并取得特种作业操作资格证书后，方可上岗作业。

六、建设工程安全生产事故的应急救援和调查处理制度

（一）安全生产事故的分类

2007年4月9日国务院颁布的《生产安全事故报告和调查处理条例》规定，根据生产安全事故（以下简称事故）造成的人员伤亡或者直接经济损失，事故一般分为以下等级：

（1）特别重大事故，是指造成30人以上死亡，或者100人以上重伤（包括急性工业中毒，下同），或者1亿元以上直接经济损失的事故；

（2）重大事故，是指造成10人以上30人以下死亡，或者50人以上100人以下重伤，或者5000万元以上1亿元以下直接经济损失的事故；

（3）较大事故，是指造成3人以上10人以下死亡，或者10人以上50人以下重伤，或者1000万元以上5000万元以下直接经济损失的事故；

（4）一般事故，是指造成3人以下死亡，或者10人以下重伤，或者1000万元以下直接经济损失的事故。

（二）安全生产事故报告

1. 安全生产单位的报告

建筑施工单位发生生产安全事故后，事故现场有关人员应当立即报告本单位负责人。单

位负责人接到报告后,应当于 1 小时内向事故发生地县级以上人民政府安全生产监督管理部门和负有安全生产监督管理职责的有关部门报告。情况紧急时,事故现场有关人员可以直接向事故发生地县级以上人民政府安全生产监督管理部门和负有安全生产监督管理职责的有关部门报告。

单位负责人接到事故报告后,应当迅速采取有效措施,组织抢救,防止事故扩大,减少人员伤亡和财产损失,并按照国家有关规定立即如实报告当地负有安全生产监督管理职责的部门,不得隐瞒不报、谎报或者拖延不报,不得故意破坏事故现场、毁灭有关证据。

2. 安全生产监督管理职责的逐级报告

负有安全生产监督管理职责的部门接到事故报告后,应当立即按照国家有关规定逐级上报事故情况,每级上报的时间不得超过 2 小时。必要时,安全生产监督管理部门和负有安全生产监督管理职责的有关部门可以越级上报事故情况。负有安全生产监督管理职责的部门和有关地方人民政府对事故情况不得隐瞒不报、谎报或者拖延不报。有关地方人民政府和负有安全生产监督管理职责部门的负责人接到重大生产安全事故报告后,应当立即赶到事故现场,组织事故抢救。

安全生产监督管理部门和负有安全生产监督管理职责的有关部门接到事故报告后,应当依照下列规定上报事故情况,并通知公安机关、劳动保障行政部门、工会和人民检察院:

(1) 特别重大事故、重大事故逐级上报至国务院安全生产监督管理部门和负有安全生产监督管理职责的有关部门;

(2) 较大事故逐级上报至省、自治区、直辖市人民政府安全生产监督管理部门和负有安全生产监督管理职责的有关部门;

(3) 一般事故上报至设区的市级人民政府安全生产监督管理部门和负有安全生产监督管理职责的有关部门。

安全生产监督管理部门和负有安全生产监督管理职责的有关部门依照上述规定上报事故情况,应当同时报告本级人民政府。国务院安全生产监督管理部门和负有安全生产监督管理职责的有关部门以及省级人民政府接到发生特别重大事故、重大事故的报告后,应当立即报告国务院。

报告事故应当包括下列内容:

(1) 事故发生单位概况;
(2) 事故发生的时间、地点以及事故现场情况;
(3) 事故的简要经过;
(4) 事故已经造成或者可能造成的伤亡人数(包括下落不明的人数)和初步估计的直接经济损失;
(5) 已经采取的措施;
(6) 其他应当报告的情况。

(三) 安全生产事故的应急救援

1. 安全生产事故的应急救援体系

《安全生产法》规定,县级以上地方各级人民政府应当组织有关部门制定本行政区域内特大生产安全事故应急救援预案,建立应急救援体系。

《安全生产法》规定,建筑施工单位应当建立应急救援组织;生产经营规模较小,可以不建立应急救援组织的,应当指定兼职的应急救援人员。建筑施工单位应当配备必要的应急救援器材、设备，并进行经常性维护、保养，保证正常运转。

2. 安全生产事故的应急救援

事故发生单位负责人接到事故报告后，应当立即启动事故相应应急预案，或者采取有效措施，组织抢救，防止事故扩大，减少人员伤亡和财产损失。

事故发生地有关地方人民政府、安全生产监督管理部门和负有安全生产监督管理职责的有关部门接到事故报告后，其负责人应当立即赶赴事故现场，组织事故救援。

事故发生后，有关单位和人员应当妥善保护事故现场以及相关证据，任何单位和个人不得破坏事故现场、毁灭相关证据。

因抢救人员、防止事故扩大以及疏通交通等原因，需要移动事故现场物件的，应当做出标志，绘制现场简图并做出书面记录，妥善保存现场重要痕迹、物证。

（四）安全生产事故的调查

事故调查处理应当按照实事求是、尊重科学的原则，及时、准确地查清事故原因，查明事故性质和责任，总结事故教训，提出整改措施，并对事故责任者提出处理意见。任何单位和个人不得阻挠和干涉对事故的依法调查处理。

生产经营单位发生生产安全事故，经调查确定为责任事故的，除了应当查明事故单位的责任并依法予以追究外，还应当查明对安全生产的有关事项负有审查批准和监督职责的行政部门的责任，对有失职、渎职行为的，依照《安全生产法》第七十七条的规定追究法律责任。

1. 调查的管辖

（1）级别管辖，特别重大事故由国务院或者国务院授权有关部门组织事故调查组进行调查。

重大事故、较大事故、一般事故分别由事故发生地省级人民政府、设区的市级人民政府、县级人民政府负责调查。省级人民政府、设区的市级人民政府、县级人民政府可以直接组织事故调查组进行调查，也可以授权或者委托有关部门组织事故调查组进行调查。上级人民政府认为必要时，可以调查由下级人民政府负责调查的事故。

未造成人员伤亡的一般事故，县级人民政府也可以委托事故发生单位组织事故调查组进行调查。

自事故发生之日起30日内（道路交通事故、火灾事故自发生之日起7日内），因事故伤亡人数变化导致事故等级发生变化，依照本条例规定应当由上级人民政府负责调查的，上级人民政府可以另行组织事故调查组进行调查。

（2）地域管辖：特别重大事故以下等级事故，事故发生地与事故发生单位不在同一个县级以上行政区域的，由事故发生地人民政府负责调查，事故发生单位所在地人民政府应当派人参加。

2. 调查的组织

根据事故的具体情况，事故调查组由有关人民政府、安全生产监督管理部门、负有安全生产监督管理职责的有关部门、监察机关、公安机关以及工会派人组成，并应当邀请人民检察院派人参加。事故调查组可以聘请有关专家参与调查。

事故调查组履行下列职责：

（1）查明事故发生的经过、原因、人员伤亡情况及直接经济损失；

（2）认定事故的性质和事故责任；

(3) 提出对事故责任者的处理建议；
(4) 总结事故教训，提出防范和整改措施；
(5) 提交事故调查报告。

事故调查组有权向有关单位和个人了解与事故有关的情况，并要求其提供相关文件、资料，有关单位和个人不得拒绝。事故发生单位的负责人和有关人员在事故调查期间不得擅离职守，并应当随时接受事故调查组的询问，如实提供有关情况。

事故调查中发现涉嫌犯罪的，事故调查组应当及时将有关材料或者其复印件移交司法机关处理。

事故调查组应当自事故发生之日起60日内提交事故调查报告；特殊情况下，经负责事故调查的人民政府批准，提交事故调查报告的期限可以适当延长，但延长的期限最长不超过60日。事故调查中需要进行技术鉴定的，事故调查组应当委托具有国家规定资质的单位进行技术鉴定。必要时，事故调查组可以直接组织专家进行技术鉴定。技术鉴定所需时间不计入事故调查期限。

3. 事故调查报告

事故调查报告应当包括下列内容：
(1) 事故发生单位概况；
(2) 事故发生经过和事故救援情况；
(3) 事故造成的人员伤亡和直接经济损失；
(4) 事故发生的原因和事故性质；
(5) 事故责任的认定以及对事故责任者的处理建议；
(6) 事故防范和整改措施。

事故调查报告应当附具有关证据材料。事故调查组成员应当在事故调查报告上签名。事故调查报告报送负责事故调查的人民政府后，事故调查工作即告结束。事故调查的有关资料应当归档保存。

(五) 安全生产事故的处理

1. 处理时限

重大事故、较大事故、一般事故，负责事故调查的人民政府应当自收到事故调查报告之日起15日内做出批复；特别重大事故，30日内做出批复，特殊情况下，批复时间可以适当延长，但延长的时间最长不超过30日。

有关机关应当按照人民政府的批复，依照法律、行政法规规定的权限和程序，对事故发生单位和有关人员进行行政处罚，对负有事故责任的国家工作人员进行处分。

事故发生单位应当按照负责事故调查的人民政府的批复，对本单位负有事故责任的人员进行处理。

负有事故责任的人员涉嫌犯罪的，依法追究刑事责任。

2. 整改

事故发生单位应当认真汲取事故教训，落实防范和整改措施，防止事故再次发生。防范和整改措施的落实情况应当接受工会和职工的监督。安全生产监督管理部门和负有安全生产监督管理职责的有关部门应当对事故发生单位落实防范和整改措施的情况进行监督检查。事故处理的情况由负责事故调查的人民政府或者其授权的有关部门、机构向社会公布，依法应当保密的除外。

第六节　建设工程质量管理

一、建设工程质量管理概述

建设工程质量是指在国家现行的有关法律、法规、技术标准、设计文件和合同中，对工程的安全、适用、经济、美观等特性的综合要求。建设工程质量管理是工程建设过程中永恒的主题。我国颁布了一系列关于建设工程质量的法律、法规、规章等。1988年12月29日第七届全国人民代表大会通过了《中华人民共和国标准化法》；1991年3月26日建设部颁布了《建设部质量奖评审管理办法》；1991年6月7日国务院颁布了《中华人民共和国产品质量认证管理条例》；1992年12月30日建设部颁布了《工程建设国家标准管理办法》；1992年12月30日建设部颁布了《工程建设行业标准管理办法》；1993年11月1日建设部颁布了《建设工程质量管理办法》、《建设工程质量监督管理规定》；1997年11月1日第八届全国人民代表大会通过了《中华人民共和国建筑法》；2000年1月30日国务院颁布了《建设工程质量管理条例》；2000年2月17日建设部颁布了《建设工程施工图设计文件审查暂行办法》；2000年4月20日建设部颁布了《工程建设标准强制性条例》。2000年6月30日建设部颁布了《房屋建筑工程和市政基础设施工程验收暂行规定》；2000年4月20日建设部颁布了《2000版工程建设标准强制性条文（房屋建筑房屋部分）》；2002年8月30日建设部颁布了《2002版工程建设标准强制性条文（房屋建筑房屋部分）》；2003年8月5日建设部颁布了《工程质量监督工作导则》；2005年1月12日建设部颁布了《建设工程质量保证金管理办法（暂行）》；2005年9月28日建设部颁布了《建设工程质量检测管理办法》；2007年11月22日建设部修改了《建设工程勘察质量管理办法》；2009年10月19日住房和城乡建设部修改了《房屋建筑工程和市政基础设施工程竣工验收备案管理暂行办法》、2010年8月1日住房和城乡建设部颁布了《房屋建筑和市政基础设施工程质量监督管理规定》。

二、建设工程质量的标准化制度

建设工程勘察、设计、施工的质量必须符合国家有关建设工程安全标准的要求，具体管理办法由国务院规定。有关建设工程安全的国家标准不能适应确保建筑安全的要求时，应当及时修订。

凡在全国范围内必须统一的工程建设技术要求，应当制订国家标准。包括：（1）工程建设、勘察、规划、设计、施工（包括安装）及验收等通用的质量要求；（2）工程建设通用的有关安全、卫生和环境保护的技术要求；（3）工程建设通用的术语、符号、代号、量与单位、建筑模数和制图方法；（4）工程建设通用的试验、检验和评定等方法；（5）工程建设通用的信息技术要求；（6）国家需要控制的其他工程建设通用的技术要求。其中，国家法律另有规定的，应按照法律规定执行。

工程建设国家标准分为强制性标准和推荐性标准。下列标准属于强制性标准：（1）工程建设勘察、规划、设计、施工（包括安装）及验收等通用的综合标准和重要的通用的质量标准；（2）工程建设通用的有关安全，卫生和环境保护的标准；（3）工程建设重要的通用的术语、符号、代号、量与单位、建筑模数和制图方法标准；（4）工程建设重要的、通用的试验、检验和评定方法等标准；(5)工程建设重要的通用的信息技术标准；(6)国家需要控制的其他工程建设通用的标准。强制性标准以外的标准是推荐性标准。

凡没有国家标准而需要在全国某个行业范围内统一的技术要求，可制定工程建设行业标准。包括：(1)工程建设勘察、规划、设计、施工(包括安装)及验收等行业专用的质量要求；(2)工程建设行业专用的有关安全、卫生和环境保护的技术要求；(3)工程建设行业专用的术语、符号、代号、量与单位和制图方法；(4)工程建设行业专用的试验、检验和评定等方法；(5)工程建设行业专用的信息技术要求；(6)其他工程建设行业专用的技术要求。

工程建设行业标准亦分为强制性标准和推荐性标准两大类。强制性标准有：(1)工程建设勘察、规划、设计、施工(包括安装)及验收等行业专用的综合性标准和重要的行业专用的质量标准；(2)工程建设专用的有关安全、卫生和环境保护的标准；(3)工程建设行业专用的术语、符号、代号、量与单位和制图方法标准；(4)工程建设重要的行业专用的试验、检验和评定方法等标准；(5)工程建设重要的行业专用的信息技术标准；(6)行业需要控制的其他工程建设标准。强制性标准以外的，即为推荐性标准。

工程建设国家标准、行业标准属下列情况之一的，应当及时进行局部修订：(1)标准的部分规定已制约科学技术成果的推广应用；(2)标准的部分规定经修订后可取得明显的经济效益、社会效益、环境效益；(3)标准的部分规定有明显缺陷或与相关的标准相抵触；(4)根据工程建设的需要而又可能对现行的标准作局部补充规定。

工程建设标准化是在建设领域有效地实行科学管理，强化政府宏观调控的基础和手段，对确保建设工程质量和安全，促进建设工程技术进步，提高建设工程经济效益和社会效益等都具有重要意义。截止到1999年底，我国现行的工程建设国家标准、行业标准和地方标准数量已经达到3400余项。这些标准、规范、规程覆盖着各类建设工程和工程建设的各个环节，基本上满足了建设工作的实际需要。1988年《标准化法》颁布实施后，强制性标准仍然占到了现行工程建设标准总数的85%以上，有2700多项，总条目达15万条之多。在每一项强制性标准文本中，必须执行的，可以由执行者根据工程实际进行选择的和推荐采用的技术要求，混杂在一起，给实施和监督这些强制性标准带来很大的困难。另外，现行的强制性标准数量多、内容杂。由于《建设工程质量条例》规定的处罚措施很严厉，如果笼统地按照这些标准执行，必然会束缚执行者的手脚，同时会影响他们的积极性和创造性的发挥。为了解决这些问题，建设部在2000年4月20日颁发了《工程建设标准强制性条文》，把直接涉及工程安全、人体健康、环境保护和公共利益的，必须严格执行的技术规定编成《工程建设标准强制性条文》。该《条文》包括城乡规划、城市建设、房屋建筑、工业建筑、水利工程、电力工程、信息工程、水运工程、公路工程、铁道工程、石油和化工建设工程、矿山工程、人防工程、广播电影电视工程和民航机场工程共十五个部分。2002年4月建设部再次颁布了2002版的《工程建设标准强制性条文》(房屋建筑部分)，共9篇，包括：建筑设计、建筑防火、建筑设备、勘察和地基基础、结构设计、房屋抗震设计、结构鉴定和加固、施工质量、施工安全九篇内容。2009年12月出版了《中华人民共和国工程建设标准强制性条文：房屋建筑部分(2009年版)》，补充了新发布国家标准和行业标准的强制性条文，并经适当调整、修订。共10篇，包括：建筑设计、建筑设备、建筑防火、建筑节能、勘察和地基基础、结构设计、抗震设计、鉴定、加固和维护、施工质量、施工安全。

我国现行的工程建设标准体制是强制性与推荐性相结合的标准体制，这一体制的确立，是《标准化法》所规定的。《工程建设标准强制性条文》，是一个向技术法规与技术标准体制的过渡性成果。将来改革的方向是，以工程项目类别为对象，以强制性标准中涉及安全、人体健康、环境保护和公共利益的，必须强制执行的内容为基础，组织编制技术法规，取代现行的强制性标准，技术标准除了被技术法规引用部分以外，都是自愿采用的，可由双方在合同中约定采用。

三、建设工程的质量责任制度

（一）建设单位的质量责任

1. 依法工程发包和委托监理的责任

建设单位应当将工程发包给具有相应资质等级的单位。建设单位不得将建设工程肢解发包。实行监理的建设工程，建设单位应当委托具有相应资质等级的工程监理单位进行监理，也可以委托具有工程监理相应资质等级并与被监理工程的施工承包单位没有隶属关系或者其他利害关系的该工程的设计单位进行监理。

2. 建设单位的质量责任

建设单位不得以任何理由，要求建筑设计单位或者建筑施工企业在工程设计或者施工作业中，违反法律、行政法规和建设工程质量、安全标准，降低工程质量。建设工程发包单位不得迫使承包方以低于成本的价格竞标，不得任意压缩合理工期。建设单位不得明示或者暗示设计单位或者施工单位违反工程建设强制性标准，降低建设工程质量。涉及建筑主体和承重结构变动的装修工程，建设单位应当在施工前委托原设计单位或者具有相应资质等级的设计单位提出设计方案；没有设计方案的，不得施工。

按照合同约定，由建设单位采购建筑材料、建筑构配件和设备的，建设单位应当保证建筑材料、建筑构配件和设备符合设计文件和合同要求。建设单位不得明示或者暗示施工单位使用不合格的建筑材料、建筑构配件和设备。建设单位必须向有关的勘察、设计、施工、监理等单位提供与工程有关的原始资料。原始资料必须真实、准确、齐全。

3. 报送施工图审查和办理工程质量监督的责任

建设单位应当将施工图设计文件报县级以上人民政府建设行政主管部门或者其他有关部门审查。施工图实际文件的具体办法，由国务院建设行政主管部门会同国务院其他有关部门制定。建设单位应当将施工图设计文件报送建设行政主管部门，由建设行政主管部门委托有关审查机构，进行结构安全和强制性标准、规范执行情况等内容的审查。施工图审查的主要内容：（1）建筑物的稳定性、安全性审查，包括地基基础和主体结构体系是否安全、可靠；（2）是否符合消防、节能、环保、抗震、卫生、人防等强制性标准、规范；（3）施工图是否达到规定的深度要求；（4）是否损害公众利益。施工图设计文件未经审查批准的，不得使用。建设单位在领取施工许可证或者开工报告前，应当按照国家有关规定办理工程质量监督手续。建设单位在工程开工前一个月，应到监督站办理监督手续，提交勘察设计资料等有关文件。监督站应在接到文件、资料的二周内，确定该工程的监督员，通知建设、勘察、设计、施工单位，并提出监督计划。

4. 组织竣工验收和移送档案的责任

建设单位收到建设工程竣工报告后，应当组织设计、施工、工程监理等有关单位进行竣工验收。建设工程竣工验收后，及时向建设行政主管部门或者其他有关部门移交建设项目档案。

(二) 勘察、设计单位的质量责任

1. 按资质要求从事勘察、设计的责任

从事建设工程勘察、设计的单位应当依法取得相应等级的资质证书,并在其资质等级许可的范围内承揽工程。禁止勘察、设计单位超越其资质等级许可的范围或者以其他勘察、设计单位的名义承揽工程。禁止勘察、设计单位允许其他单位或者个人以本单位的名义承揽工程。勘察、设计单位不得转包或者违法分包所承揽的工程。

2. 勘察、设计单位的质量责任

建设工程勘察、设计的质量必须符合国家有关建设工程安全标准的要求,建设工程的勘察、设计单位必须对其勘察、设计的质量负责。勘察、设计文件应当符合有关法律、行政法规的规定和建设工程质量、安全标准、建设工程勘察、设计技术规范以及合同的约定。勘察单位提供的地质、测量、水文等勘察成果必须真实、准确。设计单位应当根据勘察成果文件进行建设工程设计。设计文件应当符合国家规定的设计深度要求,注明工程合理使用年限。注册建筑师、注册结构工程师等注册人员应当在设计文件上签字,对设计文件负责。设计单位应当就审查合格的施工图设计文件向施工单位作出详细说明。设计文件选用的建筑材料、建筑构配件和设备,应当注明其规格、型号、性能等技术指标,其质量要求必须符合国家规定的标准。除有特殊要求的建筑材料、专用设备、工艺生产线等外,设计单位不得指定生产厂、供应商。设计单位应当就审查合格的施工图设计文件向施工单位作出详细说明。设计单位应当参与建设工程质量事故分析,并对因设计造成的质量事故,提出相应的技术处理方案。

(三) 施工单位的质量责任

1. 按资质要求从事施工的责任

施工单位应当依法取得相应等级的资质证书,并在其资质等级许可的范围内承揽工程。禁止施工单位超越本单位资质等级许可的业务范围或者以其他施工单位的名义承揽工程。禁止施工单位允许其他单位或者个人以本单位的名义承揽工程。施工单位不得转包或者违法分包工程。

2. 施工单位的质量责任

建筑施工企业对工程的施工质量负责。施工单位应当建立质量责任制,确定工程项目的项目经理、技术负责人和施工管理负责人。建筑物在合理使用寿命内,必须确保地基基础工程和主体结构的质量。

建筑施工企业必须按照国家工程安全标准、工程设计图纸和施工技术标准施工,不得偷工减料。工程设计的修改由原设计单位负责,建筑施工企业不得擅自修改工程设计。施工单位在施工过程中发现设计文件和图纸有差错的,应当及时提出意见和建议。

施工单位必须建立、健全施工质量的检验制度,严格工序管理,做好隐蔽工程质量的检查和记录。隐蔽工程在隐蔽前,施工单位应当通知建设单位和建设工程质量监督机构。

施工单位应当建立、健全教育培训制度,加强对职工的教育培训;未经教育培训或者考核不合格的人员,不得上岗作业。

3. 使用合格建筑材料的责任

建筑施工企业必须按照工程设计要求、施工技术标准和合同的约定,对建筑材料、建筑构配件、设备和商品混凝土进行检验,检验应当有书面记录和专人签字;未经检验或者检验不合格的,不得使用。

施工人员对涉及结构安全的试块、试件以及有关材料,应当在建设单位或者工程监理单位监督下现场取样,并送具有相应资质等级的质量检测单位进行检测。

4. 总承包单位与分包单位的质量责任

建设工程实行总承包的,总承包单位应当对全部工程质量负责;建设工程勘察、设计、施工、设备采购的一项或者多项实行总承包的,总承包单位应当对其承包的建设工程或者采购的设备质量负责。总承包单位依法将建设工程分包给其他单位的,分包单位应当按照分包合同的约定对其分包工程质量向总承包单位负责,总承包单位应当对分包工程的质量与分包单位承担连带责任。分包单位应当接受总承包单位的质量管理。

5. 返修保修的责任

施工单位对施工中出现质量问题的建设工程或者竣工验收不合格的建设工程,应当负责返修。建设工程竣工后,施工单位应对保修期内出现的质量问题履行保修义务。

四、建设工程质量体系认证

(一) 建设工程质量体系认证概述

产品质量认证是指依据产品标准和相应的技术要求,经认证机构确认并通过颁发认证证书和认证标志,来证明某一产品符合相应标准和相应技术要求的活动。产品质量认证制度实质上是一种提高商品信誉的标志,通过认证标志向社会和购买者提供产品的明示担保,证明经过产品质量认证的产品的质量可以信赖。

《产品质量法》把质量体系认定制度分为两类,一类是企业质量体系认定制度,是国家根据国际通用的质量管理标准,推行的企业质量体系认证制度;二类是产品质量认证制度。我国对从事建筑活动的单位推行质量体系认证制度。从事建筑活动的单位根据自愿原则可以向国务院产品质量监督管理部门或者国务院产品质量监督管理部门授权部门认可的认证机构申请质量体系认证。经认证合格的,由认证机构颁发质量体系认证证书。虽然《产品质量法》不适用建设工程,但从事建筑活动单位的认证程序与《产品质量法》规定的内容相同,都是等同采用国际 ISO 9000 标准。

(二) 国际 ISO 9000 标准概述

1987 年 3 月国际标准化组织 (ISO) 正式发布 ISO 9000《质量管理和质量保证》系列标准后,1994 年和 2000 年先后颁布了 1994 版 ISO 9000 族标准和 2000 版 ISO 9000 族标准。2008 年 10 月 31 日正式发布实施 2008 版 ISO 9000 族标准,2008 版 ISO 9000 族标准是由 4 个核心标准组成,即 ISO 9001:2008《质量管理体系——要求》;ISO 9000:2005《质量管理体系——基础和术语》;ISO 9004:2009《质量管理体系——业绩改进指南》;ISO 19011:2002《质量和(或)环境管理体系审核指南》。

(三) 2008 版中国 ISO 9000 族标准简介

我国于 1992 年发布了等同采用国际标准 GB/T 19000—ISO 9000《质量管理和质量保证》系列标准。这一系列标准是为了帮助企业建立、完善质量体系,提高质量意识和质量保证能力,提高管理素质和市场经济条件下的竞争能力。1994 年我国等同采用 ISO 9000 系列标准制定的 GB/T 19000 系列标准由五个标准组成,即:GB/T 19000—ISO 9000《质量管理和质量保证——选择和使用指南》;GB/T 19001—ISO 9001《质量体系——设计/开发、生产、安装和服务的质量保证模式》;GB/T 19002—ISO 9002《质量体系——生产和安装的质量保证模式》;GB/T 19003—ISO 9003《质量体系——最终检验和试验的质量保证模式》;

GB/T 19004—ISO 9004《质量管理和质量体系要素——指南》。我国的建筑业所涉及的设计、施工、监理等企事业单位，在建立企业内部质量管理体系时，一般情况下应当选择 GB/T 19004—ISO 9004 标准。2000 年我国颁布了 GB/T 19000—2000 系列标准。2008 年我国颁布 2008 版 ISO 9000 族标准，2008 版 ISO 9000 族标准是由 4 个核心标准组成，GB/T 19000—2008/ISO 9000：2005《质量管理体系——基础和术语》；GB/T 19001—2008/ISO 9001：2008《质量管理体系——要求》；GB/T 19004—2009/ISO 9004：2009《质量管理体系——业绩改进指南》；GB/T 19011—2003/ISO 19011：2002《质量和（或）环境管理体系审核指南》。

1. GB/T19000—2008/ISO9000：2005《质量管理体系——基础和术语》

GB/T19000－2008/ISO9000：2005《质量管理体系——基础和术语》，起着奠定理论基础、统一术语概念和明确指导思想的作用，具有很重要的地位。

标准的"引言"部分提出了 8 项质量管理原则，标准提供了 12 项质量管理体系基础和 83 个与质量管理体系有关的术语及其定义。标准中提出的 8 项质量管理原则是在总结质量管理经验的基础上提出的一个组织在实施质量管理时必须遵循的准则，是组织的领导者进行质量管理的基本原则，也是制定 2008 版 ISO 9000 族标准的理论基础。标准中表述了建立和运行质量管理体系应遵循的 12 个方面的质量管理体系基础知识，这 12 项质量管理基础既体现了 8 项质量管理原则，又对质量管理体系的某些方面作出了指导性说明，起着"承上启下"的重要作用。

标准给出了与质量管理体系有关的 10 个部分 84 个术语，用较通俗的语言阐明了质量管理领域所用术语的概念，它统一了各国的标准使用者对标准内容的理解，为理解 ISO 9000 族标准奠定了基础。

在标准的附录中，用概念图的方式表达了每一部分概念中各术语的相互关系，帮助使用者形象地理解相关术语之间的关系，系统地掌握其内涵。

2. GB/T19001—2008/ISO9001：2000《质量管理体系——要求》

标准规定了质量管理体系的要求，取代了 1994 版 ISO 9001、ISO 9002 和 ISO 9003 三个质量保证模式标准，成为用于审核和第三方认证的唯一标准。

标准可用于组织证实其有能力稳定地提供满足顾客要求和适用法律法规要求的产品；也可用于组织通过质量管理体系的有效应用，包括持续改进质量管理体系的过程及保证符合顾客和适用法律法规的要求，实现增强顾客满意目标。标准可用于内部和外部（第二方或第三方）评价组织提供满足组织自身要求、顾客要求、法律法规要求的产品的能力。标准应用了以"过程为基础的质量管理体系模式"，鼓励组织在建立、实施和改进质量管理体系及提高其有效性时，采用"过程方法"，通过满足顾客要求增强顾客满意度。

标准中"1 范围"给出了 GB/T 19001 标准的适用范围，说明了标准中提出的质量管理体系要求是通用的，旨在适用于各种类型、不同规模和提供不同产品的组织，当由于组织及其产品的特点对标准中的某些要求不适用时，可以考虑对这些不适用的要求进行删减。如果组织进行删减，应仅限于 GB/T 19001 标准第 7 章的要求，并且这样的删减不影响组织提供满足顾客要求和适用法律法规要求的产品的能力或责任，否则不能声称其质量管理体系符合 GB/T 19001 标准。标准中"2 引用标准"和"3 术语和定义"说明了 GB/T19001 标准所引用的标准和采用的术语和定义。标准中"4 质量管理体系"、"5 管理职责"、"6 资源管理"、"7 产品实现"和"8 测量、分析和改进"对质量管理体系及其所需的过程提出了具体要求。

与2000版GB/T 19001标准相比，2008版标准的术语名称基本没有变化。

3. GB/T 19004—2009/ISO9004：2009《质量管理体系——业绩改进指南》

标准提供了超出GB/T19001标准要求的指南，它不是GB/T19001标准的实施指南。标准充分考虑了提高质量管理体系的有效性和效率，进而考虑开发改进组织绩效的潜能。标准对组织改进其质量管理体系总体绩效提供了指导和帮助，是指南性质的标准，标准不能用于认证、审核、法规或合同的目的。

标准应用了"以过程为基础的质量管理体系模式"的结构，鼓励组织在建立、实施和改进质量管理体系及提高其有效性和效率时，采用"过程方法"，通过满足相关要求提高相关方的满意程度。标准给出了"自我评定指南"和"持续改进的过程"两个附录，用于帮助组织评价质量管理体系的有效性和效率以及成熟水平，通过给出的持续改进方法寻找改进的机会，以提高组织的整体绩效，从而使所有相关方满意。

4. GB/T 19011—2003/ISO19011：2002《质量和（或）环境管理体系审核指南》

标准是ISO/TC 176和ISO/TC 207（环境管理技术委员会）联合制订的有关审核方面的指南标准，标准遵循了"不同管理体系可以共同管理和审核"的原则。标准取代了1994版ISO 10011—1、ISO 10011—2和ISO 10011—3三个质量管理体系审核指南标准，也取代了1996版的ISO 14010、ISO 14011和ISO14012三个环境管理体系审核指南标准。标准兼容了质量管理体系审核和环境管理体系审核的特点。标准为审核原则、审核方案的管理、质量管理体系审核和环境管理体系审核的实施提供了指南，也对评价质量和环境管理体系审核员的能力提供了指南。标准适用于需要实施质量和（或）环境管理体系内部或外部审核或需要管理审核方案的所有组织。标准原则上可适用于其他领域的审核。

标准给出了与审核有关的14个术语和定义；提出的5个"审核原则"体现了审核的基本性质；"审核方案管理"提供了审核管理的思路和方法；"审核活动"为审核的实施过程提供了指南；"审核员的能力和评价"中明确了质量和（或）环境管理体系审核员的能力和条件要求，为评价审核员提供了指南。

五、建筑材料使用许可制度

为了保证建设工程中使用的建筑材料性能符合规定标准，确保建设工程质量，我国规定了建筑材料使用许可制度。这一制度包括建筑材料生产许可证、建筑材料产品质量认证制、建筑材料推荐使用制度和建筑材料进场检验制度等。

（一）建筑材料生产许可证

根据《中华人民共和国行政许可法》的规定，政府对涉及建设工程中的对安全、卫生、环境保护和公共利益起决定性的建筑材料实行生产许可制度，如建筑用钢、水泥等，生产这些建筑材料产品的企业必须具备许可证规定的生产条件、技术装备、技术人员和产品质量保证体系，经政府部门审核批准取得生产许可证后，方可进行建筑材料的生产和销售。其生产和销售的建材产品或产品包装上除应标有产品检验合格证明外，还应标明生产许可证的编号、批准日期和有效期。未获生产许可证的企业，不得生产和销售这一类建筑材料。

（二）建筑材料产品质量认证制

质量认证是第三方依据程序对产品、过程或服务符合规定的要求给予书面保证（合格证书）。质量认证包括产品质量认证和质量管理体系认证两方面。产品质量认证按性质可分为安全认证和合格认证。安全认证是指对于涉及国家安全、人身安全、健康的产品，必须实施安全认证。同时实行安全认证的产品，必须符合《中华人民共和国标准化法》中有关强制性标准的要求。合格认证的产品必须符合《中华人民共和国标准化法》中规定的国际标准或行业标准。

国家对重要的建筑材料和设备，推行产品质量认证制度。经认证合格的产品或企业，由认证机构颁发质量认证证书，准许企业在其产品或包装上使用质量认证标志。同时，在其销售的产品或包装上除标有产品质量检验合格证明外，还应标明质量认证的编号、批准日期和有效期。使用单位经检验发现已认证的产品质量不合格的，有权向产品质量认证机构投诉。

（三）建筑材料推荐使用制度

建设行政主管部门规定，对尚未经过产品质量认证的建筑材料，各省、自治区、直辖市建设行政主管部门可以推荐使用，为此，各省、自治区、直辖市都颁布了一些地方性规章，对建材产品质量认证和推荐作了相应规定。为解决屋面渗漏这一房屋建筑中十分突出的质量问题，原建设部还规定，各省、自治区、直辖市的建设行政主管部门应按地区选取1～2个检测单位，对进入本地区市场的石油、沥青、油毡等主要防水材料质量进行使用认证抽样检验，并将检验结果及时提供给本地区的建设单位和施工单位，防止不合格的材料使用到工程中。

（四）建筑材料进场检验制度

为保证建筑的结构安全及其质量，建设行政主管部门还规定，建筑施工企业必须加强对进场的建筑材料、构配件及设备的质量检查、检验。各类建筑材料、构配件等都必须按规定进行检验或复试，凡是影响结构安全的主要建筑材料、构配件及设备的采购与使用必须经同级技术负责人同意。质量不合格的建筑材料、构配件及设备不得使用在工程上，并进一步规定，对进入施工现场的屋面防水材料，不仅要有出厂合格证，还必须要有进场试验报告，确保其符合标准和设计要求。未经检验而直接使用了质量不合格的建材、设备及构配件的施工企业将承担相应责任。

六、建设工程质量检测制度

（一）建设工程质量检测的概念

建设工程质量检测，是指建设工程质量检测机构接受委托，依据国家有关法律、法规和工程建设强制性标准，对涉及结构安全项目的抽样检测和对进入施工现场的建筑材料、构配件的见证取样检测。

（二）建设工程质量检测机构

建设工程质量检测机构是具有独立法人资格的中介机构，应当依法取得相应的资质证书。建设工程质量检测机构根据承担的检测业务内容分为专项检测机构资质和见证取样检测机构资质。检测机构资质证书有效期为3年。

1. 建设工程质量检测机构资质条件

（1）专项检测机构和见证取样检测机构应满足下列基本条件：

①专项检测机构的注册资本不少于100万元人民币，见证取样检测机构不少于80万元人民币；

②所申请检测资质对应的项目应通过计量认证；

③有质量检测、施工、监理或设计经历，并接受了相关检测技术培训的专业技术人员不少于10人；边远县（区）的专业技术人员可不少于6人；

④有符合开展检测工作所需的仪器、设备和工作场所;其中,使用属于强制检定的计量器具,要经过计量检定合格后,方可使用;

⑤有健全的技术管理和质量保证体系。

(2) 专项检测机构除应满足基本条件外,还需满足下列条件:

①地基基础工程检测类

专业技术人员中从事工程桩检测工作 3 年以上并具有高级或者中级职称的不得少于 4 名,其中 1 人应当具备注册岩土工程师资格。

②主体结构工程检测类

专业技术人员中从事结构工程检测工作 3 年以上并具有高级或者中级职称的不得少于 4 名,其中 1 人应当具备二级注册结构工程师资格。

③建筑幕墙工程检测类

专业技术人员中从事建筑幕墙检测工作 3 年以上并具有高级或者中级职称的不得少于 4 名。

④钢结构工程检测类

专业技术人员中从事钢结构机械连接检测、钢网架结构变形检测工作 3 年以上并具有高级或者中级职称的不得少于 4 名,其中 1 人应当具备二级注册结构工程师资格。

(3) 见证取样检测机构除应满足基本条件外,专业技术人员中从事检测工作 3 年以上并具有高级或者中级职称的不得少于 3 名;边远县(区)可不少于 2 人。

2. 建设工程质量检测机构资质的延期

资质证书有效期满需要延期的,检测机构应当在资质证书有效期满 30 个工作日前申请办理延期手续。

检测机构在资质证书有效期内没有下列行为的,资质证书有效期届满时,经原审批机关同意,不再审查,资质证书有效期延期 3 年,由原审批机关在其资质证书副本上加盖延期专用章;检测机构在资质证书有效期内有下列行为之一的,原审批机关不予延期:

(1) 超出资质范围从事检测活动的;

(2) 转包检测业务的;

(3) 涂改、倒卖、出租、出借或者以其他形式非法转让资质证书的;

(4) 未按照国家有关工程建设强制性标准进行检测,造成质量安全事故或致使事故损失扩大的;

(5) 伪造检测数据,出具虚假检测报告或者鉴定结论的。

(三) 建设工程质量检测的内容

《建设工程质量管理条例》规定,施工人员对涉及结构安全的试块、试件以及有关材料,应当在建设单位或者工程监理单位监督下现场取样,并送具有相应资质等级的质量检测单位进行检测。建设工程质量检测的内容包括专项检测和见证取样检测。

1. 专项检测

①地基基础工程检测

a. 地基及复合地基承载力静载检测;

b. 桩的承载力检测;

c. 桩身完整性检测;

d. 锚杆锁定力检测。

②主体结构工程现场检测

a. 混凝土、砂浆、砌体强度现场检测；

b. 钢筋保护层厚度检测；

c. 混凝土预制构件结构性能检测；

d. 后置埋件的力学性能检测。

③建筑幕墙工程检测

a. 建筑幕墙的气密性、水密性、风压变形性能、层间变位性能检测；

b. 硅酮结构胶相容性检测。

④钢结构工程检测

a. 钢结构焊接质量无损检测；

b. 钢结构防腐及防火涂装检测；

c. 钢结构节点、机械连接用紧固标准件及高强度螺栓力学性能检测；

d. 钢网架结构的变形检测。

2. 见证取样检测

（1）水泥物理力学性能检验；

（2）钢筋（含焊接与机械连接）力学性能检验；

（3）砂、石常规检验；

（4）混凝土、砂浆强度检验；

（5）简易土工试验；

（6）混凝土掺加剂检验；

（7）预应力钢绞线、锚夹具检验；

（8）沥青、沥青混合料检验。

七、建设工程的质量监督管理制度

（一）建设工程的质量监督管理概述

1. 建设工程的质量监督管理体制

建设工程的质量监督管理体制是指由政府授权的专门机构依据是国家颁布的有关法律、法规、技术标准及设计文件，对工程质量监督、检查和管理的行为。国家实行建设工程的质量监督管理制度。国务院建设行政主管部门对全国的建设工程质量实施统一监督管理。县级以上地方人民政府建设行政主管部门对本行政区域内的建设工程质量实施监督管理。建设工程质量监督管理，可以由建设行政主管部门或者其他有关部门委托的建设工程质量监督机构具体实施。国务院建设行政主管部门和国务院铁路、交通、水利等有关部门应当加强对有关建设工程质量的法律、法规和强制性标准执行情况的监督检查。县级以上地方人民政府建设行政主管部门和其他有关部门应当加强对有关建设工程质量的法律、法规和强制性标准执行情况的监督检查。

2. 建设工程的质量监督机构

从事房屋建筑工程和市政基础设施工程质量监督的机构，必须按照国家有关规定经国务院建设行政主管部门或者省、自治区、直辖市人民政府建设行政主管部门考核，经考核合格后，方可实施质量监督。目前，建设工程质量监督机构由各省级建设行政主管部门委托的建设工程质量监督站进行具体实施。监督机构应当具备下列条件：

(1) 具有符合规定的监督人员。人员数量由县级以上地方人民政府建设行政主管部门根据实际需要确定。监督人员应当占监督机构总人数的75%以上；

(2) 有固定的工作场所和满足工程质量监督检查工作需要的仪器、设备和工具等；

(3) 有健全的质量监督工作制度，具备与质量监督工作相适应的信息化管理条件。

监督机构的监督人员应当具备下列条件：

(1) 具有工程类专业大学专科以上学历或者工程类执业注册资格；

(2) 具有三年以上工程质量管理或者设计、施工、监理等工作经历；

(3) 熟悉掌握相关法律法规和工程建设强制性标准；

(4) 具有一定的组织协调能力和良好的职业道德。

监督人员符合上述条件经考核合格后，方可从事工程质量监督工作。监督机构可以聘请中级职称以上的工程类专业技术人员协助实施工程质量监督。

(二) 建设工程的质量监督检查的实施

1. 建设工程的质量监督的主要内容

建设工程质量监督是指依据有关法律法规和工程建设强制性标准，对工程实体质量和工程建设、勘察、设计、施工、监理单位和质量检测等单位的工程质量行为实施监督。工程实体质量监督指主管部门对涉及工程主体结构安全、主要使用功能的工程实体质量情况实施监督。工程质量行为监督指主管部门对工程质量责任主体和质量检测等单位履行法定质量责任和义务的情况实施监督。工程质量监督管理应当包括下列内容：

(1) 执行法律法规和工程建设强制性标准的情况；

(2) 抽查涉及工程主体结构安全和主要使用功能的工程实体质量；

(3) 抽查工程质量责任主体和质量检测等单位的工程质量行为；

(4) 抽查主要建筑材料、建筑构配件的质量；

(5) 对工程竣工验收进行监督；

(6) 组织或者参与工程质量事故的调查处理；

(7) 定期对本地区工程质量状况进行统计分析；

(8) 依法对违法违规行为实施处罚。

2. 建设工程的质量监督的程序

对工程项目实施质量监督，应当依照下列程序进行：

(1) 受理建设单位办理质量监督手续；

(2) 制定工作计划并组织实施；

(3) 对工程实体质量、工程质量责任主体和质量检测等单位的工程质量行为进行抽查、抽测；

(4) 监督工程竣工验收，重点对验收的组织形式、程序等是否符合有关规定进行监督；

(5) 形成工程质量监督报告；

(6) 建立工程质量监督档案。

工程竣工验收合格后，建设单位应当在建筑物明显部位设置永久性标牌，载明建设、勘察、设计、施工、监理单位等工程质量责任主体的名称和主要责任人姓名。

3. 建设行政主管部门的质量监督检查

县级以上地方人民政府建设行政主管部门和其他有关部门履行监督检查时，有权采取下列措施：(1) 要求被检查的单位提供有关工程质量的文件和资料；(2) 进入被检查单位的施工现场进行检查；(3) 发现有影响工程质量的问题时，责令改正。

县级以上地方人民政府建设行政主管部门应当根据本地区的工程质量状况，逐步建立工程质量信用档案。县级以上地方人民政府建设行政主管部门应当将工程质量监督中发现的涉及主体结构安全和主要使用功能的工程质量问题及整改情况，及时向社会公布。

省、自治区、直辖市人民政府建设行政主管部门应当按照国家有关规定，对本行政区域内监督机构每三年进行一次考核。监督机构经考核合格后，方可依法对工程实施质量监督，并对工程质量监督承担监督责任。

八、建设工程竣工验收制度

（一）建设工程竣工验收的条件

建设工程竣工验收是指建设单位收到建设竣工报告后，应当组织设计、施工、工程监理等有关单位进行竣工验收，建设工程竣工经验收合格后，方可交付使用；未经验收或者验收不合格的，不得交付使用。交付竣工验收的建设工程，必须符合规定的建设工程质量标准，有完整的工程技术经济资料和经签署的工程保修书，并具备国家规定的其他竣工条件。建设工程竣工验收应当具备下列条件：(1) 完成建设工程设计和合同约定的各项内容；(2) 有完整的技术档案和施工管理资料；(3) 有工程使用的主要建筑材料、建筑构配件、设备和进场试验报告；(4) 有勘察、设计、施工、工程监理等单位分别签署的质量合格文件；(5) 有施工单位签署的工程保修书。建设工程经验收合格的，方可交付使用。

（二）建设工程竣工验收的程序

1. 工程竣工验收准备

施工单位组织各分包商、设备供应等单位整理工程资料、绘制竣工图，准备工程竣工通知书、工程竣工申请报告、工程竣工验收鉴定证书和工程保修证书等。

2. 工程竣工初步验收（预验收）

工程达到竣工验收条件后，施工承包单位在自查、自评工作完成后，填写工程竣工报验单，并将全部竣工资料报送项目监理机构，申请竣工验收。总监理工程师收到申请报告后，组织各专业监理工程师对竣工资料及各专业工程的质量情况进行全面检查，对检查出的问题，应及时以书面整改通知书的形式督促施工承包单位进行整改。监理工程师应认真审查竣工资料并督促施工承包单位做好工程保护和现场清理。经项目监理机构对工程竣工资料及工程实体全面检查、验收合格后，由总监理工程师签署工程竣工验收报验单，并向业主或建设单位提出质量评估报告。

3. 工程竣工正式验收

建设单位收到工程竣工报告后，对符合竣工验收要求的工程，组织勘察、设计、施工、监理等单位和其他有关方面的专家组成验收组，制定验收方案，并书面通知负责监督该工程的质量监督机构。建设单位组织工程竣工验收，具体验收程序如下：

①建设、勘察、设计、施工、监理单位分别汇报工程合同履约情况和在工程建设各个环节执行法律、法规和工程建设强制性标准的情况；

②审阅建设、勘察、设计、施工、监理单位的工程档案资料；

③实地查验工程质量；

④对工程勘察、设计、施工、设备安装质量和各管理环节等方面作出全面评价，形成经验收组人员签署的工程竣工验收意见。

参与工程竣工验收的建设、勘察、设计、施工、监理等各方不能形成一致意见时,应当协商提出解决的方法,待意见一致后,重新组织工程竣工验收。工程竣工验收合格后,建设单位应当及时提出工程竣工验收报告。工程竣工验收报告主要包括工程概况;建设单位执行基本建设程序情况;对工程勘察、设计、施工、监理等方面的评价;工程竣工验收时间、程序、内容和组织形式;工程竣工验收意见等内容。

4. 工程竣工验收的监督检查

监督机构应对验收组成员组成及竣工验收方案进行监督,对工程实体质量进行抽测,对观感质量进行检查,对工程竣工验收文件进行审查。工程竣工验收文件审查的内容:①施工单位出具的工程竣工报告,包括结构安全、室内环境质量和使用功能抽样检测资料等合格证明文件,以及施工过程中发现的质量问题整改报告等;②勘察、设计单位出具的工程质量检查报告;③监理单位出具的工程质量评估报告。

(三)工程验收备案管理制度

国家实施工程竣工验收备案制度,2009年10月19日住房和城乡建设部修改的《房屋建筑工程和市政基础设施工程竣工验收备案管理暂行办法》对工程验收备案管理做出了规定。

1. 建设单位提交备案文件

建设单位应当自建设工程竣工验收合格之日15日内,将建设工程竣工验收报告和规划、公安消防、环保等部门出具的认可文件或者准许使用文件报工程所在地的县级以上地方人民政府建设行政主管部门备案。

建设单位办理工程竣工验收备案应当提交下列文件:(1)工程竣工验收备案表;(2)工程竣工验收报告。竣工验收报告应当包括工程报建日期、施工许可证号、施工图设计文件审查意见,勘察、设计、施工、工程监理等单位分别签署的质量合格文件及验收人员签署的竣工验收原始文件,市政基础设施的有关质量检测和功能性试验资料以及备案机关认为需要提供的有关资料;(3)法律、行政法规规定应当由规划、环保等部门出具的认可文件或者准许使用文件;(4)法律规定应当由公安消防部门出具的对大型的人员密集场所和其他特殊建设工程验收合格的证明文件;(5)施工单位签署的工程质量保修书;(6)法规、规章规定必须提供的其他文件。住宅工程还应当提交《住宅质量保证书》和《住宅使用说明书》。

2. 质量监督机构提交工程质量监督报告

监督机构应对验收组成员组成及竣工验收方案进行监督,对工程实体质量进行抽测,对观感质量进行检查,对工程竣工验收文件进行审查。工程竣工验收文件审查的内容:①施工单位出具的工程竣工报告,包括结构安全、室内环境质量和使用功能抽样检测资料等合格证明文件,以及施工过程中发现的质量问题整改报告等;②勘察、设计单位出具的工程质量检查报告;③监理单位出具的工程质量评估报告。

监督机构应在工程竣工验收合格后5个工作日内,向备案机关提交工程质量监督报告。工程质量监督报告应包括以下内容:①工程概况和监督工作概况;②对责任主体和有关机构质量行为及执行工程建设强制性标准的检查情况;③工程实体质量监督抽查(包括监督检测)情况;④工程质量技术档案和施工管理资料抽查情况;⑤工程质量问题的整改和质量事故处理情况;⑥各方质量责任主体及相关有资格人员的不良记录内容;⑦工程质量竣工验收监督记录;⑧对工程竣工验收备案的建议。

3. 竣工备案审查

建设行政主管部门或者其他有关部门发现建设单位竣工验收过程中有违反国家有关建设

工程质量管理规定行为的,责令停止使用,重新组织竣工验收。

（四）竣工档案移交

建设单位应当严格按照国家有关档案管理的规定,及时收集、整理建设项目各环节的文件资料,建立、健全建设项目档案,并在建设工程竣工验收后,及时向建设行政主管部门或者其他有关部门移交建设项目档案。具体程序如下：

1. 勘察、设计单位应当在任务完成时,施工单位应当在工程竣工前,按照国家有关规定将各自形成的工程档案向建设单位归档。

2. 建设单位、监理单位应当根据城建管理机构的要求对档案文件完整、准确、系统情况和案卷质量进行审查。审查合格后向建设单位移交。工程档案一般不少于两套,一套由建设单位保管,一套（原件）移交当地城建档案馆（室）。

3. 列入城建档案馆（室）档案接收范围的工程,建设单位在组织工程竣工验收前,应提请城建档案管理机构对工程档案进行预验收。建设单位未取得城建档案管理机构出具的认可文件,不得组织工程竣工验收。

城建档案管理部门在进行工程档案的验收时,应重点验收以下内容：

（1）工程档案齐全、系统、完整；

（2）工程档案的内容真实、准确地反映工程建设活动和工程实际状况；

（3）工程档案已整理立卷,立卷符合本规范的规定；

（4）竣工图绘制方法、图式及规格等符合专业技术要求,图面整洁,盖有竣工图章；

（5）文件的形成、来源符合实际,要求单位或个人签章的文件,其签章手续完备；

（6）文件材质、幅面、书写、绘图、用墨、托裱等符合要求。

列入城建档案馆（室）接收范围的工程,建设单位在工程竣工验收后3个月内,必须向城建档案馆（室）移交一套符合规定的工程档案。

九、建设工程质量保修制度

（一）建设工程质量保修制度概述

建设工程质量保修是指建设工程竣工验收后在保修期限内出现的质量缺陷（或质量问题）,由施工单位依照法律规定或合同约定予以修复。其中,质量缺陷是指建设工程的质量不符合工程建设强制性标准以及合同的约定。

建设工程实行质量保修制度,是《建筑法》确立的一项基本法律制度。《建设工程质量管理条例》则在建设工程的保修范围、保修期限和保修责任等方面,对该项制度做出了更具体的规定。

（二）工程质量保修书

《建设工程质量管理条例》第39条第2款规定："建设工程承包单位在向建设单位提交工程竣工验收报告时,应当向建设单位出具质量保修书。质量保修书中应明确建设工程的保修范围、保修期限和保修责任"。

根据《建设工程质量管理条例》第16条的规定,有施工单位签署的工程保修书,是建设工程竣工验收应具备的条件之一。工程质量保修书也是一种合同,是发承包双方就保修范围、保修期限和保修责任等设立权利和义务的协议,集中体现了承包单位对发包单位的工程质量保修的承诺。

（三）保修范围和最低保修期限

《建设工程质量管理条例》第40条规定了保修范围及其在正常使用条件下各自对应的最低保修期限：

1. 基础设施工程、房屋建筑的地基基础工程和主体结构工程，为设计文件规定的该工程的合理使用年限；
2. 屋面防水工程，有防水要求的卫生间、房间和外墙面的防渗漏，为5年；
3. 供热与供冷系统，为2个采暖期、供冷期；
4. 电气管线、给排水管道、设备安装和装修工程，为2年。

最低保修期限同样属于法律强制性规定，发承包双方约定的保修期限不得低于条例规定的期限，但可以延长。

（四）保修责任

《建设工程质量管理条例》第41条规定："建设工程在保修范围和保修期内发生质量问题的，施工单位应当履行保修义务，并对造成的损失承担赔偿责任。"

发包人应当在招标文件中明确保证金预留、返还等内容，并与承包人在合同条款中对涉及保证金的下列事项进行约定：

1. 保证金预留、返还方式；
2. 保证金预留比例、期限；
3. 保证金是否计付利息，如计付利息，利息的计算方式；
4. 缺陷责任期的期限及计算方式；
5. 保证金预留、返还及工程维修质量、费用等争议的处理程序；
6. 缺陷责任期内出现缺陷的索赔方式。

建设工程竣工结算后，发包人应按照合同约定及时向承包人支付工程结算价款并预留保证金。全部或者部分使用政府投资的建设项目，按工程价款结算总额5％左右的比例预留保证金。社会投资项目采用预留保证金方式的，预留保证金的比例可参照执行。采用工程质量保证担保、工程质量保险等其他保证方式的，发包人不得再预留保证金。

缺陷责任期内，承包人认真履行合同约定的责任，到期后，承包人向发包人申请返还保证金。发包人在接到承包人返还保证金申请后，应于14日内会同承包人按照合同约定的内容进行核实。如无异议，发包人应当在核实后14日内将保证金返还给承包人，逾期支付的，从逾期之日起，按照同期银行贷款利率计付利息，并承担违约责任。发包人在接到承包人返还保证金申请后14日内不予答复，经催告后14日内仍不予答复，视同认可承包人的返还保证金申请。

第七节　法律责任

法律责任是指当事人由于违反法律规定的义务而应承担的法律后果。建筑法律责任是指违反《建筑法》、《安全生产法》、《建设工程质量管理条例》、《建设工程安全生产管理条例》等法律法规规定而承担的法律后果。按照承担责任的方式，建筑法律责任包括刑事责任，民事责任和行政责任。刑事责任是指因实施犯罪行为而应承担的国家司法机关依照刑事法律对其犯罪行为及其本人所作的否定性评价和谴责。民事责任是指民事违法行为人没有按照法律规定履行自己的义务所应承担的法律后果。行政法律责任是指当事人因为实施法律、法规或者企业、事业单位章程、规章所禁止的行为而引起的行政上必须承担的法律后果。按照承担责任的主体，建筑法律责任主要包括建设单位违法行为应承担的法律责任，勘察、设计单位违法行为应承担的法律责任，监理单位违法行为应承担的法律责任，施工单位违法行为应承担的法律责任，建设行政主管部门违法行为的法律责任及其他责任。按照建筑活动的内容，建筑法律责任主要包括建设工程发包与承包的法律责任、建设工程质量的法律责任、建设工程的安全法律责任。

一、建设工程发包与承包的法律责任

1. 建设单位违法发包

建设单位将建设工程发包给不具有相应资质等级的勘察、设计、施工单位或者委托给不具有相应资质等级的工程监理单位的，责令改正，处 50 万元以上 100 万元以下的罚款。建设单位将建设工程肢解发包的，责令改正，处工程合同价款 0.5% 以上 1% 以下的罚款；对全部或者部分使用国有资金的项目，并可以暂停项目执行或者暂停资金拨付。

2. 勘察、设计、施工、工程监理单位超越资质等级承揽工程

勘察、设计、施工、工程监理单位超越本单位资质等级承揽工程的，责令停止违法行为，对勘察、设计单位或者工程监理单位处合同约定的勘察费、设计费或者监理酬金 1 倍以上 2 倍以下的罚款；对施工单位处工程合同价款 2% 以上 4% 以下的罚款，可以责令停业整顿，降低资质等级；情节严重的，吊销资质证书；有违法所得的，予以没收。未取得资质证书承揽工程的，予以取缔，依照以上规定处以罚款；有违法所得的，予以没收。以欺骗手段取得资质证书承揽工程的，吊销资质证书，依照以上规定处以罚款；有违法所得的，予以没收。

3. 勘察、设计、施工、工程监理单位出借资质

勘察、设计、施工、工程监理单位允许其他单位或者个人以本单位名义承揽工程的，责令改正，没收违法所得，对勘察、设计单位和工程监理单位处合同约定的勘察费、设计费和监理酬金 1 倍以上 2 倍以下的罚款；对施工单位处工程合同价款 2% 以上 4% 以下的罚款；可以责令停业整顿，降低资质等级；情节严重的，吊销资质证书。

4. 转包工程或违法分包

承包单位将承包的工程转包或者违法分包的，责令改正，没收违法所得，对勘察、设计单位处合同约定的勘察费、设计费 25% 以上 50% 以下的罚款；对施工单位处工程合同价款 0.5% 以上 1% 以下的罚款；可以责令停业整顿，降低资质等级；情节严重的，吊销资质证书。

工程监理单位转让工程监理业务的，责令改正，没收违法所得，处合同约定的监理酬金 25% 以上 50% 以下的罚款；可以责令停业整顿，降低资质等级；情节严重的，吊销资质证书。

5. 工程发包与承包中索贿、受贿、行贿

在工程发包与承包中索贿、受贿、行贿，构成犯罪的，依法追究刑事责任；不构成犯罪的，分别处以罚款，没收贿赂的财物，对直接负责的主管人员和其他直接责任人员给予处分。对在工程承包中行贿的承包单位，除依照以上规定处罚外，可以责令停业整顿，降低资质等级或者吊销资质证书。

6. 行政主管部门的法律责任

对不具备相应资质等级条件的单位颁发该等级资质证书的，由其上级机关责令收回所发的资质证书，对直接负责的主管人员和其他直接责任人员给予行政处分；构成犯罪的，依法追究刑事责任。

政府及其所属部门的工作人员违反本法规定，限定发包单位将招标发包的工程发包给指定承包单位的，由上级机关责令改正；构成犯罪的，依法追究刑事责任。

负责颁发建设工程施工许可证的部门及其工作人员对不符合施工条件的建设工程颁发施工许可证的，负责工程质量监督检查或者竣工验收的部门及其工作人员对不合格的建设工程出具质量合格文件或者按合格工程验收的，由上级机关责令改正，对责任人员给予行政处分；构成犯罪的，依法追究刑事责任；造成损失的，由该部门承担相应的赔偿责任。

二、建设工程质量的法律责任

1. 建设单位的法律责任
(1) 未遵守建设工程质量管理法律法规

建设单位有下列行为之一的，责令改正，处20万元以上50万元以下的罚款：
①迫使承包方以低于成本的价格竞标的；
②任意压缩合理工期的；
③明示或者暗示设计单位或者施工单位违反工程建设强制性标准，降低工程质量的；
④施工图设计文件未经审查或者审查不合格，擅自施工的；
⑤建设项目必须实行工程监理而未实行工程监理的；
⑥未按照国家规定办理工程质量监督手续的；
⑦明示或者暗示施工单位使用不合格的建筑材料、建筑构配件和设备的；
⑧未按照国家规定将竣工验收报告、有关认可文件或者准许使用文件报送备案的。

(2) 未依法组织验收

建设单位有下列行为之一的，责令改正，处工程合同价款2%以上4%以下的罚款；造成损失的，依法承担赔偿责任：
①未组织竣工验收，擅自交付使用的；
②验收不合格，擅自交付使用的；
③对不合格的建设工程按照合格工程验收的。

(3) 未依法移交工程档案

建设工程竣工验收后，建设单位未向建设行政主管部门或者其他有关部门移交建设项目档案的，责令改正，处1万元以上10万元以下的罚款。

(4) 变动主体或者承重结构

涉及建筑主体或者承重结构变动的装修工程，没有设计方案擅自施工的，责令改正，处50万元以上100万元以下的罚款；房屋建筑使用者在装修过程中擅自变动房屋建筑主体和承重结构的，责令改正，处5万元以上10万元以下的罚款。造成损失的，依法承担赔偿责任。

2. 勘察、设计单位的法律责任

勘察、设计单位有下列行为之一的，责令改正，处10万元以上30万元以下的罚款：
(1) 勘察单位未按照工程建设强制性标准进行勘察的；
(2) 设计单位未根据勘察成果文件进行工程设计的；

(3) 设计单位指定建筑材料、建筑构配件的生产厂、供应商的;

(4) 设计单位未按照工程建设强制性标准进行设计的。

有以上所列行为,造成重大工程质量事故的,责令停业整顿,降低资质等级;情节严重的,吊销资质证书;造成损失的,依法承担赔偿责任。

3. 监理单位的法律责任

工程监理单位有下列行为之一的,责令改正,处50万元以上100万元以下的罚款,降低资质等级或者吊销资质证书;有违法所得的,予以没收;造成损失的,承担连带赔偿责任:

①与建设单位或者施工单位串通、弄虚作假、降低工程质量的;

②将不合格的建设工程、建筑材料、建筑构配件和设备按照合格签字的。工程监理单位与被监理工程的施工承包单位以及建筑材料、建筑构配件和设备供应单位有隶属关系或者其他利害关系承担该项建设工程的监理业务的,责令改正,处5万元以上10万元以下的罚款,降低资质等级或者吊销资质证书;有违法所得的,予以没收。

4. 施工单位的法律责任

(1) 未遵守建设工程质量管理法律法规

施工单位在施工中偷工减料的,使用不合格的建筑材料、建筑构配件和设备的,或者有不按照工程设计图纸或者施工技术标准施工的其他行为的,责令改正,处工程合同价款2%以上4%以下的罚款;造成建设工程质量不符合规定的质量标准的,负责返工、修理,并赔偿因此造成的损失;情节严重的,责令停业整顿,降低资质等级或吊销资质证书。

施工单位未对建筑材料、建筑构配件、设备和商品混凝土进行检验,或者未对涉及结构安全的试块、试件以及有关材料取样检测的,责令改正,处10万元以上20万元以下的罚款;情节严重的,责令停业整顿,降低资质等级或吊销资质证书;造成损失的,依法承担赔偿责任。

(2) 未履行保修责任

施工单位不履行保修义务或者拖延履行保修义务的,责令改正,处10万元以上20万元以下的罚款,并对在保修期内因质量缺陷造成的损失承担赔偿责任。

三、建设工程的安全法律责任

1. 建设单位的法律责任

(1) 未遵守建设工程安全生产管理法律法规

建设单位有下列行为之一的,责令限期改正,处20万元以上50万元以下的罚款;造成重大安全事故,构成犯罪的,对直接责任人员,依照刑法有关规定追究刑事责任;造成损失的,依法承担赔偿责任:

①对勘察、设计、施工、工程监理等单位提出不符合安全生产法律、法规和强制性标准规定的要求的;

②要求施工单位压缩合同约定的工期的;

③将拆除工程发包给不具有相应资质等级的施工单位的。

(2) 未提供建设工程安全生产作业环境及安全施工费用

建设单位未提供建设工程安全生产作业环境及安全施工措施所需费用的,责令限期改正;逾期未改正的,责令该建设工程停止施工。

(3) 未将安全施工的措施或资料备案

建设单位未将保证安全施工的措施或者拆除工程的有关资料报送有关部门备案的，责令限期改正，给予警告。

2. 勘察、设计单位的法律责任

勘察单位、设计单位有下列行为之一的，责令限期改正，处10万元以上30万元以下的罚款；情节严重的，责令停业整顿，降低资质等级，直至吊销资质证书；造成重大安全事故，构成犯罪的，对直接责任人员，依照刑法有关规定追究刑事责任；造成损失的，依法承担赔偿责任：

①未按照法律、法规和工程建设强制性标准进行勘察、设计的；

②采用新结构、新材料、新工艺的建设工程和特殊结构的建设工程，设计单位未在设计中提出保障施工作业人员安全和预防生产安全事故措施建议的。

3. 监理单位的法律责任

工程监理单位有下列行为之一的，责令限期改正；逾期未改正的，责令停业整顿，并处10万元以上30万元以下的罚款；情节严重的，降低资质等级，直至吊销资质证书；造成重大安全事故，构成犯罪的，对直接责任人员，依照刑法有关规定追究刑事责任；造成损失的，依法承担赔偿责任：

（1）未对施工组织设计中的安全技术措施或者专项施工方案进行审查的；

（2）发现安全事故隐患未及时要求施工单位整改或者暂时停止施工的；

（3）施工单位拒不整改或者不停止施工，未及时向有关主管部门报告的；

（4）未依照法律、法规和工程建设强制性标准实施监理的。

4. 施工单位的法律责任

（1）未健全安全生产管理制度

施工单位有下列行为之一的，责令限期改正；逾期未改正的，责令停业整顿，依照《中华人民共和国安全生产法》的有关规定处以罚款；造成重大安全事故，构成犯罪的，对直接责任人员，依照刑法有关规定追究刑事责任：

①未设立安全生产管理机构、配备专职安全生产管理人员或者分部分项工程施工时无专职安全生产管理人员现场监督的；

②施工单位的主要负责人、项目负责人、专职安全生产管理人员、作业人员或者特种作业人员，未经安全教育培训或者经考核不合格即从事相关工作的；

③未在施工现场的危险部位设置明显的安全警示标志，或者未按照国家有关规定在施工现场设置消防通道、消防水源、配备消防设施和灭火器材的；

④未向作业人员提供安全防护用具和安全防护服装的；

⑤未按照规定在施工起重机械和整体提升脚手架、模板等自升式架设设施验收合格后登记的；

⑥使用国家明令淘汰、禁止使用的危及施工安全的工艺、设备、材料的。

（2）挪用安全生产费用

施工单位挪用列入建设工程概算的安全生产作业环境及安全施工措施所需费用的，责令限期改正，处挪用费用20％以上50％以下的罚款；造成损失的，依法承担赔偿责任。

（3）违反施工现场安全管理

施工单位有下列行为之一的，责令限期改正；逾期未改正的，责令停业整顿，并处5万元以上10万元以下的罚款；造成重大安全事故，构成犯罪的，对直接责任人员，依照刑法有关规定追究刑事责任：

①施工前未对有关安全施工的技术要求作出详细说明的；

②未根据不同施工阶段和周围环境及季节、气候的变化，在施工现场采取相应的安全施工措施，或者在城市市区内的建设工程的施工现场未实行封闭围挡的；

③在尚未竣工的建筑物内设置员工集体宿舍的；

④施工现场临时搭建的建筑物不符合安全使用要求的；

⑤未对因建设工程施工可能造成损害的毗邻建筑物、构筑物和地下管线等采取专项防护措施的。

施工单位有前款规定第④项、第⑤项行为，造成损失的，依法承担赔偿责任。

（4）违反安全设施管理

施工单位有下列行为之一的，责令限期改正；逾期未改正的，责令停业整顿，并处10万元以上30万元以下的罚款；情节严重的，降低资质等级，直至吊销资质证书；造成重大安全事故，构成犯罪的，对直接责任人员，依照刑法有关规定追究刑事责任；造成损失的，依法承担赔偿责任：

①安全防护用具、机械设备、施工机具及配件在进入施工现场前未经查验或者查验不合格即投入使用的；

②使用未经验收或者验收不合格的施工起重机械和整体提升脚手架、模板等自升式架设设施的；

③委托不具有相应资质的单位承担施工现场安装、拆卸施工起重机械和整体提升脚手架、模板等自升式架设设施的；

④在施工组织设计中未编制安全技术措施、施工现场临时用电方案或者专项施工方案的。

（5）违反安全许可证管理

未取得安全生产许可证擅自进行生产的，责令停止生产，没收违法所得，并处10万元以上50万元以下的罚款；造成重大事故或者其他严重后果，构成犯罪的，依法追究刑事责任。安全生产许可证有效期满未办理延期手续，继续进行生产的，责令停止生产，限期补办延期手续，没收违法所得，并处5万元以上10万元以下的罚款；逾期仍不办理延期手续，继续进行生产的，依照以上规定处罚。转让安全生产许可证的，没收违法所得，处10万元以上50万元以下的罚款，并吊销其安全生产许可证；构成犯罪的，依法追究刑事责任；接受转让的，依照以上规定处罚。冒用安全生产许可证或者使用伪造的安全生产许可证的，依照以上规定处罚。

（6）降低安全生产条件

施工单位取得资质证书后，降低安全生产条件的，责令限期改正；经整改仍未达到与其资质等级相适应的安全生产条件的，责令停业整顿，降低其资质等级直至吊销资质证书。

（7）管理人员不履行安全生产职责

施工单位的主要负责人、项目负责人未履行安全生产管理职责的，责令限期改正；逾期未改正的，责令施工单位停业整顿；造成重大安全事故、重大伤亡事故或者其他严重后果，构成犯罪的，依照刑法有关规定追究刑事责任。

施工单位的主要负责人、项目负责人有以上违法行为，尚不够刑事处罚的，处2万元以上 20 万元以下的罚款或者按照管理权限给予撤职处分；自刑罚执行完毕或者受处分之日起，5 年内不得担任任何施工单位的主要负责人、项目负责人。

(8) 作业人员违章作业

作业人员不服管理、违反规章制度和操作规程冒险作业造成重大伤亡事故或者其他严重后果，构成犯罪的，依照刑法有关规定追究刑事责任。

5. 其他相关单位的法律责任

为建设工程提供机械设备和配件的单位，未按照安全施工的要求配备齐全有效的保险、限位等安全设施和装置的，责令限期改正，处合同价款 1 倍以上 3 倍以下的罚款；造成损失的，依法承担赔偿责任。

出租单位出租未经安全性能检测或者经检测不合格的机械设备和施工机具及配件的，责令停业整顿，并处 5 万元以上 10 万元以下的罚款；造成损失的，依法承担赔偿责任。

施工起重机械和整体提升脚手架、模板等自升式架设设施安装、拆卸单位有下列行为之一的，责令限期改正，处 5 万元以上 10 万元以下的罚款；情节严重的，责令停业整顿，降低资质等级，直至吊销资质证书；造成损失的，依法承担赔偿责任：

(1) 未编制拆装方案、制定安全施工措施的；
(2) 未由专业技术人员现场监督的；
(3) 未出具自检合格证明或者出具虚假证明的；
(4) 未向施工单位进行安全使用说明，办理移交手续的。

施工起重机械和整体提升脚手架、模板等自升式架设设施安装、拆卸单位有前款规定的第 (1) 项、第 (3) 项行为，经有关部门或者单位职工提出后，对事故隐患仍不采取措施，因而发生重大伤亡事故或者造成其他严重后果，构成犯罪的，对直接责任人员，依照刑法有关规定追究刑事责任。

6. 行政主管部门的法律责任

县级以上人民政府建设行政主管部门或者其他有关行政管理部门的工作人员，有下列行为之一的，给予降级或者撤职的行政处分；构成犯罪的，依照刑法有关规定追究刑事责任：

(1) 对不具备安全生产条件的施工单位颁发资质证书的；
(2) 对没有安全施工措施的建设工程颁发施工许可证的；
(3) 发现违法行为不予查处的；
(4) 不依法履行监督管理职责的其他行为。

安全生产许可证颁发管理机关工作人员有下列行为之一的，给予降级或者撤职的行政处分；构成犯罪的，依法追究刑事责任：

(1) 向不符合规定的安全生产条件的企业颁发安全生产许可证的；
(2) 发现企业未依法取得安全生产许可证擅自从事生产活动，不依法处理的；
(3) 发现取得安全生产许可证的企业不再具备本条例规定的安全生产条件，不依法处理的；
(4) 接到对违反规定行为的举报后，不及时处理的；
(5) 在安全生产许可证颁发、管理和监督检查工作中，索取或者接受企业的财物，或者牟取其他利益的。

国家机关工作人员在建设工程质量监督管理工作中玩忽职守、滥用职权、徇私舞弊，构成犯罪的，依法追究刑事责任；尚不构成犯罪的，依法给予行政处分。

四、其他法律责任

建设单位、设计单位、施工单位、工程监理单位违反国家规定,降低工程质量标准,造成重大安全事故,构成犯罪的,对直接责任人员依法追究刑事责任。

供水、供电、供气、公安消防等部门或者单位明示或者暗示建设单位或者施工单位购买其指定的生产供应单位的建筑材料、建筑构配件和设备的,责令改正。

发生重大工程质量事故隐瞒不报、谎报或者拖延报告期限的,对直接负责的主管人员和其他责任人员依法给予行政处分。

建设、勘察、设计、施工、工程监理单位的工作人员因调动工作、退休等原因离开该单位后,被发现在该单位工作期间违反国家有关建设工程质量管理规定,造成重大工程质量事故的,仍应依法追究法律责任。

注册执业人员未执行法律、法规和工程建设强制性标准的,责令停止执业3个月以上1年以下;情节严重的,吊销执业资格证书,5年内不予注册;造成重大安全事故的,终身不予注册;构成犯罪的,依照刑法有关规定追究刑事责任。

注册建筑师、注册结构工程师、注册监理工程师等注册执业人员因过错造成质量事故的,责令停止执业1年;造成重大质量事故的,吊销执业资格证书,5年以内不予注册;情节特别恶劣的,终身不予注册。

建设工程勘察、设计注册执业人员和其他专业技术人员未受聘于一个建设工程勘察、设计单位或者同时受聘于两个以上建设工程勘察、设计单位,从事建设工程勘察、设计活动的,责令停止违法行为,没收违法所得,处违法所得2倍以上5倍以下的罚款;情节严重的,可以责令停止执行业务或者吊销资格证书;给他人造成损失的,依法承担赔偿责任。

未经注册,擅自以注册建设工程勘察、设计人员的名义从事建设工程勘察、设计活动的,责令停止违法行为,没收违法所得,处违法所得2倍以上5倍以下罚款;给他人造成损失的,依法承担赔偿责任。

思考题

1. 《建筑法》的调整对象是什么?
2. 申请领取施工许可证的条件和程序是什么?
3. 施工企业的资质等级是如何规定的?
4. 什么是建设工程的发包与承包?有哪些方式?
5. 建设工程监理的范围是什么?
6. 建设工程监理的民事责任是什么?
7. 建设单位的安全生产责任有哪些?
8. 简述建设工程现场安全生产管理的主要内容。
9. 施工单位的安全生产责任有哪些?
10. 简述建设工程重大事故的等级和处理程序。
11. 简述建设单位的质量责任制。
12. 简述施工单位的质量责任制。
13. 简述建筑工程竣工验收的主要内容。

第四章 招标投标法

第一节 概 述

一、招标投标的概念

招标投标法是国家用来规范招标投标活动、调整在招标投标过程中产生的各种关系的法律规范的总称。《招标投标法》是规范招标投标活动的重要法律之一,是招标投标法律体系中的基本法律。1999年8月30日,第九届全国人民代表大会常务委员会第十一次会议通过了《中华人民共和国招标投标法》,并于2000年1月1日施行。《招标投标法》共六章,六十八条。第一章为总则,规定了《招标投标法》的宗旨、适用范围,强制招标的范围,以及招标投标活动中应遵循的基本原则;第二至第四章根据招标投标活动的具体程序和步骤,规定了招标、投标、开标、评标和中标各阶段的行为规则;第五章规定了违反上述规则应承担的法律责任;第六章为附则,规定了本法的例外适用情形以及生效日期。1985年6月14日国家计委、建设部颁布《工程设计招标投标暂行办法》;1992年12月30日建设部颁布《工程建设施工招标投标管理办法》;1999年4月17日,财政部颁布《政府采购管理暂行办法》;2000年5月1日国家发展计划委员会颁布《工程建设项目招标范围和规模标准规定》;2000年7月1日国家计委颁发《工程建设项目自行招标试行办法》;2000年6月30日建设部颁发《工程建设项目招标代理机构资格认定办法》。2001年6月1日建设部颁布了《房屋建筑和市政基础设施工程施工招标投标管理办法》;2000年7月1日国家发展计划委员会颁布了《工程建设项目自行招标试行办法》;2001年7月5日国家发展计划委员会、国家经贸委、建设部、铁道部、交通部、信息产业部、水利部联合颁布了《评标委员会和评标方法暂行规定》;2002年6月29日第九届全国人民代表大会常务委员会通过了《中华人民共和国政府采购法》;2003年3月8日国家发展计划委员会、建设部、铁道部、交通部、信息产业部、水利部、中国民用航空总局联合颁布了《工程建设项目施工招标投标办法》;2007年1月11日建设部颁布了《工程建设项目招标代理机构资格认定办法》等。

二、招标投标法的适用范围

(一)招标投标法的适用范围

中华人民共和国境内进行招标投标活动,适用《招标投标法》。《招标投标法》适用于中国境内,但是根据《香港特别行政区基本法》、《澳门特别行政区基本法》的有关规定,全国性法律除列入"基本法"附件三者以外,不在特别行政区实施,《招标投标法》不在实施之列。《招标投标法》调整的对象是招标投标活动,即招标人对于工程、货物和服务事先公布采购条件和要求,吸引众多投标人参加竞争,并按规定程序选择交易对象的行为。招标分为强制招标与自愿招标两种。

（二）强制招标的适用范围

在中华人民共和国境内进行下列工程建设项目包括项目的勘察、设计、施工、监理以及与工程建设有关的重要设备、材料等的采购，必须进行招标：(1) 大型基础设施、公用事业等关系社会公共利益、公众安全的项目；(2) 全部或者部分使用国有资金投资或者国家融资的项目；(3) 使用国际组织或者外国政府贷款、援助资金的项目。

前款所列项目的具体范围和规模标准，由国务院发展计划部门会同国务院有关部门制订，报国务院批准。法律或者国务院对必须进行招标的其他项目范围有规定的，依照其规定。

涉及国家安全、国家秘密、抢险救灾或者属于利用扶贫资金实行以工代赈、需要使用农民工等特殊情况，不适宜进行招标的项目，按照国家有关规定可以不进行招标。使用国际组织或者外国政府贷款、援助资金的项目进行招标，贷款方、资金提供方对招标投标的具体条件和程序有不同规定的，可以适用其规定，但违背中华人民共和国的社会公共利益的除外。

2000年5月1日国家发展计划委员会发布《工程建设项目招标范围和规模标准规定》，将强制招标的范围进一步界定为：(1) 关系社会公共利益、公众安全的基础设施项目，包括能源、交通运输、邮电通讯、水利、城市设施、生态环境保护等项目；(2) 关系社会公共利益、公众安全的公用事业项目，包括市政工程、科技、教育、文化、卫生、社会福利、商品住宅等项目；(3) 使用国有资金投资项目，包括使用各级财政预算资金，纳入财政管理的各种政府性专项建设基金，国有企事业单位自有资金等项目；(4) 国家融资项目，包括国家使用发行债券所筹资金，国家对外借款或者担保所筹资金，国家政策性贷款，国家授权投资主体融资，国家特许的融资等项目；(5) 使用国际组织或者外国政府资金的项目，包括使用世界银行、亚洲开发银行等国际组织贷款，外国政府及其机构贷款，国际组织或外国政府援助资金等项目。

上述规定范围内的各类工程建设项目达到下列标准之一的，必须进行招标：(1) 施工单项合同估算价在二百万元人民币以上；(2) 重要设施、材料等货物采购，单项合同估算价在一百万元人民币以上；(3) 勘察、设计、监理等服务采购，单项合同估算价在五十万元人民币以上；(4) 单项合同估算价低于以上标准，但项目总投资额在三千万元人民币以上。

三、招标投标的基本原则

（一）招标投标活动应当遵循公开、公平、公正和诚实信用的原则

公开原则就是要求招标投标活动具有高度的透明度，实行招标信息、招标程序公开，即发布招标通告，公开开标，公开中标结果，使每一个投标人获得同等的信息，知悉招标的一切条件和要求。公平原则就是要求给予所有投标人平等的机会，使其享有同等的权利并履行相应的义务，不歧视任何一方。公正原则就是要求评标时按事先公布的标准对待所有的投标人。诚实信用原则就是要求招标投标当事人应以诚实、守信的态度行使权利，履行义务，调整自身利益与社会利益的平衡。在当事人之间的利益关系中，诚信原则要求尊重他人利益，在当事人与社会的利益关系中，诚信原则要求当事人不得通过自己的活动损害第三人和社会的利益，必须在法律范围内以符合其社会经济目的的方式行使自己的权利。

（二）招标投标活动应当遵循不得进行部门或地方保护，不得非法干涉的原则

依法必须进行招标的项目，其招标投标活动不受地区或者部门的限制。任何单位和个人不得违法限制或者排斥本地区、本系统以外的法人或者其他组织参加投标，不得以任何方式

非法干涉招标投标活动。

第二节 招 标

一、招标活动的特点

招标活动是最富有竞争的一种采购方式，能为采购者带来有质量的工程、货物或服务。招标投标在国际上应用的较早，但在我国起步较晚。随着改革开放的深入，我国先后在建设工程发包、机电设备进口、成套设备、利用国外贷款、科研项目等领域施行了招投标，从我国近20年的实践看，这种采购方式对于约束交易者行为，创造公平竞争的市场环境，保障国有资金有效使用，提高采购质量，起到了积极作用。

招标采购是最富有竞争的一种采购方式。与其他采购方式相比，招标采购至少应具备以下要素：（1）程序规范。在招标投标活动中，从招标、投标、评标、定标到签订合同，每个环节都有严格的程序、规则。这些程序和规则具有法律约束力，当事人不能任意改变；（2）编制招标、投标文件。在招标投标活动中，招标人必须编制招标文件，投标人据此编制投标文件参加投标，招标人组织评标委员会对投标文件进行评审和比较，从中选出中标人。因此，是否编制招标、投标文件，是区别招标与其他采购方式的最主要特征之一；（3）公开性。招标投标的基本原则是"公开、公平、公正"，将采购行为置于透明的环境中，防止腐败行为的发生。招标投标活动的各个环节均体现了这一原则；招标人首先要在指定的报刊或其他媒体上发布招标通告，邀请所有潜在的投标人参加投标；在招标文件中详细说明拟采购的货物、工程或服务的技术规格，评价和比较投标文件以及选定中标者的标准；在提交投标文件截止时间的同一时间公开开标；在确定中标人前，招标人不得与投标人就投标价格、投标方案等实质性内容进行谈判。这样，招标投标活动被完全置于社会的公开监督之下，可以防止不正当的交易行为；（4）一次成交。在一般的交易活动中，买卖双方往往要经过多次谈判后才能成交，招标则不同。在投标人递交投标文件后到确定中标人之前，招标人不得与投标人就投标价格等实质性内容进行谈判。也就是说，投标人只能一次报价，不能与招标人讨价还价，并以此报价作为签订合同的基础。以上四要素，基本反映了招标采购的本质，也是判断一项采购活动是否属招标采购的标准和依据。一个完整的招标投标过程，包括招标、投标、开标、评标和定标五个环节。招标作为起始阶段，其程序规范与否，直接关系到以后各个环节能否顺利进行，对于整个招投标过程有着非常重要的意义。

二、招标与招标代理

（一）招标

招标是招标人提出招标条件，投标人提出最佳报价和最佳条件，通过竞争而成交的一种交易方式。主要应用于物资设备的采购、设计咨询、承包工程等方面。提出招标条件的人是招标人，招标人是依法提出招标项目、进行招标的法人或者其他组织。招标项目按照国家有关规定需要履行项目审批手续的，应当先履行审批手续，取得批准。招标人应当有进行招标项目的相应资金或者资金来源已经落实，并应当在招标文件中如实载明。招标可以分为自行招标与招标代理两种情况。

（二）自行招标

2000年7月1日国家计委颁发《工程建设项目自行招标试行办法》规定，招标人是指依照法律规定进行工程建设项目的勘察、设计、施工、监理以及与工程建设有关的重要设备、材料等招标的法人。

招标人自行办理招标事宜，应当具有编制招标文件和组织评标的能力，具体包括：（1）具有项目法人资格（或者法人资格）；（2）具有与招标项目规模和复杂程度相适应的工程技术、概预算、财务和工程管理等方面专业技术力量；（3）有从事同类工程建设项目招标的经验；（4）设有专门的招标机构或者拥有3名以上专职招标业务人员；（5）熟悉和掌握招标投标法及有关法规规章。

招标人自行招标的，项目法人或者组建中的项目法人应当在向国家计委上报项目可行性研究报告时，一并报送符合本办法第四条规定的书面材料。

书面材料应当至少包括：（1）项目法人营业执照、法人证书或者项目法人组建文件；（2）与招标项目相适应的专业技术力量情况；（3）内设的招标机构或者专职招标业务人员的基本情况；（4）拟使用的专家库情况；（5）以往编制的同类工程建设项目招标文件和评标报告，以及招标业绩的证明材料；（6）其他材料。在报送可行性研究报告前，招标人确需通过招标方式或者其他方式确定勘察、设计单位开展前期工作的，应当在规定的书面材料中说明。国家计委审查招标人报送的书面材料，核准招标人符合本办法规定的自行招标条件的，招标人可以自行办理招标事宜。国家计委审查招标人报送的书面材料，认定招标人不符合本办法规定的自行招标条件的，在批复可行性研究报告时，要求招标人委托招标代理机构办理招标事宜。招标人自行招标的，应当自确定中标人之日起十五日内，向国家计委提交招标投标情况的书面报告。

书面报告至少应包括下列内容：（1）招标方式和发布招标公告的媒介；（2）注明投标人须知、技术规格、评标标准和方法、合同主要条款等内容；（3）评标委员会的组成和评标报告；（4）中标结果。招标人不按本办法规定要求履行自行招标核准手续的或者报送的书面材料有遗漏的，国家计委要求其补正；不及时补正的，视同不具备自行招标条件。

（三）招标代理

1. 招标代理的概念

招标人有权自行选择招标代理机构，委托其办理招标事宜。任何单位和个人不得以任何方式为招标人指定招标代理机构。招标人具有编制招标文件和组织评标能力的，可以自行办理招标事宜。任何单位和个人不得强制其委托招标代理机构办理招标事宜。依法必须进行招标的项目，招标人自行办理招标事宜的，应当向有关行政监督部门备案。招标代理机构应当在招标人委托的范围内办理招标事宜，并遵守《招标投标法》关于招标人的规定。

2. 招标代理机构

招标代理机构是依法设立、从事招标代理业务并提供相关服务的社会中介组织。

招标代理机构应当具备下列条件：（1）有从事招标代理业务的营业场所和相应资金；（2）有能够编制招标文件和组织评标的相应专业力量；（3）有符合法律规定条件、可以作为评标委员会成员人选的技术、经济等方面的专家库。

从事工程建设项目招标代理业务的招标代理机构，其资格由国务院或者省、自治区、直辖市人民政府的建设行政主管部门认定。具体办法由国务院建设行政主管部门会同国务院有关部门制定。从事其他招标代理业务的招标代理机构，其资格认定的主管部门由国务院规定。招标代理机构与行政机关和其他国家机关不得存在隶属关系或者其他利益关系。

2007年1月11日建设部颁发的《工程建设项目招标代理机构资格认定办法》规定，在中华人民共和国境内从事各类工程建设项目招标代理活动机构资格的认定适用本办法。工程招标代理，是指对工程的勘察、设计、施工、监理以及与工程建设有关的重要设备（进口机电设备除外）、材料采购招标的代理。工程建设项目（以下简称工程），是指土木工程、建筑工程、线路管道和设备安装工程及装修工程项目。工程招标代理机构可以接受招标人委托编制工程招标方案、招标文件、工程标底和草拟工程合同等。工程招标代理机构应当与招标人签订书面委托代理合同。未经招标人书面同意，工程招标代理机构不得向他人转让代理业务。工程招标代理机构不得与被代理招标工程的投标人有隶属关系或者其他利益关系。

从事工程招标代理业务的机构，应当依法取得国务院建设行政主管部门或者省、自治区、直辖市人民政府建设行政主管部门认定的工程招标代理机构资格，并在其资格许可的范围内从事相应的工程招标代理业务。

申请工程招标代理机构资格的单位应当具备下列条件：申请工程招标代理资格的机构应当具备下列条件：（1）是依法设立的中介组织，具有独立法人资格；（2）与行政机关和其他国家机关没有行政隶属关系或者其他利益关系；（3）有固定的营业场所和开展工程招标代理业务所需设施及办公条件；（4）有健全的组织机构和内部管理的规章制度；（5）具备编制招标文件和组织评标的相应专业力量；（6）具有可以作为评标委员会成员人选的技术、经济等方面的专家库；（7）法律、行政法规规定的其他条件。

工程招标代理机构资格分为甲、乙和暂定级。甲级工程招标代理机构资格由国务院建设行政主管部门认定。乙级、暂定级工程招标代理机构资格由工商注册所在地的省、自治区、直辖市人民政府建设行政主管部门认定。

申请甲级工程招标代理机构资格，除招标代理机构规定的一般条件外，还应当具备下列条件：（1）取得乙级工程招标代理资格满3年；（2）近3年内累计工程招标代理中标金额在16亿元人民币以上；（3）具有中级以上职称的工程招标代理机构专职人员不少于20人，其中具有工程建设类注册执业资格人员不少于10人（其中注册造价工程师不少于5人），从事工程招标代理业务3年以上的人员不少于10人；（4）技术经济负责人为本机构专职人员，具有10年以上从事工程管理的经验，具有高级技术经济职称和工程建设类注册执业资格；（5）注册资本金不少于200万元。

申请乙级工程招标代理机构资格，除招标代理机构规定的一般条件外，还应当具备下列条件：（1）取得暂定级工程招标代理资格满1年；（2）近3年内累计工程招标代理中标金额在8亿元人民币以上；（3）具有中级以上职称的工程招标代理机构专职人员不少于12人，其中具有工程建设类注册执业资格人员不少于6人（其中注册造价工程师不少于3人），从事工程招标代理业务3年以上的人员不少于6人；（4）技术经济负责人为本机构专职人员，具有8年以上从事工程管理的经历，具有高级技术经济职称和工程建设类注册执业资格；（5）注册资本金不少于100万元。

新设立的工程招标代理机构除具备招标代理机构规定的一般条件外，还应当具备申请乙级工程招标代理机构规定的（3）～（5）项条件的，可以申请暂定级工程招标代理资格。

工程招标代理机构可以跨省、自治区、直辖市承担工程招标代理业务。任何单位和个人不得限制或者排斥工程招标代理机构依法开展工程招标代理业务。甲级工程招标代理机构可以承担各类工程的招标代理业务。乙级工程招标代理机构只能承担工程总投资1亿元人民币以下的工程招标代理业务。暂定级工程招标代理机构，只能承担工程总投资6000万元人民币以下的工程招标代理业务。

三、招标方式

《招标投标法》将招标分为公开招标和邀请招标。（1）公开招标，是指招标人以招标公告的方式邀请不特定的法人或者其他组织投标；（2）邀请招标，是指招标人以投标邀请书的方式邀请特定的法人或者其他组织投标。国务院发展计划部门确定的国家重点项目和省、自治区、直辖市人民政府确定的地方重点项目不适宜公开招标的，经国务院发展计划部门或者省、自治区、直辖市人民政府批准，可以进行邀请招标。

公开招标，是招标人在指定的报刊、电子网络或其他媒体上发布招标公告，吸引众多的投标人参加投标竞争，招标人从中择优选择中标单位的招标方式。邀请招标，也称选择性招标，由招标人根据自己的经验和有关供应商、承包商资料，如企业信誉、设备性能、技术力量、以往业绩等情况，选择一定数目的企业（一般应邀请5～10家为宜，不能少于3家），向其发出投标邀请书，邀请他们参加投标竞争。

这两种方式的区别主要在于：（1）发布信息的方式不同。公开招标采用公告的形式发布，邀请招标采用投标邀请书的形式发布；（2）选择的范围不同。公开招标因使用招标公告的形式，针对的是一切潜在的对招标项目感兴趣的法人或其他组织，招标人事先不知道投标人的数量。邀请招标针对已经了解的法人或其他组织，而且事先已经知道投标者的数量；（3）竞争的范围不同。由于公开招标使所有符合条件的法人或其他组织都有机会参加投标，竞争的范围较广，竞争性体现得也比较充分，招标人拥有绝对的选择余地，容易获得最佳招标效果。邀请招标中投标人的数目有限，竞争的范围有限，招标人拥有的选择余地相对较小，有可能提高中标的合同价，也有可能将某些在技术上或报价上更有竞争力的承包商漏掉；（4）公开的程度不同。公开招标中，所有的活动都必须严格按照预先指定并为大家所知的程序和标准公开进行，大大减少了作弊的可能。相比而言，邀请招标的公开程度逊色一些，产生不法行为的机会也就多一些；（5）时间和费用不同。由于邀请招标不发公告，招标文件只送几家，使整个招投标的时间大大缩短，招标费用也相应减少。公开招标的程序比较复杂，从发布公告，投标人作出反应，评标，到签订合同，有许多时间上的要求，要准备许多文件，因而耗时较长，费用也比较高。

由此可见，两种招标方式各有千秋，从不同的角度比较，会得出不同的结论。在实际中，各国或国际组织的做法也不尽一致。有的未给出倾向性的意见，而是把自由裁量权交给了招标人，由招标人根据项目的特点，自主决定采用公开或邀请方式，只要不违反法律规定，最大限度地实现了"公开、公平、公正"即可。例如，"欧盟采购指令"规定，如果采购金额达到法定招标限额，采购单位有权在公开和邀请招标中自由选择。实际上，邀请招标在欧盟各国运用得非常广。世界贸易组织"政府采购协议"也对这两种方式孰优孰劣采取了未置可否的态度。但是，"世界银行采购指南"却把国际竞争性招标（公开招标）作为最能充分实现资金的经济和效率要求的方式；要求借款国以此作为最基本的采购方式。只有在国际竞争性招标不是最经济和有效的情况下，才可采用其他方式。

四、招标程序

招标程序主要包括：招标人办理审批手续，发布招标广告或投标邀请书，进行资格预审，编制招标文件，编制标底，组织现场考察，招标文件的澄清或者修改等环节。

（一）招标人办理审批手续

根据《招标投标法》第3条规定，强制招标的范围包括大型基础设施、公用事业项目，全部或部分国有资金投资，或者国家融资的项目；使用国际组织或外国政府贷款、援助资金的项目；以及法律、国务院规定必须招标的其他项目。这些项目必须经有关部门审核批准后，并且建设资金已经落实后，才能招标。此外，对于不属强制招标的范围，但是法律、法规、规章明确应当审批的项目，也必须履行审批手续。

依法必须招标的工程建设项目，应当具备下列条件才能进行施工招标：

（1）招标人已经依法成立；

（2）初步设计及概算应当履行审批手续的，已经批准；

（3）招标范围、招标方式和招标组织形式等应当履行核准手续的，已经核准；

（4）有相应资金或资金来源已经落实；

（5）有招标所需的设计图纸及技术资料。

（二）招标人发布招标广告或投标邀请书

招标人采用公开招标方式的，应当发布招标公告。必须依法进行招标项目的招标公告，应当通过国家指定的报刊、信息网络或者其他媒介发布。招标人采用邀请招标方式的，应当向三个以上具备承担招标项目能力，资信良好的特定法人或者其他组织发出投标邀请书。

招标公告或投标邀请书应当载明招标人的名称和地址、招标项目的性质、数量、实施地点和时间以及获取招标文件的办法等事项。

建设工程招标公告一般包括下列内容：（1）建设单位名称、地址、联系人姓名、电话；（2）工程情况简介，包括项目名称、建筑规模、工程地点、结构类型、装修标准、质量要求、工期要求；（3）承包方式、材料、设备供应方式；（4）对投标企业资质的要求及应提供的有关文件；（5）招标日程安排；（6）招标文件押金数额；（7）其他要说明的问题。

（三）招标人对投标人的资格审查

招标人可以根据招标项目本身的要求，在招标公告或者投标邀请书中，要求潜在投标人提供有关资质证明文件和业绩情况，并对潜在投标人进行资格审查；国家对投标人的资格条件有规定的，依照其规定。招标人不得以不合理的条件限制或者排斥潜在投标人，不得对潜在投标人实行歧视待遇。

资格预审是招标人对投标人的财务状况、技术能力等方面事先进行的审查，以确保参加投标人均系有投标能力的投标人。资格预审主要从法律、技术及资金等方面对招标人的资格进行审查。具体地说，就是审查投标人的财务能力、机械设备条件、技术水平、施工经验、工程信誉及法律资格等方面的有关情况。资格审查程序是为了在招标过程中剔除资格条件不适合承担或履行合同的潜在投标人或投标人。一般说来，资格审查可分为资格预审和资格后审。资格预审是在投标前对潜在投标人进行的审查；资格后审是在投标后（一般是在开标后）对投标人进行的资格审查。目前，在招标实践中，招标人经常采用的资格预审程序。

一般情况下建筑工程的资格预审都采用评分法进行，按一定评分标准逐项进行打分。评选结果按淘汰法进行，即先淘汰明显不符合要求的申请人，对于满足填报资格预审文件要求的投标人按组织机构与经营管理、财务状况、技术能力、施工经验四个方面逐项打分。只有每项得分超过最低分数线，而且四项得分之和高于60分（满分为100分）的投标人才能通过资格预审。资格预审评审时，上述评分的四个方面的每一方面还可以进一步细分为若干因素分别打分，经常引用的打分因素如下：（1）机构与管理（10分）：公司管理机构情况；经营方式；以往履约的情况，如获得的各种奖励或处罚等；目前和过去涉及诉讼案件的情况；（2）财务状况（30分）：平均年营业额或合同额；财务投标能力；流动资金；信贷能力；流动资产与负债比值；（3）技术能力（30分）：现场主要管理人员的经验与胜任强度；现场专业技术人员的经验与胜任强度；施工机械的适用性，来源与已使用年限；工程分包情况；（4）施工经验（30分）：类似工程的施工经验；类似现场条件下的施工经验；完成类似工程中特殊工作的能力；过去完成类似工程的合同额。

（四）招标人编制招标文件

招标人应当根据招标项目的特点和需要编制招标文件。招标文件应当包括招标项目的技术要求，对投标人资格审查的标准，投标报价要求和评标标准等所有实质性要求和条件以及拟签订合同的主要条款。国家对招标项目的技术、标准有规定的，招标人应当按照其规定在招标文件中提出相应要求。招标项目需要划分标段、确定工期的，招标人应当合理划分标段、确定工期，并在招标文件中载明。招标文件不得要求或者标明特定的生产供应者以及含有倾向或者排斥潜在投标人的其他内容。

建设工程招标文件的主要内容包括：（1）工程综合说明，包括工程名称、地址、招标项目，占地范围，建筑面积和技术要求，质量标准以及现场条件，招标方式，要求开工和竣工时间，对投标企业的资质等级要求等；（2）必要的设计图纸和技术资料；（3）工程量清单；（4）由银行出具的建设资金证明和工程款的支付方式及预付款的百分比；（5）主要材料（钢材、木材、水泥等）与设备的供应方式，加工订货情况和材料，设备价差的处理方法；（6）特殊工程的施工要求以及采用的技术规范；（7）投标书的编制要求及评标、定标原则；（8）投标、开标、评标、定标等活动的日程安排；（9）《建设工程施工合同条件》及调整要求；（10）要求缴纳的投标保证金额度。其数额视工程投资的大小确定，最高不得超过1000元；（11）其他需要的事项。

对于已经通过资格预审的投标人，招标人应当向其颁发招标文件。

（五）招标人编制标底

设有标底的招标项目，招标人应当编制标底。标底是我国工程招标中的一个特有概念，标底既是招标人对该工程的预期价格，也是评标的依据。标底是依据国家统一的工程量计算规则，预算定额和计价办法计算出来的工程造价，是招标人对建设工程预算的期望值。

标底的编制应当注意以下几点：（1）根据设计图纸及有关资料、招标文件，参照国家的技术、经济标准定额及规范，确定工程量和设定标底；（2）标底价格应由成本、利润和税金组成；（3）标底价格作为招标人的期望价，应力求与市场的实际变化相吻合，要有利于竞争和保证工程质量；（4）标底综合考虑投资、工期和质量等因素。工程要求优良的，还应增加相应费用；（5）一个工程只能编制一个标底。标底在开标前是保密的，任何人不得泄露标底；（6）根据项目可以不设标底，进行无标底招标。

（六）招标人组织现场考察

招标人根据招标项目的具体情况，可以组织潜在投标人踏勘项目现场。设置这一程序的目的：一方面是让投标人了解工程项目的现场条件、自然条件、施工条件，以及周围环境条件，以便于编制投标报价；另一方面也是要求投标人通过自己的实地考察，来确定投标原则和决定投标策略，避免合同履行过程中投标人以不了解现场情况为由推卸应承担的合同责任。

建设工程现场考察应包括以下内容：（1）自然地理条件：工程所在地的地理位置、地形、地貌、用地范围；气象、水文情况，包括气温、湿度、风玫瑰图和风力、年平均和最大降雨量；对于水利和港湾工程，还应搜集河水流量、水位、潮汐、风浪等水文资料；地质情况包括：地质构造、特征及承载能力、地下水情况、地震及其设防烈度、洪水、台风及其他自然灾害情况；(2)市场情况：建筑和装修材料、施工机械设备、燃料、动力和生活用品的供应情况以及价格水平，过去几年的批发价和零售价指数以及今后的变化趋势预测；劳务市场情况：包括工人的技术水平，工资水平，有关劳动保险和福利待遇的规定，在当地雇用熟练工人、半熟练工人和普通工人的可能性以及外籍工人是否被允许入境等；银行利率和外汇汇率；(3)施工条件：施工场地四周情况，布置临时设施、生活营地的可能性；供排水、供电、道路条件、通讯设施现状；引接或新修供排水线路、电源、通讯线路和道路的可能性及最近的路线与距离；附近供应或开采砂、石、填方土壤和其他当地材料的可能性，并了解其规格、品质和适用性；附近的现有建筑工程情况：包括其工程性质、施工方法、劳务来源和当地材料来源等；环境对施工的限制：施工操作中的振动、噪声是否构成违背邻近公众利益而触犯环境保护法令；是否需要申请进行爆破的许可；在繁华地区施工时，材料运输、堆放的限制，对公众安全保护的习惯措施；现场周围建筑物是否需要加固与支护等；(4)其他条件：交通运输：包括陆地、海运、河运和空运的交通运输情况，主要运输工具的购置和租赁价格；编制报价的有关规定：工程所在地国家或地区工程部门颁发的有关费率和取费标准；临时建筑工程的标准和收费；工地现场附近的治安情况；(5)业主情况：业主的资信情况，主要是了解其资金来源和支付的可靠性；履约态度，履行合同是否严肃认真，处理意外情况时是否通情达理，谅解承包商的具体困难；能否秉公办事，是否惯于挑剔刁难；(6)竞争对手情况等。

（七）招标文件的澄清或者修改

招标人对已发出的招标文件进行必要的澄清或者修改的，应当在招标文件要求提交投标文件截止时间至少十五日前，以书面形式通知所有招标文件收受人。该澄清或者修改的内容为招标文件的组成部分。招标人应当确定投标人编制投标文件所需要的合理时间。但是，依法必须进行招标的项目，自招标文件开始发出之日起至投标人提交投标文件截止之日止，最短不得少于二十日。

第三节 投 标

一、投标

（一）投标的概念

投标又称报价，指作为承包方的投标人根据招标人的招标条件，向招标人提交其依照招标文件要求所编制的投标文件，即向招标人提出自己的报价，以期承包到该招标项目的行为。

（二）投标人的定义

投标人是响应招标，参加投标竞争的法人或其他组织。依法招标的科研项目允许个人参加投标的，参加的个人也称作投标人。招标公告或者投标邀请书发出后，所有对招标公告或投标邀请书感兴趣的并有可能参加投标的人，称为潜在投标人。那些响应招标并购买招标文件，参加投标的潜在投标人称为投标人。这些投标人必须是法人或者其他组织。所谓响应招标,是指潜在投标人获得了招标信息或者投标邀请书以后,购买招标文件,接收资格审查,并编制投标文件,按照招标人的要求参加投标的活动。参加投标竞争是指按照招标文件的要求并在规定的时间内提交投标文件的活动。投标人可以是法人也可以是其他非法人组织。但是,考虑到科研项目的特殊性,个人可以作为投标主体参加科研项目投标活动。这是对科研项目投标的特殊规定。

投标人应当具备承担招标项目的能力。国家有关规定对投标人资格条件或者招标文件对投标人资格条件有规定的,投标人应当具备规定的资格条件。

投标人通常应当具备下列条件:(1)与招标文件要求相适应的人力、物力和财力;(2)招标文件要求的资质证书和相应的工作经验与业绩证明;(3)法律、法规规定的其他条件。

(三)联合投标

两个以上法人或者其他组织可以组成一个联合体,以一个投标人的身份共同投标。联合体各方均应当具备承担招标项目的相应能力;国家有关规定或者招标文件对投标人资格条件有规定的,联合体各方均应当具备规定的相应资格条件。由同一专业的单位组成的联合体,按照资质等级较低的单位确定资质等级。联合体各方应当签订共同投标协议,明确约定各方拟承担的工作和责任,并将共同投标协议连同投标文件一并提交招标人。联合体中标的,联合体各方应当共同与招标人签订合同,就中标项目向招标人承担连带责任。招标人不得强制投标人组成联合体共同投标,不得限制投标人之间的竞争。

(四)投标人应当遵守法定义务

投标人不得相互串通投标报价,不得排挤其他投标人的公平竞争,损害招标人或者其他投标人的合法权益。投标人不得与招标人串通投标,损害国家利益、社会公共利益或者他人的合法权益。禁止投标人以向招标人或者评标委员会成员行贿的手段谋取中标。投标人不得以低于成本的报价竞标,也不得以他人名义投标或者以其他方式弄虚作假,骗取中标。

二、投标的程序

(一)投标人编制投标文件

投标人应当按照招标文件的要求编制投标文件。投标文件应当对招标文件提出的实质性要求和条件作出响应。招标项目属于建设施工的,投标文件的内容应当包括拟派出的项目负责人与主要技术人员的简历、业绩和拟用于完成招标项目的机械设备等。投标人根据招标文件载明的项目实际情况,拟在中标后将中标项目的部分非主体、非关键性工作进行分包的,应当在投标文件中载明。

在建筑工程投标中,投标单位应向招标单位提供以下材料:(1)企业营业执照和资质证书;(2)企业简介;(3)自有资金情况;(4)全员职工人数,包括技术人员、技术工人数量及平均技术等级等;企业自有的主要施工机械设备一览表;(5)近三年承建的主要工程及其质量情况;(6)现有主要施工任务,包括在建和尚未开工工程一览表。投标单位应按招标文件的要求,认真编制投标书。

投标书应包括下列内容:(1)综合说明;(2)按照工程量清单计算的标价及钢材、木材、水泥等主要材料用量。投标单位可依据统一的工程量计算规则自主报价;(3)施工方案和选用的主要施工机械;(4)保证工程质量、进度、施工安全的主要技术组织措施;(5)计划开工、竣工日期,工程总进度;(6)对合同的主要条件的确认。

（二）投标人提交投标文件

投标人应当在招标文件要求提交投标文件的截止时间前，将投标文件送达投标地点。招标人收到投标文件后，应当签收保存，不得开启。投标人少于三个的，招标人应当重新招标。在招标文件要求提交投标文件的截止时间后送达的投标文件，招标人应当拒收。

投标人在招标文件要求提交投标文件的截止时间前，可以补充、修改或者撤回已提交的投标文件，并书面通知招标人。补充、修改的内容为投标文件的组成部分。

第四节 开标、评标和中标

一、开标

开标是指投标人提交投标截止时间后，招标人依据招标文件规定的时间和地点，开启投标人提交的投标文件，公开宣布投标人的名称、投标价格及投标文件中的其他主要内容。开标应当在招标文件确定的提交投标文件截止时间的同一时间公开进行，开标地点应当为招标文件中预先确定的地点。开标由招标人主持，邀请所有投标人参加。开标时，由投标人或者其推选的代表检查投标文件的密封情况，也可以由招标人委托的公证机构检查并公证，经确认无误后，由工作人员当众拆封，宣读投标人名称、投标价格和投标文件的其他主要内容。招标人在招标文件要求提交投标文件的截止时间前收到的所有投标文件，开标时都应当当众予以拆封、宣读。开标过程应当记录，并存档备查。

二、评标

（一）评标委员会

评标是根据招标文件的规定和要求，对投标文件所进行的审查、评审和比较。2001年7月5日国家发展计划委员会、国家经济贸易委员会、建设部、铁道部、交通部、信息产业部和水利部七部委联合颁布了《评标委员会和评标方法暂行规定》。规定评标由招标人依法组建的评标委员会负责。依法必须进行招标的项目，其评标委员会由招标人的代表和有关技术、经济等方面的专家组成，成员人数为五人以上单数，其中技术、经济等方面的专家不得少于成员总数的三分之二。所聘专家应当从事相关领域工作满八年并具有高级职称或具有同等专业水平，由招标人从国务院有关部门或者省、自治区、直辖市人民政府有关部门提供的专家名册或招标代理机构的专家库内的相关专业的专家名单中确定。一般招标项目可以采取随机抽取方式，特殊招标项目可由招标人直接确定。与投标人有利害关系的人不得进入相关项目的评标委员会。已经进入的应当更换。评标委员会成员的名单在中标结果确定前应当保密。

评标委员会成员应当客观、公正地履行职务，遵守职业道德，对所提出的评审意见承担个人责任。评标委员会成员不得私下接触投标人，不得收受投标人的财物或者其他好处。评标委员会成员和参与评标的有关工作人员不得透露对投标文件的评审和比较、中标候选人的推荐情况以及与评标有关的其他情况。

（二）评标方法及标准

评标由招标人依法组建的评标委员会负责。评标委员会成员应当编制供评标使用的相应表格，认真研究招标文件，至少应了解和熟悉以下内容：(1) 招标的目标；(2) 招标项目的范围和性质；(3) 招标文件中规定的主要技术要求、标准和商务条款；(4) 招标文件规定的评标标准，评标方法和在评标过程中考虑的相关因素。

评标委员会应当按照招标文件确定的评标标准和方法，对投标文件进行评审和比较，设有标底的，应当参考标底。评标委员会应当根据招标文件规定的评标标准和方法，对投标文件进行系统的评审和比较。招标文件中没有规定的标准和方法不得作为评标的依据。招标文件中规定的评标标准和评标方法应当合理，不得含有倾向或者排斥潜在投标人的内容，不得妨碍或者限制投标人之间的竞争。

评标分为初步评审和详细评审两大类。

1. 初步评审

评标委员会应当按照投标报价的高低或者招标文件规定的其他方法对投标文件排序。以多种货币报价的，应当按照中国银行在开标日公布的汇率中间价换算成人民币。招标文件应当对汇率标准和汇率风险作出规定。未作规定的，汇率风险由投标人承担。

评标委员会可以书面方式要求投标人对投标文件中含义不明确，对同类问题表述不一致或者有明显文字和计算错误的内容作必要的澄清、说明或者补正。澄清、说明或者补正应以书面方式进行并不得超出投标文件的范围或者改变投标文件的实质性内容。

投标文件中的大写金额和小写金额不一致的，以大写金额为准；总价金额与单价金额不一致的，以单价金额为准，但单价金额小数点有明显错误的除外；对不同文字文本投标文件的解释发生异议的，以中文文本为准。

评标过程中，以下情况为废标：①评标委员会发现投标人以他人的名义投标，串通投标，以行贿手段谋取中标或者以其他弄虚作假方式投标的，该投标人的投标应作废标处理；②评标委员会发现投标人的报价明显低于其他投标报价，或者在设有标底时明显低于标底，使得其投标报价可能低于其成本的，应当要求该投标人作出书面说明并提供相关证明材料。投标人不能合理说明或者不能提供相关证明材料的，由评标委员会认定该投标人以低于成本报价竞标，其投标应作废标处理；③评标委员会应当审查每一投标文件是否对招标文件提出的所有实质性要求和条件作出响应。未能在实质上响应的投标，应作废标处理。评标委员会应当根据招标文件，审查并逐项列出投标文件的全部投标偏差。投标偏差分为重大偏差和细微偏差。

下列情况属于重大偏差：①没有按照招标文件要求提供投标担保或者所提供的投标担保有瑕疵；②投标文件没有投标人授权代表签字和加盖公章；③投标文件载明的招标项目完成期限超过招标文件规定的期限；④明显不符合技术规格、技术标准的要求；⑤投标文件载明的货物包装方式、检验标准和方法等不符合招标文件的要求；⑥投标文件附有招标人不能接受的条件；⑦不符合招标文件中规定的其他实质性要求。投标文件有上述情形之一的，为未能对招标文件作出实质性响应，并按规定作废标处理。招标文件对重大偏差另有规定的，从其规定。

细微偏差是指投标文件在实质上响应招标文件要求，但在个别地方存在漏项或者提供了不完整的技术信息和数据等情况，并且补正这些遗漏或不完整不会对其他投标人造成不公平的结果。细微偏差不影响投标文件的有效性。评标委员会应当书面要求存在细微偏差的投标人在评标结束前予以补正。拒不补正的，在详细评审时可以对细微偏差作不利于该投标人的量化，量化标准应当在招标文件中规定。

投标人资格条件不符合国家有关规定和招标文件要求的，或者拒不按照要求对投标文件进行澄清、说明或者补正的，评标委员会可以否决其投标。

评标委员会根据规定否决不合格投标或者界定为废标后，因有效投标不足三个使得投标明显缺乏竞争的，评标委员会可以否决全部投标。投标人少于三个或者所有投标被否决的，招标人应当依法重新招标。

2. 详细评审

经初步评审合格的投标文件，评标委员会应当根据招标文件确定的评标标准和方法，对其技术部分和商务部分作进一步评审、比较。评标方法包括经评审的最低投标价法、综合评估法或者法律、行政法规允许的其他评标方法。

经评审的最低投标价法一般适用于具有通用技术、性能标准或者招标人对其技术、性能没有特殊要求的招标项目。根据经评审的最低投标价法，能够满足招标文件的实质性要求，并且经评审的最低投标价的投标，应当推荐为中标候选人。

采用经评审的最低投标价法的，评标委员会应当根据招标文件中规定的评标价格调整方法，对所有投标人的投标报价以及投标文件的商务部分作必要的价格调整。采用经评审的最低投标价法的，中标人的投标应当符合招标文件规定的技术要求和标准，但评标委员会无需对投标文件的技术部分进行价格折算。根据经评审的最低投标价法完成详细评审后，评标委员会应当拟定一份"标价比较表"，连同书面评标报告提交招标人。"标价比较表"应当载明投标人的投标报价、对商务偏差的价格调整和说明以及经评审的最终投标价。

不宜采用经评审的最低投标价法的招标项目，一般应当采取综合评估法进行评审。根据综合评估法，最大限度地满足招标文件中规定的各项综合评价标准的投标，应当推荐为中标候选人。衡量投标文件是否最大限度地满足招标文件中规定的各项评价标准，可以采取折算为货币的方法、打分的方法或者其他方法。需量化的因素及其加权应当在招标文件中明确规定。评标委员会对各个评审因素进行量化时，应当将量化指标建立在同一基础或者同一标准上，使各投标文件具有可比性。对技术部分和商务部分进行量化后，评标委员会应当对这两部分的量化结果进行加权，计算出每一投标的综合评估价或者综合评估分。根据综合评估法完成评标后，评标委员会应当拟定一份"综合评估比较表"，连同书面评标报告提交招标人。"综合评估比较表"应当载明投标人的投标报价，所作的任何修正，对商务偏差的调整，对技术偏差的调整，对各评审因素的评估以及对每一投标的最终评审结果。

根据招标文件的规定，允许投标人投备选标的，评标委员会可以对中标人所投的备选标进行评审，以决定是否采纳备选标。不符合中标条件的投标人的备选标不予考虑。

对于划分有多个单项合同的招标项目，招标文件允许投标人为获得整个项目合同而提出优惠的，评标委员会可以对投标人提出的优惠进行审查，以决定是否将招标项目作为一个整体合同授予中标人。将招标项目作为一个整体合同授予的，整体合同中标人的投标应当最有利于招标人。

招标文件应当载明投标有效期。投标有效期从提交投标文件截止日起计算。评标和定标应当在投标有效期结束日30个工作日前完成。不能在投标有效期结束日30个工作日前完成评标和定标的，招标人应当通知所有投标人延长投标有效期。拒绝延长投标有效期的投标人有权收回投标保证金。同意延长投标有效期的投标人应当相应延长其投标担保的有效期，但不得修改投标文件的实质性内容。因延长投标有效期造成投标人损失的，招标人应当给予补偿，但因不可抗力因素需延长投标有效期的除外。

评标委员会完成评标后，应当向招标人提出书面评标报告，并推荐合格的中标候选人。

评标报告是指评标委员会经过对各投标书评审后向招标人提出的结论性报告,作为定标的主要依据。评标委员会完成评标后,应当向招标人提出书面评标报告,并抄送有关行政监督部门。评标报告应当如实记载以下内容:①基本情况和数据表;②评标委员会成员名单;③开标记录;④符合要求的投标一览表;⑤废标情况说明;⑥评标标准、评标方法或者评标因素一览表;⑦经评审的价格或者评分比较一览表;⑧经评审的投标人排序;⑨推荐的中标候选人名单与签订合同前要处理的事宜;⑩澄清、说明、补正事项纪要。评标报告由评标委员会全体成员签字。对评标结论持有异议的评标委员会成员可以书面方式阐述其不同意见和理由。评标委员会成员拒绝在评标报告上签字且不陈述不同意见和其理由的,视为同意评标结论。评标委员会应当对此作出书面记录在案。向招标人提交书面评标报告后,评标委员会即告解散。评标过程中使用的文件、表格以及其他资料应当即时归还招标人。评标委员会推荐的中标候选人应当限定在一至三人,并标明排列顺序。

三、中标

(一)中标人的条件

中标是确定中标人,并签订合同的行为。中标人应当符合下列条件之一:(1)能够最大限度地满足招标文件中规定的各项综合评价标准;(2)能够满足招标文件的实质性要求,并且经评审的投标价格最低;但是投标价格低于成本的除外。

(二)中标的程序

1. 确定中标人

招标人根据评标委员会提出的书面评标报告和推荐的中标候选人确定中标人。招标人也可以授权评标委员会直接确定中标人。

在确定中标人前,招标人不得与投标人就投标价格、投标方案等实质性内容进行谈判。招标文件中要求中标人提交履约保证金的,中标人应当提交。

使用国有资金投资或者国家融资的项目,招标人应当确定排名第一的中标候选人为中标人。排名第一的中标候选人放弃中标,因不可抗力因素提出不能履行合同,或者招标文件规定应当提交履约保证金而在规定的期限内未能提交的,招标人可以确定排名第二的中标候选人为中标人。排名第二的中标候选人因前款规定的同样原因不能签订合同的,招标人可以确定排名第三的中标候选人为中标人。国务院对中标人的确定另有规定的,服从其规定。

评标委员会经评审,认为所有投标都不符合招标文件要求的,可以否决所有投标。依法必须进行招标项目的所有投标被否决的,招标人应当依法重新招标。

2. 发出中标通知书

中标人确定后,招标人应当向中标人发出中标通知书,并同时将中标结果通知所有未中标的投标人。中标通知书对招标人和中标人具有法律效力。中标通知书发出后,招标人改变中标结果的,或者中标人放弃中标项目的,应当依法承担法律责任。

3. 招标人与中标人签订书面合同

招标人和中标人应当自中标通知书发出之日起三十日内,按照招标文件和中标人的投标文件签订书面合同。招标人和中标人不得再行签订背离合同实质性内容的其他协议。招标人与中标人签订合同后5个工作日内,应当向中标人和未中标的投标人退还投标保证金。

4. 招标人将招标投标情况依法备案

依法必须进行招标的项目,招标人应当自确定中标人之日起十五日内,向有关行政监督部门提交招标投标情况的书面报告。

（三）中标人的法定义务

中标人应当按照合同约定履行义务，完成中标项目。中标人不得向他人转让中标项目，也不得将中标项目肢解后分别向他人转让。中标人按照合同约定或者经招标人同意，可以将中标项目的部分非主体、非关键性工作分包给他人完成。接受分包的人应当具备相应的资格条件，并不得再次分包。中标人应当就分包项目向招标人负责，接受分包的人就分包项目承担连带责任。

第五节 招标投标的法律责任

一、招标人违法行为应承担的法律责任

招标人违法行为应承担的法律责任包括：（1）违反《招标投标法》规定，必须进行招标的项目而不招标的，将必须进行招标的项目化整为零或者以其他任何方式规避招标的，责令限期改正，可以处项目合同金额千分之五以上千分之十以下的罚款；对全部或者部分使用国有资金的项目，可以暂停项目执行或者暂停资金拨付；对单位直接负责的主管人员和其他直接责任人员依法给予处分；（2）招标人以不合理的条件限制或者排斥潜在投标人的，对潜在投标人实行歧视待遇的，强制要求投标人组成联合体共同投标的，或者限制投标人之间竞争的，责令改正，可以处一万元以上五万元以下的罚款；（3）依法必须进行招标的项目的招标人向他人透露已获取招标文件的潜在投标人的名称、数量或者可能影响公平竞争的有关招标投标的其他情况的，或者泄露标底的，给予警告，可以并处一万元以上十万元以下的罚款，对单位直接负责的主管人员和其他直接责任人员依法给予处分；构成犯罪的，依法追究刑事责任。若该行为影响中标结果的，中标无效；（4）招标人在评标委员会依法推荐的中标候选人以外确定中标人的，依法必须进行招标的项目在所有投标被评标委员会否决后自行确定中标人的，中标无效，责令改正，可以处中标项目金额千分之五以上千分之十以下的罚款；对单位直接负责的主管人员和其他直接责任人员依法给予处分。

二、投标人和中标人违法行为应承担的法律责任

投标人和中标人违法行为应承担的法律责任包括：（1）投标人相互串通投标或者与招标人串通投标的，投标人以向招标人或者评标委员会成员行贿的手段谋取中标的，中标无效，处中标项目金额千分之五以上千分之十以下的罚款，对单位直接负责的主管人员和其他直接责任人员处单位罚款数额百分之五以上百分之十以下的罚款；有违法所得的，并处没收违法所得；情节严重的，取消其一年至二年内参加依法必须进行招标项目的投标资格并予以公告，直至由工商行政管理机关吊销营业执照；构成犯罪的，依法追究刑事责任；给他人造成损失的，依法承担赔偿责任；（2）投标人以他人名义投标或者以其他方式弄虚作假，骗取中标的，中标无效；给招标人造成损失的，依法承担赔偿责任；构成犯罪的，依法追究刑事责任；依法必须进行招标的项目的投标人有以上行为尚未构成犯罪的，处中标项目金额千分之五以上千分之十以下的罚款，对单位直接负责的主管人员和其他直接责任人员处单位罚款数额百分之五以上百分之十以下的罚款；有违法所得的，并处没收违法所得，情节严重的，取消其一年至三年内参加依法必须进行招标的项目的投标资格并予以公告，直至由工商行政管

理机关吊销营业执照；（3）中标人将中标项目转让给他人的，将中标项目肢解后分别转让给他人的，违反《招标投标法》规定将中标项目的部分主体、关键性工作分包给他人的，或者分包人再次分包的，转让、分包无效，并处转让、分包项目金额千分之五以上千分之十以下的罚款，有违法所得的，并处没收违法所得，可以责令停业整顿；情节严重的，由工商行政管理机关吊销营业执照；（4）中标人不履行与招标人签订的合同的，履约保证金不予退还，给招标人造成的损失超过履约保证金数额的，还应当对超过部分予以赔偿；没有提交履约保证金的，应当对招标人的损失承担赔偿责任。中标人不按照与招标人签订的合同履行义务，情节严重的，取消其二年至五年内参加依法必须进行招标项目的投标资格并予以公告，直至由工商行政管理机关吊销营业执照。

三、招标人与投标人或中标人共同违法行为应承担的法律责任

招标人与投标人或中标人共同违法行为应承担的法律责任包括：（1）依法必须进行招标的项目，招标人违反《招标投标法》规定，与投标人就投标价格、投标方案等实质性内容进行谈判的，给予警告，对单位直接负责的主管人员和其他直接责任人员依法给予处分。若该行为影响中标结果的，中标无效；（2）招标人与中标人不按照招标文件和中标人的投标文件签订合同的，或者招标人、中标人签订背离合同实质性内容的协议的，责令改正，可以处中标项目金额千分之五以上千分之十以下的罚款。

四、招标代理机构违法行为应当承担的法律责任

招标代理机构违法行为应当承担的法律责任是指：招标代理机构违反《招标投标法》规定、泄露应当保密的与招标投标活动有关的情况和资料的，或者与招标人、投标人串通损害国家利益、社会公共利益或者他人合法权益的，处五万元以上二十五万元以下的罚款，对单位直接负责的主管人员和其他直接责任人员处数额百分之五以上百分之十以下的罚款；有违法所得的，并处没收违法所得；情节严重的，暂停直至取消招标代理资格；构成犯罪的，依法追究刑事责任；给他人造成损失的，依法承担赔偿责任；若该行为影响中标结果的，中标无效。

五、评标委员会违法行为应承担的法律责任

评标委员会违法行为应承担的法律责任是指：评标委员会成员收受投标人的财物或者其他好处的，评标委员会成员或者参加评标的有关工作人员向他人透露对投标文件的评审和比较，中标候选人的推荐以及与评标有关的其他情况的，给予警告，没收收受的财物，可以并处三千元以上五万元以下的罚款；对有所列违法行为的评标委员会成员取消担任评标委员会成员的资格，不得再参加任何依法必须进行招标的项目的评标，构成犯罪的，依法追究刑事责任。

六、国家机关工作人员违法行为应当承担的法律责任

国家机关工作人员违法行为应当承担的法律责任是指：对招标投标活动依法负有行政监督职责的国家机关工作人员徇私舞弊、滥用职权或者玩忽职守后，构成犯罪的，依法追究刑事责任；不构成犯罪的，依法给予行政处分。

七、其他情况

其他违反《招标投标法》的情况包括：（1）依法必须进行招标的项目违反《招标投标法》规定，中标无效的，应当依照《招标投标法》规定的中标条件从其他投标人中重新确定中标人或者依照《招标投标法》重新进行招标；（2）任何单位和个人违反《招标投标法》规定，限制或者排斥本地区、本系统以外的法人或者其他组织参加投标的，为招标人指定招标代理机构的，强制招标人委托招标代理机构办理招标事宜的，或者以其他方式干涉招标投标活动的，责令改正；对单位直接负责的主管人员和其他直接责任人员依法给予警告、记过、记大过的处分；情节较重的，依法给予降级、撤职、开除的处分。

思考题

1. 招标投标的概念是什么？
2. 强制招标的范围是什么？
3. 简述招标程序的法律规定。
4. 简述投标程序的法律规定。
5. 简述违反《招标投标法》等法律法规的法律责任。

第五章 房地产管理法

第一节 概 述

一、房地产管理法的概念

房地产管理法是指调整在房地产开发、经营和服务活动中形成的一定社会关系的法律规范的总称。1994年7月5日第八届全国人民代表大会常务委员会第八次会议通过了《中华人民共和国城市房地产管理法》2007年8月30日，2009年8月27日全国人民代表大会常务委员会对《中华人民共和国城市房地产管理法》做了修订。《中华人民共和国城市房地产管理法》共七章。第一章为总则，论述了立法目的、适用范围、立法基本原则及房地产管理体制等；第二章为房地产开发用地，论述了土地使用权的出让制度和土地使用权的划拨制度；第三章为房地产开发，论述了房地产开发的基本原则、开发土地的期限、房地产开发项目的设计、施工及竣工、房地产开发企业的设立等；第四章为房地产交易，论述了房地产交易的一般规定、房地产转让、房地产抵押、房屋租赁和中介服务机构等；第五章为房地产权属登记制度；第六章为法律责任；第七章为附则。

我国颁布的与房地产有关的法律、法规包括：2009年8月27日第十一届全国人民代表大会常务委员会第十次会议修改《中华人民共和国城市房地产管理法》；2007年3月16日第十届全国人民代表大会第五次会议通过《中华人民共和国物权法》；2007年10月28日第十届全国人民代表大会常务委员会第三十次会议通过了《中华人民共和国城乡规划法》；2004年8月28日第十届全国人民代表大会常务委员会第十一次会议通过《全国人民代表大会常务委员会关于修改〈中华人民共和国土地管理法〉的决定》；2011年1月19日国务院颁布了《国有土地上房屋征收与补偿条例》；2007年8月26日国务院修改了《物业管理条例》；1998年12月27日国务院颁布了《土地管理法实施条例》；1990年5月19日国务院颁布了《中华人民共和国城镇国有土地使用权出让和转让暂行条例》；2011年2月1日住房和城乡建设部颁布了《商品房屋租赁管理办法》；2008年2月15日建设部颁布了《房屋登记办法》；2007年12月4日建设部和财政部颁布了《住宅专项维修资金管理办法》；2007年11月26日建设部修改了《物业服务企业资质管理办法》；2007年11月8日建设部、国家发展和改革委员会、监察部、民政部、财政部、国土资源部、中国人民银行、国家税务总局、国家统计局颁布了《廉租住房保障办法》；2006年3月7日建设部颁布了《注册房地产估价师管理办法》；2005年10月12日建设部颁布了《房地产估价机构管理办法》；2004年7月20日建设部修改了《城市危险房屋管理规定》和《城市商品房预售管理办法》；2002年3月24日国务院修改了《住房公积金管理条例》；2002年3月5日建设部颁布了《住宅室内装饰装修管理办法》；2001年8月29日建设部颁布了《城市房地产权属档案管理办法》；2001年4月4日建设部颁布了《商品房销售管理办法》；2001年8月15日建设部颁布了《修改〈城市异产毗连房屋管理规定〉的决定》；2001年8月15日建设部颁布了《修订〈城市商品房预售管理办法〉的决定》；2001年8月15日建设部颁布了《修订〈城市房地产转让管理规定〉的决定》；2001年8月15日建设部颁布了《修订〈城市房地产中介服务管理规定〉的决定》；2001年8月15日建设部颁布了《修订〈城市房地产抵押管理办法〉的决定》；2001年7月25日国土资源部颁布了《建设项目用地预审管理办法》；2001年6月13日国务院颁布了《城市房屋拆迁管理条例》；2000年10月8日建设部颁布了《城市房屋租赁管理办法》；2000年12月28日建设部颁布了《房产测绘管理办法》；2000年3月29日建设部颁布了《房地产开发企业资质管理规定》；1999年3月2日，国土资源部颁布了《建设用地审查报批管理办法》等。

二、房地产管理法的立法目的

（一）加强对房地产的管理

房地产业是指从事房地产开发、经营、管理和服务活动的产业，它不仅是经济发展的基础性、先导性产业，而且是国家财富的重要组成部分。现代西方国家将之与汽车、钢铁相并而称，共同构成国民经济的三大支柱产业。房地产业的发展，不仅为城市经济发展提供了基本物质基础和前提，改善了城市居民的生活条件，而且为国家提供了一项重要财源。房地产业在国民经济和社会发展中的重要地位和作用，客观上要求用法律对其加以规范、引导、推动和保障。因此，制定城市房地产管理法的首要目的就是要加强对房地产业的管理。

（二）维护房地产市场秩序

房地产市场秩序是指人们在从事房地产市场活动中应当遵循的准则。近几年来，随着房地产业的迅猛发展，同时也出现了一些亟待解决的问题。如建设用地供应总量失控，国家土地资源流失；房地产开发投资结构不合理，房地产市场行为不规范等。要解决这些问题，国家可以通过行政手段、经济手段、法律手段来加强管理，维护房地产市场秩序。而法律手段较之行政手段、经济手段，更具有严肃性、稳定性和权威性。而且国家采用行政手段和经济手段维护房地产秩序，都必须依法行政、依法管理。所以，只有加强房地产立法，才能更为有效地维护房地产市场秩序。

（三）保障房地产权利人的合法利益

房地产权利人是指在房地产法律关系中，依法享受权利，承担相应义务的自然人、法人、其他社会组织和国家。国家只有在特定情况下，才能成为房地产权利人，如国家以国有土地所有者的身份，将国有土地使用权出让给土地使用者时，才能成为房地产权利人。一般情况下，国家作为一个政治实体，不能成为房地产权利人。保障房地产权利人的合法权益，就是国家确认房地产权利人的一切合法房地产权益，不允许任何组织和个人加以侵犯，否则，房地产权利人可要求得到国家法律的保护，而国家也将追究侵权行为人的法律责任，对他们实行法律制裁。当然，凡不合法的房地产权益，也就不可能受到国家法律的保护。

（四）促进房地产业的健康发展

促进房地产业的健康发展，是房地产业立法的根本目的，也是国家加强对房地产业的管理，维护房地产市场秩序，保障房地产权利人的合法权益的必然结果。促进房地产业的健康发展，就是要在国家宏观调控管理之下，使得我国房地产业持续、快速、稳定、有序地向前发展，使其真正成为我国经济发展的基础性、先导性产业。

三、房地产管理法的调整对象和适用范围

房地产管理法的调整对象是指人们在房地产开发、经营、管理和服务活动中所形成的一定的社会关系。房地产管理法作为一个综合法律，按其所调整的社会关系来划分，房地产管理法的调整对象可分为房地产民事关系，房地产行政管理关系，房地产经济关系。房地产民事关系是指平等主体之间依法形成的权利义务关系。如土地使用权出让法律关系，房地产租赁法律关系，房地产转让法律关系，房地产抵押法律关系等。房地产行政管理关系是指政府及其职能部门之间，政府与房地产开发公司之间，因行政管理依法形成的权利义务关系。如土地征收法律关系，房地产开发项目的审批法律关系等。房地产经济关系是指政府及其职能部门与房地产开发公司、公民及其他法人和社会组织之间因宏观调控依法形成的权利义务关系，如房地产开发的规划和计划法律关系，房地产价格管理法律关系等。

房地产管理法调整范围是指在中华人民共和国城市规划区，国有土地范围内取得房地产开发用地的土地使用权，从事房屋开发，房地产交易及实施房地产管理。其调整范围限定在我国城市规划区。按照《城乡规划法》第2条的规定：城市规划区是指城市的建成区和因城市建设和发展需要，必须实行规划控制的区域。城市规划区的具体范围，由城市人民政府在编制的城市总体规划中，根据城乡经济发展水平和统筹城乡发展的需要划定。房地产管理法是调整城市规划区国有土地范围内取得房地产开发用地的土地使用权，从事房地产开发，房地产交易及实施房地产管理的法律条文。

房地产开发是指在依法取得国有土地使用权的土地上进行基础设施，房屋建设的行为。房地产开发具体包括新城区的房地产开发和旧城区的拆迁改造两种形式。新城区的房地产开发，是为城市的新建扩展和改造提供新的建设地段，为城市各项建设事业顺利进行提供基础条件。新城区的房地产开发一般需要经过征收土地和进行基础设施建设来实现。征收土地，就是将城市近郊区的农村集体所有的土地通过依法征收转变为国家所有的城市土地。基础设施建设，是城市各项建设的前期工程，其主要内容包括道路、上下水、煤气、电力和通讯等。基础设施建设的特点是：挖填土方量大，施工层次分明，地下隐蔽工程多，配套性强。

城市旧城区由于人口集中，交通、住房拥挤，房屋陈旧，设施落后等原因，严重阻碍着城市整体功能的正常发挥。因此，需要通过房地产开发予以改造，以适应城市现代化生产和生活的需要。旧城区房地产开发的重要环节是拆迁和改造。旧城区的土地属于国家所有，不需要通过征收土地这个环节，但需要服从城市的总体规划，进行必要的拆迁工作。旧城区房地产开发的拆迁内容：一是居民拆迁，二是单位拆迁。对拆迁对象，按照国家的有关规定，待开发地区的房屋竣工交付使用后，再予以原地或异地安置或货币补偿。

房地产交易包括房地产转让，房地产抵押和房屋租赁。房地产转让，是指房地产权利人通过买卖、赠与或者其他合法方式将其房地产转移给他人的行为。这里讲的其他合法方式包括交换、继承等。房地产抵押，是指抵押人以其合法的房地产以不转移占有的方式向抵押权人提供债务履行担保的行为；债务人不履行债务时，抵押权人有权依法以抵押的房地产拍卖所得的价款优先受偿。房地产抵押是抵押担保中的一种最普遍、最重要的形式。设定房地产抵押的目的是为了保证债权人债权的实现，以维护交易安全，稳定经济秩序，促进资金的融通。房地产抵押的抵押权人为债权人，抵押人可以为债务人，也可以为第三人。房屋租赁，是指房屋所有权人作为出租人将其房屋出租给承租人使用，由承租人向出租人支付租金的行为。房屋租赁的目的是为了不断地满足社会生产和居民生活的需要。

实施对城市房地产的管理，具体包括：（1）房地产开发用地的管理，如土地使用权出让的批准权限、组织实施等和土地使用权划拨的范围确定；（2）房地产开发企业的管理，如设立房地产开发企业的法定条件及设立登记和备案；（3）房地产交易价格的管理，如基准地价、标定地价和各类房屋的重置价格的定期确定和公布；房地产价格评估制度和房地产成交价格申报制度；（4）商品房预售的管理，如商品房预售的法定条件及商品房预售的许可和登记备案；（5）房屋租赁的管理，如房屋租赁合同的登记备案；（6）房地产中介服务机构的管理，如设立房地产中介服务机构的法定条件及设立登记，房地产价格评估人员资格认证制度；（7）房地产权属登记管理，如国家实行土地使用权和房屋所有权登记发证制度。

四、房地产管理法的基本原则

房地产管理法的基本原则是房地产管理法的主要宗旨和基本准则，它是制定和实施该法的出发点。其基本原则包括：节约用地，保护耕地的原则；国家实行国有土地有偿、有限期使用原则；国家扶持发展居民住宅建设，逐步改善居民的居住条件的原则；国家保护房地产权利人合法权益和房地产权利人必须守法，依法纳税的原则。

（一）节约用地，保护耕地的原则

土地是人类最珍贵的自然资源，是人们赖以生产、生活、繁衍生息、发展开拓的根基，是国家最宝贵的物质财富，是一切财富的源泉之一。由于土地面积的有限性，不可再生性等属性，要使人类永续生存，必须节约、合理用地。我国宪法规定："一切使用土地的组织和个人必须合理利用土地。"我国是人均耕地数量少，耕地总体质量差，耕地退化严重，耕地资源贫乏的国家，耕地是关系到 12 亿人民生计的根本问题。因此，合理利用土地，切实保护耕地是我国的一项基本国策，也是房地产开发的一项基本原则。

（二）国家实行国有土地有偿、有限期使用原则

我国《宪法》和《土地管理法》均规定土地的社会主义公有制和土地有偿使用制度。中华人民共和国实行土地的社会主义公有制，即全民所有制和劳动群众集体所有制。国家依法实行国有土地有偿使用制度。但是，国家在法律规定的范围内划拨国有土地使用权的除外

国有土地有偿使用原则是指土地使用者在取得土地使用权时必须交付一定的定金。土地使用权再转让时，也必须按照有偿的原则依法进行，具体表现在：房地产开发用地时，必须交付土地出让金；出让土地再次转让时，必须交付土地转让金；征收集体土地或旧城改造时，缴纳土地补偿费用和安置费用等；划拨土地除免缴情形外，依法缴纳土地使用税，划拨土地再转让时，依法补交出让金或上缴土地收益；企业内国有土地作价入股；村民宅基地、村镇企业等有偿使用集体土地的做法。国有土地有限期使用原则是指土地使用权出让最高年限由国家规定。根据1990 年国务院颁布的《中华人民共和国城镇国有土地使用权出让和转让暂行条例》第 13 条规定，土地使用权出让最高年限按用途分别为：（1）居住用地 70 年；（2）工业用地 50 年；（3）教育科技、文化、卫生、体育用地 50 年；（4）商业、旅游娱乐用地 40 年；（5）综合或其他用地 50 年。

（三）国家扶持发展居民住宅建设，逐步改善居民的居住条件的原则

住宅是城市居民的基本生活资料。发展居民的住宅建设，逐步改善居民的居住条件，对于促进城市经济发展，维护社会安定，具有重要意义。国家采取税收优惠措施，贷款优惠措施，住宅建设用地优惠措施，房改政策等扶持发展居民住宅建设，逐步改善居民的居住条件。

（四）国家保护房地产权利人合法权益和房地产权利人必须守法

房地产权利人合法权益的法律保护是指国家通过司法和行政程序保障房地产权利人依法对其房地产行使占有、使用、收益和处分的权利制度。我国对房地产权利的保护主要有以下几种方式：请求确认房地产权利，请求排除妨碍，请求恢复原状，请求返还原房地产，请求赔偿损失。房地产权利人守法是指在房地产的开发，房地产的经营，房地产的交易及房地产的权属登记的过程中必须遵守法律和行政法规的规定。

（五）依法纳税的原则

房地产权利人应缴纳的税包括土地使用税、城市维护建设税、房产税、土地增值税、国有资产投资方向调节税、耕地占用税、营业税、企业所得税、契税。

第二节　房地产开发用地

一、城市房地产开发用地

土地是房地产开发活动的载体，进行房地产开发就必须有房地产开发用地。而房地产开发用地，主要是城市的土地。房地产开发用地，是进行房地产开发活动的土地，是依法取得土地使用权，进行投资开发建设基础设施和房屋的国有土地。《城市房地产管理法》第2条第3款规定："本法所称房地产开发是指在依据本法取得国有土地使用权的土地上进行基础设施、房屋建设的行为。"根据这一条规定，房地产开发用地，包括基础设施建设用地。房屋建设用地以及土地房屋一体化建设用地。（1）基础设施建设用地，一般是指供水、排水、污水处理设施建设用地；供电、通信设施建设用地；煤气、热水设施建设用地；道路、桥梁、公共交通设施建设用地；园林绿化、环境卫生建设用地以及消防、路标、路灯等设施建设用地。基础设施建设用地又称土地开发用地；（2）房屋建设用地，一般是指住宅建设用地；工业、交通、仓库用房，商业服务用房，文化、体育、娱乐用房，教育、医疗、科研用房以及办公用房等各类房屋建设用地。房屋建设用地又称房屋开发用地；（3）土地房屋一体化建设用地，一般是指既进行基础设施建设，又进行房屋建设的用地，即土地开发和房屋开发综合用地。土地房屋一体化建设用地又称综合开发用地。

二、土地使用权有偿出让制度

（一）土地使用权有偿出让的概念及特征

土地使用权有偿出让，是指国家将国有土地使用权（以下简称土地使用权）在一定年限内出让给土地使用者，由土地使用者向国家缴纳土地使用权出让金的行为。城市规划区内集体所有的土地，经依法征收转为国有土地后，该幅国有土地的使用权方可有偿出让。土地使用权有偿出让具有以下特征：（1）土地使用权有偿出让是土地使用权转让的一种特殊方式，仅指土地使用者向国家购买土地使用权的行为，其行为仅控制在房地产的一级市场；（2）出让的标的是土地使用权，其范围仅限于国有土地使用权。任何单位和个人进行建设，需要使用土地的，必须依法申请使用国有土地；但是，兴办乡镇企业和村民建设住宅经依法批准使用本集体经济组织农民集体所有的土地的，或者乡（镇）村公共设施和公益事业建设经依法批准使用农民集体所有的土地除外；（3）土地使用权出让方只能是国家，城市规划区内集体所有的土地，经依法征收转为国有土地后，该幅国有土地的使用权方可有偿出让；（4）土使用权出让是一种有偿行为，受让方必须向国家缴纳一定数额的土地使用权出让金；（5）土地使用权的时间限制，1990年国务院颁布的《中华人民共和国城镇国有土地使用权出让和转让暂行条例》第13条规定了土地使用权出让的最高年限。

（二）土地使用权有偿出让双方的权利与义务

土地使用权有偿出让是一种民事法律行为，根据《城镇国有土地使用权出让和转让暂行条例》等的规定，在土地使用权出让法律关系中，受让方的权利主要包括如下内容：（1）占有和使用土地的权利。使用人在出让合同规定的范围内，有权占有该土地而排除他人的占有，并可以为了生产、经营或生活的目的使用该土地；（2）收益权。使用人不仅可以使用土地，而且有权获得该土地的收益。例如使用人取得土地使用权后将土地开发经营，对由此而获得的收益，使用人享有所有权；（3）出租与转让的权利。使用人在获取土地使用权之后，有权将该使用权出租或交给第三人租用，使用人可由此收取租金。使用人还可将已经取得的使用权转让给他人，这实际上是一种处分权；（4）设定抵押的权利。土地使用权人为了某种目的，可以将使用权作为一项财产设定抵押权，当不能清偿债务时，该土地使用权便属于抵押权人；（5）物上请求权。即排除妨碍，恢复权利人实际有效支配状态的请求权。土地使用权作为一种使用土地的权利，以实际占有土地为前提。因此，当土地使用权的实现受到妨害时，同所有权人一样，使用权人具有物上请求权，包括请求返还占有，排除妨碍，防止危险等权利；（6）相邻权。相邻的土地使用权人之间，应当按照有利生产、方便生活、团结互助、公平合理的精神，正确处理截水、排水、通行、通风、采光等方面的相邻关系，给相邻方造成妨碍或损失的，受害方有权要求停止妨碍、赔偿损失。

受让方在取得土地使用权的同时，应承担下列义务：（1）在签订土地使用权出让合同后60日内，支付全部土地使用权出让金；（2）按照土地使用权出让合同的规定和城市规划的要求，开发、利用、经营土地，不得违反国家法律、法规的规定，不得损害社会公共利益；（3）在支付土地使用权出让金后，依照规定办理登记，领取土地使用证，取得土地使用权；（4）需要改变土地使用权出让合同规定的土地用途的，须征得出让方的同意并经土地管理部门和城市规划部门批准，重新签订合同。

土地使用权出让方享有下列权利：（1）以所有者的身份出让城镇国有土地使用权并收取相应的出让金。出让金指土地使用权受让方为获得土地使用权而同意向土地所有者支付的一定数额的货币，也称为"地价"。出让金一般在出让方与受让方签订合同后由受让方一次性支付或在较短时间内分期支付；（2）土地使用权出让合同规定的土地使用期限届满时，有权无偿收回土地使用权和地上建筑物、附着物；（3）在特殊情况下，在土地使用权期限届满前，可根据社会公共利益的需要以行政管理者的身份提前收回土地使用权，但应对由此而给使用人造成的损失给予一定的补偿；（4）作为土地管理部门，有权对土地使用权的转让、抵押、出租及终止进行监督检查；对于未按合同规定的期限和条件开发、利用土地的，有权予以纠正，并根据情节可以给予警告、罚款直至无偿收回使用权的处罚。

土地使用权出让方的义务主要包括：（1）根据土地资源优化配置的原则，按照社会经济计划、公共利益、城市规划合理安排土地使用权的出让；（2）根据合同规定，在一定期限内向土地使用者提供土地使用权，不得无故提前解除合同；（3）在特殊情况下依法律程序提前收回土地使用权时，有义务根据已使用土地的年限和开发利用土地的实际情况给予相应的补偿。除上述义务外，出让方还负有一项不可为的义务，即不得干涉土地使用权人行使其权利的独立性，确保土地使用权的真实性。

（三）土地使用权出让的批准权限

土地使用权出让，由市、县人民政府有计划、有步骤地进行。出让的每幅地块、用途、年限和其他条件，由市、县人民政府土地管理部门会同城市规划、建设、房产管理部门共同拟订方案，按照国务院规定，报有批准权的人民政府批准后，由市、县人民政府土地管理部门实施。

征收下列土地的，由国务院批准：（1）基本农田；（2）基本农田以外的耕地超过三十五公顷的；（3）其他土地超过七十公顷的。征收前述以外土地的，由省、自治区、直辖市人民政府批准，并报国务院备案；征收农用地的，应当依法先行办理农用地转用审批。其中，经国务院批准农用地转用的，同时办理征地审批手续，不再另行办理征地审批；经省、自治区、直辖市人民政府在征地批准权限内批准农用地转用的，同时办理征地审批手续，不再另行办理征地审批；超过征地批准权限的，应当另行办理征地审批。

（四）国家对土地使用权出让宏观调控和实行总量控制

土地使用权出让必须符合土地利用总体规划、城市规划和年度建设用地计划。土地利用总体规划是在一定区域内，依据国民经济和社会发展规划，国土整治和资源环境保护的要求，土地供给能力以及各项建设对土地的需求，对土地的开发、利用、治理和保护所作的总体安排和布局，是国家实行土地用途管制的依据。我国的土地利用总体规划分为国家级、省级、地市级、县级和乡镇级，共五个层次。分别由各级人民政府组织编制，实行分级审批。城市总体规划是指城市人民政府依据国民经济和社会发展规划以及当地的自然环境、资源条件、历史情况、现状特点，统筹兼顾、综合部署，为确定城市的规模和发展方向，实现城市的经济和社会发展目标，合理利用城市土地，协调城市空间布局等所作的一定期限内的综合部署和具体安排。土地利用年度计划是指为实施土地利用计划管理的要求，根据国民经济和社会发展计划、国家产业政策、土地利用总体规划及建设用地和土地利用的实际状况编制的对年度内各项用地数量的具体安排。土地利用年度计划，是落实土地利用总体规划的具体步骤；不仅包括建设用地计划，还包括土地开发计划。建设用地计划又分为非农业建设用地计划和农业建设用地计划。

县级以上地方人民政府出让土地使用权用于房地产开发的，须根据省级以上人民政府下达的控制指标拟订年度出让土地使用权总面积方案，按照国务院规定，报国务院或者省级人民政府批准。总量控制包括两个层次：一是开发用地控制指标，由省级以上人民政府制定下达；二是年度出让土地使用权总面积方案，由县级以上地方人民政府拟订，并报国务院或者省级人民政府批准；在通常情况下，省、自治区、直辖市人民政府拟订的年度出让土地使用权总面积方案，应报国务院批准，市、县人民政府拟订的年度出让土地使用权总面积方案，应报省、自治区、直辖市人民政府批准。

（五）土地使用权出让最高年限的规定

土地使用权出让最高年限由国务院规定。根据1990年国务院颁布的《中华人民共和国城镇国有土地使用权出让和转让暂行条例》第13条规定，土地使用权出让最高年限按用途分别为：（1）居住用地70年；（2）工业用地50年；（3）教育科技、文化、卫生、体育用地50年；（4）商业、旅游娱乐用地40年；（5）综合或其他用地50年。

三、土地使用权出让的方式

土地使用权出让，可以采取拍卖、招标或者双方协议的方式。商业、旅游、娱乐和豪华住宅用地，有条件的，必须采取拍卖、招标方式；没有条件，不能采取拍卖、招标方式的，可以采取双方协议的方式。采取双方协议方式出让土地使用权的出让金不得低于按国家规定所确定的最低价。

(一) 协议方式

协议方式是指土地所有者（出让方）与土地使用者（受让方）在没有第三者参与竞争的情况下，通过谈判、协商，达成出让土地使用权一致意见的一种方式。协议出让受行政意志制约较强，没有引入竞争机制，一般适用于市政工程、公益事业、非盈利单位或项目用地，以及因实施产业政策政府需要给予扶持、优惠的项目等的用地。协议出让的程序一般为：

1. 申请。协议出让首先由土地使用权有意受让人根据生产经营需要，或生活及办公条件需要，向土地所有者提出使用土地的申请，说明用地依据、面积、用途、出让金的来源及数额等；

2. 协商。出让人根据有意受让人的申请，结合有关规定，与有意受让人就用地面积的大小、出让金的多少等具体问题进行谈判，直至最后取得一致意见；

3. 签约。出让方与有意受让人把协商的结果，即达成的一致意见，用书面形式确定下来（签订出让合同）；

4. 登记。土地使用权有意受让人按照合同规定的出让金数额和支付方式交付完出让金以后，在土地管理部门办理土地使用权登记手续，并领取土地使用证。

(二) 招标方式

招标方式，是指在规定的期限内，由符合规定条件的单位和个人，以书面投标方式，竞投某一地块土地的使用权，由招标方择优确定土地使用者的出让方式。招标出让引入了市场竞争机制，比较充分地体现了商品交换的原则。投标人是靠各自的竞标，获得中标机会，而且每个投标人只有一次投标的机会，招标人在确定中标人时，不仅要考虑投标标价，而且也要参考投标规划设计方案、投标人的业绩等，因此，中标者不一定是投标标价的最高者。招标出让的程序为：

1. 招标。招标通常先由招标人通过各种新闻媒介形式或其他形式（如通知）发出招标通告，公布招标出让土地使用权地块的位置、面积、用途、年限、投标者的资格及范围、报名地点、截止报名日期及其他事项。由有意受让人提出投标申请，然后由招标人根据确定的投标人资格范围对有意受让人进行资格审查，并向合格者发送招标文件。招标出让分为公开招标和邀请招标两种方式。招标人采用公开招标方式的，应当发布招标公告。依法必须进行招标项目的招标公告，应当通过国家指定的报刊、信息网络或者其他媒介发布。招标人采用邀请招标方式的，应当向三个以上具备承担招标项目能力、资信良好的特定法人或者其他组织发出投标邀请书。招标公告或投标邀请书应当载明招标人的名称和地址、招标项目的性质、数量、实施地点和时间以及获取招标文件的办法等事项。招标人可以根据招标项目本身的要求，在招标公告或者投标邀请书中，要求潜在投标人提供有关资质证明文件和业绩情况，并对潜在投标人进行资格审查。招标人应当根据招标项目的特点和需要编制招标文件。招标文件应当包括：投标须知，土地使用规则，土地使用权投标书，土地使用权合同书和中标证明通知书等。

2. 投标。土地使用权有意受让人收到或领取招标文件以后，按招标人规定的时间、地点，向招标人交纳投标保证金。投标人应当按照招标文件的要求编制投标文件。投标文件应当对招标文件提出的实质性要求和条件作出响应。投标人应当在招标文件要求提交投标文件的截止时间前,将投标文件送达投标地点。招标人收到投标文件后,应当签收保存,不得开启。在招标文件要求提交投标文件的截止时间后送达的投标文件,招标人应当拒收。投标人在招标文件要求提交投标文件的截止时间前,可以补充、修改或者撤回已提交的投标文件,并书面通知招标人。补充、修改的内容为投标文件的组成部分。

3. 开标、评标和中标。开标时,由投标人或者其推选的代表检查投标文件的密封情况,也可以由招标人委托的公证机构检查并公证;经确认无误后,由工作人员当众拆封,宣读投标人名称、投标价格和投标文件的其他主要内容。评标是根据招标文件的规定和要求,对投标文件所进行的审查、评审和比较。评标由招标人依法组建的评标委员会负责,其评标委员会由招标人的代表和有关技术、经济等方面的专家组成,成员人数为五人以上单数,其中技术、经济等方面的专家不得少于成员总数的三分之二。评标委员会应当按照招标文件确定的评标标准和方法,对投标文件进行评审和比较,设有标底的,应当参考标底。评标委员会完成评标后,应当向招标人提出书面评标报告,并推荐合格的中标候选人。招标人根据评标委员会提出的书面评标报告和推荐的中标候选人确定中标人。

招标人也可以授权评标委员会直接确定中标人。中标人应当符合下列条件之一:(1)能够最大限度地满足招标文件中规定的各项综合评价标准;(2)能够满足招标文件的实质性要求,并且经评审的投标价格最低,但是投标价格低于成本的除外。中标人确定后,招标人应当向中标人发出中标通知书,并同时将中标结果通知所有未中标的投标人。

4. 签约。中标者接到中标证明书后,在规定日期内持中标证明书与招标人签订出让合同。

5. 登记。中标者交付合同规定的全部出让金后,到土地管理部门办理土地使用权登记手续并领取土地使用证。

(三) 拍卖方式

拍卖方式是指土地管理部门在指定的时间、地点、利用公开场合,就所出让土地使用权的地块公开叫价竞投,按"价高者得"的原则,确定土地使用权受让者的一种方式。拍卖出让与招标出让都是竞争性签约的方式,但拍卖出让的竞争性更激烈。拍卖出让公开进行,每个竞买人公开竞争报价,按"价高者得"的原则确定竞买人。在拍卖出让中,竞买人有多次报价的机会。拍卖出让这种方式,适用于商业用地或娱乐用地。拍卖出让的程序如下:

1. 拍卖公告。土地使用权出让方,在拍卖活动开始前数日,要通过新闻媒介传播或刊登拍卖公告。公告内容包括:①拍卖地块的位置、面积;②拍卖地块的用途;③拍卖地块的使用年限;④拍卖的规则;⑤拍卖叫价的方式,即由高向低叫价,或由低向高叫价;⑥拍卖保证金的数额和支付方式;⑦拍卖的地点和日期;⑧其他需要公告的内容。

2. 交验有关证件、领取入场证。土地使用权有意受让人即竞买者,要在拍卖开始前规定的时间以内到拍卖人指定的地点交验有关证件。

3. 拍卖。在规定的地点和时间,由土地所有者代表或委托人主持拍卖。拍卖时,首先由主持人介绍拍卖土地的位置、面积、用途、使用年限,公布底价以及每次应价的加价额。拍卖主持人介绍完上述情况及说明要求以后,开始应价。竞投人应价时,采取手举方式,手举的牌子应价数目"第一次"、"第二次"后,没有人举牌应价时,主持人一锤敲下,该幅地块的土地使用权由最后举牌应价者得。公证员宣读公证词。

4. 签约。经过激烈的竞投,应价高者与土地使用权出让人签订土地使用权出让合同。

5. 登记。土地使用权受让人交纳土地使用权出让金以后,到土地管理部门办理土地使用权登记手续，领取土地使用证。

四、土地使用权出让合同

（一）土地使用权出让合同的概念

土地使用权出让合同是指市、县人民政府土地管理部门与土地使用者之间，就出让城市国有土地使用权所达成的明确相互之间权利义务关系的协议。土地使用权出让合同分为三种类型：(1) 宗地出让合同是指市、县人民政府土地管理部门根据有关规定，出让某一宗地的国有土地使用权，与土地使用者签订的合同；(2) 成片开发土地出让合同是指市、县人民政府土地管理部门根据有关规定，将国有土地使用权出让给开发者，与开发者签订的土地成片开发经营的合同；(3) 划拨土地使用权补办出让合同是指已经由国家行政划拨方式分配给土地使用者使用的土地，纳入有偿、有限期、可流动轨道，市、县人民政府土地管理部门根据有关规定与土地使用者补签的土地使用权出让合同。

（二）土地使用权出让合同的主要内容

土地使用权出让合同的内容，是指合同当事人用以确定关于土地使用权出让中双方权利和义务的各项条款。一般包括下列内容：

1. 合同当事人的名称、身份及特征。

2. 标的。指出让土地的位置、四邻界至、用途和面积。

3. 使用年限。土地使用权出让年限的约定应当遵从国家有关土地使用权最高年限的规定，它是关系到土地使用者与使用者利益分配的重要条款。

4. 开发期限。是指土地使用人在取得土地使用权后开发利用土地的期限。明确这项内容，是保证有效开发利用土地的依据，防止不按期开发、闲置土地等现象。

5. 出让金数额及支付方式。土地使用权出让金实际上是土地使用价值的货币表现，即土地使用权价格。一般来说，出让金包括三个方面的因素：地租、征地费（包括补偿费、安置补助费、耕地占用税等所有征地过程中所支付的各种费和税）、投资开发费以及征地费和投资开发费的利息等。土地使用权出让金一般是根据对土地状况评估后确定的，公平、合理是基本准则，可采用拍卖、招标等竞争方式确定；也可采用协议方式确定，但不得低于国家所确定的最低价。

6. 开发进度与分期投资额度。成片开发土地的土地规模比较大，开发时间也比较长，因此应当明确每期付款的数额、开发进度及分期投资额。

7. 担保方式。担保合同是指根据法律规定或当事人约定而采取的确保合同能够履行的法律行为。土地出让合同的担保方式可由当事人约定，可以采用定金、抵押、保证等担保方式。

8. 土地使用规则。土地使用权出让方应在符合城市总体规划的前提下，编制出所出让土地使用的总平面布置图、建筑密度和高度控制指标、工程深度限制、环境保护、园林绿化、消防要求，这是土地使用权出让合同的重要内容。

9. 合同的变更、解除及违约责任。在合同中应当明确合同的变更、解除的条件，明确违约责任的具体内容。

10. 争议的解决方式。

（三）土地使用权出让合同的变更、解除及违约责任

土地使用者必须按照出让合同约定，支付土地使用权出让金；未按照出让合同约定支付

土地使用权出让金的，土地管理部门有权解除合同，并可以请求违约赔偿。

土地使用者按照出让合同约定支付土地使用权出让金的，市、县人民政府土地管理部门必须按照出让合同约定，提供出让的土地；未按照出让合同约定提供出让土地的，土地使用者有权解除合同，由土地管理部门返还土地使用权出让金，土地使用者并可以请求违约赔偿。

土地使用者需要改变土地使用权出让合同约定的土地用途的，必须取得出让方和市、县人民政府城市规划行政主管部门的同意，签订土地使用权出让合同变更协议或者重新签订土地使用权出让合同，相应调整土地使用权出让金。

（四）土地使用权的终止与续期

国家对土地使用者依法取得的土地使用权，在出让合同约定的使用年限届满前不收回；在特殊情况下，根据社会公共利益的需要，可以依照法律程序提前收回，并根据土地使用者使用土地的实际年限和开发土地的实际情况给予相应的补偿。土地使用权因土地丧失而终止。

土地使用权出让合同约定的使用年限届满，土地使用者需要继续使用土地的，应当最迟于届满前一年申请续期，除根据社会公共利益需要收回该幅土地的，应当予以批准。经批准予续期的，应当重新签订土地使用权出让合同，依照规定支付土地使用权出让金。

土地使用权出让合同约定的使用年限届满，土地使用者未申请续期或者虽申请续期，但依照规定未获批准的，土地使用权由国家无偿收回。

五、土地使用权划拨

（一）土地使用权划拨的概念

土地使用权划拨，是指县级以上人民政府依法批准，在土地使用者缴纳补偿、安置等费用后将该幅土地交付其使用，或者将土地使用权无偿交付给土地使用者使用的行为。依照《城市房地产管理法》规定以划拨方式取得土地使用权的，除法律、行政法规另有规定外，没有使用期限的限制。

（二）土地使用权划拨的范围

下列建设用地的土地使用权，确属必需的，可以由县级以上人民政府依法批准划拨：(1) 国家机关用地和军事用地；(2) 城市基础设施用地和公益事业用地；(3) 国家重点扶持的能源、交通、水利等项目用地；(4) 法律、行政法规规定的其他用地。

第三节 房地产开发

一、房地产开发

（一）房地产开发的概念

房地产开发是指在依法取得国有土地使用权的土地上进行基础设施、房屋建设的行为，它包括土地开发和房屋开发。土地开发是指房屋建设的前期准备，即实现"三通一平"，把自然状态的土地变成可供建造房屋和各类设施的建筑用地。"三通一平"包括将开发区域以外的道路通、给水排水通、供电线路通和对施工现场上的土地进行平整；"七通一平"包括道路通、上下水通、雨污排水通、电力通、通讯通、煤气通、热力通和平整场地。土地开发有两种情形：一是新区土地开发，即把农业用地或者其他非城市用地改造为适合工商业、居民住宅、商品房以及其他城市用途的城市用地；二是旧城区改造，即对城市原有土地进行改造，拆除原来的建筑物，调整城市规划，改变土地用途，完善城市基础设施，提高土地的利用效益。房屋开发是在城市土地开发基础上，进行建筑物与构筑物的开发。包括住宅开发；生产与经营性建筑物开发，如工厂厂房、各类商店、各种仓库、办公用房；生产、生活服务性建筑物及构筑物的开发，如交通运输设施，公用事业和服务事业设施，娱乐设施及城市其他基础设施的开发。

（二）房地产开发的分类

从房地产开发的规模进行考察，可将房地产开发分为单项开发、小区开发、成片开发三类：(1) 单项开发。这种开发方式规模小，占地少，项目功能单一，配套设施简单。单项开发往往是在新区总体开发或者城区改造中所形成的一个相对独立的项目，但是也要与整个开发区的总体规划相协调。(2) 小区开发。一是指新城区开发中的一个小区综合开发，要求在开发区范围内做到基础设施和配套项目齐全，功能完善；二是指在旧城区更新改造中的局部改建，即某个相对独立的街区的更新改造。(3) 成片开发。一般指范围广阔，项目众多，投入资金巨大，建设周期长的综合开发。

（三）房地产开发的特点

1. 房地产开发是多部门协作活动。房地产开发包括基础设施开发和房屋开发，而要完成这些开发活动，必须要规划、土地管理、设计、施工、市政、消防、环境、绿化、供电、供水、通讯、商业、银行等相互协作，否则房地产开发活动就不能进行。因此，房地产开发是一种多部门协作活动。

2. 房地产开发投资大。房地产开发是以基础设施和房屋为开发对象的投资活动。由于基础设施开发涉及的范围比较大，包括地面设施建设和地下设施建设，因此，投资量比较大。

3. 房地产开发周期较长。房地产开发作为一种生产活动，它不像一般商品生产投资量少，涉及的面窄，生产场所比较小，生产环节比较集中。它需要许多环节，经过多项程序才能完成。一般小型开发项目，从立项到交付使用，最少需要一二年时间；中型开发项目，需要三四年时间；大型项目则需要更长的时间，因此，房地产开发周期较长。

（四）房地产开发的原则

1. 符合城市规划的原则。房地产开发必须严格执行城市规划。《中华人民共和国城市规划法》第30条规定："城市规划区内的建设工程的选址和布局必须符合城市规划。"贯彻执行这一原则应做到：①土地使用权出让的总体方案应符合城市规划，土地使用性质必须根据城市规划确定，出让的土地必须有规划控制指标；②土地使用者按城市规划的要求开发、利用土地，在进行房地产开发时，必须持国家批准建设项目的有关文件，向城市规划主管部门申请建设用地规划许可证，同时应按城市规划的要求合理确定各项技术经济指标，做好项目的规划设计工作，开发项目的规划设计方案经规划部门审定；③在开发建设项目的过程中，应严格执行规划设计方案，未经许可，不得任意修改规划设计图，同时应严格遵守出让合同的各项约定，若需改变土地用途，应当征得出让方同意并经土地管理部门和城市规划部门审批；④城市规划区内的建设工程，建设单位应当在竣工验收后6个月内向城市规划主管部门报送有关竣工资料。城市规划主管部门应参加城市规划区内重要建设工程的竣工验收。

2. 坚持经济效益、社会效益、环境效益相统一的原则。经济效益是指房地产开发要进行经济核算，追求较好的投资回报率。社会效益，是指房地产开发对社会所产生的效果和利益。环境效益是指房地产开发对城市自然环境和社会环境所产生的影响。房地产开发不仅要追求经济效益，而且要注重社会效益和环境效益。按照经济效益、社会效益、环境效益相统一的原则，实行全面规划、合理布局、综合开发、配套建设。

3. 鼓励和扶持建设居民住宅的原则。国家采取税收等方面的优惠措施鼓励和扶持房地产开发企业开发建设居民住宅。在税收上，按《土地增值税暂行条例》第8条规定对于建设普通标准住宅的，增值额未超过扣除项目金额的20%的，免征土地增值税。在用地方式上，对于居民居住的福利用地，危旧房改造用地，安居工程用地可以按照有关规定采取划拨方式取得土地。在贷款方式上，国家允许房地产开发企业以依法取得的土地使用权抵押贷款，对购房者实行按揭贷款，以解决房地产开发过程中的资金问题。

4. 依土地使用权出让合同约定开发的原则。以出让方式取得土地使用权进行房地产开发的，必须按照土地使用权出让合同约定的土地用途、动工开发期限开发土地。超过出让合同约定的动工开发日期满一年未动工开发的，可以征收相当于土地使用权出让金百分之二十以下的土地闲置费；满二年未动工开发的，可以无偿收回土地使用权；但是，因不可抗力或者政府有关部门的行为或者动工开发必需的前期工作造成动工开发迟延的除外。

5. 设计、施工必须符合国家的有关标准和规范的原则。房地产开发项目的设计、施工，必须符合国家的有关标准和规范。房地产开发项目竣工，经验收合格后，方可交付使用。

二、房地产开发企业

（一）房地产开发企业成立的条件

房地产开发企业，是指从事房地产开发和经营的经济组织，包括房地产开发的专营企业和兼营企业。房地产开发企业是以营利为目的，从事房地产开发和经营的企业。

设立房地产开发企业，应当具备下列条件：（1）有自己的名称和组织机构；（2）有固定的经营场所；（3）有符合国务院规定的注册资本；（4）有足够的专业技术人员；（5）法律、行政法规规定的其他条件。

（二）房地产开发企业设立程序

新设立的房地产开发企业应当自领取营业执照之日起30日内，持下列文件到房地产开发主管部门备案：（1）营业执照复印件；（2）企业章程；（3）验资证明；（4）企业法定代表人的身份证明；（5）专业技术人员的资格证书和劳动合同；（6）房地产开发主管部门认为需要出示的其他文件。房地产开发主管部门应当在收到备案申请后30日内向符合条件的企业核发《暂定资质证书》。《暂定资质证书》有效期1年。房地产开发主管部门可以视企业经营情况延长《暂定资质证书》有效期，但延长期限不得超过2年。自领取《暂定资质证书》之日起1年内无开发项目的，《暂定资质证书》有效期不得延长。

房地产开发企业应当在《暂定资质证书》有效期满前1个月内向房地产开发主管部门申请核定资质等级。房地产开发主管部门应当根据其开发经营业绩核定相应的资质等级。申请《暂定资质证书》的条件不得低于四级资质企业的条件。申请核定资质等级的房地产开发企业，应当提交下列证明文件：（1）企业资质等级申报表；（2）房地产开发企业资质证书（正、副本）；（3）企业资产负债表和验资报告；（4）企业法定代表人和经济、技术、财务负责人的职称证件；（5）已开发经营项目的有关证明材料；（6）房地产开发项目手册及《住宅质量保证书》、《住宅使用说明书》执行情况报告；（7）其他有关文件、证明。

房地产开发企业资质等级实行分级审批。一级资质由省、自治区、直辖市人民政府建设行政主管部门初审,报国务院建设行政主管部门审批。二级资质及二级资质以下企业的审批办法由省、自治区、直辖市人民政府建设行政主管部门制定。经资质审查合格的企业,由资质审批部门发给相应等级的资质证书。资质证书由国务院建设行政主管部门统一制作。资质证书分为正本和副本,资质审批部门可以根据需要核发资质证书副本若干份。

房地产开发企业的资质实行年检制度。对于不符合原定资质条件或者有不良经营行为的企业,由原资质审批部门予以降级或者注销资质证书。一级资质房地产开发企业的资质年检由国务院建设行政主管部门或者其委托的机构负责。二级资质及二级资质以下房地产开发企业的资质年检由省、自治区、直辖市人民政府建设行政主管部门制定办法。房地产开发企业无正当理由不参加资质年检的,视为年检不合格,由原资质审批部门注销资质证书。

企业发生分立、合并的,应当在向工商行政管理部门办理变更手续后的30日内,到原资质审批部门申请办理资质证书注销手续,并重新申请资质等级。企业变更名称、法定代表人和主要管理、技术负责人,应当在变更30日内,向原资质审批部门办理变更手续。企业破产、歇业或者因其他原因终止业务时,应当在向工商行政管理部门办理注销营业执照后的15日内,到原资质审批部门注销资质证书。

(三) 房地产开发企业资质管理

2000年3月29日建设部颁布77号令《房地产开发企业资质管理规定》。根据企业注册资本、专业技术人员、技术装备和已完成的开发业绩将房地产开发企业的资质分为一、二、三、四共四个等级。

各资质等级企业的条件如下:

1. 一级资质:①注册资本不低于5000万元;②从事房地产开发经营5年以上;③近3年房屋建筑面积累计竣工30万平方米以上,或者累计完成与此相当的房地产开发投资额;④连续5年建筑工程质量合格率达100%;⑤上一年房屋建筑施工面积15万平方米以上,或者完成与此相当的房地产开发投资额;⑥有职称的建筑、结构、财务、房地产及有关经济类的专业管理人员不少于40人,其中具有中级以上职称的管理人员不少于20人,持有资格证书的专职会计人员不少于4人;⑦工程技术、财务、统计等业务负责人具有相应专业中级以上职称;⑧具有完善的质量保证体系,商品住宅销售中实行了《住宅质量保证书》和《住宅使用说明书》制度;⑨未发生过重大工程质量事故。

2. 二级资质:①注册资本不低于2000万元;②从事房地产开发经营3年以上;③近3年房屋建筑面积累计竣工15万平方米以上,或者累计完成与此相当的房地产开发投资额;④连续3年建筑工程质量合格率达100%;⑤上一年房屋建筑施工面积15万平方米以上,或者完成与此相当的房地产开发投资额;⑥有职称的建筑、结构、财务、房地产及有关经济类的专业管理人员不少于20人,其中具有中级以上职称的管理人员不少于10人,持有资格证书的专职会计人员不少于3人;⑦工程技术、财务、统计等业务负责人具有相应专业中级以上职称;⑧具有完善的质量保证体系,商品住宅销售中实行了《住宅质量保证书》和《住宅使用说明书》制度;⑨未发生过重大工程质量事故。

3. 三级资质:①注册资本不低于800万元;②从事房地产开发经营2年以上;③房屋建筑面积累计竣工5万平方米以上,或者累计完成与此相当的房地产开发投资额;④连续2年建筑工程质量合格率达100%;⑤有职称的建筑、结构、财务、房地产及有关经济类的专业管理人员不少于10人,其中具有中级以上职称的管理人员不少于5人,持有资格证书的专职会计人员不少于 2 人；⑥工程技术、财务等业务负责人具有相应专业中级以上职称，统计等其他业务负责人具有相应专业初级以上职称；⑦具有完善的质量保证体系，商品住宅销售中实行了《住宅质量保证书》和《住宅使用说明书》制度；⑧未发生过重大工程质量事故。

4. 四级资质：①注册资本不低于 100 万元；从事房地产开发经营 1 年以上；②已竣工的建筑工程质量合格率达 100％；③有职称的建筑、结构、财务、房地产及有关经济类的专业管理人员不少于 5 人，持有资格证书的专职会计人员不少于 2 人；④工程技术负责人具有相应专业中级以上职称，财务负责人具有相应专业初级以上职称，配有专业统计人员；⑤商品住宅销售中实行了《住宅质量保证书》和《住宅使用说明书》制度；⑥未发生过重大工程质量事故。

房地产开发企业资质等级实行分级审批。一级资质由省、自治区、直辖市人民政府建设行政主管部门初审，报国务院建设行政主管部门审批。二级资质及二级资质以下企业的审批办法由省、自治区、直辖市人民政府建设行政主管部门制定。经资质审查合格的企业，由资质审批部门发给相应等级的资质证书。

一级资质的房地产开发企业承担房地产项目的建设规模不受限制，可以在全国范围承揽房地产开发项目。二级资质及二级资质以下的房地产开发企业可以承担建筑面积 25 万平方米以下的开发建设项目，承担业务的具体范围由省、自治区、直辖市人民政府建设行政主管部门确定。各资质等级企业应当在规定的业务范围内从事房地产开发经营业务，不得越级承担任务。

三、房地产开发项目管理

房地产开发项目管理是指人民政府对房地产开发项目从立项、设计到竣工验收的全程管理。《中华人民共和国房地产管理法》第 26 条规定："房地产开发项目的设计、施工，必须符合国家的有关标准和规范。房地产开发项目竣工、经验收合格后，方可交付使用。"《城市房地产开发管理暂行办法》对房地产开发项目的管理作了规定。概括起来，包括以下内容：

（一）开发项目的立项管理

房地产开发公司应当根据城市规划、年度建设用地计划和市场需要情况，确定开发项目，并向计划管理等部门申请立项。房地产开发项目确定后，必须向城市规划主管部门申请定点，由城市规划主管部门核发《建设用地规划许可证》。房地产开发企业在取得《建设用地规划许可证》后，根据规划设计要求，对开发项目组织勘察、规划、设计工作；房地产开发项目的规划设计方案，须依据城市规划管理的有关规定，履行报批手续。房地产开发企业应当向城市规划主管部门申请核发《建设工程规划许可证》，取得《建设工程规划许可证》后，方可申请开工。

（二）开发项目的勘察、设计管理

房地产开发项目的勘察、规划设计和建筑设计，应当由有相应资格的单位承担。从事工程勘察设计的单位，必须按照规定申请资格审查，经勘察设计主管部门审查合格并取得《工程勘察证书》或者《工程设计证书》后，方可承揽工程勘察设计任务。房地产开发项目设计一般按初步设计和施工图设计两个阶段进行。对于技术上复杂而又缺乏设计经验的项目，可分为初步设计、技术设计和施工图设计三个阶段。初步设计文件，应根据批准的可行性研究报告、设计任务书和勘察设计基础资料进行编制。技术设计文件，应根据批准的初步设计文件进行编制。技术设计是编制施工图设计文件等的依据。施工图设计文件，应根据批准的初步设计文件（或技术设计文件）和主要设备订货情况编制，并据此指导施工。

（三）开发项目的施工管理

根据《城市房地产开发管理暂行办法》第14条和15条的规定，房地产开发企业应当按照有关规定，选择具有相应资格的施工单位，进行房地产开发项目的建设。在建设过程中必须按国家有关设计、施工的技术标准、规范和质量验收标准，进行验收。

（四）开发项目的竣工验收

房地产开发项目竣工后，房地产开发企业应当向主管部门提出综合验收申请，主管部门应当在接到申请后一个月内组织有关部门进行综合验收。综合验收包括以下内容：(1) 规划要求是否落实；(2) 配套建设的基础设施和公共服务设施是否建设完毕；(3) 单项工程质量验收手续是否完备；(4) 拆迁补偿安置方案是否落实；(5) 物业管理是否落实；(6) 其他。综合验收不合格的，不准交付使用或出售。

第四节　房地产交易

一、房地产交易

（一）房地产交易的概念

房地产交易含有广义和狭义之分。狭义的含义仅仅是指当事人之间进行的房地产转让、房地产抵押和房屋租赁的活动。广义的房地产交易是指当事人之间不仅进行房地产转让、抵押、租赁等交易行为，还包括与房地产交易行为有着密切关系的房地产价格及体系、房地产交易的中介服务。

（二）房地产交易的一般原则

1. 房地产交易中房随地走或地随房走的原则

房地产转让、抵押时，房屋的所有权和该房屋占用范围内的土地使用权同时转让、抵押。

2. 房地产价格评估的原则

房地产价格的评估是指房地产专业估价人员根据估价目的，遵循估价原则，按照估价程序，采用科学的估价方法，并结合估价经验与影响房地产价格因素的分析对房地产最可能实现的合理价格作出的推测与判断。它是房地产转让、抵押、租赁等交易行为过程中的一项必不可少的基础性工作。国家实行房地产价格评估制度。房地产价格评估，应当遵循公正、公平、公开的原则，按照国家规定的技术标准和评估程序，以基准地价、标定地价和各类房屋的重置价格为基础，参照当地的市场价格进行评估。基准地价是指按不同的土地级别、区域分别评估和测算的商业、工业、住宅等各类用地的平均价格。标定地价是指在基准地价的基础上，按土地使用年限、地块大小、形状、容积率、微观区位、市场行情条件，估算出的具体地块在某一时期的价格。房屋的重置价格是指按照当前的建筑技术和工艺水平、建筑材料价格、人工和运输费用条件下，重新建造同类结构、式样、质量标准的房屋标准价。基准地价、标定地价和各类房屋的重置价格应当定期确定并公布。具体办法由国务院规定。

3. 房地产成交价格申报的原则

国家实行房地产成交价格申报制度。房地产权利人转让房地产，应当向县级以上地方人民政府规定的部门如实申报成交价,不得瞒报或者作不实的申报。房地产转让应当以申报的房地产成交价格作为缴纳税费的依据。成交价格明显低于正常市场价格的,以评估价格作为缴纳税费的依据。房地产转让当事人对评估价格有异议的,可以在接到评估价格通知后15日内向房地产管理部门申请复核;对复核结果仍有异议的,可以在接到复核结果15日内申请仲裁或向人民法院起诉。

4. 房地产交易行为要式性的原则

房地产交易行为的要式性是指房地产交易双方必须以合法的法律形式将其权利义务完整地固定下来。这是由于房地产具有投资大、风险高、使用周期长的特点决定的。房地产转让、抵押应当依法办理权属登记;否则其转让、抵押行为无效。

二、房地产转让

(一)房地产转让的概念

房地产转让,是指房地产权利人通过买卖、赠与或者其他合法方式将其房地产转移给他人的行为。其他合法方式主要包括下列行为:(1)以房地产作价入股、与他人成立企业法人,房地产权属发生变更的;(2)一方提供土地使用权,另一方或者多方提供资金,合资、合作开发经营房地产,而使房地产权属发生变更的;(3)因企业被收购、兼并或合并,房地产权属随之转移的;(4)以房地产抵债的;(5)法律、法规规定的其他情形。

(二)房地产转让的条件

以出让方式取得土地使用权的,转让房地产时,应当符合下列条件:(1)按照出让合同约定已经支付全部土地使用权出让金,并取得土地使用权证书;(2)按照出让合同约定进行投资开发,属于房屋建设工程的,完成开发投资总额的百分之二十五以上;属于成片开发土地的,形成工业用地或者其他建设用地条件。转让房地产时房屋已经建成的,还应当持有房屋所有权证书。

以划拨方式取得土地使用权的,转让房地产时,应当按照国务院规定,报有批准权的人民政府审批。有批准权的人民政府准予转让的,应当由受让方办理土地使用权出让手续,并依照国家有关规定缴纳土地使用权出让金。

以划拨方式取得土地使用权的,转让房地产报批时,有批准权的人民政府按照国务院规定可以不办理土地使用权出让手续的,转让方应当按照国务院规定将转让房地产所获收益中的土地收益上缴国家或者作其他处理。以划拨方式取得土地使用权的,转让房地产时,属于下列情形之一的,经有批准权的人民政府批准,可以不办理土地使用权出让手续:(1)经城市规划行政主管部门批准,转让的土地用于建设《中华人民共和国城市房地产管理法》第23条规定的项目的;(2)私有住宅转让后仍用于居住的;(3)按照国务院住房制度改革有关规定出售公有住宅的;(4)同一宗土地上部分房屋转让土地使用权不可分割转让的;(5)转让的房地产暂时难以确定土地使用权出让用途、年限和其他条件的;(6)根据城市规划土地使用权不宜出让的;(7)县级以上人民政府规定暂时无法或不需要采取土地使用权出让方式的其他情形。但应当将转让房地产所获收益中的土地收益上缴国家或者作其他处理。缴纳土地收益或作其他处理的,应当在房地产转让合同中注明。土地收益的缴纳和处理的办法按照国务院规定办理。当房地产再转让时,需要办理出让手续、补交土地使用权出让金的,应当扣除已经缴纳的土地收益。

（三）房地产不得转让的情形

下列房地产不得转让：(1) 以出让方式取得土地使用权的，不符合《中华人民共和国城市房地产管理法》第 38 条规定的条件的；(2) 司法机关和行政机关依法裁定、决定查封或者以其他形式限制房地产权利的；(3) 依法收回土地使用权的；(4) 共有房地产，未经其他共有人书面同意的；(5) 权属有争议的；(6) 未依法登记领取权属证书的；(7) 法律、行政法规规定禁止转让的其他情形。

（四）房地产转让合同

房地产转让合同是指当事人之间关于一方交付房地产，另一方支付相应价款的协议。房地产转让，应当签订书面转让合同，合同中应当载明土地使用权取得的方式。房地产转让合同应当载明下列主要内容：(1) 双方当事人的姓名或者名称、住所；(2) 房地产权属证书名称和编号；(3) 房地产坐落位置、面积、四至界限；(4) 土地宗地号，土地使用权取得的方式及年限；(5) 房地产的用途或使用性质；(6) 成交价格及支付方式；(7) 房地产交付使用的时间；(8) 违约责任；(9) 双方约定的其他事项。房地产转让合同受到土地使用权出让合同的制约。房地产转让时，土地使用权出让合同的权利、义务随之转移。以出让方式取得土地使用权的，转让房地产后，其土地使用权的使用年限为原土地使用权出让合同约定的使用年限减去原土地使用者已经使用年限后的剩余年限。

以出让方式取得土地使用权的，转让房地产后，受让人改变原土地使用权出让合同约定的土地用途的，必须取得原出让方和市、县人民政府城市规划行政主管部门的同意，签订土地使用权出让合同变更协议或者重新签订土地使用权出让合同，相应调整土地使用权出让金。房地产转让合同当事人必须向房地产管理部门申报成交价格，并核实申报的成交价格，按照规定缴纳有关税费，经房地产管理部门核发了过户单后，方为有效。

（五）房地产转让的程序

房地产转让，应当按照下列程序办理：(1) 房地产转让当事人签订书面转让合同；(2) 房地产转让当事人在房地产转让合同签订后 30 日内持房地产权属证书，当事人的合法证明，转让合同等有关文件向房地产所在地的房地产管理部门提出申请，并申报成交价格；(3) 房地产管理部门对提供的有关文件进行审查，并在 15 日内做出是否受理申请的书面答复；(4) 房地产管理部门核实申报的成交价格，并根据需要对转让的房地产进行现场查勘和评估；(5) 房地产转让当事人按照规定缴纳有关税费；(6) 房地产管理部门核发过户单。

（六）商品房预售

商品房预售，应当符合下列条件：(1) 已交付全部土地使用权出让金，取得土地使用权证书；(2) 持有建设工程规划许可证和施工许可证；(3) 按提供预售的商品房计算，投入开发建设的资金达到工程建设总投资的百分之二十五以上，并已经确定施工进度和竣工交付日期；(4) 向县级以上人民政府房产管理部门办理预售登记，取得商品房预售许可证明。商品房预售人应当按照国家有关规定将预售合同报县级以上人民政府房产管理部门和土地管理部门登记备案。商品房预售所得预售款，必须用于有关的工程建设。商品房预售实行许可证制度，开发经营企业进行商品房预售，应当向城市、县房地产管理部门办理预售登记，取得《商品房预售许可证》。

开发经营企业申请办理《商品房预售许可证》应当提交下列证件（复印件）及资料：(1) 已交付全部土地使用权出让金，取得土地使用权证书；(2) 持有建设工程规划许可证和施工许可证；(3) 按提供预售的商品房计算，投入开发建设的资金达到工程建设总投资的百分之二十五以上,并已经确定施工进度和竣工交付日期;(4)开发企业的《营业执照》和资质等级证书;(5)工程施工合同;(6)商品房预售方案。预售方案应当说明商品房的位置、装修标准、竣工交付日期、预售总面积、交付使用后的物业管理等内容,并应当附商品房预售总平面图、分层平面图。房地产管理部门在接到开发企业申请后,应当详细查验各项证件和资料,并到现场进行查勘。经审查合格的,应在接到申请后的10日内核发《商品房预售许可证》。开发企业进行商品房预售,应当向承购人出示《商品房预售许可证》。售楼广告和说明书必须载明《商品房预售许可证》的批准文号。未取得《商品房预售许可证》的,不得进行商品房预售。商品房预售、开发经营企业应当与承购人签订商品房预售合同。商品房的预售可以委托代理人办理,但必须有书面委托书。预售人应当在签约之日起30日内持商品房预售合同向县级以上人民政府房地产管理部门和土地管理部门办理登记备案手续。开发企业进行商品房预售所得的款项必须用于有关的工程建设。市、县房地产管理部门应当制定对商品房预售款监管的有关制度。预售的商品房交付使用之日起90日内,承购人应当持有关凭证到县级以上人民政府房地产管理部门和土地管理部门办理权属登记手续。

商品房预售的,商品房预购人将购买的未竣工的预售商品房再行转让的问题,按国务院规定办理。

(七)商品房销售

商品房现售,应当符合以下条件:(1)现售商品房的房地产开发企业应当具有企业法人营业执照和房地产开发企业资质证书;(2)取得土地使用权证书或者使用土地的批准文件;(3)持有建设工程规划许可证和施工许可证;(4)已通过竣工验收;(5)拆迁安置已经落实;(6)供水、供电、供热、燃气、通讯等配套基础设施具备交付使用条件,其他配套基础设施和公共设施具备交付使用条件或者已确定施工进度和交付日期;(7)物业管理方案已经落实。房地产开发企业应当在商品房现售前将房地产开发项目手册及符合商品房现售条件的有关证明文件报送房地产开发主管部门备案。房地产开发企业销售设有抵押权的商品房,其抵押权的处理按照《中华人民共和国担保法》、《城市房地产抵押管理办法》的有关规定执行,房地产开发企业不得在未解除商品房买卖合同前,将作为合同标的物的商品房再行销售给他人。房地产开发企业不得采取返本销售或者变相返本销售的方式销售商品房。房地产开发企业不得采取售后包租或者变相售后包租的方式销售未竣工商品房。商品住宅按套销售,不得分割拆零销售。商品房销售时,房地产开发企业选聘了物业管理企业的,买受人应当在订立商品房买卖合同时与房地产开发企业选聘的物业管理企业签订有关物业管理的协议。

房地产开发企业、房地产中介服务机构发布商品房销售宣传广告,应当执行《中华人民共和国广告法》、《房地产广告发布暂行规定》等有关规定,广告内容必须真实、合法、科学、准确。房地产开发企业、房地产中介服务机构发布的商品房销售广告和宣传资料所明示的事项,当事人应当在商品房买卖合同中约定。商品房销售时,房地产开发企业和买受人应当签订书面商品房买卖合同。

商品房买卖合同应当明确以下主要内容:(1)当事人名称或者姓名和住所;(2)商品房基本状况;(3)商品房的销售方式;(4)商品房价款的确定方式及总价款、付款方式、付款时间;(5)交付使用条件及日期;(6)装饰、设备标准承诺;(7)供水、供电、供热、燃气、通讯、道路、绿化等配套基础设施和公共设施的交付承诺和有关权益、责任;(8)公共配套建筑的产权归属;(9)面积差异的处理方式;(10)办理产权登记有关事宜;(11)解决争议的方法;(12)违约责任;(13)双方约定的其他事项。

商品房销售价格由当事人协商议定，国家另有规定的除外。商品房销售可以按套（单元）计价，也可以按套内建筑面积或者建筑面积计价。商品房建筑面积由套内建筑面积和分摊的共有建筑面积组成，套内建筑面积部分为独立产权，分摊的共有建筑面积部分为共有产权，买受人按照法律、法规的规定对其享有权利，承担责任。按套（单元）计价或者按套内建筑面积计价的，商品房买卖合同中应当注明建筑面积和分摊的共有建筑面积。按套（单元）计价的现售房屋，当事人对现售房屋实地勘察后可以在合同中直接约定总价款。按套（单元）计价的预售房屋，房地产开发企业应当在合同中附所售房屋的平面图。平面图应当标明详细尺寸，并约定误差范围。房屋交付时，套型与设计图纸一致，相关尺寸也在约定的误差范围内，维持总价款不变；套型与设计图纸不一致或者相关尺寸超出约定的误差范围，合同中未约定处理方式的，买受人可以退房或者与房地产开发企业重新约定总价款。买受人退房的，由房地产开发企业承担违约责任。按套内建筑面积或者建筑面积计价的，当事人应当在合同中载明合同约定面积与产权登记面积发生误差的处理方式。

合同未作约定的，按以下原则处理：（1）面积误差比绝对值在3%以内（含3%）的，据实结算房价款；（2）面积误差比绝对值超出3%时，买受人有权退房。买受人退房的，房地产开发企业应当在买受人提出退房之日起30日内将买受人已付房价款退还给买受人，同时支付已付房价款利息。买受人不退房的，产权登记面积大于合同约定面积时，面积误差比在3%以内（含3%）部分的房价款由买受人补足；超出3%部分的房价款由房地产开发企业承担，产权归买受人。产权登记面积小于合同约定面积时，面积误差比绝对值在3%以内（含3%）部分的房价款由房地产开发企业返还买受人；绝对值超出3%部分的房价款由房地产开发企业双倍返还买受人。因规划设计变更造成面积差异，当事人不解除合同的，应当签署补充协议。按建筑面积计价的，当事人应当在合同中约定套内建筑面积和分摊的共有建筑面积，并约定建筑面积不变而套内建筑面积发生误差以及建筑面积与套内建筑面积均发生误差时的处理方式。

$$面积误差比 = \frac{产权登记面积 - 合同约定面积}{合同约定面积} \times 100\%$$

不符合商品房销售条件的，房地产开发企业不得销售商品房，不得向买受人收取任何预订款性质费用。符合商品房销售条件的，房地产开发企业在签订商品房买卖合同之前向买受人收取预订款性质费用的，签订商品房买卖合同时，所收费用应当抵作房价款；当事人未能签订商品房买卖合同的，房地产开发企业应当向买受人返还所收费用；当事人之间另有约定的，从其约定。房地产开发企业应当在签订商品房买卖合同之前向买受人明示《商品房销售管理办法》和《商品房买卖合同示范文本》；预售商品房的，还必须明示《城市商品房预售管理办法》。房地产开发企业应当按照批准的规划、设计建设商品房。

商品房销售后，房地产开发企业不得擅自变更规划、设计。经规划部门批准的规划变更、设计单位同意的设计变更导致商品房的结构形式、户型、空间尺寸、朝向变化，以及出现合同当事人约定的其他影响商品房质量或者使用功能情形的，房地产开发企业应当在变更确立之日起10日内，书面通知买受人。买受人有权在通知到达之日起15日内做出是否退房的书面答复。买受人在通知到达之日起15日内未作书面答复的，视同接受规划、设计变更以及由此引起的房价款的变更。房地产开发企业未在规定时限内通知买受人的，买受人有权退房；买受人退房的，由房地产开发企业承担违约责任。

房地产开发企业委托中介服务机构销售商品房的，受托机构应当是依法设立并取得工商营业执照的房地产中介服务机构。房地产开发企业应当与受托房地产中介服务机构签订书面委托合同，委托合同应当载明委托期限、委托权限以及委托人和被委托人的权利、义务。受托房地产中介服务机构销售商品房时，应当向买受人出示商品房的有关证明文件和商品房销售委托书。受托房地产中介服务机构销售商品房时，应当如实向买受人介绍所代理销售商品房的有关情况。受托房地产中介服务机构不得代理销售不符合销售条件的商品房。受托房地产中介服务机构在代理销售商品房时不得收取佣金以外的其他费用。商品房销售人员应当经过专业培训，方可从事商品房销售业务。

房地产开发企业应当按照合同约定，将符合交付使用条件的商品房按期交付给买受人。未能按期交付的，房地产开发企业应当承担违约责任。因不可抗力因素或者当事人在合同中约定的其他原因，需延期交付的，房地产开发企业应当及时告知买受人。房地产开发企业销售商品房时设置样板房的，应当说明实际交付的商品房质量、设备及装修与样板房是否一致，未作说明的，实际交付的商品房应当与样板房一致。销售商品住宅时，房地产开发企业应当根据《商品住宅实行质量保证书和住宅使用说明书制度的规定》（以下简称《规定》），向买受人提供《住宅质量保证书》、《住宅使用说明书》。房地产开发企业应当对所售商品房承担质量保修责任。当事人应当在合同中就保修范围、保修期限、保修责任等内容做出约定。保修期从交付之日起计算。商品住宅的保修期限不得低于建设工程承包单位向建设单位出具的质量保修书约定保修期的存续期；存续期少于《规定》中确定的最低保修期限的，保修期不得低于《规定》中确定的最低保修期限。非住宅商品房的保修期限不得低于建设工程承包单位向建设单位出具的质量保修书约定保修期的存续期。在保修期限内发生的属于保修范围的质量问题，房地产开发企业应当履行保修义务，并对造成的损失承担赔偿责任。因不可抗力因素或者使用不当造成的损坏，房地产开发企业不承担责任。

房地产开发企业应当在商品房交付使用前按项目委托具有房产测绘资格的单位实施测绘，测绘成果报房地产行政主管部门审核后用于房屋权属登记。房地产开发企业应当在商品房交付使用之日起 60 日内，将需要由其提供的办理房屋权属登记的资料报送房屋所在地房地产行政主管部门。房地产开发企业应当协助商品房买受人办理土地使用权变更和房屋所有权登记手续。

商品房交付使用后，买受人认为主体结构质量不合格的，可以依照有关规定委托工程质量检测机构重新核验。经核验，确属主体结构质量不合格的，买受人有权退房；给买受人造成损失的，房地产开发企业应当依法承担赔偿责任。

三、房地产抵押

（一）房地产抵押的概念

房地产抵押，是指抵押人以其合法的房地产以不转移占有的方式向抵押权人提供债务履行担保的行为，债务人不履行债务时，抵押权人有权依法以抵押的房地产拍卖所得的价款优先受偿。房地产抵押，应当凭土地使用权证书、房屋所有权证书办理。预购商品房贷款抵押，是指购房人在支付首期规定的房价款后，由贷款银行代其支付其余的购房款，将所购商品房抵押给贷款银行作为偿还贷款履行担保的行为。在建工程抵押，是指抵押人为取得在建工程继续建造资金的贷款，以其合法方式取得的土地使用权连同在建工程的投入资产，以不转移占有的方式抵押给贷款银行作为偿还贷款履行担保的行为。

（二）房地产抵押的范围

依法取得的房屋所有权连同该房屋占用范围内的土地使用权，可以设定抵押权。以出让方式取得的土地使用权，可以设定抵押权。

房地产抵押合同签订后，土地上新增的房屋不属于抵押财产。需要拍卖该抵押的房地产时，可以依法将土地上新增的房屋与抵押财产一同拍卖，但对拍卖新增房屋所得，抵押权人无权优先受偿。

同一房地产设定两个以上抵押权的，抵押人应当将已经设定过的抵押情况告知抵押权人。抵押人所担保的债权不得超出其抵押物的价值。房地产抵押后，该抵押房地产的价值大于所担保债权的余额部分，可以再次抵押，但不得超出余额部分。同一房地产设定两个以上抵押权时，以抵押登记的先后顺序受偿。以两宗以上房地产设定同一抵押权的，视为同一抵押房地产。但抵押当事人另有约定的除外。

以在建工程已完工部分抵押的，其土地使用权随之抵押。预购商品房贷款抵押的，商品房开发项目必须符合房地产转让条件并取得商品房预售许可证。

下列房地产不得设定抵押：（1）权属有争议的房地产；（2）用于教育、医疗、市政等公共福利事业的房地产；（3）列入文物保护的建筑物和有重要纪念意义的其他建筑物；（4）已依法公告列入拆迁范围的房地产；（5）被依法查封、扣押、监管或者以其他形式限制的房地产；（6）依法不得抵押的其他房地产。

（三）房地产抵押合同

房地产抵押合同是指房屋所有人或土地使用权受让人与债权人签订的关于以房屋所有权、土地使用权作为抵押，以担保债务履行的协议。抵押合同是一种从属合同，房地产抵押，抵押人和抵押权人应当签订书面抵押合同。

房地产抵押合同的主要内容包括：（1）抵押人、抵押权人的名称或者个人姓名、住所；（2）主债权的种类、数额；（3）抵押房地产的处所、名称、状况、建筑面积、用地面积以及四至等；（4）抵押房地产的价值；（5）抵押房地产的占用管理责任以及意外损毁、灭失的责任；（6）抵押期限；（7）抵押权灭失的条件；（8）违约责任；（9）争议解决方式；（10）抵押合同签订的时间与地点；（11）双方约定的其他事项。以预购商品房贷款抵押的，须提交生效的预购房屋合同。

以在建工程抵押的，抵押合同还应当载明以下内容：（1）《国有土地使用权证》、《建设用地规划许可证》和《建设工程规划许可证》编号；（2）已交纳的土地使用权出让金或需交纳的相当于土地使用权出让金的款额；（3）已投入在建工程的工程款；（4）施工进度及工程竣工日期；（5）已完成的工作量和工程量。

（四）房地产抵押登记

房地产抵押合同自签订之日起30日内，抵押当事人应当到房地产所在地的房地产管理部门办理房地产抵押登记。房地产抵押合同自抵押登记之日起生效。办理房地产抵押登记，应当向登记机关交验下列文件：（1）抵押当事人的身份证明或法人资格证明；（2）抵押登记申请书；（3）抵押合同；（4）《国有土地使用权证》、《房屋所有权证》或《房地产权证》，共有的房屋还必须提交《房屋共有权证》和其他共有人同意抵押的证明；（5）可以证明抵押人有权设定抵押权的文件与证明材料；（6）可以证明抵押房地产价值的资料；（7）登记机关认为必要的其他文件。登记机关应当对申请人的申请进行审核。凡权属清楚、证明材料齐全的，应当在受理登记之日起15日内作出是否准予登记的书面答复。以依法取得的房屋所有权证书的房地产抵押，登记机关应当在原《房屋所有权证》上作他项权利记载后，由抵押人收执。并向抵押权人颁发《房屋他项权证》。以预售商品房或者在建工程抵押的，登记机关应当在抵押合同上作记载。抵押的房地产在抵押期间竣工的，当事人应当在抵押人领取房地产权属证书后，重新办理房地产抵押登记。

（五）房地产抵押人和抵押权人的权利和义务

1.房地产抵押人的权利：①占有、使用、收益和处分房地产的权利。抵押人行使这些权利以不影响抵押权的实现为前提，其行使处分权时尤其得到限制。经抵押权人同意，抵押房地产可以转让或者出租。抵押房地产转让或者出租所得价款，应当向抵押权人提前清偿所担保的债权。超过债权数额的部分，归抵押人所有，不足部分由债务人清偿；②同一房地产上设有数个抵押权的权利。同一房地产设定两个以上抵押权的，抵押人应当将已经设定过的抵押情况告知抵押权人。抵押人所担保的债权不得超出其抵押物的价值。房地产抵押后，该抵押房地产的价值大于所担保债权的余额部分，可以再次抵押，但不得超出余额部分。以两宗以上房地产设定同一抵押权的，视为同一抵押房地产。但抵押当事人另有约定的除外。

2.房地产抵押人的义务：①保持房地产完整的义务。抵押人在抵押房地产占用与管理期间应当维护抵押房地产的安全与完好。抵押权人有权按照抵押合同的规定监督，检查抵押房地产的管理情况；②协助房地产抵押权人实现抵押权。在债务人不能履行债务时，抵押人有义务协助抵押权人处分抵押的房地产，并从拍卖的价金中优先受偿。抵押人占用与管理的房地产发生损毁、灭失的，抵押人应当及时将情况告知抵押权人，并应当采取措施防止损失的扩大。抵押的房地产因抵押人的行为造成损失使抵押房地产价值不足以作为履行债务的担保时，抵押权人有权要求抵押人重新提供或者增加担保以弥补不足，或者直接向保险公司行使求偿权。

3.房地产抵押权人的权利：①排除妨害的权利。当抵押人或其他人的行为有可能造成抵押房地产价值减少时，抵押权人有权要求侵害人停止侵害。抵押人对抵押房地产价值减少无过错的，抵押权人只能在抵押人因损害而得到的赔偿的范围内要求提供担保。抵押房地产价值未减少的部分，仍作为债务的担保；②物上代位权。当抵押的房地产由于其他人的过失毁损或灭失；抵押权人有权就第三人的侵权赔偿金或保险赔偿金优先受偿。如果抵押人怠于行使自己的权利，不向第三人或保险公司索赔，则抵押权人有权直接向第三人或保险公司索赔；③追偿权。抵押人转让抵押的房地产所得的价款，应当向抵押权人提前清偿所担保的债权或者向与抵押人约定的第三人提存；抵押人转让抵押的房地产所得的价款不足以清偿抵押权人的债权的，抵押权人仍对抵押的房地产拥有抵押权；④优先受偿权。在抵押实现时，抵押权人有就抵押的房地产拍卖所得价款优先受偿的权利；⑤处分抵押权的权利。抵押权可以随债权转让，抵押权转让时，应当签订抵押权转让合同，并办理抵押权变更登记。抵押权转让后，原抵押权人应当告知抵押人。

4.房地产抵押权人的义务：①不得干涉房地产抵押人正当地对房地产行使占有、使用、收益处分的权利；②在债务人清偿债务后，抵押权人负有尽快解除房地产抵押，并登记机关办理注销登记的义务；③抵押实现后，抵押权人负有将清偿其债权所余价款归还抵押人的义务。

（六）抵押权的实现

房地产抵押后。如果债务人到期不履行债务或债务人在抵押期间解散，被宣告破产，抵押权人可以采用拍卖抵押房地产等措施。对拍卖房地产所得价款，抵押权人有比其他债权人优先得到清偿债务的权利。

设定房地产抵押权的土地使用权是以划拨方式取得的，依法拍卖该房地产后，应当从拍卖所得的价款中缴纳相当于应缴纳的土地使用权出让金的款额后，抵押权人方可优先受偿。

处分抵押房地产所得金额，依下列顺序分配：（1）支付处分抵押房地产的费用；（2）扣除抵押房地产应缴纳的税款；（3）偿还抵押权人债权本息及支付违约金；（4）赔偿由债务人违反合同而对抵押权人造成的损害；（5）剩余金额交还抵押人。处分抵押房地产所得金额不足以支付债务和违约金、赔偿金时，抵押权人有权向债务人追索不足部分。

四、房屋租赁

（一）房屋租赁的概念

房屋租赁，是指房屋所有权人作为出租人将其房屋出租给承租人使用，由承租人向出租人支付租金的行为。出租住房的，应当以原设计的房间为最小出租单位，人均租住建筑面积不得低于当地人民政府规定的最低标准。厨房、卫生间、阳台和地下储藏室不得出租供人员居住。按房屋所有权不同可分为公房租赁、私房租赁和廉租住房。

公房租赁，是指公房出租人将其房屋交给承租人使用，承租人定期给付约定的租金，并于合同终止时将房屋退还出租人。包括国有房屋租赁和集体所有房屋租赁，而习惯上，公房指全民所有的房屋，包括直管房屋和自管房屋两种。直管房屋是由房地产行政主管部门管理的房屋，自管公房是指国家授权的单位自行管理的房屋即全民所有制单位管理的房屋。随着住房制度改革的深入，公房租赁将会被逐渐减少和取消。同时，为了解决低收入家庭住房问题，出现了公共租赁住房和廉租住房。

私房租赁是指出租人将其房屋出租给承租人，承租人按约定向出租人交纳租金，取得房屋的使用权，并于约定期限届满或终止租约时将房屋返还给出租人。私房租赁应遵循以下原则：①公平合理原则。合同双方当事人约定的租金应公平合理，租金额一般不超过房屋的修缮费、折旧费、管理费、税款和法定利息，可略高于公房的租金标准，但不得任意抬高。②互谅互让，照顾公共利益的原则。

廉租住房是通过政府实行货币补贴和实物配租等方式，使城市低收入住房困难家庭承租住房的保障性住房。货币补贴是指县级以上地方人民政府向申请廉租住房保障的城市低收入住房困难家庭发放租赁住房补贴，由其自行承租住房。实物配租是指县级以上地方人民政府向申请廉租住房保障的城市低收入住房困难家庭提供住房，并按照规定标准收取租金。

（二）房屋租赁的范围

法律、法规和规章对禁止租赁的房屋作出了规定，因此，法律、法规和规章禁止租赁以外的合法房屋，权利人都可以租赁。2011年2月1日住房和城乡建设部颁布了《商品房屋租赁管理办法》第六条的规定，有下列情形之一的，不得出租：（1）属于违法建筑的；（2）不符合安全、防灾等工程建设强制性标准的；（3）违反规定改变房屋使用性质的；（4）法律、法规规定禁止出租的其他情形。

廉租住房是政府保障性住房，适用于城市低收入住房困难家庭。城市低收入住房困难家庭，是指城市和县人民政府所在地的镇范围内，家庭收入、住房状况等符合市、县人民政府规定条件的家庭。申请廉租住房保障，应当提供下列材料：（1）家庭收入情况的证明材料；（2）家庭住房状况的证明材料；（3）家庭成员身份证和户口簿；（4）市、县人民政府规定的其他证明材料。

申请廉租住房保障，按照下列程序办理：（1）申请廉租住房保障的家庭，应当由户主向户口所在地街道办事处或者镇人民政府提出书面申请；（2）街道办事处或者镇人民政府应当自受理申请之日起30日内，就申请人的家庭收入、家庭住房状况是否符合规定条件进行审核，提出初审意见并张榜公布，将初审意见和申请材料一并报送市（区）、县人民政府建设（住房保障）主管部门；（3）建设（住房保障）主管部门应当自收到申请材料之日起15日内，就申请人的家庭住房状况是否符合规定条件提出审核意见，并将符合条件的申请人的申请材料转同级民政部门；（4）民政部门应当自收到申请材料之日起15日内，就申请人的家庭收入是否符合规定条件提出审核意见，并反馈同级建设（住房保障）主管部门；（5）经审核，家庭收入、家庭住房状况符合规定条件的，由建设（住房保障）主管部门予以公示，公示期限为15日；对经公示无异议或者异议不成立的，作为廉租住房保障对象予以登记，书面通知申请人，并向社会公开登记结果。经审核，不符合规定条件的，建设（住房保障）主管部门应当书面通知申请人，说明理由。申请人对审核结果有异议的，可以向建设（住房保障）主管部门申诉。

建设（住房保障）主管部门应当综合考虑登记的城市低收入住房困难家庭的收入水平、住房困难程度和申请顺序以及个人申请的保障方式等，确定相应的保障方式及轮候顺序，并向社会公开。对已经登记为廉租住房保障对象的城市居民最低生活保障家庭，凡申请租赁住房货币补贴的，要优先安排发放补贴，基本做到应保尽保。实物配租应当优先面向已经登记为廉租住房保障对象的孤、老、病、残等特殊困难家庭，城市居民最低生活保障家庭以及其他急需救助的家庭。

（三）房屋租赁合同

房屋租赁合同，是指出租人与承租人明确权利义务的协议。房屋租赁，出租人和承租人应当签订书面租赁合同，并向房地产管理部门登记备案。租赁合同的主要内容包括：（1）房屋租赁当事人的姓名（名称）和住所；（2）房屋的坐落、面积、结构、附属设施，家具和家电等室内设施状况；（3）租金和押金数额、支付方式；（4）租赁用途和房屋使用要求；（5）房屋和室内设施的安全性能；（6）租赁期限；（7）房屋维修责任；（8）物业服务、水、电、燃气等相关费用的缴纳；（9）争议解决办法和违约责任；（10）其他约定。房屋租赁当事人应当在房屋租赁合同中约定房屋被征收或者拆迁时的处理办法。

出租人应当按照合同约定履行房屋的维修义务并确保房屋和室内设施安全。未及时修复损坏的房屋，影响承租人正常使用的，应当按照约定承担赔偿责任或者减少租金。房屋租赁合同期内，出租人不得单方面随意提高租金水平。

承租人应当按照合同约定的租赁用途和使用要求合理使用房屋，不得擅自改动房屋承重结构和拆改室内设施，不得损害其他业主和使用人的合法权益。承租人因使用不当等原因造成承租房屋和设施损坏的，承租人应当负责修复或者承担赔偿责任。

承租人转租房屋的，应当经出租人书面同意。承租人未经出租人书面同意转租的，出租人可以解除租赁合同，收回房屋并要求承租人赔偿损失。

房屋租赁期间内，因赠与、析产、继承或者买卖转让房屋的，原房屋租赁合同继续有效。承租人在房屋租赁期间死亡的，与其生前共同居住的人可以按照原租赁合同租赁该房屋。

房屋租赁期间出租人出售租赁房屋的，应当在出售前合理期限内通知承租人，承租人在同等条件下有优先购买权。

房屋租赁实行登记备案制度。房屋租赁合同订立后三十日内，房屋租赁当事人应当到租赁房屋所在地直辖市、市、县人民政府建设（房地产）主管部门办理房屋租赁登记备案。办理房屋租赁登记备案，房屋租赁当事人应当提交下列材料：(1) 房屋租赁合同；(2) 房屋租赁当事人身份证明；(3) 房屋所有权证书或者其他合法权属证明；(4) 直辖市、市、县人民政府建设（房地产）主管部门规定的其他材料。对符合下列要求的，直辖市、市、县人民政府建设（房地产）主管部门应当在三个工作日内办理房屋租赁登记备案，向租赁当事人开具房屋租赁登记备案证明：(1) 申请人提交的申请材料齐全并且符合法定形式；(2) 出租人与房屋所有权证书或者其他合法权属证明记载的主体一致；(3) 不属于按规定不得出租的房屋。房屋租赁登记备案证明应当载明出租人的姓名或者名称，承租人的姓名或者名称、有效身份证件种类和号码，出租房屋的坐落、租赁用途、租金数额、租赁期限等。房屋租赁登记备案内容发生变化、续租或者租赁终止的，当事人应当在三十日内，到原租赁登记备案的部门办理房屋租赁登记备案的变更、延续或者注销手续。房屋租赁登记备案证明遗失的，应当向原登记备案的部门补领。

对于廉租住房，建设（住房保障）主管部门或者具体实施机构应当按照已确定的保障方式，与城市低收入住房困难家庭签订租赁住房补贴协议或者廉租住房租赁合同，予以发放租赁住房补贴或者配租廉租住房。发放租赁住房补贴和配租廉租住房的结果，应当予以公布。租赁住房补贴协议应当明确租赁住房补贴额度、停止发放租赁住房补贴的情形等内容。廉租住房租赁合同应当明确下列内容：(1) 房屋的位置、朝向、面积、结构、附属设施和设备状况；(2) 租金及其支付方式；(3) 房屋用途和使用要求；(4) 租赁期限；(5) 房屋维修责任；(6) 停止实物配租的情形，包括承租人已不符合规定条件的，将所承租的廉租住房转借、转租或者改变用途，无正当理由连续6个月以上未在所承租的廉租住房居住或者未交纳廉租住房租金等；(7) 违约责任及争议解决办法，包括退回廉租住房、调整租金、依照有关法律法规规定处理等；(8) 其他约定。

（四）租赁双方的主要权利和义务

(1) 出租人享受如下权利：①依照合同约定向承租人收取租金；②对承租人用房情况监督；③法定解约权；④期满收回原房的权利。

(2) 承租人享有如下权利：①在合同约定租期内占有、使用房屋，并取得合法收益；②优先购买权，即租期未满时，出租人出卖房屋，承租人有权在同等条件下优先购买；③优先承租权，即租期届满时，出租人继续租房的，承租人在同等条件下有权优先承租；④催告房主修缮房屋的权利。

(3) 出租人须承担如下义务：①按约交付房屋，并使之达到合同约定的使用状况；②修缮房屋的义务；③权利瑕疵担保义务。如承租人所承租的房屋被第三者主张权利，影响了承租权的，承租人有权要求解约并要求赔偿损失；④纳税义务。

(4) 承租人须承担如下义务：①依约交纳租金；②依约使用房屋；③保管房地产，即合理地利用房屋；④非经出租人许可不得转租；⑤租赁终止后返还原房。

对于廉租住房，领取租赁住房补贴或者配租廉租住房的城市低收入住房困难家庭，应当按年度向所在地街道办事处或者镇人民政府如实申报家庭人口、收入及住房等变动情况。街道办事处或者镇人民政府可以对申报情况进行核实、张榜公布，并将申报情况及核实结果报建设（住房保障）主管部门。城市低收入住房困难家庭不得将所承租的廉租住房转借、转租或者改变用途。城市低收入住房困难家庭违反以下规定或者有下列行为之一的，应当按照合同约定退回廉租住房：（1）无正当理由连续6个月以上未在所承租的廉租住房居住的；（2）无正当理由累计6个月以上未交纳廉租住房租金的。

建设（住房保障）主管部门应当根据城市低收入住房困难家庭人口、收入、住房等变化情况，调整租赁住房补贴额度或实物配租面积、租金等；对不再符合规定条件的，应当停止发放租赁住房补贴，或者由承租人按照合同约定退回廉租住房。城市低收入住房困难家庭未按照合同约定退回廉租住房的，建设（住房保障）主管部门应当责令其限期退回；逾期未退回的，可以按照合同约定，采取调整租金等方式处理。

五、房地产中介服务机构

（一）房地产中介服务机构的概念

房地产中介服务机构是指在房地产市场上为从事房地产投资、开发和交易等活动的主体提供咨询、经纪和评估等业务服务的机构。房地产中介服务机构包括房地产咨询机构、房地产价格评估机构、房地产经纪机构等。房地产咨询机构是指为房地产活动当事人提供法律规定、政策、信息、技术等方面服务的经营组织。房地产价格评估机构是指从事对房地产进行测算、评定其经济价值和价格等经营活动的组织。房地产经纪机构是指为委托人提供房地产信息和居间代理业务等经营活动的组织。

从事房地产咨询业务的人员，必须是具有房地产及相关专业中等以上学历，有与房地产咨询业务相关的初级以上专业技术职称并取得考试合格证书的专业技术人员。房地产咨询人员的考试办法，由省、自治区人民政府建设行政主管部门和直辖市房地产管理部门制订。国家实行房地产价格评估人员资格认证制度。房地产价格评估人员分为房地产估价师和房地产估价员。房地产估价师必须是经国家统一考试，执业资格认证，取得《房地产估价师执业资格证书》，并经注册登记取得《房地产估价师注册证》的人员。未取得《房地产估价师注册证》的人员，不得以房地产估价师的名义从事房地产估价业务。房地产估价师的考试办法，由国务院建设行政主管部门和人事主管部门共同制定。房地产估价员必须是经过考试并取得《房地产估价员岗位合格证》的人员。未取得《房地产估价员岗位合格证》的人员，不得从事房地产估价业务。房地产估价员的考试办法，由省、自治区人民政府建设行政主管部门和直辖市房地产管理部门制订。房地产经纪人必须是经过考试、注册并取得《房地产经纪人资格证》的人员。未取得《房地产经纪人资格证》的人员，不得从事房地产经纪业务。房地产经纪人的考试和注册办法另行制定。

（二）房地产中介服务机构成立的条件

房地产中介服务机构应当具备下列条件：（1）有自己的名称和组织机构；（2）有固定的服务场所；（3）有规定数量的财产和经费；（4）从事房地产咨询业务的，具有房地产及相关专业中等以上学历、初级以上专业技术职称人员须占总人数的50%以上；从事房地产评估业务的，须有规定数量的房地产估价师；从事房地产经纪业务的，须有规定数量的房地产经纪人。跨省、自治区、直辖市从事房地产估价业务的机构，应到该业务发生地省、自治区人民政府建设行政主管部门或者直辖市人民政府房地产行政主管部门备案。设立房地产中介服务机构，应当向当地的工商行政管理部门申请设立登记。房地产中介服务机构在领取营业执照后的一个月内，应当到登记机关所在地的县级以上人民政府房地产管理部门备案，房地产管理部门应当每年对房地产中介服务机构的专业人员条件进行一次检查，并于每年年初公布检查合格的房地产中介服务机构名单。检查不合格的，不得从事房地产中介业务。

房地产中介服务机构必须履行下列义务：（1）遵守有关的法律、法规和政策；（2）遵守自愿、公平、诚实信用的原则；（3）按照核准的业务范围从事经营活动；（4）按规定标准收取费用；（5）依法缴纳税费；（6）接受行业主管部门及其他有关部门的指导、监督和检查。

房地产中介服务人员承办业务，由其所在中介机构统一受理并与委托人签订书面中介服务合同。经委托人同意，房地产中介服务机构可以将委托的房地产中介业务转让委托给具有相应资格的中介服务机构代理，但不得增加佣金。房地产中介服务合同应当包括下列主要内容：（1）当事人姓名或者名称、住所；（2）中介服务项目的名称、内容、要求和标准；（3）合同履行期限；（4）收费金额和支付方式、时间；（5）违约责任和纠纷解决方式；（6）当事人约定的其他内容。房地产中介服务费用由房地产中介服务机构统一收取，房地产中介服务机构收取费用应当开具发票，依法纳税。房地产中介服务机构开展业务应当建立业务记录，设立业务台账。业务记录和业务台账应当载明业务活动中的收入、支出等费用，以及省、自治区建设行政主管部门和直辖市房地产管理部门要求的其他内容。房地产中介服务人员执行业务，可以根据需要查阅委托人的有关资料和文件，查看现场。委托人应当协助。

房地产中介服务人员在房地产中介活动中不得有下列行为：（1）索取、收受委托合同以外的酬金或其他财物；或者利用工作之便，牟取其他不正当的利益；（2）允许他人以自己的名义从事房地产中介业务；（3）同时在两个或两个以上中介服务机构执行业务；（4）与一方当事人串通损害另一方当事人利益；（5）法律、法规禁止的其他行为。房地产中介服务人员与委托人有利害关系的，应当回避。委托人有权要求其回避。因房地产中介服务人员过失，给当事人造成经济损失的，由所在中介服务机构承担赔偿责任。所在中介服务机构可以对有关人员追偿。

（三）房地产价格评估人员资格认证制度

房地产价格评估人员资格认证制度是指由政府的专业主管部门根据从事房地产价格评估活动需要的专业技能、专业知识，对有关的人员进行审查，确认其与专业技能、专业知识相适应的从事房地产价格评估能力的制度。

国家实行房地产价格评估人员资格认证制度。房地产价格评估人员分为房地产估价师和房地产估价员。2006年12月25日建设部颁布《注册房地产估价师管理规定》，这个规定建立了房地产估价师的考试和注册制度。即先要对学历、工作经历作出具体要求，符合者经推荐才可申请参加考试，经考试合格后，取得《房地产估价师执业资格证书》，并经注册取得《房地产估价师注册证》，方可在证书许可的范围内从业。

房地产估价师执业资格实行全国统一考试制度。原则上每两年举行一次。凡中华人民共和国公民，遵纪守法并具备下列条件之一的，可申请参加房地产估价师执业资格考试：（1）取得房地产估价相关学科（包括房地产经营、房地产经济、土地管理、城市规划等）中等专业学历，具有八年以上相关专业工作经历，其中从事房地产估价实务满五年；（2）取得房地产估价相关学科大专学历，具有六年以上相关专业工作经历，其中从事房地产估价实务满四年；（3）取得房地产估价相关学科学士学位，具有四年以上相关专业工作经历，其中从事房地产估价实务满三年；（4）取得房地产估价相关学科硕士学位或第二学位、研究生班毕业，从事房地产估价实务满二年；（5）取得房地产估价相关学科博士学位的；（6）不具备上述规定学历，但通过国家统一组织的经济专业初级资格或审计、会计、统计专业助理级资格考试并取得相应资格，具有十年以上相关专业工作经历，其中从事房地产估价实务满六年，成绩特别突出的。

申请参加房地产估价师执业资格考试，需提供下列证明文件：（1）房地产估价师执业资格考试报名申请表；（2）学历证明；（3）实践经历证明。房地产估价师执业资格考试合格者，由人事部或其授权的部门颁发由人事部统一印制，人事部和建设部（现住房和城乡建设部）共同印制的房地产估价师《执业资格证书》，经注册后全国范围有效。

注册房地产估价师的注册条件为：（1）取得执业资格；（2）达到继续教育合格标准；（3）受聘于具有资质的房地产估价机构；（4）无不予注册的情形。对申请初始注册的，省、自治区、直辖市人民政府建设（房地产）主管部门应当自受理申请之日起 20 日内审查完毕，并将申请材料和初审意见报国务院建设主管部门。国务院建设主管部门应当自受理之日起 20 日内作出决定。对申请变更注册、延续注册的，省、自治区、直辖市人民政府建设（房地产）主管部门应当自受理申请之日起五日内审查完毕，并将申请材料和初审意见报国务院建设主管部门。国务院建设主管部门应当自受理之日起 10 日内作出决定。注册证书是注册房地产估价师的执业凭证。注册有效期为三年。

有下列情况之一的，不予注册：（1）不具有完全民事行为能力的；（2）刑事处罚尚未执行完毕的；（3）因房地产估价及相关业务活动受刑事处罚，自刑事处罚执行完毕之日起至申请注册之日止不满五年的；（4）因前项规定以外原因受刑事处罚，自刑事处罚执行完毕之日起至申请注册之日止不满三年的；（5）被吊销注册证书，自被处罚之日起至申请注册之日止不满三年的；（6）以欺骗、贿赂等不正当手段获准的房地产估价师注册被撤销，自被撤销注册之日起至申请注册之日止不满三年的；（7）申请在两个或者两个以上房地产估价机构执业的；（8）为现职公务员的；（9）年龄超过 65 周岁的；（10）法律、行政法规规定不予注册的其他情形。

注册有效期满需继续执业的，应当在注册有效期满 30 日前，按照申请注册的程序申请延续注册；延续注册，注册有效期为三年。注册房地产估价师变更执业单位，应当与原聘用单位解除劳动合同，并按申请注册的程序办理变更注册手续，变更注册后延续原注册有效期。

注册房地产估价师有下列情形之一的，其注册证书失效：（1）聘用单位破产的；（2）聘用单位被吊销营业执照的；（3）聘用单位被撤销或者撤回房地产估价机构资质证书的；（4）已与聘用单位解除劳动合同且未被其他房地产估价机构聘用的；（5）注册有效期满且未延续注册的；（6）年龄超过 65 周岁的；（7）死亡或者不具有完全民事行为能力的；（8）其他导致注册失效的情形。

有下列情形之一的，国务院建设主管部门依据职权或者根据利害关系人的请求，可以撤销房地产估价师注册：（1）注册机关工作人员滥用职权、玩忽职守作出准予房地产估价师注册行政许可的；（2）超越法定职权作出准予房地产估价师注册许可的；（3）违反法定程序作出准予房地产估价师注册许可的；（4）对不符合法定条件的申请人作出准予房地产估价师注册许可的；（5）依法可以撤销房地产估价师注册的其他情形。申请人以欺骗、贿赂等不正当手段获准房地产估价师注册许可的，应当予以撤销。

取得执业资格的人员，应当受聘于一个具有房地产估价机构资质的单位，经注册后方可从事房地产估价执业活动。注册房地产估价师可以在全国范围内开展与其聘用单位业务范围相符的房地产估价活动。

注册房地产估价师享有下列权利：（1）使用注册房地产估价师名称；（2）在规定范围内执行房地产估价及相关业务；（3）签署房地产估价报告；（4）发起设立房地产估价机构；（5）保管和使用本人的注册证书；（6）对本人执业活动进行解释和辩护；（7）参加继续教

育；(8) 获得相应的劳动报酬；(9) 对侵犯本人权利的行为进行申诉。

注册房地产估价师应当履行下列义务：(1) 遵守法律、法规、行业管理规定和职业道德规范；(2) 执行房地产估价技术规范和标准；(3) 保证估价结果的客观公正，并承担相应责任；(4) 保守在执业中知悉的国家秘密和他人的商业、技术秘密；(5) 与当事人有利害关系的，应当主动回避；(6) 接受继续教育，努力提高执业水准；(7) 协助注册管理机构完成相关工作。

在房地产估价过程中给当事人造成经济损失，聘用单位依法应当承担赔偿责任的，可依法向负有过错的注册房地产估价师追偿。

六、住房公积金

住房公积金，是指国家机关、国有企业、城镇集体企业、外商投资企业、城镇私营企业及其他城镇企业、事业单位、民办非企业单位、社会团体及其在职职工缴存的长期住房储金。

(一) 住房公积金的管理体制

现行住房公积金管理模式可大致作如下概述，在中央层面，由国务院住房制度改革领导小组协调国务院建设行政主管部门、财政部门、中国人民银行拟定全国性住房公积金法规，向全国发布并监督执行。在地方政府层面，住房公积金管理实行住房委员会决策，住房公积金管理中心运作、银行专户、财政监督的原则。现行制度规定了住房公积金管理委员会和住房公积金管理中心的组建和职责。

1. 住房公积金管理委员会的组建及其职责

(1) 住房公积金管理委员会的组建

直辖市和省、自治区人民政府所在地的市以及其他设区的市（地、州、盟），应当设立住房公积金管理委员会，作为住房公积金管理的决策机构。住房公积金管理委员会的成员中，人民政府负责人和建设、财政、人民银行等有关部门负责人以及有关专家占1/3，工会代表和职工代表占1/3，单位代表占1/3。

(2) 住房公积金管理委员会的职责

①依据有关法律、法规和政策，制定和调整住房公积金的具体管理措施，并监督实施；

②拟订住房公积金的具体缴存比例；

③确定住房公积金的最高贷款额度；

④审批住房公积金归集、使用计划；

⑤审议住房公积金增值收益分配方案；

⑥审批住房公积金归集、使用计划执行情况的报告。

住房公积金管理委员会应当按照中国人民银行的有关规定，指定受委托办理住房公积金金融业务的商业银行。

2. 住房公积金管理中心的组建及其职责

(1) 住房公积金管理中心的组建

直辖市和省、自治区人民政府所在地的市以及其他设区的市（地、州、盟）应当按照精简、效能的原则，设立一个住房公积金管理中心，负责住房公积金的管理运作。县（市）不设立住房公积金管理中心，可以在有条件的县（市）设立分支机构。住房公积金管理中心与其分支机构应当实行统一的规章制度，进行统一核算。

(2) 住房公积金管理中心的职责

①编制、执行住房公积金的归集、使用计划；

②负责记载职工住房公积金的缴存、提取、使用等情况；

③负责住房公积金的核算；

④审批住房公积金的提取、使用；

⑤负责住房公积金的保值和归还；

⑥编制住房公积金归集、使用计划执行情况的报告；

⑦承办住房公积金管理委员会决定的其他事项。

住房公积金管理中心应当委托受委托银行办理住房公积金贷款、结算等金融业务和住房公积金账户的设立、缴存、归还等手续。

（二）住房公积金的归集与缴存

住房公积金归集管理，包括住房公积金的缴存登记、账户设立、转移、封存等。

1. 住房公积金归集的主要内容

(1) 住房公积金的缴存登记与账户设立

单位应到住房公积金管理中心办理住房公积金缴存登记。经住房公积金管理中心审核后，到受委托银行为本单位职工办理住房公积金账户设立手续。每个职工只能有一个住房公积金账户。对新设立的单位应当自设立之日起 30 日内到住房公积金管理中心办理住房公积金缴存登记，并自登记之日起 20 日内持住房公积金管理中心的审核文件，到受委托银行为本单位职工办理住房公积金账户设立手续。

单位录用职工的，应当自录用之日起 30 日内到住房公积金管理中心办理缴存登记，并持住房公积金管理中心的审核文件，到受委托银行办理职工住房公积金账户的设立或者转移手续。

(2) 住房公积金的转移与封存

单位合并、分立、撤销、解散或者破产的，应当自发生上述情况之日起 30 日内由原单位或者清算组织到住房公积金管理中心办理变更登记或者注销登记，并自办妥变更登记或者注销登记之日起 20 日内持住房公积金管理中心的审核文件，到受委托银行为本单位职工办理住房公积金账户转移或者封存手续。

单位与职工终止劳动关系的，单位应当自劳动关系终止之日起 30 日内到住房公积金管理中心办理变更登记，并持住房公积金管理中心的审核文件，到受委托银行办理职工住房公积金账户转移或者封存手续。

2. 住房公积金的缴存

(1) 缴存住房公积金的工资基数

缴存基数是职工本人上一年度的月平均工资，共由 6 部分组成：计时工资、计件工资、奖金、津贴和补贴、加班加点工资及特殊情况下支付的工资。

(2) 缴存比例

缴存比例是指职工个人缴存（或职工单位资助职工缴存）住房公积金的数额占职工上一年度月平均工资的比例。职工和单位住房公积金的缴存比例均不得低于职工上一年度月平均工资的 5%，不高于 12%。具体缴存比例由住房公积金管理委员会拟订，经本级人民政府审核后，报省、自治区、直辖市人民政府批准。

(3) 住房公积金月缴存额

为职工本人上一年度月平均工资分别乘以职工和单位住房公积金缴存比例后的和。

住房公积金月缴存额＝（职工本人上一年度月平均工资×职工住房公积金缴存比例）＋（职工本人上一年度月平均工资×单位住房公积金缴存比例）

(4) 住房公积金的管理

职工单位对职工个人住房公积金汇缴基数必须每年核定一次，汇缴年度为上年7月1日到当年6月30日，管理中心要为每一位缴存住房公积金的职工发放住房公积金的有效凭证。有效凭证是全面反映职工个人住房公积金账户内住房公积金资金的增减、变动和结存情况的证明。目前个人住房公积金有效凭证有几种形式：凭条、存折或磁卡等。

（三）住房公积金的运用

1. 住房公积金的提取

住房公积金的提取，是指缴存职工因特定住房消费或丧失缴存条件时，按照规定把个人账户内的住房公积金存储余额取出来，从而实现住房公积金的价值，发挥其作用的行为。

住房公积金的提取是有限制条件的，这与缴存住房公积金的长期性和互助性直接关联。职工提取住房公积金有两类情况，一是职工住房消费时的提取，二是职工丧失缴存条件时的提取：

(1) 职工住房消费提取

①职工购买、建造、翻建、大修自住住房时的提取；

②偿还购房贷款本息时的提取；

③房租超出家庭工资收入规定比例时的提取；房租超出家庭工资收入的比例由当地住房公积金管理委员会确定。

(2) 职工丧失缴存条件的提取

职工与单位建立劳动关系是缴存住房公积金的前提，当缴存条件丧失时，即在以下任一情况下，职工可以提取其住房公积金，同时注销该职工住房公积金账户：

①离、退休。

②完全丧失劳动能力并与单位终止劳动关系。

③出境定居。

④职工享受城镇最低生活保障；与单位终止劳动关系未再就业、部分丧失劳动能力以及遇到其他突发事件，造成家庭生活困难的。

⑤职工死亡或者被宣告死亡。职工死亡或者被宣告死亡的，职工的继承人、受遗赠人可以提取职工住房公积金账户内的存储余额；无继承人也无受遗赠人的，职工住房公积金账户的存储余额纳入住房公积金的增值收益。

职工提取时由单位审核，管理中心核准，由受委托银行办理支付手续。单位不为职工出具证明的，职工可以凭规定的有效证明材料，直接到管理中心或受委托银行申请提取公积金。

2. 住房公积金的使用

住房公积金的使用包括职工个人对其住房公积金的使用和管理中心对归集的住房公积金的运作两个方面。

(1) 职工个人住房公积金使用

指职工个人在住房公积金缴存期间，依法使用住房公积金的行为。职工享有对其住房公积金的占有权、收益权、支配权和使用权。但这种所有权是一种限制所有权，职工只能在符合规定条件下使用，职工对住房公积金的使用具体表现在申请个人住房贷款上。缴存职工在购买、建造、翻建、大修自住住房时，可以向管理中心申请住房公积金贷款。个人住房贷款是住房公积金使用的中心内容和主要形式。

原建设部《关于住房公积金管理若干具体问题的指导意见》规定，职工购买、建造、翻建和大修自住住房申请个人住房贷款的，受托银行应首先提供住房公积金贷款。管理中心或者受托银行要一次性告知职工需要提交的文件和资料，职工按要求提交文件资料后，应当在15个工作日内办完贷款手续。15日内未办完手续的，经管理中心负责人批准。可以延长5个工作日，并应当将延长期限的理由告知申请人。职工没有还清贷款前，不得再次申请住房公积金贷款。

（2）管理中心住房公积金运作

指管理中心以归集的住房公积金为基础，在保证职工提取的前提下，依法运用住房公积金的行为。

管理中心运作住房公积金的基本要求是在安全性的基础上，注重社会效益和经济效益。因此，住房公积金应用于发放职工个人住房贷款。在保证职工住房公积金提取和贷款的前提下，经住房公积金管理委员会批准，管理中心也可将住房公积金余额用于购买国债，因为国债是以政府信用为担保的国家债务，是风险最小的投资形式之一，既能保证资金运作的安全性，又具有较好的效益性。但管理中心不能向单位或个人提供担保。

七、国有土地上房屋征收与补偿

（一）征收与补偿的基本原则

为了公共利益的需要，征收国有土地上单位、个人的房屋，应当对被征收房屋所有权人给予公平补偿。房屋征收与补偿应当遵循决策民主、程序正当、结果公开的原则。

确需征收房屋的各项建设活动，应当符合国民经济和社会发展规划、土地利用总体规划、城乡规划和专项规划。保障性安居工程建设、旧城区改建，应当纳入市、县级国民经济和社会发展年度计划。制定国民经济和社会发展规划、土地利用总体规划、城乡规划和专项规划，应当广泛征求社会公众意见，经过科学论证。

征收个人住宅，被征收人符合住房保障条件的，作出房屋征收决定的市、县级人民政府应当优先给予住房保障。

（二）征收与补偿的主体

市、县级人民政府负责本行政区域的房屋征收与补偿工作。市、县级人民政府确定的房屋征收部门组织实施本行政区域的房屋征收与补偿工作。市、县级人民政府有关部门应当依照本条例的规定和本级人民政府规定的职责分工，互相配合，保障房屋征收与补偿工作的顺利进行。

房屋征收部门可以委托房屋征收实施单位，承担房屋征收与补偿的具体工作。房屋征收实施单位不得以营利为目的。房屋征收部门对房屋征收实施单位在委托范围内实施的房屋征收与补偿行为负责监督，并对其行为后果承担法律责任。

上级人民政府应当加强对下级人民政府房屋征收与补偿工作的监督。国务院住房与城乡建设主管部门和省、自治区、直辖市人民政府住房与城乡建设主管部门应当会同同级财政、国土资源、发展改革等有关部门，加强对房屋征收与补偿实施工作的指导。

（三）征收

1. 征收的范围

为了保障国家安全、促进国民经济和社会发展等公共利益的需要，有下列情形之一，确

需征收房屋的,由市、县级人民政府作出房屋征收决定:

(1) 国防和外交的需要;

(2) 由政府组织实施的能源、交通、水利等基础设施建设的需要;

(3) 由政府组织实施的科技、教育、文化、卫生、体育、环境和资源保护、防灾减灾、文物保护、社会福利、市政公用等公共事业的需要;

(4) 由政府组织实施的保障性安居工程建设的需要;

(5) 由政府依照城乡规划法有关规定组织实施的对危房集中、基础设施落后等地段进行旧城区改建的需要;

(6) 法律、行政法规规定的其他公共利益的需要。

2. 征收的实施

房屋征收部门拟定征收补偿方案,报市、县级人民政府。市、县级人民政府应当组织有关部门对征收补偿方案进行论证并予以公布,征求公众意见。征求意见期限不得少于30日。

市、县级人民政府应当将征求意见情况和根据公众意见修改的情况及时公布。因旧城区改建需要征收房屋,多数被征收人认为征收补偿方案不符合规定的,市、县级人民政府应当组织由被征收人和公众代表参加的听证会,并根据听证会情况修改方案。

市、县级人民政府作出房屋征收决定前,应当按照有关规定进行社会稳定风险评估;房屋征收决定涉及被征收人数量较多的,应当经政府常务会议讨论决定。作出房屋征收决定前,征收补偿费用应当足额到位、专户存储、专款专用。

市、县级人民政府作出房屋征收决定后应当及时公告。公告应当载明征收补偿方案和行政复议、行政诉讼权利等事项。市、县级人民政府及房屋征收部门应当做好房屋征收与补偿的宣传、解释工作。房屋被依法征收的,国有土地使用权同时收回。

房屋征收部门应当对房屋征收范围内房屋的权属、区位、用途、建筑面积等情况组织调查登记,被征收人应当予以配合。调查结果应当在房屋征收范围内向被征收人公布。房屋征收范围确定后,不得在房屋征收范围内实施新建、扩建、改建房屋和改变房屋用途等不当增加补偿费用的行为;违反规定实施的,不予补偿。房屋征收部门应当将前款所列事项书面通知有关部门暂停办理相关手续。暂停办理相关手续的书面通知应当载明暂停期限。暂停期限最长不得超过1年。

被征收人对市、县级人民政府作出的房屋征收决定不服的,可以依法申请行政复议,也可以依法提起行政诉讼。

(四) 补偿

1. 补偿的范围

作出房屋征收决定的市、县级人民政府对被征收人给予的补偿包括:

(1) 被征收房屋价值的补偿;

(2) 因征收房屋造成的搬迁、临时安置的补偿;

(3) 因征收房屋造成的停产、停业损失的补偿。

市、县级人民政府应当制定补助和奖励办法,对被征收人给予补助和奖励。市、县级人民政府作出房屋征收决定前,应当组织有关部门依法对征收范围内未经登记的建筑进行调查、认定和处理。对认定为合法建筑和未超过批准期限的临时建筑,应当给予补偿;对认定为违法建筑和超过批准期限的临时建筑,不予补偿。

2. 补偿的标准

对被征收房屋价值的补偿，不得低于房屋征收决定公告之日被征收房屋类似房地产的市场价格。被征收房屋的价值，由具有相应资质的房地产价格评估机构按照房屋征收评估办法评估确定。对评估确定的被征收房屋价值有异议的，可以向房地产价格评估机构申请复核评估。对复核结果有异议的，可以向房地产价格评估专家委员会申请鉴定。房屋征收评估办法由国务院住房城乡建设主管部门制定，制定过程中，应当向社会公开征求意见。

房地产价格评估机构由被征收人协商选定；协商不成的，通过多数决定、随机选定等方式确定，具体办法由省、自治区、直辖市制定。房地产价格评估机构应当独立、客观、公正地开展房屋征收评估工作，任何单位和个人不得干预。

因征收房屋造成搬迁的，房屋征收部门应当向被征收人支付搬迁费；选择房屋产权调换的，产权调换房屋交付前，房屋征收部门应当向被征收人支付临时安置费或者提供周转用房。对因征收房屋造成停产、停业损失的补偿，根据房屋被征收前的效益、停产停业期限等因素确定。具体办法由省、自治区、直辖市制定。

3. 补偿的实施

被征收人可以选择货币补偿，也可以选择房屋产权调换。被征收人选择房屋产权调换的，市、县级人民政府应当提供用于产权调换的房屋，并与被征收人计算、结清被征收房屋价值与用于产权调换房屋价值的差价。因旧城区改建征收个人住宅，被征收人选择在改建地段进行房屋产权调换的，作出房屋征收决定的市、县级人民政府应当提供改建地段或者就近地段的房屋。

房屋征收部门与被征收人依照规定，就补偿方式、补偿金额和支付期限、用于产权调换房屋的地点和面积、搬迁费、临时安置费或者周转用房、停产停业损失、搬迁期限、过渡方式和过渡期限等事项，订立补偿协议。补偿协议订立后，一方当事人不履行补偿协议约定义务的，另一方当事人可以依法提起诉讼。

实施房屋征收应当先补偿、后搬迁。作出房屋征收决定的市、县级人民政府对被征收人给予补偿后，被征收人应当在补偿协议约定或者补偿决定确定的搬迁期限内完成搬迁。任何单位和个人不得采取暴力、威胁或者违反规定中断供水、供热、供气、供电和道路通行等非法方式迫使被征收人搬迁。禁止建设单位参与搬迁活动。

房屋征收部门应当依法建立房屋征收补偿档案，并将分户补偿情况在房屋征收范围内向被征收人公布。审计机关应当加强对征收补偿费用管理和使用情况的监督，并公布审计结果。

房屋征收部门与被征收人在征收补偿方案确定的签约期限内达不成补偿协议，或者被征收房屋所有权人不明确的，由房屋征收部门报请作出房屋征收决定的市、县级人民政府依照本条例的规定，按照征收补偿方案作出补偿决定，并在房屋征收范围内予以公告。被征收人对补偿决定不服的，可以依法申请行政复议，也可依法提起行政诉讼。

征收人在法定期限内不申请行政复议或者不提起行政诉讼，在补偿决定规定的期限内又不搬迁的，由作出房屋征收决定的市、县级人民政府依法申请人民法院强制执行。强制执行申请书应当附具补偿金额和专户存储账号、产权调换房屋和周转用房的地点和面积等材料。

第五节 房地产权属登记管理

一、房地产权属登记制度

房地产权属登记，是指法律授权的权威机构依法对房地产的权属现状及变更予以确认的一项重要活动，它包括了土地使用权和房屋所有权以及由上述权利产生的抵押权、典权等房地产他项权利进行的登记。《物权法》规定，不动产物权的设立、变更、转让和消灭，应当依照法律规定登记。国家对不动产实行统一登记制度。房地产产权登记不仅是房地产管理的核心，同时也是现代房地产制度的基础。因此，无论是房地产产权制度还是房地产交易制度或房地产管理制度的运行，都依赖于房地产登记制度的确立。

房地产权属登记是指经权利人申请，由房地产权属登记机关将有关申请人的房地产权利事项记载于房地产登记簿并进行公示的行为。《城市房地产管理法》规定，国家实行土地使用权和房屋所有权登记发证制度。

以出让或者划拨方式取得土地使用权，应当向县级以上地方人民政府土地管理部门申请登记，经县级以上地方人民政府土地管理部门核实，由同级人民政府颁发土地使用权证书。

在依法取得的房地产开发用地上建成房屋的，应当凭土地使用权证书向县级以上地方人民政府房地产管理部门申请登记，由县级以上地方人民政府房地产管理部门核实并颁发房屋所有权证书。

房地产转让或者变更时，应当向县级以上地方人民政府房地产管理部门申请房地产变更登记，并凭变更后的房屋所有权证书向同级人民政府土地管理部门申请土地使用权变更登记，经同级人民政府土地管理部门核实，由同级人民政府更换或者更改土地使用权证书。

二、房地产权属登记制度管理体制

（一）房地产权属登记发证机构

作为国家一级的管理机构，国家住房和城乡建设部负责全国房屋所有权的确权、登记、发证管理工作；国土资源部负责全国土地使用权的确权、登记、发证管理工作。省级地方的房地产权属发证管理工作机构的分工及其职权由各省、自治区、直辖市人民政府根据具体情况，具体确定。市、县一级房地产登记发证的管理机构分工及工作程序分两种情况。

1. 房、地分管体制

《城市房地产管理法》对工作程序作了如下规定："以出让或者划拨方式取得土地使用权，应当向县级以上地方人民政府土地管理部门申请登记，经县级以上地方人民政府土地管理部门核实，由同级人民政府颁发土地使用权证书。在依法取得的房地产开发用地上建成房屋的，应当凭土地使用权证书向县级以上地方人民政府房地产管理部门申请登记，由县级以上人民政府房地产管理部门核实并颁发房屋所有权证书。房地产转让或者变更时，应当向县级以上地方人民政府房地产管理部门申请房地产变更登记，并凭变更后的房屋所有权证书向同级人民政府土地管理部门申请土地使用权变更登记，经同级人民政府土地管理部门核实，由同级人民政府更换或者更改土地使用权证书。法律另有规定的，依照有关法律的规定办理。"

2. 房、地统管体制

《城市房地产管理法》规定："经省、自治区、直辖市人民政府规定，县级以上地方人民政府由一个部门统一负责房地产管理和土地管理工作的，可以制作颁发统一的房地产权证书"，房、地实行统一管理的有广东、上海、重庆等省、市。

目前全国房地产权属登记管理体制，大体有以下四种模式。

①按土地的行政管理与经营管理划分权限的管理模式。即土地管理部门负责城乡地籍、地政管理和土地的出让、权属登记管理；房地产管理部门负责土地的开发利用、房地产转让、出租、抵押和房屋所有权的登记发证管理。这种模式在产权登记发证方面实行"两家各发一个证"的做法，即土地管理部门发土地使用权证，房地产管理部门发房屋所有权证。

②按土地出让前后时间段划分权限的管理模式。即土地管理部门负责土地出让和出让前的工作，土地出让以后的一切管理工作由房地产管理部门负责。这种模式，即房地产管理局负责城区土地出让后的土地地政、地籍管理，并统一发房屋所有权证和土地使用权证。这种模式实行由房地产管理部门"一家发两证"的做法。

③按城、乡划分权限的管理模式。即城市范围内土地的出让、转让、出租、抵押以及土地使用权和房屋所有权的登记发证管理工作均由市房地产管理局负责，农村地区的土地管理由土地局负责。这种模式在产权登记发证方面实行由房地产管理局"一家发两证"的做法。

④实行"房地合一"的管理模式。即市政府把房地产管理局和市土地管理局合署办公，实行"一套人马，两块牌子"的体制，作为城乡房地产的主管部门。这种模式在产权登记发证方面实行只发一个"房地产证"的做法。

（二）房地产权属登记

房地产权属登记分为国有土地范围内房屋登记和集体土地范围内房屋登记两大类。

1. 国有土地范围内房屋登记

国有土地范围内房屋登记包括房屋所有权登记、房屋抵押权登记、地役权登记、房屋预告登记、房屋其他登记五种。

（1）房屋所有权登记

房屋所有权登记是指房屋登记机构根据申请人的申请，将房屋所有权或所有权变动等事项，在登记簿上予以记载的行为。房屋所有权登记分为：房屋所有权初始登记、房屋所有权转移登记、房屋所有权变更登记、房屋所有权注销登记。

①房屋所有权初始登记。房屋所有权初始登记是指新建房屋申请人，或原有但未进行过登记的房屋申请人原始取得所有权而进行的登记。在依法取得的房地产开发用地上新建成的房屋和集体土地转化为国有土地上的房屋，权利人应当向登记机关申请办理房屋所有权初始登记。在开发用地上新建成的房屋登记，权利人应向登记机关提交建设用地规划许可证、建设工程规划许可证及土地使用权证书等证明文件。集体土地转化为国有土地上的房屋，权利人应向登记机关提交用地证明等有关文件。

②房屋所有权转移登记。房屋所有权转移登记是指房屋因买卖、赠与、交换、继承、划拨、转让、分割、合并、裁决等原因致使其权属发生转移而进行的登记，权利人应当自事实发生之日起 90 日内申请转移登记。申请转移登记，权利人应提交原房地产权属证书以及与房地产转移相关的合同、协议、证明等文件。

③房屋所有权变更登记。房屋所有权变更登记是指房地产权利人因法定名称改变，或是房屋状况发生变化而进行的登记。如权利人法定名称变更，房地产现状、用途变更，房屋门牌号码的改变，路名的更改，房屋的翻、改建或添建而使房屋面积增加或减少，部分房屋拆

除时，房地产权利人均应自事实发生之日起 30 天内申请变更登记，由房地产权利人提交房地产权属证书以及相关的证明文件办理。

④房屋所有权注销登记。房屋所有权注销登记是指房屋权利因房屋或土地灭失、土地使用年限届满、他项权利终止、权利主体灭失等而进行的登记。

房地产权利丧失时，原权利人应申请注销登记。申请注销登记，申请人应提交房地产权属证书、相关的合同、协议文件。房地产权利灭失，而当事人在规定期限内未办理注销登记的，由登记机关予以注销登记。

（2）房屋抵押权登记

以房屋设定抵押的，当事人应当申请抵押权登记。房屋抵押登记分为房屋抵押设立登记、房屋抵押转移登记、房屋抵押变更登记、房屋抵押注销登记，房屋抵押权登记除一般抵押登记外还允许最高额抵押登记。最高额抵押登记指以房屋设定最高额抵押的，当事人应当申请最高额抵押权设立登记。

（3）地役权登记

在房屋上设立地役权的，当事人可以申请地役权设立登记。对符合规定条件的地役权设立登记，房屋登记机构应当将有关事项记载于需役地和供役地房屋登记簿。并可将地役权合同附于供役地和需役地房屋登记簿。已经登记的地役权变更、转让或者消灭的，当事人应当提交下列材料，申请变更登记、转移登记、注销登记：

①登记申请书。
②申请人的身份证明；
③地役权合同；
④房屋所有权证书或者房地产产权证书；
⑤其他必要材料。

（4）房屋预告登记

有下列情形之一的，当事人可以申请预告登记：

①预购商品房；
②以预购商品房设定抵押；
③房屋所有权转让、抵押；
④法律、法规规定的其他情形。

预告登记后，未经预告登记的权利人书面同意，处分该房屋申请登记的，房屋登记机构应当不予办理。

预告登记后，债权消灭或者自能够进行相应的房屋登记之日起三个月内，当事人申请房屋登记的，房屋登记机构应当按照预告登记事项办理相应的登记。

预售人和预购人订立商品房买卖合同后，预售人未按照约定与预购人申请预告登记，预购人可以单方申请预告登记。

（5）房屋其他登记

其他登记指，上述房屋登记类型以外的，更正登记、异议登记，撤销登记等。

①更正登记。权利人、利害关系人认为房屋登记簿记载的事项有错误的，可以申请更正登记。房屋登记簿记载确有错误的，应当予以更正，需要更正房屋权属证书内容的，应当书面通知权利人换领房屋权属证书，房屋登记簿记载无误的，应当不予更正，并书面通知申请人。

②异议登记。利害关系人认为房屋登记簿记载的事项错误,而权利人不同意更正的,利害关系人可以持登记申请书、申请人的身份证明、房屋登记簿记载错误的证明文件等材料和申请异议登记。

异议登记期间,房屋登记簿记载的权利人处分房屋申请登记的,房屋登记机构应当暂缓办理。

权利人处分房屋申请登记,房屋登记机构受理登记申请但尚未将申请登记事项记载于房屋登记簿之前,第三人申请异议登记的,房屋登记机构应当中止办理原登记申请,并书面通知申请人。

异议登记期间,异议登记申请人起诉,人民法院不予受理或者驳回其诉讼请求的,异议登记申请人或者房屋登记簿记载的权利人可以持登记申请书、申请人的身份证明、相应的证明文件等材料申请注销异议登记。

③撤销登记。司法机关、行政机关、仲裁委员会发生法律效力的文件证明当事人以隐瞒真实情况、提交虚假材料等非法手段获取房屋登记的,房屋登记机构可以撤销原房屋登记,收回房屋权属证书、登记证明或者公告作废,但房屋权利为他人善意取得的除外。

2. 集体土地范围内房屋登记

(1) 集体土地范围内房屋登记的含义

依法利用宅基地建造的村民住房和依法利用其他集体所有建设用地建造的房屋,可以依法申请房屋登记。法律、法规对集体土地范围内房屋登记另有规定的,从其规定。

(2) 初始登记

因合法建造房屋申请房屋所有权初始登记的,应当提交下列材料:

①登记申请书;

②申请人的身份证明;

③宅基地使用权证明或者集体所有建设用地使用权证明;

④申请登记房屋符合城乡规划的证明;

⑤房屋测绘报告或者村民住房平面图;

⑥其他必要材料。

申请村民住房所有权初始登记的,还应当提交申请人属于房屋所在地农村集体经济组织成员的证明。

农村集体经济组织申请房屋所有权初始登记的,还应当提交经村民会议同意或者由村民会议授权经村民代表会议同意的证明材料。

(3) 转移登记

房屋所有权依法发生转移,申请房屋所有权转移登记的,应当提交下列材料:

①登记申请书;

②申请人的身份证明;

③房屋所有权证书;

④宅基地使用权证明或者集体所有建设用地使用权证明;

⑤证明房屋所有权发生转移的材料;

⑥其他必要材料。

申请村民住房所有权转移登记的,还应当提交农村集体经济组织同意转移的证明材料。

农村集体经济组织申请房屋所有权转移登记的,还应当提交经村民会议同意或者由村民会议授权经村民代表会议同意的证明材料。

申请农村村民住房所有权转移登记，受让人不属于房屋所在地农村集体经济组织成员的，除法律、法规另有规定外，房屋登记机构应当不予办理。

(4) 抵押权登记

依法以乡镇、村企业的厂房等建筑物设立抵押，申请抵押权登记的，应当提交下列材料：

①登记申请书；
②申请人的身份证明；
③房屋所有权证书；
④集体所有建设用地使用权证明；
⑤主债权合同和抵押合同；
⑥其他必要材料。

房屋登记机构对集体土地范围内的房屋予以登记的，应当在房屋登记簿和房屋权属证书上注明"集体土地"字样。

办理集体土地范围内房屋的地役权登记、预告登记，更正登记、异议登记等房屋登记，可以参照适用国有土地范围内房屋登记的有关规定。

(三) 房地产权属登记程序

房屋权属登记按受理登记申请，权属审核、公告、核准登记并颁发房屋权属证书等程序进行。

1. 受理登记申请

受理登记申请是申请人向房屋所在地的登记机关提出书面申请，填写统一的登记申请表，提交有关证件。如其手续完备，登记机关则受理登记。房屋所有权登记申请必须由房屋所有权人提出，房屋他项权利登记应由房屋所有人和他项权利人共同申请。

申请人申请权属时应如实填写登记申请表。对委托代理申请登记的，应收取委托书并查验代理人的身份证件。不能由其他人持申请人的身份证件申请登记。工作人员在查验各类证件、证明和申请表各栏目内容后，接受申请人的登记申请，并按收取的各类书证，向申请人出具收件收据。

登记机关自受理登记申请之日起7日内应当决定是否予以登记。对暂缓登记、不予登记的，应当书面通知权利人（申请人）。

2. 权属审核

主要是审核查阅产籍资料、申请人提交的各种证件，核实房屋现状即权属来源等。权属审核一般采用"三审定案"的方法，即采用初审、复审和审批的方法。随着我国权属登记制度的日益完善，对一部分房屋权属的确定，可以视情况采用更为简捷的方法。对于商品房甚至可以采用直接登记当即发证的方法，收件后随即审批并打印权属证书。

(1) 初审

初审是对申请人提交的证件、证明以及墙界情况、房屋状况等进行核对。并初步确定权利人主张产权的依据是否充分、是否合法，初审工作要到现场查勘，并着重对申请事项的真实性进行调查。

(2) 复审

复审是权属审查中的重要环节，复审人员一般不到现场调查，但要依据初审中已确定的事实,按照法律、法规及有关规定,并充分利用登记机关现存的各项资料及测绘图件,反复核对,以确保权属审核的准确性。复审人员应对登记件负责全面审查,着重对登记所适用的法律、法规负责。

3. 公告

公告是对可能有产权异议的申请,采用布告、报纸等形式公开征询异议,以便确认产权。公告并不是房屋权属登记的必经程序,登记机关认为有必要时进行公告。但房屋权属证书遗失的,权利人应当及时登报声明作废,并向登记机关申请补发,登记机关应当作出补发公告,经6个月无异议的方可予以补发房屋权属证书。

4. 核准登记并颁发房屋权属证书

(1) 核准登记

经初审、复审、公告后的登记件,应进行终审,经终审批准后,该项登记即告成立,终审批准之日即是核准登记之日。

终审一般由直接负责权属登记工作的机构指定的专人进行。终审是最后的审查,对有疑问的内容,终审人员应及时向有关人员指出,对复杂的问题,也可采用会审的办法,以确保准确无误。

(2) 权属证书的制作

经终审核准登记的权利,可以制作权属证书。填写房屋权属证书应当按原建设部关于制作颁发全国统一房屋权属证书通知的规定来填写。无论是使用计算机缮证或是手工缮证,在缮证后都要由专人进行核对,校对各应填写项目是否完整、准确,附图与登记是否一致,房屋权属证书附图中是否按要求注明实施测绘的房产测绘单位名称、房屋套内建筑面积、房屋分摊的共有建筑面积,附图上尺寸是否标注清楚准确,相关的房屋所有权证,房屋他项权证和共有权证的记载是否完全一致。核对人员要在审批表核对人栏内签字以示负责。核对无误的权属证书就可编造清册,并在权属证书上加盖填发单位印章。

(3) 权属证书的颁发

向权利人核发权属证书是权属登记程序的最后一项。

① 通知权利人领取权属证书。一般可采用在登记机关决定管理登记时填发领证通知单或寄发统一的领证通知书的办法,告知权利人在规定时间携带收件收据、身份证件以及应缴纳的各项费用到指定地点领取。

② 收取登记费用。登记费用一般包括登记费和权证工本费。

③ 发证。发证时应当请权利人自己检查一下权属证书上所载明的各登记事项是否准确,房屋权属证书应当发给权利人或权利人所委托的代理人。房屋他项权登记时房屋所有权证应发还给房屋所有权人,他项权证应发给他项权利人。发证时,领证人、发证人都应在审批表相应的栏目内签字并注明发证日期。发证完毕后,将收回的收件收据及全部登记文件及时整理,装入资料袋,及时办理移交手续,交由产籍部门管理。

第六节 物业管理法律制度

物业管理是指业主通过选聘物业服务企业,由业主和物业服务企业按照物业服务合同约定,对房屋及配套的设施设备和相关场地进行维修、养护、管理,维护相关区域内的环境卫生和秩序的活动。物业管理是复杂的系统工程,涉及的民事法律关系和行政法律关系错综复杂。2003年6月8日国务院颁布了《物业管理条例》,《物业管理条例》是我国第一部物业管理行政法规,确立了一系列重要的物业管理制度,对业主及业主大会、前期物业管理、物业管理服务、物业的使用与维护等方面作了明确规定,并明确了相应的法律责任。《物业管理条例》的颁布施行,将为维护物业管理市场秩序、规范物业管理活动、保障业主和物业服务企业合法权益提供法律保障;对于促进物业管理健康发展,进一步改善人民群众的生活和工作环境具有十分重要的意义,2007年6月26日国务院颁布了《国务院关于修改〈物业管理条例〉的决定》,自2007年10月1日起施行。

一、物业服务企业

物业服务企业是指依法设立、具有独立法人资格,从事物业管理服务活动的企业。物业管理企业按自主经营、自负盈亏、自我约束、自我发展的机制运行。

(一)物业服务企业的设立

物业服务企业的设立分工商注册登记和资质审批两个阶段。

1. 物业服务企业的注册登记

设立物业服务企业须向工商行政管理部门进行注册登记,领取营业执照后方可开业。

(1) 物业服务企业的工商注册登记

根据《公司法》规定,企业设立须向工商行政管理部门进行注册登记,在领取营业执照后,方可开业。因此,物业管理公司在营业前必须到工商行政管理部门注册登记,其办理手续与一般企业相同。

①企业名称的预先审核。物业服务企业可结合行业特点,根据所管理物业的名称、地域、公司发起人等取名,但在起名时,必须符合《公司法》的有关规定。根据公司登记管理的有关规定,物业服务企业应当由全体股东或发起人指定的代表或委托的代理人申请企业名称的预先核准,经工商行政管理部门批准后,获得《企业名称预先核准通知书》。

②公司地址。物业服务企业应以其主要的办事机构所在地作为公司的地址。

③注册资本。《公司法》规定,科技开发、咨询、服务性有限责任公司最低限额的注册资本为10万元,物业服务企业作为服务性企业应符合此规定。同时,考虑到企业注册后即应办理物业服务企业资质证书,因此,注册资本还应符合各资质等级注册资本的规定要求。

④股东人数和法定代表人。在设立物业服务企业时,股东人数必须符合法定条件。

⑤公司人员。物业服务企业的人数和从业资格应该符合相关法规要求。

⑥公司章程。物业服务企业章程是明确企业宗旨、性质、资金、业务、经营规模、组织机构以及利益分配、债权债务、内部管理等内容的书面文件,是设立企业的最重要基础条件之一。企业章程的内容因企业性质和业务的实际情况不同而有所不同。一般工商行政管理部门备有章程文本,主要内容包括:

 a. 总则,包括公司名称和地址等;
 b. 企业的经营范围;
 c. 公司注册资本;
 d. 股东的姓名或名称;
 e. 股东的权利和义务;
 f. 股东的出资方式和出资额,股东转让出资的条件;
 g. 公司的机构及产生办法、职权、议事规则;

h. 公司的法定代表；
i. 公司解散事由和清算办法；
j. 职工录用方式、待遇、管理方法；
k. 企业的各种规章制度。

物业服务企业在办理企业注册登记时，应提交由具有法定资质的验资机构出具的验资证明，以及必要的审批文件。物业服务企业如果符合规定的条件，在工商行政机关发给营业执照后，公司即告成立。

2. 资质审批

新设立的物业服务企业应当自领取营业执照之日起 30 日内，持下列文件向工商注册所在地直辖市、设区的市级人民政府房地产主管部门申请资质，新设立的物业服务企业，其资质等级按照最低等级核定，并设一年的暂定期。

（1）营业执照；
（2）企业章程；
（3）验资证明；
（4）企业法定代表人的身份证明；
（5）物业管理专业人员的职业资格证书和劳动合同，管理和技术人员的职称证书和劳动合同。

一年的暂定期后，物业管理企业申请核定资质等级，应当提交下列材料：

（1）企业资质等级申报表；
（2）营业执照；
（3）企业资质证书正、副本；
（4）物业管理专业人员的职业资格证书和劳动合同，管理和技术人员的职称证书和劳动合同，工程、财务负责人的职称证书和劳动合同；
（5）物业服务合同复印件；
（6）物业管理业绩材料。

资质审批部门应当自受理企业申请之日起 20 个工作日内，对符合相应资质等级条件的企业核发资质证书；一级资质审批前，应当由省、自治区人民政府建设行政主管部门或者直辖市人民政府房地产主管部门审查，审查期限为 20 个工作日。物业服务企业申请核定资质等级，在申请之日前一年内有下列行为之一的，资质审批部门不予批准：

（1）聘用未取得物业管理职业资格证书的人员从事物业管理活动的；
（2）将一个物业管理区域内的全部物业管理业务一并委托给他人的；
（3）挪用专项维修资金的；
（4）擅自改变物业管理用房用途的；
（5）擅自改变物业管理区域内按照规划建设的公共建筑和共用设施用途的；
（6）擅自占用、挖掘物业管理区域内道路、场地，损害业主共同利益的；
（7）擅自利用物业共用部位、共用设施设备进行经营的；
（8）物业服务合同终止时，不按照规定移交物业管理用房和有关资料的；
（9）与物业管理招标人或者其他物业管理投标人相互串通，以不正当手段谋取中标的；
（10）不履行物业服务合同，业主投诉较多，经查证属实的；
（11）超越资质等级承接物业管理业务的；

(12) 出租、出借、转让资质证书的;
(13) 发生重大责任事故的。
(二) 物业服务企业的资质
1. 物业服务企业的资质等级

根据 2007 年 11 月 26 日建设部《关于修改〈物业服务企业资质管理办法〉的决定》规定,物业服务企业划分为一级、二级、三级三个资质等级,各资质等级物业服务企业的条件如下:

(1) 一级资质:

①注册资本人民币 500 万元以上;

②物业管理专业人员以及工程、管理、经济等相关专业类的专职管理和技术人员不少于 30 人。其中,具有中级以上职称的人员不少于 20 人,工程、财务等业务负责人具有相应专业中级以上职称;

③物业管理专业人员按照国家有关规定取得执业资格证书;

④管理两种类型以上物业,并且管理各类物业的房屋建筑面积分别占下列相应计算基数的百分比之和不低于 100%:

 a. 多层住宅 200 万 m^2;

 b. 高层住宅 100 万 m^2;

 c. 独立式住宅(别墅)15 万 m^2;

 d. 办公楼、工业厂房及其他物业 50 万 m^2。

⑤建立并严格执行服务质量、服务收费等企业管理制度和标准,建立企业信用档案系统,有优良的经营管理业绩。

(2) 二级资质:

①注册资本人民币 300 万元以上;

②物业管理专业人员以及工程、管理、经济等相关专业类的专职管理和技术人员不少于 20 人。其中,具有中级以上职称的人员不少于 10 人,工程、财务等业务负责人具有相应专业中级以上职称;

③物业管理专业人员按照国家有关规定取得执业资格证书;

④管理两种类型以上物业,并且管理各类物业的房屋建筑面积分别占下列相应计算基数的百分比之和不低于 100%:

 a. 多层住宅 100 万 m^2;

 b. 高层住宅 50 万 m^2;

 c. 独立式住宅(别墅)8 万 m^2;

 d. 办公楼、工业厂房及其他物业 20 万 m^2。

⑤建立并严格执行服务质量、服务收费等企业管理制度和标准,建立企业信用档案系统,有良好的经营管理业绩。

(3) 三级资质:

①注册资本人民币 50 万元以上;

②物业管理专业人员以及工程、管理、经济等相关专业类的专职管理和技术人员不少于 10 人。其中,具有中级以上职称的人员不少于 5 人,工程、财务等业务负责人具有相应专业中级以上职称;

③物业管理专业人员按照国家有关规定取得执业资格证书；

④有委托的物业管理项目；

⑤建立并严格执行服务质量、服务收费等企业管理制度和标准，建立企业信用档案系统。

2. 业务范围

物业服务企业必须在资质等级许可的范围内从事物业服务。一级资质物业服务企业可以承接各种物业管理项目。二级资质物业服务企业可以承接 30 万 m^2 以下的住宅项目和 8 万 m^2 以下的非住宅项目的物业管理业务。三级资质物业服务企业可以承接 20 万 m^2 以下住宅项目和 5 万 m^2 以下的非住宅项目的物业管理业务。

（三）物业服务企业的权利与义务

1. 物业服务企业的权利

物业服务企业有以下权利：

（1）根据有关法规，并结合实际情况制定管理办法。

（2）依照物业管理委托合同和管理办法对物业实施管理。

（3）依照物业管理委托合同和物价部门审批的标准收取管理费。

（4）有权制止企业员工和业主违反规章制度的行为。

（5）有权要求业主委员会协助管理。

（6）有权选聘专业公司承担专项管理业务。

（7）可以实行多种经营，以其收益补充管理经费的不足。

2. 物业服务企业的义务

物业服务企业有以下义务：

（1）履行物业管理委托合同，依法经营，达到合同中规定的各项服务标准。

（2）既对业主及使用人进行合同约定的服务，又要管好物业，接受业主和使用人及其代表——业主委员会的监督。

（3）设施维修、收费标准、服务内容等事项，物业管理企业无权自行决定，必须提交业主委员会审议，获得通过后方可实施。

（4）根据物业管理实行属地管理和行业管理相结合的原则，物业服务企业应当接受区、县房地产行政主管部门监督和指导。

（5）向全体业主公布管理费用收支账目。

（6）提供优良的生活工作环境，搞好社区文化，创建和谐社区。

（7）发现违法行为要及时向有关行政管理机关报告。物业服务企业发现业主和使用人的违法行为而又无法追究责任时，有义务向有关行政管理机关报告，并协助采取相应措施制止。

（8）物业管理委托合同终止时，必须向业主委员会移交全部房屋、物业管理档案、财务账目等资料，业主委员会有权指定专业审计机构对合同期内的物业管理财务进行审计。

二、业主、业主大会和业主委员会

（一）业主的权利和义务

1. 业主的权利

房屋的所有权人为业主。业主在物业管理活动中，享有下列权利：

（1）按照物业服务合同的约定，接受物业服务企业提供的服务；
（2）提议召开业主大会会议，并就物业管理的有关事项提出建议；
（3）提出制定和修改业主公约、业主大会议事规则的建议；
（4）参加业主大会会议，行使投票权；
（5）选举业主委员会委员，并享有被选举权；
（6）监督业主委员会的工作；
（7）监督物业服务企业履行物业服务合同；
（8）对物业共用部位、共用设施设备和相关场地使用情况享有知情权和监督权；
（9）监督物业共用部位、共用设施设备专项维修资金（以下简称专项维修资金）的管理和使用；
（10）法律、法规规定的其他权利。

2. 业主的义务

业主在物业管理活动中，履行下列义务：
（1）遵守业主公约、业主大会议事规则；
（2）遵守物业管理区域内物业共用部位和共用设施设备的使用、公共秩序和环境卫生的维护等方面的规章制度；
（3）执行业主大会的决定和业主大会授权业主委员会作出的决定；
（4）按照国家有关规定缴纳专项维修资金；
（5）按时缴纳物业服务费用；
（6）法律、法规规定的其他义务。

（二）业主大会和业主委员会

1. 业主大会的职责

物业管理区域内全体业主组成业主大会。业主大会应当代表和维护物业管理区域内全体业主在物业管理活动中的合法权益。一个物业管理区域成立一个业主大会。同一个物业管理区域内的业主，应当在物业所在地的区、县人民政府房地产行政主管部门的指导下成立业主大会，并选举产生业主委员会。但是，只有一个业主的，或者业主人数较少且经全体业主一致同意，决定不成立业主大会的，由业主共同履行业主大会、业主委员会职责。

业主大会履行下列职责：
（1）制定、修改业主公约和业主大会议事规则；
（2）选举、更换业主委员会委员，监督业主委员会的工作；
（3）选聘、解聘物业管理企业；
（4）决定专项维修资金使用、续筹方案，并监督实施；
（5）制定、修改物业管理区域内物业共用部位和共用设施设备的使用、公共秩序和环境卫生的维护等方面的规章制度；
（6）法律、法规或者业主大会议事规则规定的其他有关物业管理的职责。

2. 业主大会的议事规则

业主大会会议分为定期会议和临时会议。业主大会定期会议应当按照业主大会议事规则的规定召开。经20%以上的业主提议，业主委员会应当组织召开业主大会临时会议。召开业主大会会议，应当于会议召开15日前通知全体业主。住宅小区的业主大会会议，应当同时告知相关的居民委员会。业主委员会应当做好业主大会会议记录。

业主大会会议可以采用集体讨论的形式，也可以采用书面征求意见的形式；但应当有物业管理区域内持有 1/2 以上投票权的业主参加。业主可以委托代理人参加业主大会会议。业主大会作出决定，必须经与会业主所持投票权 1/2 以上通过。业主大会作出制定和修改业主公约、业主大会议事规则，选聘和解聘物业管理企业，专项维修资金使用和续筹方案的决定，必须经物业管理区域内全体业主所持投票权 2/3 以上通过。业主大会的决定对物业管理区域内的全体业主具有约束力。

3. 业主委员会的职责

业主委员会是业主大会的执行机构，业主委员会委员应当由热心公益事业、责任心强、具有一定组织能力的业主担任。业主委员会主任、副主任在业主委员会委员中推选产生。业主委员会应当自选举产生之日起 30 日内，向物业所在地的区、县人民政府房地产行政主管部门备案。业主委员会履行下列职责：

（1）召集业主大会会议，报告物业管理的实施情况；

（2）代表业主与业主大会选聘的物业管理企业签订物业服务合同；

（3）及时了解业主、物业使用人的意见和建议，监督和协助物业管理企业履行物业服务合同；

（4）监督业主公约的实施；

（5）业主大会赋予的其他职责。

三、物业服务合同

物业服务合同包括前期物业服务合同和物业服务合同。

（一）前期物业服务合同

1. 前期物业服务合同的概念

前期物业服务合同，是指物业建设单位与物业服务企业就前期物业管理阶段双方的权利和义务所达成的协议，是物业服务企业被授权开展物业管理服务的依据。《物业管理条例》第二十一条规定："在业主、业主大会选聘物业服务企业之前，建设单位选聘物业服务企业的，应当签订书面的前期物业服务合同"。第二十五条规定："建设单位与物业买受人签订的买卖合同应当包含前期物业服务合同约定的内容。"前期物业服务合同的当事人不仅涉及建设单位与物业服务企业，也涉及业主。

在实际工作中，物业的销售及业主入住是持续的过程。这个阶段难以实现 2/3 以上投票权的业主投票形成业主大会决定，而这个阶段的物业管理服务又是必需的。因此，为了避免在业主大会选聘物业服务企业之前出现物业管理的真空，明确前期物业管理服务的责任主体，规范前期物业管理活动，《物业管理条例》明确地规定前期物业管理服务由建设单位选聘物业服务企业。

2. 前期物业服务合同的主要内容

合同的内容就是合同的条款，是合同对当事人权利和义务的具体规定。前期物业服务合同的内容就是通过合同条款反映建设单位与物业服务企业之间的权利和义务关系，包含以下几个主要部分。

（1）合同的当事人。物业服务合同的当事人就是建设单位与物业服务企业，其中建设单位以及物业服务企业一般都是法人组织。

（2）物业基本情况。物业基本情况包括物业名称、物业类型、坐落位置、建筑面积等方面的内容。

（3）服务内容与质量。服务内容主要包括：物业共用部位及共用设施设备的运行、维修、养护和管理；物业共用部位和相关场地环境管理；车辆停放管理；公共秩序维护、安全防范的协助管理；物业装饰装修管理服务；物业档案管理及双方约定的其他管理服务内容等。前期物业管理服务应达到约定的质量标准。

（4）服务费用。服务费用包括：物业服务费用的收取标准、收费约定的方式（包干制或酬金制）；物业服务费用开支项目；物业服务费用的缴纳；酬金制条件下，酬金计提方式、服务资金收支情况的公布及其争议的处理等。

（5）物业的经营与管理。物业的经营与管理包括：停车场和会所的收费标准、管理方式、收入分配办法；物业其他共用部位共用设施设备的经营与管理。

（6）承接查验和使用维护。承接查验和使用维护的主要内容包括，执行过程中双方责任与义务的约定。

（7）专项维修资金。专项维修资金的主要内容包括这部分资金的缴存、使用、续筹和管理。

（8）违约责任。这部分内容主要包括违约责任的约定和处理、免责条款的约定等。

（9）其他事项。其他事项主要包括合同履行期限、合同生效条件、合同争议处理、物业管理用房、物业管理相关资料归属以及双方认为需要约定的其他事项等。

（二）物业服务合同

1. 物业服务合同的概念

物业服务合同是物业服务企业与业主（或业主大会授权的业主委员会）之间就物业管理服务及相关的物业管理活动所达成的权利和义务关系的协议。

物业服务合同是规定业主与物业服务企业双方权利和义务关系的重要法律文件。根据《物权法》、《物业管理条例》的规定，选聘物业服务企业应当按照《业主大会议事规则》的规定程序由业主大会决定。物业服务企业选聘方案或者物业服务合同的主要内容应该经过业主大会通过后方可生效。

物业管理服务内容主要由物业服务合同确定，业主委员会应当与业主大会选聘的物业服务企业订立书面的物业服务合同，物业服务企业应当按照物业服务合同的约定，提供相应的服务。物业服务企业未能履行物业服务合同的约定，导致业主人身、财产安全受到损害的，应当依法承担相应的法律责任。

2. 物业服务合同的内容

物业服务合同应当对物业管理事项、服务质量、服务费用、双方的权利和义务、专项维修资金的管理与使用、物业管理用房、合同期限、违约责任等内容进行约定。一般应当具备以下主要内容：

（1）物业基本情况

物业基本情况中，要描述物业类型、位置面积等情况，界定物业管理区域。

（2）委托服务事项

委托服务事项即物业管理企业为业主提供服务的具体内容。主要包括：

①房屋建筑共用部位的维修、养护和管理，包括楼盖、屋顶、外墙面、承重墙体结构、楼梯间、走廊通道、门厅等。

②共用设施、设备的维修、养护、运行和管理，包括共用的上下水管道、落水管、污水

管、垃圾道、共用照明、天线、中央空调、高压水泵房、楼内消防设施设备、电梯等。

③市政共用设施和附属建筑物、构筑物的维修、养护和管理,包括道路、室外上下水管道、沟渠、池、井、停车场等。

④公用绿地、花木、建筑小品等的养护与管理。

⑤附属配套建筑和设施的维修、养护和管理,包括商业网点、文化体育娱乐场所等。

⑥公共环境卫生,包括公共楼道、通道、电梯间、走廊、小区内道路、公共场地的清洁卫生、垃圾的收集、清运等。

⑦交通与车辆停放秩序的管理,包括停车场管理和车辆进出管理。通常情况下,物业区域内的业主和物业使用人在本物业区域的公共场地停放车辆,停放人应与乙方签订专项合同。

⑧维护公共秩序、小区安全,包括安全监控、巡视、门岗执勤等。

⑨物业装饰装修管理服务,包括房屋装修的安全、垃圾处理等管理工作。

⑩专项维修基金的代管服务。

⑪物业档案资料的管理。包括与物业相关的工程图纸、住用户档案与竣工验收资料。

⑫其他委托事项。

(3) 双方的权利和义务

合同双方在物业管理活动中的权利和义务约定得越明晰,合同的履行就越简单,发生纠纷的概率也要小很多。

(4) 物业服务要求和标准

服务质量是对物业管理企业提供的服务在质量上的具体要求。目前国家正在推行物业管理服务标准,当事人可以参照服务标准来约定服务质量,根据服务质量来约定相应的服务费用。

(5) 物业服务费用和维修费用

服务费用是业主为获取物业管理企业提供的服务而支付的费用,包括管理、房屋设备运行、保安、日常维修以及提供物业服务的其他公共性服务收费。支付物业服务费用是业主的主要义务。当事人应当在合同中明确约定物业服务费用的收费项目、收费标准。物业服务费的收取方式,有包干制和酬金制两种形式。

物业交付业主前,物业服务费由建设单位承担;物业交付业主后,由业主承担。

(6) 专项维修基金的管理和使用

目前,专项维修基金主要是针对住宅物业而言的。专项维修基金对于保证物业共用部位和共用设施设备的维修养护,对于物业的保值增值,具有非常重要的意义。对于一个物业管理区域而言,专项维修基金总量是一个不小的金额。从产权上讲,专项维修基金属于物业管理区域内的业主所有,在实践上,专项维修基金大都由物业管理企业代管。为了发挥维修基金的作用,需要当事人在国家规定的基础上,对专项维修基金的管理和使用规则、程序等作出具体约定。

(7) 物业管理用房

必要的物业管理用房是物业管理企业开展物业服务活动的前提条件。当事人需按照《物业管理条例》的规定,在合同中对物业管理用房的配置、用途、产权等相关问题予以细化。

(8) 物业经营管理

对于经营性物业,以及居住物业中的经营性房屋或设施,如商业铺面、停车场等,合同双方要明确委托服务的绩效考核标准、收费标准等。

(9) 委托服务期限

物业服务合同属于在较长期限内履行的合同，当事人需要对合同的期限进行约定。物业服务合同的期限条款应当尽量明确、具体，或者明确规定计算期限的方法。

(10) 违约责任

违约责任是指物业服务合同当事人一方或者双方不履行合同，依照法律的规定或者当事人的约定应当承担的法律责任。违约责任是促使当事人履行合同义务，使守约人免受或少受损失的法律措施，也是保证物业服务合同履行的主要条款，对当事人的利益关系重大，应当予以明确。

合同法及其他相关法律法规对违约责任的规定比较详细，但是法律的规定比较原则，难以面面俱到；物业服务合同具有其特殊性，为了保证合同当事人的特殊需要，当事人应当按照法律规定的原则和自身的情况，对违约责任作出具体的约定。例如，约定违约损害的计算方法、赔偿范围等。

此外，物业服务合同一般还应载明双方当事人的基本情况、物业管理区域的范围、合同终止和解除的约定、解决合同争议的方法以及当事人约定的其他事项等内容。

第七节 法律责任

房地产违法是指违反房地产法律规定，依法应承担法律责任的行为。房地产违法按其性质来划分可分为房地产行政违法责任、房地产民事违法责任、房地产刑事违法责任三类，按违法者的主体来划分可分为国家机关及其工作人员的违法责任、房地产企业或其他组织或个人的违法责任。按照违法行为来划分可分为违反房地产开发经营管理规定、违反国有土地上房屋征收与补偿管理规定、违反房地产交易管理规定、违反房地产中介服务管理规定、违反房地产权属登记管理规定、违反住房公积金管理规定和违反物业管理规定的法律责任。

一、违反房地产开发经营管理规定的法律责任

未取得营业执照，擅自从事房地产开发经营的，由县级以上人民政府工商行政管理部门责令停止房地产开发经营活动，没收违法所得，可以并处违法所得5倍以下的罚款。

未取得资质等级证书或者超越资质等级从事房地产开发经营的，由县级以上人民政府房地产开发主管部门责令限期改正，处5万元以上10万元以下的罚款；逾期不改正的，由工商行政管理部门吊销营业执照。

将未经验收的房屋交付使用的，由县级以上人民政府房地产开发主管部门责令限期补办验收手续；逾期不补办验收手续的，由县级以上人民政府房地产开发主管部门组织有关部门和单位进行验收，并处10万元以上30万元以下的罚款。将验收不合格的房屋交付使用的，由县级以上人民政府房地产开发主管部门责令限期返修，并处交付使用的房屋总造价2%以下的罚款；情节严重的，由工商行政管理部门吊销营业执照；给购买人造成损失的，应当依法承担赔偿责任；造成重大伤亡事故或者其他严重后果，构成犯罪的，依法追究刑事责任。

擅自转让房地产开发项目的，由县级以上人民政府负责土地管理工作的部门责令停止违法行为，没收违法所得，可以并处违法所得5倍以下的罚款。

隐瞒真实情况、弄虚作假骗取资质证书的，由原资质审批部门公告资质证书作废，收回证书，并可处以1万元以上3万元以下的罚款。

涂改、出租、出借、转让、出卖资质证书的，由原资质审批部门公告资质证书作废，收回证书，并可处以1万元以上3万元以下的罚款。

企业开发建设的项目工程质量低劣，发生重大工程质量事故的，由原资质审批部门降低资质等级；情节严重的吊销资质证书，并提请工商行政管理部门吊销营业执照。

企业在商品住宅销售中不按照规定发放《住宅质量保证书》和《住宅使用说明书》的，由原资质审批部门予以警告、责令限期改正、降低资质等级，并可处以1万元以上2万元以下的罚款。

企业不按照规定办理变更手续的，由原资质审批部门予以警告、责令限期改正，并可处以5000元以上1万元以下的罚款。

二、违反国有土地上房屋征收与补偿管理规定的法律责任

市、县级人民政府及房屋征收部门的工作人员在房屋征收与补偿工作中不履行规定的职责，或者滥用职权、玩忽职守、徇私舞弊的，由上级人民政府或者本级人民政府责令改正，通报批评；造成损失的，依法承担赔偿责任；对直接负责的主管人员和其他直接责任人员，依法给予处分；构成犯罪的，依法追究刑事责任。

采取暴力、威胁或者违反规定中断供水、供热、供气、供电和道路通行等非法方式迫使被征收人搬迁，造成损失的，依法承担赔偿责任；对直接负责的主管人员和其他直接责任人员，构成犯罪的，依法追究刑事责任；尚不构成犯罪的，依法给予处分；构成违反治安管理条例行为的，依法给予治安管理处罚。

采取暴力、威胁等方法阻碍依法进行的房屋征收与补偿工作，构成犯罪的，依法追究刑事责任；构成违反治安管理条例行为的，依法给予治安管理处罚。

贪污、挪用、私分、截留、拖欠征收补偿费用的，责令改正，追回有关款项，限期退还违法所得，对有关责任单位通报批评、给予警告；造成损失的，依法承担赔偿责任；对直接负责的主管人员和其他直接责任人员，构成犯罪的，依法追究刑事责任；尚不构成犯罪的，依法给予处分。

房地产价格评估机构或者房地产估价师出具虚假或者有重大差错的评估报告的，由发证机关责令限期改正，给予警告，对房地产价格评估机构并处5万元以上20万元以下罚款，对房地产估价师并处1万元以上3万元以下罚款，并记入信用档案；情节严重的，吊销资质证书、注册证书；造成损失的，依法承担赔偿责任；构成犯罪的，依法追究刑事责任。

三、违反房地产交易管理规定的法律责任

违反《房地产管理法》规定转让土地使用权的，由县级以上人民政府土地管理部门没收违法所得，可以并处罚款。

违反《房地产管理法》规定转让房地产的，由县级以上人民政府土地管理部门责令缴纳土地使用权出让金，没收违法所得，可以并处罚款。

违反《房地产管理法》规定预售商品房的，由县级以上人民政府房地产管理部门责令停止预售活动，没收违法所得，可以并处已收取预付款百分之一以下的罚款。

未取得房地产开发企业资质证书，擅自销售商品房的，责令停止销售活动，处5万元以上10万元以下的罚款。

在未解除商品房买卖合同前，将作为合同标的物的商品房再行销售给他人的，处以警

告,责令限期改正,并处 2 万元以上 3 万元以下罚款;构成犯罪的,依法追究刑事责任。

房地产开发企业将未组织竣工验收、验收不合格或者对不合格按合格验收的商品房擅自交付使用的,责令改正,处工程合同价款 2%以上 4%以下的罚款;造成损失的,依法承担赔偿责任。

房地产开发企业未按规定将测绘成果或者需要由其提供的办理房屋权属登记的资料报送房地产行政主管部门的,处以警告,责令限期改正,并可处以 2 万元以上 3 万元以下罚款。

房地产开发企业在销售商品房中有下列行为之一的,处以警告,责令限期改正,并可以 1 万元以上 3 万元以下罚款。

(1) 未按照规定的现售条件现售商品房的;

(2) 未按照规定在商品房现售前将房地产开发项目手册及符合商品房现售条件的有关证明文件报送房地产开发主管部门备案的;

(3) 返本销售或者变相返本销售商品房的;

(4) 采取售后包租或者变相售后包租方式销售未竣工商品房的;

(5) 分割拆零销售商品住宅的;

(6) 不符合商品房销售条件,向买受人收取预订款性质费用的;

(7) 未按照规定向买受人明示《商品房销售管理办法》、《商品房买卖合同示范文本》、《城市商品房预售管理办法》的;

(8) 委托没有资格的机构代理销售商品房的。

房地产中介服务机构代理销售不符合销售条件的商品房的,处以警告,责令停止销售,并可处以 2 万元以上 3 万元以下罚款。

开发企业不按规定使用商品房预售款项的,由房地产管理部门责令限期纠正,并可处以违法所得 3 倍以下但不超过 3 万元的罚款。

出租违法建筑、不符合安全、防灾等工程建设强制性标准的、违反规定改变房屋使用性质的、法律与法规规定禁止出租的其他房屋,由直辖市、市、县人民政府建设(房地产)行政主管部门责令限期改正,对没有违法所得的,可处以 5000 元以下罚款;对有违法所得的,可以处以违法所得 1 倍以上 3 倍以下,但不超过 3 万元的罚款。

出租厨房、卫生间、阳台和地下储藏室以及小于当地人民政府规定的最低标准的房屋,由直辖市、市、县人民政府建设(房地产)行政主管部门责令限期改正,逾期不改正的,可处以 5000 元以上 3 万元以下罚款。

未在 30 日内办理房屋租赁登记备案、变更、延续或者注销手续,由直辖市、市、县人民政府建设(房地产)行政主管部门责令限期改正;个人逾期不改正的,处以 1000 元以下罚款;单位逾期不改正的,处以 1000 元以上 1 万元以下罚款。

直辖市、市、县人民政府建设(房地产)行政主管部门对符合本办法规定的房屋租赁登记备案申请不予办理,对不符合本办法规定的房屋租赁登记备案申请予以办理,或者对房屋租赁登记备案信息管理不当,给租赁当事人造成损失的,对直接负责的主管人员和其他直接责任人员依法给予处分;构成犯罪的,依法追究刑事责任。

最低收入家庭申请廉租住房时违反规定,不如实申报家庭收入、家庭人口及住房状况的,由房地产行政主管部门取消其申请资格;已骗取廉租住房保障的,责令其退还已领取的租赁住房补贴,或者退出廉租住房并补交市场平均租金与廉租房标准租金的差额,或者补交核减的租金,情节恶劣的,并可处以 1000 元以下的罚款。

违反本办法规定,房地产行政主管部门或者其他有关行政管理部门的工作人员,在廉租住房管理工作中利用职务上的便利,收受他人财物或者其他好处的,对已批准的廉租住房不依法履行监督管理职责的,或者发现违法行为不予查处的,给予行政处分;构成犯罪的,依法追究刑事责任。

四、违反房地产中介服务管理规定的法律责任

违反《房地产管理法》规定,未取得营业执照擅自从事房地产中介服务业务的,由县级以上人民政府工商行政管理部门责令停止房地产中介服务业务活动,没收违法所得,可以并处罚款。

有下列行为之一的,由直辖市、市、县人民政府房地产管理部门会同有关部门对责任者给予处罚:

(1) 未取得房地产中介资格擅自从事房地产中介业务的,责令停止房地产中介业务,并可处以1万元以上3万元以下的罚款;

(2) 违反本规定伪造、涂改、转让《房地产估价师执业资格证书》、《房地产估价师注册证》、《房地产估价员岗位合格证》、《房地产经纪人资格证》的,收回资格证书或者公告资格证书作废,并可处以1万元以下的罚款;

(3) 超过营业范围从事房地产中介活动的,处以1万元以上3万元以下的罚款。

房地产中介服务人员有下列行为之一的,收回资格证书或者公告资格证书作废,并可处以1万元以上3万元以下的罚款:

(1) 索取、收受委托合同以外的酬金或其他财物,或者利用工作之便,牟取其他不正当的利益;

(2) 允许他人以自己的名义从事房地产中介业务;

(3) 同时在两个或两个以上中介服务机构执行业务;

(4) 与一方当事人串通损害另一方当事人利益;

(5) 法律、法规禁止的其他行为。

隐瞒有关情况或者提供虚假材料申请房地产估价师注册的,建设(房地产)行政主管部门不予受理或者不予行政许可,并给予警告,在1年内不得再次申请房地产估价师注册。

聘用单位为申请人提供虚假注册材料的,由省、自治区、直辖市人民政府建设(房地产)主管部门给予警告,并可处以1万元以上3万元以下的罚款。

以欺骗、贿赂等不正当手段取得注册证书的,由国务院建设行政主管部门撤销其注册,3年内不得再次申请注册,并由县级以上地方人民政府建设(房地产)行政主管部门处以罚款,其中没有违法所得的,处以1万元以下罚款,有违法所得的,处以违法所得3倍以下且不超过3万元的罚款;构成犯罪的,依法追究刑事责任。

未经注册,擅自以注册房地产估价师名义从事房地产估价活动的,所签署的估价报告无效,由县级以上地方人民政府建设(房地产)行政主管部门给予警告,责令停止违法活动,并可处以1万元以上3万元以下的罚款;造成损失的,依法承担赔偿责任。

未办理变更注册仍执业的,由县级以上地方人民政府建设(房地产)行政主管部门责令限期改正;逾期不改正的,可处以5000元以下的罚款。

注册房地产估价师有下列行为之一的,由县级以上地方人民政府建设(房地产)行政主管部门给予警告,责令其改正,没有违法所得的,处以1万元以下罚款,有违法所得的,处

以违法所得3倍以下且不超过3万元的罚款；造成损失的，依法承担赔偿责任；构成犯罪的，依法追究刑事责任。

（1）不履行注册房地产估价师义务；
（2）在执业过程中，索贿、受贿或者牟取合同约定费用外的其他利益；
（3）在执业过程中实施商业贿赂；
（4）签署有虚假记载、误导性陈述或者重大遗漏的估价报告；
（5）在估价报告中隐瞒或者歪曲事实；
（6）允许他人以自己的名义从事房地产估价业务；
（7）同时在2个或者2个以上房地产估价机构执业；
（8）以个人名义承揽房地产估价业务；
（9）涂改、出租、出借或者以其他形式非法转让注册证书；
（10）超出聘用单位业务范围从事房地产估价活动；
（11）严重损害他人利益、名誉的行为；
（12）法律、法规禁止的其他行为。

申请人隐瞒有关情况或者提供虚假材料申请房地产估价机构资质的，资质许可机关不予受理或者不予行政许可，并给予警告，申请人在1年内不得再次申请房地产估价机构资质。

以欺骗、贿赂等不正当手段取得房地产估价机构资质的，由资质许可机关给予警告，并处1万元以上3万元以下的罚款，申请人3年内不得再次申请房地产估价机构资质。

未取得房地产估价机构资质从事房地产估价活动或者超越资质等级承揽估价业务的，出具的估价报告无效，由县级以上人民政府房地产行政主管部门给予警告，责令限期改正，并处1万元以上3万元以下的罚款；造成当事人损失的，依法承担赔偿责任。

房地产估价机构不及时办理资质证书变更手续的，由资质许可机关责令限期办理；逾期不办理的，可处1万元以下的罚款。

违反规定设立分支机构和新设立的分支机构不备案的，由县级以上人民政府房地产行政主管部门给予警告，责令限期改正，并可处1万元以上2万元以下的罚款。

违反规定承揽业务，擅自转让受托的估价业务，违反规定出具估价报告的，由县级以上人民政府房地产行政主管部门给予警告，责令限期改正；逾期未改正的，可处5千元以上2万元以下的罚款；给当事人造成损失的，依法承担赔偿责任。

房地产估价机构及其估价人员应当回避未回避的，由县级以上人民政府房地产行政主管部门给予警告，责令限期改正，并可处1万元以下的罚款；给当事人造成损失的，依法承担赔偿责任。

房地产估价机构擅自对外提供估价过程中获知的当事人的商业秘密和业务资料，给当事人造成损失的，依法承担赔偿责任；构成犯罪的，依法追究刑事责任。

五、违反房地产权属登记管理规定的法律责任

非法印制、伪造、变造房屋权属证书或者登记证明，或者使用非法印制、伪造、变造的房屋权属证书或者登记证明的，由房屋登记机构予以收缴；构成犯罪的，依法追究刑事责任。

申请人提交错误、虚假的材料申请房屋登记，给他人造成损害的，应当承担相应的法律责任。房屋登记机构及其工作人员违反本办法规定办理房屋登记，给他人造成损害的，由房

屋登记机构承担相应的法律责任。房屋登记机构承担赔偿责任后，对故意或者重大过失造成登记错误的工作人员，有权追偿。

房屋登记机构工作人员有下列行为之一的，依法给予处分；构成犯罪的，依法追究刑事责任：

（1）擅自涂改、毁损、伪造房屋登记簿；

（2）对不符合登记条件的登记申请予以登记，或者对符合登记条件的登记申请不予登记；

（3）玩忽职守、滥用职权、徇私舞弊。

未取得载明房产测绘业务的《测绘资格证书》从事房产测绘业务，以及承担房产测绘任务超出《测绘资格证书》所规定的房产测绘业务范围、作业限额的，依照《中华人民共和国测绘法》和《测绘资格审查认证管理规定》的规定处罚。

房产测绘单位有下列情形之一的，由县级以上人民政府房地产行政主管部门给予警告并责令限期改正，并可处以1万元以上3万元以下的罚款；情节严重的，由发证机关予以降级或者取消其房产测绘资格：

（1）在房产面积测算中不执行国家标准、规范和规定的；

（2）在房产面积测算中弄虚作假、欺骗房屋权利人的；

（3）房产面积测算失误，造成重大损失的。

房产测绘管理人员、工作人员在工作中玩忽职守、滥用职权、徇私舞弊的，给予行政处分；构成犯罪的，依法追究刑事责任。

六、违反住房公积金管理规定的法律责任

违反《住房公积金管理条例》的规定，单位不办理住房公积金缴存登记或者不为本单位职工办理住房公积金账户设立手续的，由住房公积金管理中心责令限期办理；逾期不办理的，处1万元以上5万元以下的罚款。单位逾期不缴或者少缴住房公积金的，由住房公积金管理中心责令限期缴存；逾期仍不缴存的，可以申请人民法院强制执行。

住房公积金管理委员会违反《住房公积金管理条例》规定审批住房公积金使用计划的，由国务院建设行政主管部门会同国务院财政部门或者由省、自治区人民政府建设行政主管部门会同同级财政部门，依据管理职权责令限期改正。

住房公积金管理中心违反《住房公积金管理条例》规定，有下列行为之一的，由国务院建设行政主管部门或者省、自治区人民政府建设行政主管部门依据管理职权，责令限期改正；对负有责任的主管人员和其他直接责任人员，依法给予行政处分：

（1）未按照规定设立住房公积金专户的；

（2）未按照规定审批职工提取、使用住房公积金的；

（3）未按照规定使用住房公积金增值收益的；

（4）委托住房公积金管理委员会指定的银行以外的机构办理住房公积金金融业务的；

（5）未建立职工住房公积金明细账的；

（6）未为缴存住房公积金的职工发放缴存住房公积金的有效凭证的；

（7）未按照规定用住房公积金购买国债的。

违反《住房公积金管理条例》规定，挪用住房公积金的，由国务院建设行政主管部门或者省、自治区人民政府建设行政主管部门依据管理职权，追回挪用的住房公积金，没收违法

所得；对挪用或者批准挪用住房公积金的人民政府负责人和政府有关部门负责人以及住房公积金管理中心负有责任的主管人员和其他直接责任人员，依照刑法关于挪用公款罪或者其他罪的规定，依法追究刑事责任；尚不够刑事处罚的，给予降级或者撤职的行政处分。

住房公积金管理中心违反财政法规的，由财政部门依法给予行政处罚。

违反《住房公积金管理条例》规定，住房公积金管理中心向他人提供担保的，对直接负责的主管人员和其他直接责任人员依法给予行政处分。

国家机关工作人员在住房公积金监督管理工作中滥用职权、玩忽职守、徇私舞弊，构成犯罪的，依法追究刑事责任；尚不构成犯罪的，依法给予行政处分。

七、违反物业管理规定的法律责任

违反《物业管理条例》的规定，住宅物业的建设单位未通过招投标的方式选聘物业服务企业或者未经批准，擅自采用协议方式选聘物业服务企业的，由县级以上地方人民政府房地产行政主管部门责令限期改正，给予警告，可以并处10万元以下的罚款。

违反《物业管理条例》规定，建设单位擅自处分属于业主的物业共用部位、共用设施设备的所有权或者使用权的，由县级以上地方人民政府房地产行政主管部门处5万元以上20万元以下的罚款；给业主造成损失的，依法承担赔偿责任。

违反《物业管理条例》规定，不移交有关资料的，由县级以上地方人民政府房地产行政主管部门责令限期改正；逾期仍不移交有关资料的，对建设单位、物业服务企业予以通报，处1万元以上10万元以下的罚款。

违反《物业管理条例》的规定，未取得资质证书从事物业管理的，由县级以上地方人民政府房地产行政主管部门没收违法所得，并处5万元以上20万元以下的罚款；给业主造成损失的，依法承担赔偿责任。以欺骗手段取得资质证书的，依照以上规定处罚，并由颁发资质证书的部门吊销其资质证书。

违反《物业管理条例》规定，物业服务企业聘用未取得物业管理执业资格证书的人员从事物业管理活动的，由县级以上地方人民政府房地产行政主管部门责令停止违法行为，处5万元以上20万元以下的罚款；给业主造成损失的，依法承担赔偿责任。

违反《物业管理条例》规定，物业服务企业将一个物业管理区域内的全部物业管理一并委托给他人的，由县级以上地方人民政府房地产行政主管部门责令限期改正，处委托合同价款30%以上50%以下的罚款；情节严重的，由颁发资质证书的部门吊销资质证书。委托所得收益，用于物业管理区域内物业共用部位、共用设施设备的维修、养护，剩余部分按照业主大会的决定使用；给业主造成损失的，依法承担赔偿责任。

违反《物业管理条例》规定，挪用专项维修资金的，由县级以上地方人民政府房地产行政主管部门追回挪用的专项维修资金，给予警告，没收违法所得，可以并处挪用数额2倍以下的罚款；物业服务企业挪用专项维修资金，情节严重的，由颁发资质证书的部门吊销资质证书；构成犯罪的，依法追究直接负责的主管人员和其他直接责任人员的刑事责任。

违反《物业管理条例》规定，建设单位在物业管理区域内不按照规定配置必要的物业管理用房的，由县级以上地方人民政府房地产行政主管部门责令限期改正，给予警告，没收违法所得，并处10万元以上50万元以下的罚款。

违反《物业管理条例》规定，未经业主大会同意，物业服务企业擅自改变物业管理用房用途的，由县级以上地方人民政府房地产行政主管部门责令限期改正，给予警告，并处1万元以上10万元以下的罚款;有收益的,所得收益用于物业管理区域内物业共用部位、共用设施设备的维修、养护,剩余部分按照业主大会的决定使用。

违反《物业管理条例》规定,有下列行为之一的,由县级以上地方人民政府房地产行政主管部门责令限期改正,给予警告,并按照本条第二款的规定处以罚款;所得收益,用于物业管理区域内物业共用部位、共用设施设备的维修、养护,剩余部分按照业主大会的决定使用:

(1) 擅自改变物业管理区域内按照规划建设的公共建筑和共用设施用途的;
(2) 擅自占用、挖掘物业管理区域内道路、场地,损害业主共同利益的;
(3) 擅自利用物业共用部位、共用设施设备进行经营的。

个人有前款规定行为之一的,处1000元以上1万元以下的罚款;单位有前款规定行为之一的,处5万元以上20万元以下的罚款。

违反物业服务合同约定,业主逾期不缴纳物业服务费用的,业主委员会应当督促其限期缴纳;逾期仍不缴纳的,物业服务企业可以向人民法院起诉。

业主以业主大会或者业主委员会的名义,从事违反法律、法规的活动,构成犯罪的,依法追究刑事责任;尚不构成犯罪的,依法给予治安管理处罚。

违反《物业管理条例》规定,国务院建设行政主管部门、县级以上地方人民政府房地产行政主管部门或者其他有关行政管理部门的工作人员利用职务上的便利,收受他人财物或者其他好处,不依法履行监督管理职责,或者发现违法行为不予查处,构成犯罪的,依法追究刑事责任;尚不构成犯罪的,依法给予行政处分。

思考题

1. 简述房地产管理法的基本原则。
2. 简述划拨取得土地使用权的范围。
3. 什么情况征收国有土地上的房屋?
4. 征收房屋如何补偿?
5. 什么是房地产转让?房地产转让的条件是什么?
6. 什么是房地产抵押?哪些房地产禁止抵押?
7. 国有土地范围内房屋登记的种类有哪些?
8. 房地产权属登记的法律意义和要求是什么?
9. 房地产物业管理中业主的权利和义务是什么?
10. 房地产物业服务企业的权利和义务是什么?

第六章　土地管理法

第一节　概　述

一、土地管理法的概念

土地管理法是调整人们在土地的开发、利用、保护和管理的过程中所产生的各种社会关系的法律规范的总和。1986年6月25日，第六届全国人民代表大会常务委员会第十六次会议通过了《中华人民共和国土地管理法》，1988年12月29日、1998年8月29日、2004年8月28日全国人民代表大会常务委员会三次修订了《中华人民共和国土地管理法》。

我国颁布了与房地产有关的法律、法规包括：2004年8月28日第十届全国人民代表大会常务委员会第十一次会议通过修改了《中华人民共和国土地管理法》；2009年8月27日第十一届全国人民代表大会常务委员会第十次会议修改了《中华人民共和国城市房地产管理法》；2007年3月16日第十届全国人民代表大会第五次会议通过《中华人民共和国物权法》；2007年10月28日第十届全国人民代表大会常务委员会第三十次会议通过了《中华人民共和国城乡规划法》；2002年8月29日第九届全国人民代表大会常务委员会第二十九次会议通过了《中华人民共和国农村土地承包法》；2011年2月22日国务院颁布了《土地复垦条例》；2011年1月19日国务院颁布了《国有土地上房屋征收与补偿条例》；2008年2月22日国务院颁布了《土地调查条例》；1998年12月27日国务院颁布了《土地管理法实施条例》；1990年5月19日国务院颁布了《中华人民共和国城镇国有土地使用权出让和转让暂行条例》；2009年5月31日国土资源部颁布了《土地调查条例实施办法》；2009年1月5日国土资源部颁布了《土地利用总体规划编制审查办法》；2008年11月12日国土资源部颁布了《建设项目用地预审管理办法》；2007年11月28日国土资源部颁布了《土地登记办法》；2007年9月21日国土资源部颁布了《招标拍卖挂牌出让国有建设用地使用权规定》；2003年6月5日国土资源部颁布了《协议出让国有土地使用权规定》；2002年4月3日国土资源部颁布了《招标拍卖挂牌出让国有土地使用权规定》等。

二、土地管理法的立法目的

土地管理法的立法目的包括：（1）维护土地的社会主义公有制。我国实行土地的社会主义公有制，即全民所有制和劳动群众集体所有制。土地公有制是我国土地制度的基础和核心，是社会主义制度的基本特征。在实行市场经济的条件下，土地公有制和土地市场化并存，以土地所有权和使用权分离实现土地的商品性。依法维护土地的社会主义公有制具有十分重要的意义。（2）保护、开发土地资源，合理利用土地。土地作为一种宝贵的自然资源，是人类生存和生活的基本生活资料。随着我国人口的增长和经济的发展，使土地数量的有限性和土地需求的无限增长性之间的矛盾日益突出。因此，有效地保护土地资源，合理利用土地是制定本法的一项重要任务。(3) 切实保护耕地。耕地是农业最基本的生产资料,我国是一个人口众多的农业大国,但是人均耕地数量少,耕地的后备资源不足,为了稳固农业基础,必须切实保护耕地,这是由我国的基本国情所决定的。(4) 促进社会经济的可持续发展。当前,走可持续发展的道路已经成为世界各国的共同选择。土地作为一种自然资源,它的存在是非人力所能创造的,土地本身的不可移动性、地域性、整体性、有限性是固有的,人类对它的依赖和永续利用程度的增加也是不可逆转的。因此,通过立法强化土地管理,保证对土地的永续利用,以促进社会经济的可持续发展也是制定土地管理法的一项重要任务。(5) 根据依法治国、建设社会主义法治国家的治国方略,使土地管理规范化、制度化,纳入法制轨道,依法得到加强。

三、土地管理法的立法原则

土地管理法的立法原则包括：(1) 土地公有原则。中华人民共和国实行土地的社会主义公有制,即全民所有制和劳动群众集体所有制;(2) 国家实行土地用途管制制度。土地用途管制制度是指国家为保证土地资源的合理利用,确保经济、社会和环境的协调发展。通过编制土地利用总体规划划定土地用途区域,确定土地使用限制条件,土地的所有者、使用者严格按照国家确定的用途利用土地。国家编制土地利用总体规划,规定土地用途,将土地分为农用地、建设用地和未利用地。严格限制农用地转为建设用地,控制建设用地总量,对耕地实行特殊保护。农用地是指直接用于农业生产的土地,包括耕地、林地、草地、农田水利用地、养殖水面等；建设用地是指建造建筑物、构筑物的土地,包括城乡住宅和公共设施用地,工矿用地,交通水利设施用地,旅游用地,军事设施用地等；未利用地是指农用地和建设用地以外的土地。使用土地的单位和个人必须严格按照土地利用总体规划确定的用途使用土地；(3) 合理利用和保护土地特别是保护耕地原则。十分珍惜、合理利用土地和切实保护耕地是我国的基本国策,各级人民政府应当采取措施,全面规划,严格管理,保护、开发土地资源,制止非法占用土地的行为；(4) 土地有偿使用原则。国家依法实行国有土地有偿使用制度,但是,国家在法律规定的范围内划拨国有土地使用权的除外;(5) 保护合法的土地所有权和土地使用权原则。任何单位和个人不得侵占、买卖或者以其他形式非法转让土地。土地使用权可以依法转让。国家为公共利益的需要,可以依法对集体所有的土地实行征收;(6) 国家对土地的统一管理原则。国务院土地行政主管部门统一负责全国土地的管理和监督工作。

第二节 土地的所有权和使用权

一、土地所有权

(一) 土地所有权的概念

所谓土地所有权是指土地所有人依法对其所有的土地占有、使用、收益和处分,并排除他人非法干涉的权利。我国的土地所有权在法律上分为国家土地所有权和集体土地所有权两种不同的类型。其特征为：(1) 主体的特定性。我国法律规定,土地只能由国家或农民集体所有,国家和农民集体以外的民事主体,不能成为土地所有人;(2) 交易的限制性。我国有关法律规定,土地所有权不能以任何形式进行交易。所以,在我国,土地所有权的买卖、赠与、互易，包括以土地所有权作为投资，都是非法的；（3）权属的稳定性。我国的土地所有权，由于其主体的特定性和交易的限制性，具有高度的稳定性；（4）权属的可分离性。我国的土地所有权和土地使用权在一般情况下都是相分离的。国有土地的绝大部分并非是由国家直接占有和使用，集体所有的土地，在大多数情况下也是由农户占有和使用的。在符合法律规定的情况下，土地使用权可以转让、出租或者抵押。

（二）国家土地所有权

国家土地所有权是指国家代表全体人民对其所有的土地进行占有、使用、收益和处分，并排除他人非法干涉的权利。全民所有，即国家所有土地的所有权由国务院代表国家行使。城市市区的土地属于国家所有。依照我国土地法有关规定，属于国家所有的土地有：（1）城市市区的土地；（2）农村和城市郊区中已经依法没收、征收、征购为国有的土地；（3）国家依法征收的土地；（4）依法不属于集体所有的林地、草地、荒地、滩涂及其他土地；（5）农村集体经济组织全部成员转为城镇居民的，原属于其成员集体所有的土地；（6）因国家组织移民、自然灾害等原因，农民城建制地集体迁移后不再使用的原属于迁移农民集体所有的土地。

国有土地的取得方式包括：（1）法定所有。即由宪法、法律直接规定某些土地属于国家所有；（2）征收取得。指当国家进行经济、文化、国防建设以及兴办社会公共事业等，需要使用属于集体所有的土地时，国家通过征收的方式将其转归国家所有。

（三）集体土地所有权

集体土地所有权是指农民集体依法对土地进行占有、使用、收益和处分，并排除他人非法干涉的权利。农村和城市郊区的土地，除由法律规定属于国家所有的以外，属于农民集体所有；宅基地和自留地、自留山，属于农民集体所有。

二、土地使用权

（一）土地使用权

国有土地和农民集体所有的土地，可以依法确定给单位或者个人使用。使用土地的单位和个人，有保护、管理和合理利用土地的义务。土地使用权是指依法对土地进行开发和利用，以满足自己某种需要的权利。它是独立于土地所有权的他物权，包括对土地的占有权、使用权和一定范围内的收益权，以及一定条件下的处分权。

（二）国有土地使用权

国有土地使用权，是指公民和法人在法律许可范围内，对依法取得的国有土地或者集体所有的土地所享有的占用、使用、收益和处分的权利。国有土地使用权是一种有期限的民事权利。国有土地使用权的取得方式包括：（1）划拨取得。划拨土地使用权不能进入市场；（2）有偿出让取得。以这种方式取得的国有土地使用权可以依法转让、出租和抵押；（3）开发取得；（4）复垦取得。

（三）集体土地的使用权

农民集体所有的土地依法属于村农民集体所有的，由村集体经济组织或者村民委员会经营、管理；已经分别属于村内两个以上农村集体经济组织的农民集体所有的，由村内各农村集体经济组织或者村民小组经营、管理；已经属于乡（镇）农民集体所有的，由乡（镇）农村集体经济组织经营、管理。

(四) 土地的所有权和使用权的确认

农民集体所有的土地，由县级人民政府登记注册，核发证书，确认所有权。农民集体所有的土地依法用于非农业建设的，由县级人民政府登记注册，核发证书，确认建设用地使用权。单位和个人依法使用的国有土地，由县级以上人民政府登记注册，核发证书，确认使用权；其中，中央国家机关使用的国有土地的具体登记发证机关，由国务院确定。依法改变土地权属和用途的，应当办理土地变更登记手续。依法登记土地的所有权和使用权受法律保护，任何单位和个人不得侵犯。

确认林地、草原的所有权或使用权，确认水面、滩涂的养殖使用权，分别依照《中华人民共和国森林法》、《中华人民共和国草原法》和《中华人民共和国渔业法》的有关规定办理。

(五) 土地承包经营权

农民集体所有的土地由本集体经济组织的成员承包经营，从事种植业、林业、畜牧业、渔业生产。土地经营期限为30年。发包方和承包方应当签订承包合同，约定双方的权利和义务。承包经营土地的农民有保护和按照承包合同约定的用途合理利用土地的义务。农民的土地承包经营权受法律保护。在土地承包经营期限内，对个别承包经营者之间承包的土地进行适当调整的，必须经村民会议2/3以上成员或者2/3以上村民代表的同意，并报乡（镇）人民政府和县级人民政府农业行政主管部门批准。

国有土地可由单位或者个人承包经营，从事种植业、林业、畜牧业、渔业生产。农民集体所有的土地，可以由本集体经济组织以外的单位或个人承包经营，从事种植业、林业、畜牧业、渔业生产。发包方和承包方应当签订承包合同，约定双方的权利和业务。土地承包经营的期限由承包合同约定。承包经营土地的单位和个人，有保护和按照承包合同约定的用途合理利用土地的义务。农民集体所有的土地由本集体经济组织以外的单位或个人承包经营的，必须经村民会议2/3以上成员或者2/3以上村民代表的同意，并报乡（镇）人民政府批准。

(六) 土地所有权和使用权的争议解决

土地所有权和使用权争议，由当事人协商解决；协商不成的，由人民政府处理。单位之间的争议，由县级以上人民政府处理；个人之间、个人与单位之间的争议，由乡级人民政府或者县级以上人民政府处理。当事人对有关人民政府的处理决定不服的，可以自接到处理决定通知之日起30日内，向人民法院起诉。在土地所有权和使用权争议解决前，任何一方不得改变土地利用现状。

第三节 土地利用总体规划

一、土地利用总体规划的编制

(一) 土地利用总体规划的概念

各级人民政府应当依据国民经济和社会发展规划、国土整治和资源环境保护的要求、土地供给能力以及各项建设对土地的需求，组织编制土地利用总体规划。土地利用总体规划是在一定区域内，依据国民经济和社会发展规划、国土整治和资源环境保护的要求、土地供给能力以及各项建设对土地的需求、对土地的开发、利用、治理和保护所作的总体安排和布局,是国家实行土地用途管制的依据。土地利用应当符合国家和社会的整体利益,必须由代表全社会利益的国家通过制定土地利用总体规划确定土地的用途,以及怎样使用土地。土地利用总体规划的规划期限,授权国务院规定,一般为10年。国家通过土地利用总体规划确定土地用途,实质上是确定土地的农用地使用权和建设用地的使用权。国家通过土地利用总体规划将这两种土地使用权在土地使用者之间分配。

(二) 土地利用总体规划的编制依据和基本要求

我国的土地利用总体规划分为国家级、省级、地市级、县级和乡镇级,共五个层次,分别由各级人民政府组织编制,实行分级审批。下级土地利用总体规划应当依据上一级土地利用总体规划编制。地方各级人民政府编制的土地利用总体规划中的建设用地总量不得超过上一级土地利用总体规划确定的控制指标,耕地保有量不得低于上一级土地利用总体规划确定的控制指标。省、自治区、直辖市人民政府编制的土地利用总体规划,应当确保本行政区域内耕地总量不减少。

(三) 土地利用总体规划的编制内容

土地利用总体规划一般包括以下内容:(1) 土地利用现状分析。通过现状分析,提供土地利用的基础数据,分析土地利用结构和布局,总结土地利用变化的规律和经验教训,指出当前土地利用存在的问题和规划期间可能出现的主要问题,提出合理利用土地的建议;(2) 土地需求量预测。由各用地主管部门提交规划期间内用地变化预测报告和用地分布图;(3) 土地适宜性评价。通过土地评价重点了解各类后备土地资源和用途需做调整的土地资源的数量、质量、分布和适宜性,为调整土地利用结构和布局提供依据;(4) 确定规划目标和方针。在进行土地利用的现状、需求、潜力分析研究基础上制定规划的主要任务、目标和基本方针;(5) 土地利用结构和布局的调整。根据规划目标和用地方针,对各类用地的需求量进行综合平衡,统筹协调土地开发、利用、保护、整治措施;(6) 土地利用分区规划。通过土地利用分区规划与土地利用控制指标相结合的方法,把规划目标、内容、土地利用结构和布局的调整及实施的各项措施,落实到土地利用分区,有利于规划的实施。此外,土地利用总体规划还包括:分解下达下一级规划的各类用地的控制性指标,为编制下一级规划提供依据;制定实施规划的政策和措施等。

(四) 土地利用总体规划的编制原则

土地利用总体规划按照下列原则编制:(1) 严格保护基本农田,控制非农业建设占用农用地;(2) 提高土地利用率;(3) 统筹安排各类、各区域用地;(4) 保护和改善生态环境,保障土地的可持续利用;(5) 占用耕地与开发复垦耕地相平衡。

(五) 土地利用总体规划的审批

土地利用总体规划实行分级审批。省、自治区、直辖市的土地利用总体规划,报国务院批准。省、自治区人民政府所在地的市人口在一百万以上的城市以及国务院指定城市的土地利用总体规划,经省、自治区人民政府审查同意后,报国务院批准。其他土地利用总体规划,逐级上报省、自治区、直辖市人民政府批准;其中,乡(镇)土地利用总体规划可以由省级人民政府授权的市、自治州人民政府批准。土地利用总体规划一经批准,必须严格执行。

(六) 土地利用总体规划的修改

土地利用总体规划的修改,是指在土地利用总体规划确定的期限内,由于不可抗力等因素的出现,或者由于国家的一些基础设施建设用地,致使经批准的土地利用总体规划不能适应社会和经济发展的要求，需要改变土地利用总体规划的，经原批准机关批准，改变土地利用总体规划确定的土地用途的行为。经批准的土地利用总体规划的修改，须经原批准机关批准；未经批准，不得改变土地利用总体规划确定的土地用途。经国务院批准的大型能源、交通、水利等基础设施建设用地，需要改变土地利用总体规划的，根据国务院的批准文件修改土地利用总体规划。经省、自治区、直辖市人民政府批准的能源、交通、水利等基础设施建设用地，需要改变土地利用总体规划的，属于省级人民政府土地利用总体规划批准权限内的，根据省级人民政府的批准文件修改土地利用总体规划。

（七）县、乡土地利用总体规划内容的基本要求

县级土地利用总体规划应当划分土地利用区，明确土地用途。乡（镇）土地利用总体规划应当划分土地利用区，根据土地使用条件，确定每一块土地的用途，并予以公告。土地利用区是指在县、乡（镇）级土地利用总体规划中，依据土地资源的特点、社会经济持续发展的要求和上级下达的规划指标和布局划分出与土地主要用途相对一致的区域，如农业用地区、建设用地区、自然保护区、风景名胜区等。还可以再细分，如农业用地区可分为耕地保护区、耕地开发区、林业用地区、牧业用地区等。乡（镇）土地利用总体规划是按照县级规划要求，将各类用地指标、规模和布局等落实到特定地块。对县级规划和乡镇规划作出了特定的要求，规定县级土地利用总体规划应当划分土地利用区，明确土地用途。因为县级规划是基层规划，确定县内不同地区的土地利用方向，运用土地利用分区的办法控制各类用地的布局和土地利用结构的调整，作为土地用途管制的依据。对于乡镇规划，不但要求划分土地利用区，而且规定要根据土地使用条件，确定每一块土地的用途，并予以公告。它使土地利用总体规划具有确定性、可操作性，能落到实处，便于社会公众监督，防止利用规划的不确定性而徇私舞弊；在乡镇规划中土地用途落实到地块，使上级规划的数量控制、土地使用方向的控制，能够充分发挥土地利用总体规划的控制作用。

二、土地利用年度计划

土地利用年度计划是根据土地利用总体规划和国民经济发展计划，对年度各项用地数量的具体安排，是实施土地利用总体规划的重要措施，是农用地转用审批，建设项目立项审查和用地审批，土地开发和土地整理审批的依据。各级人民政府应当加强土地利用计划管理，实行建设用地总量控制。土地利用年度计划，根据国民经济和社会发展计划、国家产业政策、土地利用总体规划以及建设用地和土地利用的实际状况编制。土地利用年度计划的编制程序与土地利用总体规划的编制程序相同，一经审批下达，必须严格执行。省、自治区、直辖市人民政府应当将土地利用年度计划的执行情况列为国民经济和社会发展计划执行情况的内容，向同级人民代表大会报告。

三、土地利用总体规划与其他规划的关系

（一）土地利用总体规划与建设用地原则、城市总体规划、村庄和集镇规划的关系

城市建设用地规模应当符合国家规定的标准，充分利用现有建设用地，不占或者尽量少占农用地。城市总体规划，村庄和集镇规划，应当与土地利用总体规划相衔接；城市总体规划，村庄和集镇规划中建设用地规模不得超过土地利用总体规划确定的城市和村庄、集镇建设用地规模。在城市规划区内，村庄和集镇规划区内，城市和村庄、集镇建设用地应当符合城市规划、村庄和集镇规划。

（二）江河、湖泊综合治理和开发利用规划，应当与土地利用总体规划相衔接

江河、湖泊综合治理和开发利用规划，应当与土地利用总体规划相衔接。在江河、湖泊、水库的管理和保护范围以及蓄洪泄洪区内，土地利用应当符合江河、湖泊综合治理和开发利用规划，符合河道、湖泊泄洪、蓄洪和输水的要求。

四、土地调查制度和土地统计制度

（一）土地调查制度

国家建立土地调查制度。土地调查，是指对土地权属，土地利用现状，土地条件，包括土地数量、质量、分布等方面情况通过了解查询、勘验、检查等方法进行的调查。土地调查包括权属调查，土地利用现状调查和土地条件调查等，县级以上人民政府土地行政主管部门会同同级有关部门进行土地调查。土地所有者或者使用者应当配合调查，并提供有关资料。县级以上人民政府土地行政主管部门会同同级有关部门根据土地调查成果，规划土地用途和国家制定的统一标准，评定土地等级，按照土地的自然属性和经济属性经综合评定后确定的土地优劣程度。评定土地等级的主要任务是将全国不同地区不同种类的土地划分为若干等级。实践证明，评定土地等级对于确定土地价格，征收土地税费，计算土地补偿，划定基本农田等是十分重要的，是土地管理的基础工作之一。国家根据土地的自然属性和经济属性等，将全国不同地区不同地类的土地，按照统一的标准，划分为若干等级。其中城镇土地共分10等10级：大城市为7～10级，中等城市为4～7级，小城市为3～5级。

（二）土地统计制度

土地统计的对象是土地，包括土地的数量、质量、分布、利用现状和变化状况，为土地管理提供统计资料，并通过统计监督对土地利用状况进行检查。县级以上人民政府土地行政主管部门和同级统计部门共同制定统计调查方案，依法进行土地统计，定期发布土地统计资料。土地所有者或者使用者应当提供有关资料，不得虚报、瞒报、拒报、迟报。土地行政主管部门和统计部门共同发布的土地面积统计资料是各级人民政府编制土地利用总体规划的依据，是国家建立全国土地管理信息系统，对土地利用状况进行动态监测的依据。

第四节 耕地保护

一、国家实行占用耕地补偿制度

（一）保护耕地制度

国家保护耕地，严格控制耕地转为非耕地。我国耕地面积少，人均耕地面积仅占世界人均数3.75亩的47%，随着人口的增加，到2010年和2030年，人均耕地将下降到1.43亩和1.34亩，因此，保护耕地就是保护我们的生命线。对耕地的特殊保护主要采取了以下措施：（1）实行严格的土地用途管制制度，通过制定土地利用总体规划，限定建设可以占用土地的区域；（2）对各项建设用地下达土地利用年度计划，控制占用土地（包括耕地）；（3）农用地转用要经过省级以上人民政府的批准。

（二）国家实行占用耕地补偿制度

国家实行占用耕地补偿制度。非农业建设经批准占用耕地的，按照"占多少，垦多少"

的原则,由占用耕地的单位负责开垦与所占用耕地的数量和质量相当的耕地;没有条件开垦或者开垦的耕地不符合要求的,应当按照省、自治区、直辖市的规定缴纳耕地开垦费,专款用于开垦新的耕地。省、自治区、直辖市人民政府应当制定开垦耕地计划,监督占用耕地的单位按照计划开垦耕地或者按照计划组织开垦耕地,并进行验收。

(三) 占用耕地的单位对所占用耕地质量负责

县级以上地方人民政府可以要求占用耕地的单位将所占用耕地耕作层的土壤用于新开垦耕地、劣质地或者其他耕地的土壤改良。耕地是经过人类长期开发,耕作形成的,所以在耕地表面含有有机物的耕作层,适合农作物的生长,这是一个长期的过程。即使占地单位再开垦出新的数量相等的耕地,也难以在质量上与原占耕地相比。并且他们所占耕地的耕作层土壤对于非农建设本身来说是没有意义的。这样这些耕地表层土壤的宝贵资源就白白浪费了。因此,为了不仅从数量上而且从质量上保护耕地,授权县级以上地方人民政府可以要求占用耕地的单位,将所占用耕地耕作层的土壤,用于新开垦耕地、劣质地或者其他耕地的土壤改良。有了这一授权,县级以上地方人民政府就可以根据本地区的具体情况,耕地的普遍质量状况,所占耕地的数量,耕地的后备资源质量状况等决定是否要求占用耕地的单位按照有关规定,将所占用耕地上一定厚度的表层土壤剥离,用于新开垦耕地、劣质地或者其他耕地的土壤改良。

(四) 实行耕地总量动态平衡

实行耕地总量动态平衡是指通过一系列行政、经济、法律的措施,保证我国现有耕地总面积在一定时间内不能减少,从数量上保持平衡,并逐步提高耕地质量的做法。省、自治区、直辖市人民政府应当严格执行土地利用总体规划和土地利用年度计划,采取措施,确保本行政区域内耕地总量不减少,这些措施应包括:(1) 严格按照土地利用总体规划和年度计划审批非农建设占用土地;(2) 严格检查所属各地方执行规划和计划情况,组织落实对占地单位实行"占多少,垦多少"的土地占用补偿制度;(3) 通过各种优惠政策,鼓励单位、个人开发适宜耕作的未利用地、荒地;(4) 鼓励土地整理、复垦;(5) 根据本地区具体情况,制定规章,严格限制非农建设多占耕地,禁止闲置、荒芜耕地,严格管理宅基地使用标准等。耕地总量减少的,由国务院责令在规定期限内组织开垦与所减少耕地的数量与质量相当的耕地,并由国务院土地行政主管部门会同农业行政主管部门验收。个别省、直辖市确因土地后备资源匮乏,新增建设用地后,新开垦耕地的数量不足以补偿所占用耕地的数量的,必须报经国务院批准减免本行政区域内开垦耕地的数量,进行易地开垦。

二、基本农田保护制度

国家实行基本农田保护制度。基本农田是指根据一定时期人口和国民经济农产品的需求以及对建设用地的预测而确定的在土地利用总体规划期内未经国务院批准不得占用的耕地。下列耕地应当根据土地利用总体规划划入基本农田保护区,严格管理:(1) 经国务院有关主管部门或者县级以上地方人民政府批准确定的粮、棉、油生产基地的耕地;(2) 有良好的水利与水土保持设施的耕地,正在实施改造计划以及可以改造的中、低产田;(3) 蔬菜生产基地;(4) 农业科研、教学试验田;(5) 国务院规定应当划入基本农田保护区的其他耕地。各省、自治区、直辖市划定的基本农田应当占本行政区域内耕地的 80% 以上。基本农田保护区以乡(镇)为单位进行划区定界。

三、保护耕地的必要措施

（一）节约用地的原则规定

非农业建设必须节约使用土地，可以利用荒地的，不得占用耕地；可以利用劣地的，不得占用好地。禁止占用耕地建窑、建坟或者擅自在耕地上建房、挖砂、采石、采矿、取土等。禁止占用基本农田发展林果业和挖塘养鱼。

（二）禁止闲置、荒芜耕地

禁止任何单位和个人闲置、荒芜耕地。已经办理审批手续的非农业建设占用耕地，1年内不用而又可以耕种并收获的，应当由原耕种该幅耕地的集体或者个人恢复耕种，也可以由用地单位组织耕种；1年以上未动工建设的，应当按照省、自治区、直辖市的规定缴纳闲置费；连续2年未使用的，经原批准机关批准，由县级以上人民政府无偿收回用地单位的土地使用权；该幅土地原为农民集体所有的，应当交由原村集体经济组织恢复耕种。

在城市规划区范围内，以出让方式取得土地使用权进行房地产开发的闲置土地，依照《中华人民共和国城市房地产管理法》的有关规定办理。《城市房地产管理法》第25条规定，以出让方式取得土地使用权进行房地产开发的，必须按照土地使用权出让合同约定的土地用途，动工开发期限开发土地。超过出让合同约定的动工开发日期满一年未动工开发的，可以征收相当于土地使用权出让金百分之二十以下的土地闲置费；满二年未动工开发的，可以无偿收回土地使用权；但是，因不可抗力因素或者政府、政府有关部门的行为或者动工开发必需的前期工作造成动工开发迟延的除外。

承包经营耕地的单位或者个人连续2年弃耕抛荒的，原发包单位应当终止承包合同，收回发包的耕地。法律规定发包耕地的单位和承包耕地的单位、个人都负有不使耕地闲置、荒芜的义务，发包单位发现耕地被弃耕抛荒达到一定期限的，必须采取行动，收回发包的耕地。

（三）农用地的开垦、土地整理与复垦

国家鼓励单位和个人按照土地利用总体规划，在保护和改善生态环境，防止水土流失和土地荒漠化的前提下，开发未利用的土地；适宜开发为农用地的，应当优先开发成农用地。国家依法保护开发者的合法权益。开垦未利用的土地，必须经过科学论证和评估，在土地利用总体规划划定的可开垦的区域内，经依法批准后进行。禁止毁坏森林、草原开垦耕地，禁止围湖造田和侵占江河滩地。根据土地利用总体规划，对破坏生态环境开垦、围垦的土地，有计划有步骤地退耕还林、还牧、还湖。开发未确定使用权的国有荒山、荒地、荒滩从事种植业、林业、畜牧业、渔业生产的，经县级以上人民政府依法批准，可以确定给开发单位或者个人长期使用。

国家鼓励土地整理。县、乡（镇）人民政府应当组织农村集体经济组织，按照土地利用总体规划，对田、水、路、林、村综合整治，提高耕地质量，增加有效耕地面积，改善农业生产条件和生态环境。地方各级人民政府应采取措施，改造中、低产田，整治闲散和废弃地。

因挖损、塌陷、压占等造成土地破坏，用地单位和个人应当按照国家有关规定负责复垦；没有条件复垦或者复垦不符合要求的，应当缴纳土地复垦费，专项用于土地复垦。复垦的土地应当优先用于农业。

第五节 建设用地

一、建设用地的来源

任何单位和个人进行建设，需要使用土地的，必须依法申请使用国有土地。但是，兴办乡镇企业和村民建设住宅经依法批准使用本集体经济组织农民集体所有的土地的，或者乡（镇）村公共设施和公益事业建设经依法批准使用农民集体所有的土地除外。依法申请使用的国有土地包括国家所有的土地和国家征收的原属于农民集体所有的土地。

二、农用地转为建设用地的审批

建设占用土地，涉及农用地转为建设用地的，应当办理农用地转用审批手续。省、自治区、直辖市人民政府批准的道路、管线工程和大型基础设施建设项目，国务院批准的建设项目占用土地，涉及农用地转为建设用地的，由国务院批准。在土地利用总体规划确定的城市和村庄、集镇建设用地规模范围内，为实施该规划而将农用地转为建设用地的，按土地利用年度计划分批次由原批准土地利用总体规划的机关批准。在已批准的农用地转用范围内，具体建设项目用地可以由市、县人民政府批准。前述以外的建设项目占用土地，涉及农用地转为建设用地的，由省、自治区、直辖市人民政府批准。

三、土地征收

（一）土地征收的审批

土地征收是国家为了社会公共利益的需要，将集体所有土地转变为国家所有土地的强制行为。征收下列土地的，由国务院批准：①基本农田；②基本农田以外的耕地超过35公顷的；③其他土地超过70公顷的。征收前述以外的土地的，由省、自治区、直辖市人民政府批准，并报国务院备案。征收农用地的，应当依法先行办理农用地转用审批。其中，经国务院批准农用地转用的，同时办理征地审批手续，不再另行办理征地审批；经省、自治区、直辖市人民政府在征地批准权限内批准农用地转用的，同时办理征地审批手续，不再另行办理征地审批，超过征地批准权限的，应当另行办理征地审批。

（二）征收土地的实施

国家征收土地的，依照法定程序批准后，由县级以上地方人民政府予以公告并组织实施。征收土地应当由县、市人民政府拟订征收土地方案，经省级以上人民政府土地行政主管部门审查后，报省级以上人民政府批准。报批时，必须有建设单位的用地申请，或城市建设用地开发方案，有关部门的批准文件，土地利用总体规划，土地利用年度计划指标等，征收耕地的，还应当有耕地补充方案。具备了申请征收土地的条件，并按照规定的程序呈报，有批准权的人民政府方可批准征收土地。征收土地批准后，批准征地的人民政府的同级土地行政主管部门应当及时通知申请征地的县、市人民政府，以便及时组织实施。被征收土地的所有权人、使用权人应当在公告规定期限内，持土地权属证书到当地人民政府土地行政主管部门办理征地补偿登记。土地权属证书包括集体土地所有权证，集体土地使用权证以有偿使用方式取得土地使用权或承包经营合同等。

（三）征地补偿

征收土地的，按照被征收土地的原用途给予补偿。征收耕地的补偿费用包括土地补偿费，安置补助费以及地上附着物和青苗的补偿费。征收耕地的土地补偿费是因国家征收土地对土地所有者和土地使用者的投入和收益造成损失的补偿，补偿的对象为土地所有者和土地使用者，土地补偿费为该耕地被征收前3年平均年产值的6至10倍。征收耕地的安置补助费是为了安置以土地为主要生产资料并取得生活来源的农业人口的生活所给予的补助费用。安置补助费按照需要安置的农业人口数计算。需要安置的农业人口数，按照被征收的耕地数量除以征地前被征收单位平均每人占有耕地的数量计算。每一个需要安置的农业人口的安置补助费标准，为该耕地被征收前3年平均年产值的4至6倍。但是，每公顷被征收耕地的安置补助费，最高不得超过被征收前3年平均年产值的15倍。依照前述标准支付土地补偿费和安置补助费，尚不能使需要安置的农民保持原有生活水平的，经省、自治区、直辖市人民政府批准，可以增加安置补助费。但是，土地补偿费和安置补助费的总和不得超过土地被征收前3年平均年产值的30倍。国务院根据社会、经济发展水平，在特殊情况下，可以提高征收耕地的土地补偿费和安置补助费的标准。

征收其他土地的土地补偿费和安置补助费，由省、自治区、直辖市参照征收耕地的土地补偿费和安置补助费的标准规定。征收其他土地的土地补偿费和安置补助费，包括征收耕地之外其他土地，如林地、草地、水域、建设用地等，也应当给予补偿。被征收土地上的附着物和青苗的补偿标准，由省、自治区、直辖市规定。青苗补偿费，是指农作物正处于生长阶段而未能收获的，因征收土地需要及时让出土地，而致使农作物不能收获而使农民造成损失的，应当给予土地承包者或土地使用者以经济补偿。青苗补偿费的补偿标准，一般根据农作物的生长期按一季的产值予以计算，或按一季作物产值的一定比例予以补偿，具体的标准由省、自治区、直辖市规定。征收城市郊区的菜地，用地单位应当按照国家有关规定缴纳新菜地开发建设基金。国务院有关部门已作出规定，按城市规模的大小，确定不同的收取标准。每征收1亩城市郊区菜地，城市人口100万以上，缴纳7000～10000元；城市人口50～100万的市缴纳5000～7000元；50万人口以下的市缴纳3000～5000元。新菜地建设基金由城市人民政府收取，用于本市城市郊区菜地的开发建设。

征地补偿安置方案确定后，有关地方人民政府应当公告，并听取被征地的农村集体经济组织和农民的意见。被征地的农村集体经济组织应当将征收土地的补偿费用的收支状况向本集体经济组织的成员公布，接受监督。禁止侵占、挪用被征收土地单位的征地补偿费用和其他有关费用。

四、建设单位国有土地使用权的取得与使用

（一）建设单位国有土地使用权的取得

经批准的建设项目需要使用国有建设用地的，建设单位应当持法律、行政法规规定的有关文件，向有批准权的县级以上人民政府土地行政主管部门提出建设用地申请，经土地行政主管部门审查，报本级人民政府批准。建设项目需要使用国有土地的可以分为两类，一类是申请使用现有的国有建设用地，按规定只需要向当地县、市人民政府土地行政主管部门申请，经土地行政主管部门审查后报县、市人民政府批准后即可。另一类是申请使用国有农用地或集体所有的建设用地和农用地的，按照规定要先办理农用地转用和征收土地审批后，由县、市人民政府办理建设用地手续。按照规定，涉及农用地转用和征收土地的要经省级以上

人民政府批准，由县、市人民政府根据省级以上人民政府的批准文件办理建设用地手续。但无论是何种情况，建设单位都是向县、市（包括设区的市和直辖市）人民政府土地行政主管部门提出用地申请，办理农用地转用和征收土地的审批是下级政府对上级政府的事，建设单位只需按规定提供有关资料即可。用地被批准后，也由县、市人民政府土地行政主管部门通知建设单位，并负责办理建设用地的有关手续。包括签订土地使用合同和收取有关费用。

（二）国有土地使用权的取得

建设单位使用国有土地，应当以出让等有偿使用方式取得。但是，下列建设用地，经县级以上人民政府依法批准，可以以划拨方式取得：（1）国家机关用地和军事用地；（2）城市基础设施用地和公益事业用地；（3）国家重点扶持的能源、交通、水利等基础设施用地；（4）法律、行政法规规定的其他用地。

国有土地的有偿使用是指国家作为土地所有者通过有偿的方式向单位或者个人提供土地使用权的行为。有偿取得国有土地的用地单位除需支付征地费用和按规定政府应收的税费外，还需支付土地有偿使用费，并有使用期限的规定。以有偿使用方式取得的国有土地使用权，可以依法转让、出租和抵押。目前，国有土地有偿使用的形式有三种：（1）国有土地使用权出让。土地使用权出让是指国家以土地所有者的身份将土地使用权在一定年限内出让给土地使用者，并由土地使用者向国家支付土地使用权出让金的行为。土地使用权出让应当按照平等、自愿、有偿的原则签订出让合同。土地使用权的出让可以通过协议、招标、拍卖等方式取得，土地使用权出让合同的期限必须在国家规定的最高年限内。按照国务院城镇国有土地使用权出让和转让暂行条例的规定，土地使用权出让最高年限按照不同的用途有不同的规定：居住用地的最高年限为70年；工业用地的最高年限为50年；教育、科技、文化、卫生、体育用地最高年限为50年；商业、旅游、娱乐用地最高年限为40年；综合其他用地50年。（2）国有土地租赁。国有土地租赁是指国家以土地所有者的身份将土地使用权出租给土地使用者使用，由土地使用者向国家支付租金的行为。国有土地租赁只是在一些地方进行试点，并未全面铺开。（3）国有土地使用权作价入股。国有土地使用权作价入股是国有企业改制改组中采取的方式之一。

划拨土地使用权是指土地使用者通过除出让土地使用等有偿方式以外的其他各种方式依法取得的国有土地使用权。划拨使用国有土地的，土地使用者除应向国家支付征地补偿费用和按规定政府应收取的税费外，不收取土地有偿使用费。以划拨方式取得土地使用权的须经县级以上人民政府批准。划拨使用国有土地的除另有规定外，没有使用期限的限制，也不得转让、出让、抵押；土地使用者停止使用的，如土地使用者因迁移、解散、撤销、破产或者其他原因停止使用土地的，由政府收回土地使用权。国家对原以划拨方式取得国有土地使用权用于非农业经营的，除法律规定可以继续实行划拨外，逐步实行有偿有限期使用。

（三）土地使用费的缴纳和土地收益分配与使用

以出让等有偿使用方式取得国有土地使用权的建设单位，按照国务院规定的标准和办法，缴纳土地使用权出让金等土地有偿使用费和其他费用后，方可使用土地。新增建设用地的土地有偿使用费，30%上缴中央财政，70%留给有关地方人民政府，都专项用于耕地开发。

土地有偿使用费是指国有土地有偿使用中，政府取得的地价（地租）部分，即国有土地出让金中扣除征地补偿，城市建设配套费的部分。土地出让金是指土地出让主管部门将国有土地使用权出让给土地使用者，按规定向使用人收取的土地出让的全部价款；续期土地出让金是指土地使用期满,土地使用者需要续期时,由土地主管部门收取的土地使用权出让价款;合同改约补偿金是指土地使用者经批准改变土地使用权出让合同指定的土地用途时,按规定补交的价款。土地使用者除了缴纳土地有偿使用费外,还要缴纳其他的税费,如城镇土地使用税。土地使用税以纳税人实际占用的土地面积为计税依据。土地使用税每平方米年税额为,大城市五角至十元;中等城市四角至八元;小城市三角至六元;县城、建制镇、工矿区二角至四元。使用新征收的耕地的,自批准征收之日起满一年时开始缴纳土地使用税,征收的非耕地,自批准征收次月起缴纳土地使用税。此外,占用耕地的还要缴纳耕地占用税,耕地占用税在批准占用耕地之日起30日内缴纳。土地使用者应当在签订土地使用权出让合同后60日内,支付全部土地使用权出让金。在支付全部土地使用权出让金后,应当按照规定办理登记,领取土地使用证,取得土地使用权。取得土地使用权的土地使用者,其使用权在使用年限内可以转让、出租、抵押或者用于其他经济活动,其合法权益受法律保护。

(四)建设单位按规定用途使用土地

建设单位使用国有土地的,应当按照土地使用权出让等有偿使用合同的约定或者土地使用权划拨批准文件的规定使用土地;确需改变该幅土地建设用途的,应当经有关人民政府土地行政主管部门同意,报原批准用地的人民政府批准。其中,在城市规划区内改变土地用途的,在报批前,应当先经有关城市规划行政主管部门同意。

(五)临时使用土地

建设项目施工和地质勘查需要临时使用国有土地或者农民集体所有的土地的,由县级以上人民政府土地行政主管部门批准。其中,在城市规划区内的临时用地,在报批前,应当先经有关城市规划行政主管部门同意。土地使用者应当根据土地权属,与有关土地行政主管部门或者农村集体经济组织、村民委员会签订临时使用土地合同,并按照合同的约定支付临时使用土地补偿费。临时使用土地的使用者应当按照临时使用土地合同约定的用途使用土地,并不得修建永久性建筑物。临时使用土地期限一般不超过2年。

(六)收回国有土地使用权

有下列情形之一的,由有关人民政府土地行政主管部门报经原批准用地的人民政府或者有批准权的人民政府批准,可以收回国有土地使用权:(1)为公共利益需要使用土地的;(2)为实施城市规划进行旧城区改建,需要调整使用土地的;(3)土地出让等有偿使用合同约定的使用期限届满,土地使用者未申请续期或者申请续期未获批准的;(4)因单位撤销、迁移等原因,停止使用原划拨的国有土地的;(5)公路、铁路、机场、矿场等经核准报废的。收回国有土地使用权的,对土地使用权人应当给予适当补偿。

五、农民集体所有土地的使用

(一)乡(镇)村建设用地

乡镇企业、乡(镇)村公共设施、公益事业、农村村民住宅等乡(镇)村建设,应当按照村庄和集镇规划,合理布局、综合开发、配套建设;建设用地应当符合乡(镇)土地利用总体规划和土地利用年度计划,并依法办理审批手续。

(二)乡(镇)兴办企业用地或者与他人合办企业用地

农村集体经济组织使用乡(镇)土地利用总体规划确定的建设用地兴办企业或者与其他单位、个人以土地使用权入股、联营等形式共同举办企业的,应当持有关批准文件,向县级以上地方人民政府土地行政主管部门提出申请,按照省、自治区、直辖市规定的批准权限,由县级以上地方人民政府批准；其中，涉及占用农用地的，依照土地管理法第44条的规定办理农用地转用审批手续。

（三）乡（镇）村公共设施、公益事业建设用地

乡（镇）村公共设施、公益事业建设需要使用土地的，经乡（镇）人民政府审核，向县级以上地方人民政府土地行政主管部门提出申请，按照省、自治区、直辖市规定的批准权限，由县级以上地方人民政府批准。其中，涉及占用农用地的，依法办理农用地转用审批手续。

（四）农村村民住宅用地

农村村民一户只能拥有一处宅基地，其宅基地的面积不得超过省、自治区、直辖市规定的标准。农村村民建住宅，应当符合乡（镇）土地利用总体规划，并尽量使用原有的宅基地和村内空闲地。农村村民住宅用地，经乡（镇）人民政府审核，由县级人民政府批准。其中，涉及占用农用地的，依法办理农用地转用审批手续。农村村民出卖、出租住房后，再申请宅基地的，不予批准。

（五）集体土地使用权转移的特别规定

农民集体所有的土地的使用权不得出让、转让或者出租用于非农业建设。但是，符合土地利用总体规划并依法取得建设用地的企业，因破产、兼并等情形致使土地使用权依法发生转移的除外。

在土地利用总体规划制定前已建的不符合土地利用总体规划确定的用途的建筑物、构筑物，不得重建、扩建。

（六）收回农民集体所有土地使用权

有下列情形之一的，农村集体经济组织报经原批准用地的人民政府批准，可以收回土地使用权：（1）为乡（镇）村公共设施和公益事业建设，需要使用土地的；（2）不按照批准的用途使用土地的；（3）因撤销、迁移等原因而停止使用土地的。收回农民集体所有的土地的，对土地使用权人应当给予适当补偿。

第六节　监督检查和法律责任

一、监督检查

县级以上人民政府土地行政主管部门对违反土地管理法律、法规的行为进行监督检查。土地管理监督检查人员应当熟悉土地管理法律、法规，忠于职守、秉公执法。县级以上人民政府土地行政主管部门履行监督检查职责时，有权采取下列措施：（1）要求被检查的单位或者个人提供有关土地权利的文件和资料，进行查阅或者予以复制；（2）要求被检查的单位或者个人就有关土地权利的问题作出说明；（3）进入被检查单位或者个人非法占用的土地现场进行勘测；（4）责令非法占用土地的单位或者个人停止违反土地管理法律、法规的行为。

土地管理监督检查人员履行职责，需要进入现场进行勘测，要求有关单位或者个人提供文件、资料和作出说明的，应当出示土地管理监督检查证件。有关单位和个人对县级以上人民政府土地行政主管部门就土地违法行为进行的监督检查应当支持与配合，并提供工作方便，不得拒绝与阻碍土地管理监督检查人员依法执行职务。

县级以上人民政府土地行政主管部门在监督检查工作中发现国家工作人员的违法行为，

依法应当给予行政处分的，应当依法予以处理；自己无权处理的，应当向同级或者上级人民政府的行政监察机关提出行政处分建议书，有关行政监察机关应当依法予以处理。县级以上人民政府土地行政主管部门在监督检查工作中发现土地违法行为构成犯罪的，应当将案件移送有关机关，依法追究刑事责任；尚不构成犯罪的，应当依法给予行政处罚。依照土地管理法规定应当给予行政处罚，而有关土地行政主管部门不给予行政处罚的，上级人民政府土地行政主管部门有权责令有关土地行政主管部门作出行政处罚决定或者直接给予行政处罚，并给予有关土地行政主管部门的负责人行政处分。

二、法律责任

1. 买卖或者以其他形式非法转让土地的，由县级以上人民政府土地行政主管部门没收违法所得；对违反土地利用总体规划擅自将农用地改为建设用地的，限期拆除在非法转让的土地上新建的建筑物和其他设施，恢复土地原状；对符合土地利用总体规划的，没收在非法转让的土地上新建的建筑物和其他设施，可以并处罚款；对直接负责的主管人员和其他直接责任人员，依法给予行政处分；构成犯罪的，依法追究刑事责任。

2. 违反土地管理法规定，占用耕地建窑、建坟或者擅自在耕地上建房、挖砂、采石、采矿、取土等，破坏种植条件的，或者因开发土地造成土地荒漠化、盐渍化的，由县级以上人民政府土地行政主管部门责令限期改正或者治理，可以并处罚款；构成犯罪的，依法追究刑事责任。

3. 违反土地管理法规定，拒不履行土地复垦义务的，由县级以上人民政府土地行政主管部门责令限期改正；逾期不改正的，责令缴纳复垦费，专项用于土地复垦，并处以罚款。

4. 未经批准或者采取欺骗手段骗取批准，非法占用土地的，由县级以上人民政府土地行政主管部门责令退还非法占用的土地；对违反土地利用总体规划擅自将农用地改为建设用地的，限期拆除在非法占用的土地上新建的建筑物和其他设施，恢复土地原状；对符合土地利用总体规划的，没收在非法占用的土地上新建的建筑物和其他设施，可以并处罚款；对非法占用土地单位的直接负责的主管人员和其他直接责任人员，依法给予行政处分；构成犯罪的，依法追究刑事责任。超过批准数量的占用土地，多占的土地以非法占用土地论处。

5. 农村村民未经批准或者采取欺骗手段骗取批准，非法占用土地建住宅的，由县级以上人民政府土地行政主管部门责令退还非法占用的土地，限期拆除在非法占用的土地上新建的房屋。超过省、自治区、直辖市规定的标准，多占的土地以非法占用土地论处。

6. 无权批准征收、使用土地的单位或者个人非法批准占用土地的；超越批准权限非法批准占用土地的；不按照土地利用总体规划确定的用途批准用地的；或者违反法律规定的程序批准占用、征收土地的；其批准文件无效。对非法批准征收、使用土地的直接负责的主管人员和其他直接责任人员，依法给予行政处分；构成犯罪的，依法追究刑事责任。非法批准、使用的土地应当收回，有关当事人拒不归还的，以非法占用土地论处。非法批准征收、使用土地，对当事人造成损失的，应当承担赔偿责任。

7. 侵占、挪用被征收土地单位的征地补偿费用和其他有关费用，构成犯罪的，依法追究刑事责任；尚不构成犯罪的，依法给予行政处分。

8. 依法收回国有土地使用权，当事人拒不交出土地的；临时使用土地期满拒不归还的；或者不按照批准的用途使用国有土地的；由县级以上人民政府土地行政主管部门责令其交还土地，处以罚款。

9. 擅自将农民集体所有的土地的使用权出让、转让或者出租用于非农业建设的，由县级以上人民政府土地行政主管部门责令限期改正，没收违法所得，并处罚款。

10. 不依照土地管理法规定办理土地变更登记的，由县级以上人民政府土地行政主管部门责令其限期办理。

11. 依照土地管理法规定，责令限期拆除在非法占用的土地上新建的建筑物和其他设施的，建设单位或者个人必须立即停止施工，自行拆除；对继续施工的，作出处罚决定的机关有权制止。建设单位或者个人对责令限期拆除的行政处罚决定不服的，可以在接到责令限期拆除决定之日起十五日内，向人民法院起诉；期满不起诉又不自行拆除的，由作出处罚决定的机关依法申请人民法院强制执行，费用由违法者承担。

12. 土地行政主管部门的工作人员玩忽职守、滥用职权、徇私舞弊，构成犯罪的，依法追究刑事责任；尚不构成犯罪的，依法给予行政处分。

思考题

1. 何谓土地所有权？哪些土地属于国家所有？
2. 何谓土地使用权？土地使用权如何取得？
3. 什么是土地总体规划？土地总体规划的编制内容有哪些？
4. 耕地保护的措施有哪些？
5. 国家征收土地的补偿标准是什么？

第七章 建设工程合同管理

第一节 概 述

一、建设工程合同的概念

建设工程合同是承包人进行工程建设、发包人支付价款的合同。工程建设一般经过勘察、设计、施工等过程。因此，建设工程合同的发包人是建设单位或建设单位所委托的管理机构，而承担勘察、设计、建筑、施工、任务的勘察人、设计人、施工人统称承包人。

建设工程合同是一类特殊的加工承揽合同。建设工程是一项耗资巨大、回收期长、安全性强，涉及面广的重大固定资产投资活动。因此，《合同法》将建设工程合同从加工承揽合同中分离出来，列为独立的一章，这也决定了建设工程合同涉及的法律问题复杂繁多。

二、建设工程合同的法律特征

（一）具有严格的计划性和程序性

签订建设工程合同必须以国家批准的投资为前提。初步设计和总概算已经批准；国家投资以外的、以其他方式筹集的投资也要受到当年的贷款规划和批准限额的限制；纳入当年投资规模的平衡，并经过严格的审批程序，方可立项。因此，建设工程合同的签订是以获得国家有关部门批准为前提。

同时，建设工程的兴建需得到规划、土地、城建、市政、环保、消防等各个部门批准。建筑工程开工前应当领取施工许可证，建成后，必须办理竣工验收合格后，方可投入使用。

（二）承包人的主体资格受到严格限制

由于建设工程涉及人民的生命安全和国家重大财产的安全，所以国家严格规定了建设业的从业资格。《建筑法》第13条规定，"从事建筑活动的施工企业、勘察单位、设计单位和工程监理单位，按照其拥有的注册资本、专业技术人员、技术装备和已完成的建筑工程业绩等资质条件，划分为不同的资质等级。经资质审查合格，取得相应等级的资质证书后，方可在其资质等级许可证的范围内从事建筑活动。"

（三）签订及履行合同受到国家的严格监督管理

建筑工程活动是国民经济的一项重要的投资活动，其标的物为不动产工程。承建人所完成的工作成果不仅具有不可移动性，而且须长期存在和发挥效用，事关国计民生。因此，国家要实行严格的监督和管理。对于承揽合同，国家一般不予以特殊的监督和管理，而对建设工程合同，从合同签订到合同履行，从资金投入到最终的成果验收，都受到国家严格的管理和监督。在建设工程合同的签订方面，国家实行严格的招标投标制度，对于大型基础设施，公用事业等关系社会公共利益、公众安全的项目。全部或者部分使用国有资金投资或者国家融资的项目；使用国际组织或者外国政府贷款、援助资金的项目，其勘察、设计、施工、监理以及工程建设有关的重要设备、材料等的采购，必须进行招标。在工程的建设过程中，国家实行了严格政府质量全过程监督。工程竣工时，由国家质量监督部门核定工程等级，不符合质量等级要求的工程，不得交付使用。工程竣工后，国家有关部门还对工程造价进行审核。

（四）建设工程合同主体之间具有严密的协作性与连带性

建设工程合同涉及面广，其成果是勘察设计单位、施工单位、建设单位、监理单位、材料设备供应商密切协作，共同配合的结果。因此，若出现工程法律责任，往往出现连带责任。

（五）建设工程合同为法定要式合同

建设工程合同应当采用书面形式，这是国家对基本建设进行监督管理的需要，也是由建设合同履行的特点所决定，建设工程合同为法定要式合同。

三、建设工程合同的分类

（一）按照建设工程合同任务的性质进行分类

建设工程合同包括工程勘察、设计、施工合同。监理合同属于委托合同的范畴，但由于其与建设工程合同的密切相关性，一般亦在建设工程合同中加以介绍。

1. 勘察合同

勘察合同是发包人与承包人或勘察人就完成建设工程地理、地质状况的调查研究工作而达成的协议。经发包人同意，承包人也可以与勘察人签订勘察合同。对勘察工作成果，承包人与勘察人对发包人负连带责任。

2. 设计合同

设计合同是发包人与承包人或设计人就工程初步设计和施工图设计签订的合同。经发包人同意，承包人也可以与设计人签订设计合同。对设计工作成果，承包人与设计人对发包人负连带责任。

3. 施工合同

施工合同是发包人与承包人或施工人为工程施工达成的协议。施工人或承包人完成建筑工作成果，发包人接受施工工作成果并支付报酬。经发包人同意，承包人也可以与施工人订订施工合同。对施工工作成果，承包人与施工人对发包人负连带责任。

4. 监理合同

建设工程委托监理合同是指委托人与监理人就对工程建设参与者的行为进行监督、控制、督促、评价和管理而达成的协议。监理合同的主要内容包括：监理的范围和内容，双方的权利与义务，监理费的计取与支付，违约责任，双方约定的其他事项等。

（二）按照承包的形式进行分类

1. 总承包合同

总承包合同是指发包人与承包人就建设工程的勘察、设计、施工、设备采购的一项或者多项签订总承包合同。总承包人应当对其承包的建设工程或者采购设备的质量负责。

2. 专业承包合同

专业承包合同是指专业承包企业同建设单位或施工总包企业就专业工程签定的施工合同。专业承包企业可以对所承接的工程全部自行施工，也可以将劳务作业分包给具有相应劳务分包资质的劳务分包企业。

3. 分包合同

分包是指已经与发包人签订建设工程合同的总承包人与第三人签订合同，将其承包工程建设任务的一部分交给第三人完成。在这样一种法律结构中，总承包人与发包人之间签订的建设工程合同称为总包合同。总承包人与第三人之间签订的建设工程合同称为分包合同。分包合同的签订必须满足以下条件：①必须经发包人同意；②总承包人只能将自己承包的部分工作交由第三人完成，禁止将承包的全部工程转包给第三人；③第三人必须是具备相应的资质条件，禁止总承包人将工程分包给不具备相应资质条件的单位；④主体工程不得分包，必须总承包人自行完成；⑤禁止总承包人将全部建设工程肢解以后以分包的名义转包给第三人；⑥禁止分包单位再次分包；⑦分包人与总承包人对分包的工程承担连带责任。

四、建设工程合同当事人的一般权利义务

（一）发包人的主要义务

发包人的主要义务包括：提供基础资料的义务；提供约定的工作条件的义务；发包人负有不变更计划的义务；验收和接收建设工程的义务；不得使用未经验收工程的义务；向承包人支付约定价款的义务。

（二）承包人的主要义务

承包人的主要义务：接受发包人检查和通知发包人检查的义务；对勘察、设计质量及期限的担保义务；对工程施工质量负担保义务；承担建筑产品质量责任。

五、建设工程合同管理的概念

建设工程合同的管理是指各级工商行政管理部门和其他有关主管部门以及合同的当事人根据法律、法规和自身的职责，对建设工程合同的签订和履行进行指导、监督、检查和管理。

从管理主体的角度来分类，建设工程合同的管理可分为工商行政管理部门和建设行政管理部门等行政机关进行的管理，以及建设单位、施工单位自身对合同的管理。

从管理内容的角度来分类，建设工程合同的管理主要分为施工招标投标的管理，工程造价的管理，工程质量的管理和工程工期的管理等。

（一）招标投标的管理

工程建设施工实行招投标制度的目的，在于促使建设单位和施工企业进入建筑市场，进行公平交易和平等竞争、缩短工期、减少投资、确保工程质量、提高投资效益。1999年8月30日第九届全国人民代表大会常务委员会第十一次会议通过了《中华人民共和国招标投标法》。

1. 招标

一般可采用公开招标、邀请招标的方式进行。招标程序如下：①编制招标文件，发出招标广告或者招标通知书；②对申请投标的施工企业进行资格审查；③组织投标的施工企业进行资格审查；④由投标企业报送标书；⑤开标、评标、定标；⑥确定中标单位，发出中标通知书；⑦招标单位与中标单位签订承包合同。

2. 投标

参加投标的施工企业应按下列要求进行工作：①按照招标通知规定的时间报送投标申请书，按照招标通知要求提供企业资质等级等基本情况的有关文件材料。经招标单位审查合格

后,可参加投标;②领取招标文件,交纳投标保证金;③研究招标文件,调查工程施工环境条件,确定投标的基本策略;④编制并按投标要求报送标书,参加开标会议。

3. 开标、评标和定标

招标单位应当在招标投标管理部门的监督下,设立招标工作机构,制定评标办法,组建评标专家委员会。投标时间截止后,按既定程序开标、评标和定标。

(二) 工程造价的管理

建设工程造价的管理贯穿于各个阶段的全过程。建设项目的可行性研究报告的内容应当包括投资估算报告。在设计阶段,设计人员要严格按照投资估算报告,选择降低和控制工程造价的最佳设计方案。在工程施工阶段,应当充分发挥市场调节作用,在遵守国家法律、法规和有关规范性文件的前提下,通过招标投标的形式,择优选定报价合理的投标单位,并在承包合同中予以确定。在市场经济条件下,建筑安装企业要结合本企业的实际情况,提高经营管理水平,节约各项开支,降低经营成本,合理报价,增加竞争能力。

(三) 工程质量的管理

建设工程质量是指国家现行的有关法律、法规、规章,以及技术标准、设计文件和合同对工程的安全、适用、经济、美观等特性的综合要求。

1. 工程质量管理体制

我国对建设工程质量实行分级管理。国务院各建设行政主管部门负责全国建设工程质量的监督管理工作。国务院各工业、交通部门和各省、市、自治区建设行政主管部门分别负责本部门和本地区建设工程质量的管理工作。各级建设行政管理部门对本行政区域内的建设、勘察、设计、施工、监理、构配件生产单位的资质等级、生产许可证和经营范围进行管理、监督。

建设单位是工程建设的主要组织者,必须配备相应的质量管理人员,或者委托监理单位严格按照国家有关法律、法规、技术标准及合同规定,履行质量管理职责。对自行采购的建材和设备,其技术性能及质量必须符合国家标准和设计的要求。

施工单位是工程建设的直接实施者,只能按资质等级承揽相应的施工任务,不能越级承包工程。在施工过程中对本单位施工工程质量负责,工程质量等级应当符合国家标准和合同的约定。此外,勘察、设计、监理、建筑材料、构配件生产及设备供应单位应当在资质等级和允许经营的范围内从事生产经营活动,并对自己的建筑产品承担相应的质量责任。

2. 工程质量监督制度和检测制度

国家对所有新建、扩建、改建的工业、交通和民用、市政公用工程及构配件生产都实行质量监督。实施质量监督的主要依据是有关的法律、法规、规章、技术标准及设计文件。国家实行建设工程质量监督管理制度。国务院建设行政主管部门对全国的建设工程质量实施统一监督管理。国务院铁路、交通、水利等有关部门按照国务院规定的职责分工,负责对全国的有关专业建设工程质量的监督管理。县级以上地方人民政府建设行政主管部门对本行政区域内的建设工程质量实施监督管理。县级以上地方人民政府交通、水利等有关部门在各自的职责范围内,负责对本行政区域内的建设工程质量的监督管理。国务院建设行政主管部门和国务院铁路、交通、水利等有关部门应当加强对有关建设工程质量的法律、法规和强制性标准执行情况的监督检查。

建设工程质量监督管理,可以由建设行政主管部门或者其他有关部委托的建设工程质量监督机构具体实施。从事房屋建筑工程和市政基础设施工程质量监督的机构,必须按照国家有关规定经国务院建设行政主管部门或者省、自治区、直辖市人民政府建设行政主管部门考核；从事专业建设工程质量监督的机构，必须按照国家有关规定经国务院有关部门或者省、自治区、直辖市人民政府有关部门考核。经考核合格后，方可实施质量监督。

建设工程质量检测工作是建设工程质量监督的重要手段。检测机构对建设工程和建筑构件、制品及建筑现场所用的有关材料、设备质量进行检测所出具的检测报告具有法定效力。国家级检测机构出具的检测报告，在国内为最终裁定，在国外具有代表国家的性质。

3. 工程质量体系认证

实行建筑工程质量体系认证制度，可以有效地保证工程的质量，可以提高建筑工程的信誉，增强建筑工程质量产品的竞争力，从而可以扩大和促进对外贸易和发展国际间的建筑工程认证合作，提高我国建筑工程在国际市场上的地位。为此，《建筑法》第53条规定，国家对从事建筑活动的单位推行质量体系认证制度。从事建筑活动的单位根据自愿的原则可以向国务院产品质量监督管理部门或者国务院产品质量监督管理部门授权认可的认证机构申请质量体系认证。经认证合格，由认证机构颁发质量体系认证书。

（四）工程工期的管理

建设工程的工期是指该工程自开工之日起至工程完工、验收合格投入使用所经历的时间。为了加强工期的管理，原国家计委于1986年发布了《关于编制建设工期定额的几点意见》，并组织19个部门进行工程工期定额编制工作。

建设工期定额是计算和确定建设项目工期进度的基础，主要为项目评估、决策、设计和按合理工期组织建设服务。在建设实践中，工程工期一般应以承包合同规定的时间为准，工期定额在招投标和签订合同时起指导作用，是确定合同工期的主要法律依据。合同对工期约定不明发生争议时，以工期定额为计算工期的依据。

（五）关于建设工程合同的审查制度

1993年1月29日，国家建设部颁布了第78号文件《建设工程施工合同管理办法》。根据该办法的规定，发包人必须在承包合同正式签订之前，将双方协商一致的合同草案送建设行政主管部门或其授权机构进行审查。审查机构在收到合同草案之日起十日内予以审查，提出意见，发包与承包双方应按审查意见进行修改，重新报送，待符合要求后，正式签订合同；如果该审查机构在十日内不作答复，则视为该合同草案已符合要求，双方可正式签订合同。合同自签订之日起5日内，将合同文本报建设行政部门或其授权机构和开户银行备案。凡不签订书面合同，或不按规定办理报送审查、备案手续，不按建设行政主管部门或其授权机构审查意见修改文本的，建设行政主管部门责令补办有关手续，或采取有关措施处理。

第二节 建设工程勘察、设计合同

一、勘察、设计合同概述

（一）建设工程勘察、设计合同的概念

建设勘察、设计合同，简称勘察、设计合同，是指建设单位或有关单位为完成一定的勘察、设计任务，明确双方权利、义务的协议。建设单位或有关单位称委托方或委托人，勘察、设计单位称承包方或勘察人、设计人。根据勘察、设计合同，承包方完成委托方委托的勘察、设计项目，委托方接受符合约定要求的勘察、设计成果，并给付报酬。

（二）建设工程勘察、设计合同的特征

1. 勘察、设计合同的当事人双方应具备的条件

建设工程勘察、设计合同的当事人双方应当具有民事权利能力和民事行为能力。发包方必须是国家批准的建设项目，落实投资计划的企事业单位、社会组织和个人；承包方应当是具有国家批准的勘察、设计许可证，具有经有关部门核准的资质等级的勘察、设计单位。从事建设工程勘察、设计的单位应当依法取得相应等级的资质证书，并在资质等级许可的范围内承揽工程。禁止勘察、设计单位超越资质等级许可的范围或者以其他勘察、设计单位的名义承揽工程；禁止勘察、设计单位允许其他单位或者个人以本单位的名义承揽工程。勘察、设计单位不得转包或者非法分包所承揽的工程。

2. 勘察、设计合同的签订必须符合工程项目建设程序

勘察、设计合同必须符合国家规定的工程项目建设程序。合同的签订应以国家批准的设计任务书或其他有关文件为基础。

3. 勘察、设计合同具有建设工程合同的基本特征

勘察、设计合同是建设工程合同的一种类型。因此，勘察、设计合同也具有建设工程合同的基本特征：①勘察、设计单位必须按照工程建设强制性标准进行勘察、设计，并对其勘察、设计的质量负责；②注册建筑师、注册结构工程师等注册执业人员应当在设计文件上签字，对设计文件负责；③勘察单位提供的地质、测量、水文等勘察成果必须真实、准确；设计单位应当根据勘察成果文件进行建设工程设计；④设计文件应当符合国家规定的设计深度要求，注明工程合理使用年限；⑤设计单位在设计文件中选用的建筑材料、建筑构配件和设备，应当注明规格、型号、性能等技术指标，其质量要求必须符合国家规定的标准；⑥除有特殊要求的建筑材料、专用设备、工艺生产线等外，设计单位不得指定生产厂、供应商；⑦设计单位应当就审查合格的施工图设计文件向施工单位作出详细说明；⑧设计单位应当参与建设工程质量事故分析，并对因设计造成的质量事故，提出相应的技术处理方案。

二、勘察、设计合同的签订

（一）勘察设计合同签订前对当事人资格和资信的审查

对当事人资格的审查，不仅是为了保证合同有效，受法律保护，而且保证合同能得到正确的实施。这是合同签订前必不可少的工作。

1. 资格审查

审查当事人是否属于按国家规定的审批程序成立的法人组织，有无法人章程和营业执照，其经营活动是否超过章程或营业执照规定的范围。同时还要审查参加签订合同的有关人员，是否是法定代表人或法人委托的代理人，以及代理人的活动是否越权等。

2. 资信审查

资信就是资金和信用的简称。资金是当事人有权支配并能运用于生产经营的财产的货币形态，信用是指商品买卖中的延期付款或货币的借贷。审查当事人的资信情况，可以了解当事人对于合同的履行能力和履行态度，从而慎重签订合同。

3. 履约能力审查

主要审查勘察设计单位的专业业务能力。可以通过审查勘察设计单位的勘察设计证书确定其是否具有勘察设计资格，审查它的资质等级可以了解其业务的规格和范围。同时还应了解该勘察设计单位以往的工程业绩。只有对当事人的履约能力充分了解之后，在此基础上签

订的合同才算有可靠的保证。

（二）勘察、设计合同签订合同的方式

我国《招标投标法》第3条规定，下列工程项目的勘察、设计必须以招投标方式签订合同：（1）大型基础设施，公用事业等关系社会公共利益、公众安全方面的项目；（2）全部或者部分使用国有资金投资或者国家融资的项目；（3）使用国际组织或外国政府贷款、援助资金的项目；（4）法律或者国务院对必须进行招标的其他项目的范围有规定的，依照其规定。

（三）建设工程勘察招标投标程序

建设工程勘察招标投标程序包括：①招标单位向招标管理机构办理招标登记；②招标单位组织招标工作机构。招标工作机构应具备下列条件：有建设单位法定代表人或由法定代表人委托授权的代理人参加；有与工程规模相适应的技术、预算、财务、基建管理人员参加；有对投标单位进行资质评审的能力；③招标单位组织评标小组，评标小组成员由招标单位及其上级主管部门和有关专家组成，其成员应根据建设工程的规模、重要程度、复杂程度等情况选定；④招标单位编制招标文件。

建设工程招标文件应包括下列内容：①工程概况，应包括工程情况和建设场地情况及招标内容与招标范围等；②招标依据，即经批准的设计任务书及其他文件的复印件；③项目说明与勘察技术要求；④合同主要条款，主要包括勘察的内容、范围、技术要求、工期进度、勘察取费标准及违约责任等；⑤投标须知。投标须知是指导投标单位正式履行投标手续的文件，其目的在于避免造成废标，使投标取得圆满成功。

投标须知通常包括以下主要内容：①承发包双方业务往来中收发函的规定；②解释招标文件的单位、联系人等方面的说明；③填写标书的规定和投标、开标的时间、地点等；④投标企业提供担保的方式；⑤投标企业对投标文件有关内容提出建议的方式；⑥投标单位拒绝投标的权利；⑦投标单位对招标文件保密的义务；⑧招标方式及对投标单位资质的要求；⑨组织勘察工程现场和招标文件答疑的时间、地点；⑩投标、开标、决标等活动的安排；⑪其他应说明的事项。工程建设勘察招标文件经招标管理机构核准后，可发布招标广告。

投标单位报名参加投标：①招标单位对申请投标的单位进行资质审查，资质审查主要应审查投标单位的勘察证书、勘察资质等级证书、技术力量、勘察质量等情况；②经审查合格的投标单位领取招标文件；③投标单位编制投标书，向招标单位递交投标书。

投标书的主要内容包括：①标书综合说明书；②勘察方案及其实施的组织和技术措施；③需要建设单位提供的配合条件；④勘察开工、完工和提供勘察资料的日期；⑤勘察费用；⑥其他说明的内容。

勘察评标、决标的依据有以下几个方面：①勘察方案的优劣。即：勘察测试的目的和应解决的工程技术问题的明确性；勘察、测试工作量的准确、合理程度；勘察方案实施的方法、手段的针对性、合理性、可靠性、实用性及满足招标文件和工程设计、施工的要求程度；②勘察进度的快慢；③工程勘察费预算费率取值的合理性和正确性；④勘察资历和社会信誉。

（四）工程设计招标投标程序

2000年10月8日建设部颁布了82号令《建筑工程设计招标投标管理办法》。

1. 工程设计招标

建筑工程设计招标依法可以公开招标或者邀请招标。招标人具备下列条件的，可以自行组织招标：（1）有与招标项目工程规模及复杂程度相适应的工程技术、工程造价、财务和工程管理人员,具备组织编写招标文件的能力;(2)有组织评标的能力。招标人不具备前款规定条件的,应当委托具有相应资格的招标代理机构进行招标。依法必须招标的建筑工程项目,招标人自行组织招标的,应当在发布招标公告或者发出招标邀请书15日前,持有关材料到县级以上地方人民政府建设行政主管部门备案;招标人委托招标代理机构进行招标的,招标人应当在委托合同签订后15日内,持有关材料到县级以上地方人民政府建筑行政主管部门备案。备案机关应当在接受备案之日起5日内进行审核,发现招标人不具备自行招标条件,代理机构无相应资格,招标前期条件不具备,招标公告或者招标邀请书有重大瑕疵的,可以责令招标人暂时停止招标活动。备案机关逾期未提出异议的,招标人可以实施招标活动。公开招标的,招标人应当发布招标公告。邀请招标的,招标人应当向三个以上设计单位发出招标邀请书。招标公告或者招标邀请书应当载明招标人名称和地址,招标项目的基本要求,投标人的资质要求以及获取招标文件的办法等事项。

招标文件应当包括以下内容:①工程名称、地址、占地面积、建筑面积等;②已批准的项目建议书或者可行性研究报告;③工程经济技术要求;④城市规划管理部门确定的规划控制条件和用地红线图;⑤可供参考的工程地质、水文地质、工程测量等建设场地勘察成果报告;⑥供水、供电、供气、供热、环保、市政道路等方面的基础资料;⑦招标文件答疑、踏勘现场的时间和地点;⑧投标文件编制要求及评标原则;⑨投标文件送达的截止时间;⑩拟签订合同的主要条款;⑪未中标方案的补偿办法。招标文件一经发出,招标人不得随意变更。确需进行必要的澄清或者修改,应当在提交投标文件截止日期15日前,书面通知所有招标文件收受人。招标人要求投标人提交投标文件的时限为:特级和一级建筑工程不少于45日;二级以下建筑工程不少于30日;进行概念设计招标的,不少于20日。

2. 工程设计投标

投标人应当具有与招标项目相适应的工程设计资质。投标人应当按照招标文件、建筑方案设计文件要求编制投标文件;进行概念设计招标的,应当按照招标文件要求编制投标文件。投标文件应当由具有相应资格的注册建筑师签章,加盖单位公章。

3. 定标

评标由评标委员会负责。评标委员会由招标人代表和有关专家组成。评标委员会人数一般为五人以上单数,其中技术方面的专家不得少于成员总数的三分之二。投标人或者与投标人有利害关系的人员不得参加评标委员会。国务院建设行政主管部门,省、自治区、直辖市人民政府建设行政主管部门应当建立建筑工程设计评标专家库。评标委员会应当在符合城市规划、消防、节能、环保的前提下,按照投标文件的要求,对投标设计方案的经济、技术、功能和造型等进行比选、评价,确定符合招标文件要求的最优设计方案。评标委员会应当在评标完成后,向招标人提出书面评标报告。采用公开招标方式的,评标委员会应当向招标人推荐2~3个中标候选方案。采用邀请招标方式的,评标委员会应当向招标人推荐1~2个中标候选方案。招标人根据评标委员会的书面评标报告和推荐的中标候选方案,结合投标人的技术力量和业绩确定中标方案。招标人也可以委托评标委员会直接确定中标方案。

有下列情形之一的,投标文件作废:(1)投标文件未经密封的;(2)无相应资格的注册建筑师签字的;(3)无投标人公章的;(4)注册建筑师受聘单位与投标人不符的。招标人认为评标委员会推荐的所有候选方案均不能最大限度满足招标文件规定要求的,应当依法重新招标。

招标人应当在中标方案确定之日起7日内,向中标人发出中标通知,并将中标结果通知所有未中标人。依法必须进行招标的项目，招标人应当在中标方案确定之日起 15 日内，向县级以上地方人民政府建设行政主管部门提交招标投标情况的书面报告。对达到招标文件规定要求的未中标方案，公开招标的，招标人应当在招标公告中明确是否给予未中标单位经济补偿及补偿金额；邀请招标的，应当给予未中标单位经济补偿，补偿金额应当在招标邀请书中明确。招标人应当在中标通知书发出之日起 30 日内与中标人签订工程设计合同。确需另择设计单位承担施工图设计的，应当在招标公告或招标邀请书中明确。招标人、中标人使用未中标方案的，应当征得提交方案的招标人同意并付给使用费。

三、勘察合同

在实践中，当事人可以参照原建设部、国家工商行政管理局于 2000 年 3 月 1 日颁布的《建设工程勘察合同》示范文本签订合同。《建设工程勘察合同》分为《建设工程勘察合同》（一）（GF—2000—0203）、《建设工程勘察合同》（二）（GF—2000—0204），《建设工程勘察合同》（一）适用于岩土工程勘察、水文地质勘察（含凿井）、工程测量、工程物探，《建设工程勘察合同》（二）适用于岩土工程设计、治理、监测。

（一）《建设工程勘察合同》（一）

1. 工程概况

工程概况包括：工程名称，工程建设地点，工程规模、特征，工程勘察任务委托文号、日期，工程勘察任务（内容）与技术要求，承接方式，预计勘察工作量等。

2. 技术资料管理

发包人应及时向勘察人提供下列资料，并对其准确性、可靠性负责；发包人提供本工程批准文件（复印件），以及用地（附红线范围）、施工、勘察许可等批件（复印件）；发包人提供工程勘察任务委托书，技术要求和工作范围的地形图，建筑总平面布置图；发包人提供勘察工作范围已有的技术资料及工程所需的坐标与标高资料；发包人提供勘察工作范围地下已有埋藏物的资料（如电力、电讯电缆、各种管道、人防设施、洞室等）及具体位置分布图；发包人不能提供上述资料，由勘察人收集的，发包人需向勘察人支付相应费用。

勘察人向发包人提交勘察成果资料并对其质量负责。勘察人负责向发包人提交勘察成果资料 4 份，发包人要求增加的份数另行收费。

3. 工期管理

双方约定开工及提交勘察成果资料的时间，由于发包人或勘察人的原因未能按期开工或提交成果资料时，按合同承担违约责任。勘察工作有效期限以发包人下达的开工通知书或合同规定的时间为准，如遇特殊情况（设计变更、工作量变化、不可抗力影响以及非勘察人原因造成的停、窝工等）时，工期顺延。

4. 付费方式

工程勘察按国家规定的现行收费标准计取费用；或以"预算包干"、"中标价加签证变更"、"实际完成工作量结算"等方式计取收费。国家规定的收费标准中没有规定的收费项目，由发包人、勘察人另行议定。

工程勘察费于合同生效后 3 天内，发包人应向勘察人支付预算勘察费的 20% 作为定金；勘察规模大、工期长的大型勘察工程，发包人还应按实际完成工程进度向勘察人支付工程进度款；勘察工作外业结束，发包人向勘察人支付外业勘察费；提交勘察成果资料后 10 天内，发包人应一次付清全部工程费用。

5. 发包人、勘察人责任

(1) 发包人责任

发包人委托任务时，必须以书面形式向勘察人明确勘察任务及技术要求，并按第二条规定提供文件资料。

在勘察工作范围内，没有资料、图纸的地区（段），发包人应负责查清地下埋藏物，若因未提供上述资料、图纸，或提供的资料图纸不可靠，地下埋藏物不清，致使勘察人在勘察工作过程中发生人身伤害或造成经济损失时，由发包人承担民事责任。

发包人应及时为勘察人提供并解决勘察现场的工作条件和出现的问题（如：落实土地征用，青苗树木赔偿，拆除地上地下障碍物，处理施工扰民及影响施工正常进行的有关问题，平整施工现场，修好通行道路，接通电源水源，挖好排水沟渠以及水上作业用船等），并承担其费用。

若勘察现场需要看守，特别是在有毒、有害等危险现场作业时，发包人应派人负责安全保卫工作，按国家有关规定，对从事危险作业的现场人员进行保健防护，并承担费用。

工程勘察前，若发包人负责提供材料的，应根据勘察人提出的工程用料计划，按时提供各种材料及其产品合格证明，并承担费用和运到现场，派人与勘察人的人员一起验收。

勘察过程中的任何变更，经办理正式变更手续后，发包人应按实际发生的工作量支付勘察费。

发包人为勘察人的工作人员提供必要的生产、生活条件，并承担费用；如不能提供时，应一次性付给勘察人临时设施费。

由于发包人原因造成勘察人停、窝工，除工期顺延外，包人应支付停、窝工费，发包人若要求在合同规的时间内提前完工（或提交勘察成果资料）时，发包人应按每提前一天向勘察人支付加班费。

发包人应保护勘察人的投标书、勘察方案、报告书、文件、资料图纸、数据、特殊工艺（方法）、专利技术和合理化建议，未经勘察人同意，发包人不得复制、不得泄露、不得擅自修改、传送或向第三人转让或用于本合同外的项目；如发生上述情况，发包人应负法律责任，勘察人有权索赔。

(2) 勘察人责任

勘察人应按国家技术规范、标准、规程和发包人的任务委托书及技术要求进行工程勘察，按本合同规定的时间提交质量合格的勘察成果资料，并对其负责。

由于勘察人提供的勘察成果资料质量不合格，勘察人应负责无偿给予补充完善使其达到质量合格；若勘察人无力补充完善需另委托其他单位时，勘察人应承担全部勘察费用；或因勘察质量造成重大经济损失或工程事故时，勘察人除应负法律责任和免收直接受损失部分的勘察费外，并根据损失程度向发包人支付赔偿金，赔偿金由发包人、勘察人商定。

在工程勘察前，提出勘察纲要或勘察组织设计，派人与发包人的人员一起验收发包人提供的材料。

勘察过程中，根据工程的岩土工程条件（或工作现场地形地貌、地质和水文地质条件）及技术规范要求，向发包人提出增减工作人员或修改勘察工作的意见，并办理正式变更手续。

在现场工作的勘察人员，应遵守发包人的安全保卫及其他有关的规章制度，承担其有关资料保密义务。

6. 违约责任

由于发包人未给勘察人提供必要的工作生活条件而造成停、窝工或来回进出场地，发包人除应付给勘察人停、窝工费（金额按预算的平均工日产值计算），工期按实际工日顺延外，还应付给勘察人来回进出场费和调遣费。

由于勘察人原因造成勘察成果资料质量不合格，不能满足技术要求时，其返工勘察费用由勘察人承担。

合同履行期间，由于工程停建而终止合同或发包人要求解除合同时，勘察人未进行勘察工作的，不退还发包人已付定金；已进行勘察工作的，完成的工作量在50%以内时，发包人应向勘察人支付预算额50%的勘察费；完成的工作量超过50%时，则应向勘察人支付预算额100%的勘察费。

发包人未按合同规定时间（日期）拨付勘察费，每超过一日，应偿付未支付勘察费的千分之一逾期违约金。

由于勘察人原因未按合同规定时间（日期）提交勘察成果资料，每超过一日，应减收勘察费千分之一。

合同签订后，发包人不履行合同时，无权要求返还定金；勘察人不履行合同时，双倍返还定金。

合同未尽事宜，经发包人与勘察人协商一致，签订补充协议，补充协议与本合同具有同等效力。

7. 合同生效、终止

合同自发包人、勘察人签字盖章后生效；按规定到省级建设行政主管部门规定的审查部门备案；发包人、勘察人认为必要时，到项目所在地工商行政管理部门申请鉴证。发包人、勘察人履行完合同规定的义务后，本合同终止。

8. 争议解决

合同在履行过程中发生的争议，由双方当事人协商解决。协商不成的，或提交仲裁委员会仲裁；或依法向人民法院起诉。

(二)《建设工程勘察合同》（二）

1. 工程概况

工程概况包括：工程名称，工程建设地点，工程规模、特征，工程勘察任务委托文号、日期，工程勘察任务（内容）与技术要求，承接方式，预计的岩土工作量等。

2. 技术资料管理

发包人应及时向勘察人提供约定的资料，并对其准确性、可靠性负责；承包人应及时向发包人提交勘察成果资料并对其质量负责。

3. 工期管理

双方约定开工、完工的时间和合同工期。由于发包人或承包人的原因，未能按期开工、完工或交付成果资料时，按合同规定承担违约责任。

4. 付费方式

岩土工程收费按国家规定的现行收费标准计取；或以"预算包干"、"中标价加签证"、"实际完成工作量结算"等方式计取收费。国家规定的收费标准中没有规定的收费项目，由发包人、承包人另行议定。

岩土工程费于合同生效后3天内，发包人应向承包人支付预算工程费总额的20%作为定金（本合同履行后，定金抵作工程费）。

合同生效后，发包人按合同约定分次向承包人支付预付（或支付）工程费，发包人不按时向承包人拨付工程费，从应拨付之日起承担应拨付工程费的滞纳金。

岩土工程进行中，发包人对工程内容与技术要求提出变更，双方约定变更费用，发包人应在变更前应向承包人发出书面变更通知，否则承包人有权拒绝变更；承包人接通知后，提出变更方案的文件资料，发包人收到该文件资料后予以确认，如不确认或不提出修改意见的，变更文件资料自送达之日起在约定的时间内自行生效，由此延误的工期顺延外，因变更导致承包人经济支出和损失，由发包人承担。

5. 发包人、承包人责任

（1）发包人责任

发包人按本合同规定的内容，在规定的时间内向承包人提供资料文件，并对其完整性、正确性及时限性负责；发包人提供上述资料、文件超过规定期限15天以内，承包人按合同规定交付报告、成果、文件的时间顺延，规定期限超过15天以上时，承包人有权重新确定交付报告、成果、文件的时间。

发包人要求承包人在合同规定时间内提前交付报告、成果、文件时，发包人应按每提前一天向承包人支付加班费。

发包人应为承包人现场工作人员提供必要的生产、生活条件；如不能提供时，应一次性付给承包人临时设施费。

开工前，发包人应办理完毕开工许可，工作场地使用，青苗、树木赔偿，坟地迁移，房屋构筑物拆迁，障碍物清除等工作，及解决扰民和影响正常工作进行的有关问题，并承担费用；

发包人应向承包人提供工作现场地下已有埋藏物（如电力、电讯电缆、各种管道、人防设施、洞室等）的资料及其具体位置分布图，若因地下埋藏物不清，致使承包人在现场工作中发生人身伤害或造成经济损失时，由发包人承担民事责任；

在有毒、有害环境中作业时，发包人应按有关规定，提供相应的防护措施，并承担有关的费用；以书面形式向承包人提供水准点和坐标控制点；

发包人应解决承包人工作现场的平整，道路通行和用水用电，并承担费用。

发包人应对工作现场周围建筑物、构筑物、古树名木和地下管道、线路的保护负责，对承包人提出书面具体保护要求（措施），并承担费用。

发包人应保护承包人的投标书、报告书、文件、设计成果、专利技术、特殊工艺和合理化建议，未经承包人同意，发包人不得复制泄露或向第三人转让或用于本合同外的项目，如发生以上情况，发包人应负法律责任，承包人有权索赔。

合同中有关条款规定和补充协议中发包人应负的责任。

（2）承包人责任

承包人按本合同规定的内容、时间、数量向发包人交付报告、成果、文件，并对其质量负责。

承包人对报告、成果、文件出现的遗漏或错误负责修改补充；由于承包人的遗漏、错误造成工程质量事故，承包人除负法律责任和负责采取补救措施外，应减收或免收直接受损失部分的岩土工程费，并根据受损失程度向发包人支付赔偿金，赔偿金额由发包人、承包人商定。

承包人不得向第三人扩散、转让第二条中发包人提供的技术资料、文件。发生上述情况，承包人应负法律责任，发包人有权索赔。

遵守国家及当地有关部门对工作现场的有关管理规定，做好工作现场保卫和环卫工作，并按发包人提出的保护要求（措施），保护好工作现场周围的建筑物、构筑物、古树、名木和地下管线（管道）、文物等。合同有关条款规定和补充协议中承包人应负的责任。

6. 违约责任

由于发包人提供的资料、文件错误、不准确，造成工期延误或返工时，除工期顺延外，发包人应向承包人支付停工费或返工费，造成质量、安全事故时，由发包人承担法律责任和经济责任。

在合同履行期间，发包人要求终止或解除合同，承包人未开始工作的，不退还发包人已付的定金；已进行工作的，完成的工作量在50%以内时，发包人应支付承包人工程费的50%的费用；完成的工作量超过50%时，发包人应支付承包人工程费的100%的费用。

发包人不按时支付工程费（进度款），承包人在约定支付时间10天后，向发包人发出书面催款的通知，发包人收到通知后仍不按要求付款，承包人有权停工，工期顺延，发包人还应承担滞纳金。

由于承包人原因延误工期或未按规定时间交付报告、成果、文件，每延误一天应承担以工程费千分之一计算的违约金。

交付的报告、成果、文件达不到合同约定条件的部分，发包人可要求承包人返工，承包人按发包人要求的时间返工，直到符合约定条件。因承包人原因达不到约定条件，由承包人承担返工费，返工后仍不能达到约定条件；承包人承担违约责任，并根据因此造成的损失程度向发包人支付赔偿金，赔偿金额最高不超过返工项目的收费。

7. 材料设备供应

发包人、承包人应对各自负责供应的材料设备负责，提供产品合格证明，并经发包人、承包人代表共同验收认可，如与设计和规范要求不符的产品，应重新采购符合要求的产品，并经发包人、承包人代表重新验收认定，各自承担发生的费用。若造成停、窝工的，原因是承包人的，则责任自负；原因是发包人的，则应向承包人支付停、窝工费。

承包人需使用代用材料时，须经发包人代表批准方可使用，增减的费用由发包人、承包人商定。

8. 质量条款

由发包人负责组织对承包人交付的报告、成果、文件进行检查验收。

发包人收到承包人交付的报告、成果、文件后应在合同约定的时间内检查验收完毕，并出具检查验收证明，以示承包人已完成任务，逾期未检查验收的，视为接受承包人的报告、成果、文件。

隐蔽工程工序质量检查，由承包人自检后，书面通知发包人检查；发包人接通知后，当天组织质检，经检验合格，发包人、承包人签字后方能进行下一道工序；检验不合格，承包人在限定时间内修补后重新检验，直至合格；若发包人接到通知后24小时内仍未能到现场检验，承包人可以顺延工程工期，发包人应赔偿停、窝工的损失。

工程完工，承包人向发包人提交岩土治理工程的原始记录、竣工图及报告、成果、文件，发包人应组织验收，如有不符合规定要求及存在质量问题，承包人应采取有效补救措施。

工程未经验收，发包人提前使用和擅自动用，由此发生的质量、安全问题，由发包人承担责任，并以发包人开始使用日期为完工日期。

完工工程经验收符合合同要求和质量标准，自验收之日后，承包人向发包人移交完毕；如发包人不能按时接管，致使已验收工程发生损失，应由发包人承担；如承包人不能按时交付，应按逾期完工处理，发包人不得因此而拒付工程款。

9. 合同生效、终止

合同自发包人、勘察人签字盖章后生效，按规定到省级建设行政主管部门规定的审查部门备案，发包人、勘察人认为必要时，到项目所在地工商行政管理部门申请鉴证。发包人、勘察人履行完合同规定的义务后，本合同终止。

10. 争议解决

合同在履行过程中发生的争议，由双方当事人协商解决。协商不成的，或提交仲裁委员会仲裁，或依法向人民法院起诉。

四、设计合同

在实践中，当事人可以参照原建设部、国家工商行政管理局于 2000 年 3 月 1 日发布的《建设工程设计合同》示范文本签订合同。《建设工程设计合同》分为《建设工程设计合同》（一）（GF—2000—0209）、《建设工程设计合同》（二）（GF—2000—0210）。《建设工程勘察合同》（一）适用于民用建筑工程设计，《建设工程勘察合同》（二）适用于专业建筑工程设计。

（一）《建设工程勘察合同》（一）

1. 工程概况

工程概况包括：工程名称、工程规模、特征、设计阶段和内容、估算设计费等。

2. 技术资料管理

双方明确约定发包人应向设计人提交的资料及文件、份数、提交时间；设计人应向承包人提交的资料及文件、份数、提交时间；

3. 付费方式

工程设计按国家规定的现行收费标准计取费用；或以"预算包干"、"中标价加签证"、"实际完成工作量结算"等方式计取收费。国家规定的收费标准中没有规定的收费项目，由发包人、勘察人另行议定。

工程设计费于合同生效后 3 天内，发包人应向勘察人支付预算勘察费的 20% 作为定金，提交各阶段设计文件的同时支付各阶段设计费。在提交最后一部分施工图的同时结清全部设计费，不留尾款。实际设计费按初步设计概算（施工图设计概算）核定，多退少补。实际设计费与估算设计费出现差额时，双方另行签订补充协议。

4. 双方责任

（1）发包人责任

发包人按合同规定的内容，在规定的时间内向设计人提交资料及文件，并对其完整性、正确性及时限负责，发包人不得要求设计人违反国家有关标准进行设计。发包人提交上述资料及文件超过规定期限 15 天以内，设计人按合同规定交付设计文件时间顺延；超过规定期限 15 天以上时，设计人员有权重新确定提交设计文件的时间。

发包人变更委托设计项目、规模、条件或因提交的资料错误，或所提交资料作较大修改，以致造成设计人设计需返工时，双方除需另行协商签订补充协议（或另订合同），重新明确有关条款外，发包人应按设计人所耗工作量向设计人增付设计费。在未签合同前发包人已同意设计人为发包人所做的各项设计工作，应按收费标准，相应支付设计费。

发包人要求设计人比合同规定时间提前交付设计资料及文件时，如果设计人能够做到，发包人应根据设计人提前投入的工作量，向设计人支付赶工费。

发包人应为派赴现场处理有关设计问题的工作人员，提供必要的工作生活及交通等方便条件。

发包人应保护设计人的投标书、设计方案、文件、资料图纸、数据、计算软件和专利技术。未经设计人同意，发包人对设计人交付的设计资料及文件不得擅自修改、复制或向第三人转让或用于本合同外的项目，如发生以上情况，发包人应负法律责任，设计人有权向发包人提出索赔。

发包人委托设计配合引进项目的设计任务，从询价、对外谈判、国内外技术考察直至建成投产的各个阶段，应吸收承担有关设计任务的设计人参加。出国费用，除制装费外，其他费用由发包人支付。发包人委托设计人承担合同内容之外的工作服务，另行支付费用。

（2）设计人责任

设计人应按国家技术规范、标准、规程及发包人提出的设计要求，进行工程设计，按合同规定的进度要求提交质量合格的设计资料，并对其负责。

设计人应标明设计采用的主要技术标准，设计合理使用年限。设计人按合同规定的内容、进度及份数向发包人交付资料及文件。

设计人交付设计资料及文件后，按规定参加有关的设计审查，并根据审查结论负责对不超出原定范围的内容做必要调整补充。设计人按合同规定时限交付设计资料及文件，本年内项目开始施工，负责向发包人及施工单位进行设计交底，处理有关设计问题和参加竣工验收。在一年内项目尚未开始施工，设计人仍负责上述工作，但应按所需工作量向发包人适当收取咨询服务费，收费额由双方商定。

发包人要求设计人派专人留驻施工现场进行配合与解决有关问题时，双方应另行签订补充协议或技术咨询服务合同。

设计人为合同项目所采用的国家或地方标准图，由发包人自费向有关出版部门购买。合同规定设计人交付的设计资料及文件份数超过《工程设计收费标准》规定的份数，设计人另收工本费。

工程设计资料及文件中，建筑材料、建筑构配件和设备，应当注明其规格、型号、性能等技术指标。设计人不得指定生产厂、供应商。发包人需要设计人的设计人员配合加工订货时，所需要费用由发包人承担。

设计人应保护发包人的知识产权，不得向第三人泄露、转让发包人提交的产品图纸等技术经济资料。如发生以上情况并给发包人造成经济损失，发包人有权向设计人索赔。

5. 合同生效、终止

合同经双方签章并在发包人向设计人支付订金后生效。合同生效后，按规定到项目所在省级建设行政主管部门规定时审查部门备案；双方认为必要时，到项目所在地工商行政管理部门申请签证。双方履行完合同规定的义务后，本合同即行终止。

由于不可抗力因素致使合同无法履行时，双方应及时协商解决。合同未尽事宜，双方可签订补充协议，有关协议及双方认可的来往电报、传真、会议纪要等，均为本合同组成部分，与合同具有同等法律效力。

6. 争议解决

合同在履行过程中发生的争议，由双方当事人协商解决．协商不成的，或提交仲裁委员会仲裁；或依法向人民法院起诉。

（二）《建设工程勘察合同》（二）

1. 工程概况

工程概况包括：工程名称，工程规模、特征，设计阶段和内容，估算设计费等。

2. 技术资料管理

双方明确约定发包人应向设计人提交的资料及文件、份数、提交时间；设计人应向承包人提交的资料及文件、份数、提交时间及主要技术标准。

构成合同的文件可视为是能互相说明的，如果合同文件存在歧义或不一致，则根据如下优先次序来判断：

（1）合同书；

（2）中标函（文件）；

（3）发包人要求及委托书；

（4）投标书。

3. 付费方式

工程设计按国家规定的现行收费标准计取费用；或以"预算包干"、"中标价加签证"、"实际完成工作量结算"等方式计取收费。国家规定的收费标准中没有规定的收费项目，由发包人、勘察人另行议定。

工程设计费于合同生效后3天内，发包人应向勘察人支付预算勘察费的20%作为定金；发包人应按设计人所完成的施工图工作量比例，分期分批向设计人支付总设计费的50%；施工图完成后，发包人结清设计费，不留尾款。发包人委托设计人承担合同内容以外的工作服务，另行签订协议并支付费用。

4. 双方责任

（1）发包人责任

发包人按合同规定的内容，在规定的时间内向设计人提交基础资料及文件，并对其完整性、正确性及时限负责。发包人不得要求设计人违反国家有关标准进行设计。

发包人提交上述资料及文件超过规定期限15天以内，设计人按合同规定的交付设计文件时间顺延；发包人交付上述资料及文件超过规定期限15天以上时，设计人有权重新确定提交设计文件的时间。

发包人变更委托设计项目、规模、条件或因提交的资料错误，或所提交资料作较大修改，以致造成设计人设计返工时，双方除另行协商签订补充协议（或另订合同），重新明确有关条款外，发包人应按设计人所耗工作量向设计人支付返工费。

在未签订合同前发包人已同意，设计人为发包人所做的各项设计工作，发包人应支付相应设计费。

在合同履行期间，发包人要求终止或解除合同，设计人未开始设计工作的，不退还发包人已付的定金；已开始设计工作的，发包人应根据设计人已进行的实际工作量支付，不足一半时，按该阶段设计费的一半支付；超过一半时，按该阶段设计费的全部支付。

发包人必须按合同规定支付定金，收到定金作为设计人设计开工的标志。未收到定金，设计人有权推迟设计工作的开工时间，且交付文件的时间顺延。

　　发包人应按本合同规定的金额和日期向设计人支付设计费，每逾期支付一天、应承担应支付金额千分之二的逾期违约金，且设计人提交设计文件的时间顺延。逾期超过 30 天以上时，设计人有权暂停履行下阶段工作，并书面通知发包人；发包人的上级或设计审批部门对设计文件不审批或本合同项目停缓建，发包人均应支付应付的设计费。

　　发包人要求设计人比合同规定时间提前交付设计文件时，须征得设计人同意，不得严重背离合理设计周期，且发包人应支付赶工费。

　　发包人应为设计人派驻现场的工作人员提供工作、生活及交通等方面的便利条件及必要的劳动保护装备。

　　发包人要求设计人派专人长期驻施工现场进行配合与解决有关问题时，双方应另行签订技术咨询服务合同。

　　工程项目中，设计人不得指定建筑材料、设备的生产厂或供货商。发包人需要设计人配合建筑材料、设备的加工订货时，所需费用由发包人承担。

　　设计文件中选用的国家标准图、部标准图及地方标准图由发包人负责解决。

　　承担本项目外国专家来设计人办公室工作的接待费（包括传真、电话、复印、办公等费用）。

　　(2) 设计人责任

　　设计人应按国家规定和合同约定的技术规范、标准进行设计，按合同规定的内容、时间及份数向发包人交付设计文件。并对提交的设计文件的质量负责。设计人应标明设计合理使用年限。

　　负责对外商的设计资料进行审查，负责该合同项目的设计联络工作。

　　设计人对设计文件出现的遗漏或勘误负责修改或补充。由于设计人设计错误造成工程质量事故损失，设计人除负责采取补救措施外，应免收受损失部分的设计费，并根据损失程度向发包人支付赔偿金，赔偿金数额由双方商定。

　　由于设计人的原因，延误了设计文件交付时间，每延误一天，应减收该项目应收设计费的千分之二。

　　合同生效后，设计人要求终止或解除合同，设计人应双倍返还发包人已支付的定金。

　　设计人交付设计文件后，按规定参加有关上级的设计审查，并根据审查结论负责不超出原定范围的内容做必要调整补充。设计人按合同规定时限交付设计文件一年内项目开始施工，负责向发包人及施工单位进行设计交底，处理有关设计问题和参加竣工验收。在一年内项目尚未开始施工，设计人仍负责上述工作，可按所需工作量向发包人适当收取咨询服务费，收费额由双方商定。

　　双方均应保护对方的知识产权，未经对方同意，任何一方均不得对对方的资料及文件擅自修改、复制或向第三人转让或用于合同项目外的项目。如发生以上情况，泄密方承担一切由此引起的后果并承担赔偿责任。

　　5. 合同生效、终止

　　合同经双方签章并在发包人向设计人支付订金后生效。合同生效后，按规定到项目所在地省级建设行政主管部门审查部门备案；双方认为必要时，到项目所在地工商行政管理部门申请签证。设计人为本合同项目的服务到施工安装结束为止。双方履行完合同规定的义务后，本合同即行终止。

由于不可抗力因素致使合同无法履行时，双方应及时协商解决。合同未尽事宜，双方可签订补充协议，有关协议及双方认可的来往电报、传真、会议纪要等，均为本合同组成部分，与合同具有同等法律效力。

6. 争议解决

合同在履行过程中发生的争议，由双方当事人协商解决．协商不成的，或提交仲裁委员会仲裁；或依法向人民法院起诉。

第三节 建设工程委托监理合同

一、建设工程委托监理合同概述

（一）建设工程委托监理合同的概念

建设工程委托监理合同是指委托人与监理人就工程监理任务的完成，明确双方权利义务的协议。委托人与监理人签订委托监理合同，应采取书面形式。

建设工程监理是指监理人受委托人委托，依据有关法律法规和技术标准，依据合同条款，综合运用法律、经济和技术手段，对施工单位的建设行为进行监督、控制、指导和协调，以保障工程建设的有序、顺畅进行，达到取得最大投资效益的目的。建设监理具有科学性、服务性、独立性的特点，它是建筑业实现专业化、社会化管理方式的客观要求的结果。实行监理可以加强建设的组织协调，强化合同管理，公正地调解权益纠纷，控制工程质量、工期和造价，提高投资的效益。监理的核心任务是投资控制、质量控制和工期控制。

实行监理的建设工程，建设单位应当委托具有相应资质等级的工程监理单位进行监理，也可以委托具有工程监理相应资质等级并与被监理工程的施工承包单位没有隶属关系或者其他利害关系的该工程的设计单位进行监理。工程监理单位应当依法取得相应等级的资质证书，并在其资质等级许可的范围内承担工程监理业务；禁止工程监理单位超越本单位资质等级许可的范围或者以其他工程监理单位的名义承担工程监理业务。禁止工程监理单位允许其他单位或者个人以本单位的名义承担工程监理业务。工程监理单位不得转让工程监理业务。

建设工程监理制度是国际上通行的做法，许多发达国家如美国、日本、欧共体国家已经形成了一套完整的法律制度。我国建设工程监理制度起步较晚，1988年新组建的国家建设部把建立专业化、社会化的工程建设监理作为"建设监制"提出来，并于1988年7月颁发了《关于开展建设监理工作的通知》，组织了试点工作，取得了良好的成绩，1993年总结了试点的经验，随即向全国推广。实践证明，实行工程建设监理有利于提高工程质量、确保工期、控制投资、增加效益，同时，它是建设领域中实现速度与效益，数量与质量有机结合的重要途径。它还可以促使我国的工程建设与国际惯例接轨，促使我国建设队伍更好地适应国外的建设体制和市场机制，增强参与国际建筑市场的竞争能力，也有助我国投资环境的改善，吸引更多的外资用于国内建设。因此，国家确定从1996年起全国普遍推行建设监理制度。1997年11月1日通过的《建筑法》第30条规定："国家推行建设工程监理制度。"2000年1月30日国务院颁布的《建设工程质量管理条例》，对强制监理的范围作出规定："下列建设工程必须实行监理：国家重点建设工程；大中型公用事业工程；成片开发建设的住宅小区工程；利用外国政府或者国际组织贷款、援助资金的工程；国家规定必须实行监理的其他工程。"

（二）建设工程委托监理合同的特点

委托人与监理人签订的监理委托合同，与他在工程建设实施阶段所签订的其他合同的最大区别表现在标的性质上的差异。勘察设计合同、施工承包合同、物资采购合同、加工承揽合同等的标的物是产生新的物质成果或信息成果。而监理合同的标的是服务，即监理工程师凭据自己的知识、经验、技能，受委托人委托为其所签订的其他合同的履行实施监督和管理的职责。

工程监理单位与被监理工程的施工承包单位以及建筑材料、建筑构配件和设备供应单位有隶属关系或者其他利害关系的，不得承担该项建设工程的监理业务。工程监理单位应当依照法律、法规以及有关技术标准、设计文件和建设工程承包合同，代表建设单位对施工质量实施监理，并对施工质量承担监理责任。工程监理单位应当选派具备相应资格的总监理工程师和监理工程师进驻施工现场。未经监理工程师签字，建筑材料、建筑构配件和设备不得在工程上使用或者安装，施工单位不得进行下一道工序的施工。未经总监理工程师签字，建设单位不拨付工程款，不进行竣工验收。监理工程师应当按照工程监理规范的要求，采取旁站、巡视和平行检验等形式，对建设工程实施监理。

鉴于监理合同标的的特殊性，监理人是接受委托人委托，对委托人签订的设计、施工、加工订货等合同的履行实行监理，其目的仅限于通过自己的服务活动获得酬金，而不同于承包合同的承包方是以经营为目的，通过自己的管理、技术等手段获取利润。监理合同表明，受委托的监理人不是建筑产品的直接经营者，不向委托人承包工程造价。如果由于监理人的严格管理或采纳了监理人所提供的合理化建议，在保证质量的前提下节约了工程投资，缩短了工期，委托人应按监理委托合同中的规定给予一笔奖金，但这也只是对其所提供优质服务的奖励。

二、建设工程委托监理合同的签订

（一）建设工程委托监理合同签订前对当事人资格和资信的审查

签订监理合同是一种法律行为，合同一经签订，意味着委托关系的形成，双方的行为将受到合同的约束，因此必须慎重。在签订合同前，签约双方应对对方的资格、信用及履约能力等情况进行充分的调查了解。

1. 委托人对监理人的资格考察

内容包括：①必须有经建设行政主管部门审查并签发的，具有承担监理合同内规定的建设工程资格的资质等级证书；②必须是经工商行政管理机关审查注册，取得营业执照，具有独立法人资格的正式企业；③具有对拟委托的建设工程监理的实际能力，包括监理人员素质，主要检测设备情况；④财务情况，包括资金情况和近几年经营效益；⑤社会信誉，包括已承接的监理任务的完成情况，承担类似业务的监理业绩、经历及合同的履行情况。委托人对监理人的资格预审，可以通过招标预审进行，也可以通过社会调查进行。

2. 监理人对工程委托人了解及对工程合同可行性的调查

监理人在参加某项业务的竞争，并与之签订合同之前，要对项目委托人进行了解及对工程合同可行性进行调查了解。其内容是：①对委托人的考察了解，看其是否具有签订合同的合法资格。工程项目委托人应具备的合法资格是：能够独立参加民事活动并享有民事权利和承担民事义务。在签订合同中应注意，作为法人的委托人，要由法定代表人或经法定代表人授权委托的代理人签订合同，委托代理签订监理合同应有合法的手续。私人委托人签订监理合同也要有上述类似的合法资格；②具有与签订合同相当的财产和经费，这是履行合同的基础和承担经济责任的前提；③监理合同的标的要符合国家政策，不违反国家的法律法令及有关规定。

同时，作为监理人还应从自身情况出发，考虑竞争该项目的可行性，应考虑以下因素：①从本企业出发，实事求是，量力而行。应从本企业的技术力量、监理工程的经验、装备情况等条件出发，考虑承担该项目是否可能赢利；②考虑是否能发挥本企业的技术优势，做到扬长避短；③对实行招标的项目，要考虑竞争对手的实力及投标报价的动向。

（二）建设工程委托监理合同签订合同的方式

我国《招标投标法》第3条规定，下列工程项目的监理必须实行招标投标方式签订合同：①大型基础设施、公用事业等关系社会公共利益、公众安全方面的项目；②全部或部分使用国有资金投资或者国家融资的项目；③使用国际组织或者外国政府贷款、援助资金的项目；④法律或者国务院对必须进行招标的其他项目的范围有规定的，依照其规定。

（三）建设工程监理招标投标程序

1. 委托人编制招标文件

监理招标实际上是征询投标单位实施监理工作的方案建议书。为了指导投标人正确地编制标书，招标文件应对以下几方面作出说明，并提供必要的资料：①工程项目特点和地区特点；②委托的监理任务范围和工作任务大纲；③拟采用的监理合同条件；④招标阶段的时间计划表和工作安排；⑤投标书的编制要求；⑥评选的原则；⑦邀请投标监理人的名单；⑧投标建议书的有效期；⑨其他有关事项。

2. 监理人编制投标书

投标书既是招标单位评选的主要书面依据，也是与中标监理人谈判监理合同的基础。投标单位应按招标文件中的要求编制投标书（也称建议书），并按规定封装、递送。为了不使投标的价格因素对选择过程产生较大影响，通常招标文件都要求将投标书分成技术建议书和财务建议书两部分分别封装，并在封套上标明。招标文件中的工作任务大纲是编制技术建议书的依据，但不是绝对的约束条件，允许投标人提出更有创造性的合理建议，不同于施工投标必须严格地按招标文件规定的条件编制投标书。

技术建议书的主要内容：①监理人简介及组织机构概况，特别应说明从事同类工程监理服务的经验和能力；②对委托任务的目的和工作范围的理解，以及打算如何执行监理任务的计划或方案；③派驻现场承担各阶段和各方面监理工作的人员组成；④派驻现场总监理工程师人选；⑤派驻现场从事监理工作的工程师以上职称人员的履历表，包括姓名、年龄、专业、是否取得监理工程师资格，以往参与过哪些工程项目的监理工作及所担任的职务等；⑥每一阶段或工作部位拟派驻监理人员的人数估算，包括提供详细的以图表显示的安排计划表。

财务建议书的主要内容：①人员酬金报价表；②提供自备计算机、仪器、设备等，按费率和估计使用时间计算的报价表；③包括管理费、税金、保险费等项费用在内的总报价表；④要求招标单位提供为开展正常监理工作所必需的设备和设施清单。

3. 评标

（1）评标方法

监理人执行监理任务的好坏对项目建设的成败起着举足轻重的作用，因此评标过程中应侧重于能力的评定，辅以报价的审查。为了保证技术能力和评审能够客观独立地进行，而不受报价高低的影响，评标应分为技术建议书评审和财务建议书评审两个阶段进行。一般经过技术评审后认定为合格的技术建议书，才启封该投标单位的财务建议书进行第二阶段评审。

(2) 技术建议书的评审内容

技术建议书的评审，一般包括以下几方面：①监理人的资质条件：监理人资质证书的等级，营业执照批准的工作范围，监理人的隶属关系，监理人的信誉；②监理经验：执行监理工作的一般经验，本项工程特殊要求的监理工作经验；③实施监理的方案计划：监理工作的指导思想和工作目标，项目监理班子的组织机构，工作计划，对工期、质量和投资进行控制的方法，所拥有的计算机软件管理系统，提交的方案是否有创新性；④人员配备：总监理工程师的素质，拟派驻监理人员的专业满足程度，人员数量的满足程度，专业人员不满足时的措施计划，派驻人员计划表。

(3) 财务建议书的评审内容

技术建议书审定后，进行财务建议书评审，应侧重以下几方面内容：报价单中取费项目的合理性；人员费率的合理性；监理业务日平均酬金计算的正确性，主要用于监理合同履行过程中发生"附加监理工作"或"额外监理工作"时的补偿费计算；监理人提供自有设备取费的合理性；要求招标单位提供设施和服务的合理性。

财务建议书的评审不对以上各项打分，只考察是否合理。由于监理招标不编制标底，通常的做法是以技术建议书评审合格标书中的最低报价为基数，将各合格标书的实际报价与其相对值换算成报价折算分，即：

$$标书报价折算分 = \frac{合格标书的最低报价}{合格标书的各家报价} \times 100\%$$

4. 定标

技术建议书和财务建议书分别评审后，再将两部分的评分分别乘以预定权数，累计出各标书的最终得分，确定中标单位，双方签订监理合同。

三、建设工程委托监理合同的主要内容

建设工程委托监理合同的主要内容包括：工程的地点、名称及规模；监理范围，双方的权利和义务；合同变更与终止；监理酬金的计取和支付方法；违约责任；争议的解决方式。

在实践中，当事人可以参照原建设部、国家工商局于2000年2月17日制定的《建设工程委托监理合同（示范文本）》(GF-2000-0202)。《建设工程委托监理合同（示范文本）》包括建设工程委托监理合同、标准条件、专用条件三部分。

四、建设工程委托监理合同的履行

(一) 双方的权利与义务

1. 委托人的权利

委托人的权利：①授予监理人的权利。监理人的监督管理权限来自委托人的授权，监理人在委托人的授权范围内可对所监理的工程自主地采取各种措施进行监督、管理和协调，但超越其授权的范围，必须征得委托人的同意；②委托人有选定工程总承包人，以及与其签订合同的权利；③委托人有对工程规模、设计标准、规划设计、生产工艺设计和设计使用功能要求的认定权，以及对工程设计变更的审批权；④监理人调换总监理工程师须经委托人同意；⑤委托人有权要求监理人提交监理工作月度报告及监理业务范围内的专项报告；⑥当委

托人发现监理人员不按监理合同履行监理职责,或与承包人串通给委托人造成损失的,委托人有权要求监理公司更换监理人员,直至终止合同并要求监理人承担相应的赔偿责任或连带赔偿责任。

2. 监理人的权利

(1) 委托人在委托的工程范围内,授予监理人以下监理权利:①选择工程总承包人的建议权;②选择工程分包人的认可权;③对工程建设有关事项包括工程规模、设计标准、规划设计、生产工艺设计和使用功能要求,向委托人的建议权;④对工程结构设计中的技术问题,按照安全和优化的原则,向设计单位提出建议;⑤如果拟提出的建议可能会提高工程造价,或延长工期,应当事先征得委托人的同意;⑥当发现工程设计不符合国家颁布的建设工程质量标准或设计合同约定的质量标准时,监理人应当书面报告委托人并要求设计人更正;⑦审批工程施工组织设计和技术方案,按照保质量、保工期和降低成本的原则,向承包人提出建议,并向委托人提出书面报告;⑧主持工程建设有关协调单位的组织协调,重要协调事项应当事先向委托人报告,征得委托人同意。监理人有权发布开工令、停工令、复工令,但应当事先向委托人报告。如在紧急情况下未能事先报告时,则应在 24 小时内向委托人作出书面报告;对于不符合设计要求和合同约定及国家质量标准的材料、构配件、设备,有权通知承包人停止使用;对于不符合规范和质量标准的工序、分部、分项工程和不安全施工作业,有权通知承包人停工整改、返工,承包人得到监理机构复工令后才能复工;工程施工进度的检查、监督权,以及工程实际竣工日期提前或超过工程施工合同规定的竣工期限的签认权;在工程施工合同约定的工程价格范围内,工程款支付的审核和签认权;以及工程结算的复核确认权与否定权。未经总监理工程师签字确认,委托人不支付工程款。

(2) 监理人在委托人授权下,可对任何承包人合同规定的义务提出变更。如果由此严重影响了工程费用或质量、进度,则这种变更须经委托人事先批准。在紧急情况下未能事先报委托人批准时,监理人所作的变更也应尽快通知委托人。在监理过程中如发现工程承包人员工作不力,监理机构可要求承包人调换有关人员。

(3) 在委托的工程范围内,委托人或承包人对委托人的任何意见和要求(包括索赔要求),均必须首先向监理机构提出,由监理机构研究处置意见,再同双方协商确定。当委托人和承包人发生争议时,监理机构应根据自己的职能,以独立的身份判断,公正地进行调解。当双方的争议由政府建设行政主管部门调解或仲裁机构仲裁时,应当提供作证的事实材料。

(4) 监理人获得报酬的权利:完成监理任务后获得酬金的权利,包括正常监理服务的报酬、附加服务的报酬、额外服务的报酬;监理人提出合理化建议,使委托人得到了经济效益,则应按照合同中规定的条款,得到经济奖励。

3. 委托人的义务

委托人义务:①协调外部关系的义务,委托人应当负责工程建设的所有外部关系的协调,为监理工作提供外部条件;②与监理人相互协作的义务。委托人应当在双方约定的时间内免费向监理机构提供与工程有关的工程资料的义务,包括:获取本工程使用的原材料、构配件、机械设备等生产厂家名录;提供与本工程有关的协作单位、配合单位的名录;委托人应当在约定的时间内就监理人书面提交并要求作出决定的一切事宜作出书面决定;委托人应当授权一名熟悉工程情况,能在规定时间内作出决定的常驻代表,负责与监理人联系。更换常驻代表,提前通知监理人;委托人应免费向监理人提供办公用房、通讯设施、监理人员工地住房及合同专用条件约定的设施,对监理人自备的设施给予合理的经济补偿(补偿金额＝设施在工程使用时间占折旧年限的比例×设施原值＋管理费);③告之第三方的义务。委托人应当将授予监理人的监理权利,以及监理机构主要成员的职能分工、监理权限及时书面通知已选定的承包人,并在与第三人签订的合同中予以明确;④委托人在监理人开展监理业务之前应向监理人支付预付款。

4. 监理人的义务

(1) 履行合同内监理职责的义务。①向委托人报送委派的总工程师及其监理机构主要成员名单、监理规划,完成监理合同专用条件中约定的监理工程范围内的监理业务;②监理机构在履行本合同的义务期间,应认真、勤奋地工作,为委托人提供与其监理人水平相适应的咨询意见,公正维护各方的合法权益;③监理机构使用委托人提供的设施和物品属于委托人的财产。在监理工作完成或终止时,应将其设施和剩余的物品列出清单提交给委托人,并按合同约定的时间和方式移交此类设施和物品。

(2) 保守商业秘密的义务。在本合同期内或合同终止后,未征得有关方同意,不得泄露与本工程、本合同业务活动有关的保密资料,也不得泄露委托人申明的秘密和设计人、承包人等提供并申明的秘密。

(3) 独立执行监理业务的义务。不得与所监理工程的承包单位或者建筑材料、建筑构配件和设备供应单位有隶属关系或者发生经营性业务关系,不得参与可能与合同规定的与委托人的利益相冲突的任何活动。监理人驻地监理机构及职员不得接受监理工程项目施工承包人的任何报酬或者经济利益。

(4) 不得转让工程监理业务的义务。

(5) 客观公正地执行监理业务的义务。

(二) 合同的变更与终止

1. 由于委托人或承包人的原因使监理工作受到阻碍或延误,以致发生了附加工作或延长了持续时间,则监理人应当将此情况与可能产生的影响及时通知委托人。完成监理业务的时间应当相应延长,并得到附加工作的报酬。

2. 在委托监理合同签订后,实际情况发生变化,使得监理人不能全部或部分执行监理业务时,监理人应当立即通知委托人,该监理业务的完成时间应予延长。当恢复执行监理业务时,应当增加不超过42天的时间用于恢复执行监理业务,并按双方约定的数量支付监理报酬。

3. 监理人向委托人办理完竣工验收或工程移交手续,承包人和委托人已签订工程保修责任书,监理人收到监理报酬尾款,本合同即终止。保修期间的责任,双方在专用条款中约定。

4. 当事人一方要求变更或解除合同时应当在42日前通知对方,因解除合同使一方遭受损失的,除依法可以免除责任的外,应由责任方负责赔偿。变更或解除合同的通知或协议必须采取书面形式,协议未达成之前,原合同仍然有效。

5. 监理人在应当获得监理报酬之日起30日内未收到支付单据,而委托人又未对监理人提出任何书面解释时,或根据合同约定已暂停执行监理业务时限超过六个月的,监理人可向委托人发出终止合同的通知。发出通知后14日内未得到委托人答复,可进一步发出终止合同的通知,如果第二份通知发出后42日内仍未得到委托人答复,可终止合同或自行暂停或继续暂停执行全部或部分监理业务。委托人承担违约责任。

6. 监理人由于非自己的原因而暂停或终止执行监理业务，其善后工作以及恢复执行监理业务的工作，应当视为额外工作，有权得到额外报酬。

7. 当委托人认为监理人无正当理由而又未履行监理义务时，可向监理人发出未履行义务的通知。若委托人发出通知后 21 日内没有收到答复，可在第一个通知发出后 35 日内发出终止委托监理合同的通知，合同即行终止。监理人承担违约责任。

8. 合同协议的终止并不影响各方应有的权利和应承担的责任。

（三）监理酬金

监理酬金分为正常的监理工作酬金，附加服务和额外服务酬金以及合理化建议的奖励。

1. 正常的监理工作酬金

正常的监理工作酬金是完成监理合同的专用条款内注明的委托监理工作，应获得的酬金。根据建设项目性质的不同情况，建设工程监理与相关服务酬金的收费标准分别实行政府指导价或市场调节价。依法必须实行监理的建设工程施工阶段的监理收费实行政府指导价；其他建设工程施工阶段的监理收费和其他阶段的监理与相关服务收费实行市场调节价。实行政府指导价的建设工程施工阶段的监理收费，其基准价应根据 2007 年版《建设工程监理与相关服务收费标准》计算，浮动幅度为上下 20%，发包人和监理人应当根据建设工程的实际情况在规定的浮动幅度内协商确定收费额。实行市场调节价的建设工程监理与相关服务收费，由发包人和监理人协商确定收费额。

2. 附加监理工作酬金

附加工作是指与完成正常工作相关，在委托正常监理工作范围以外监理人应完成的工作。可能包括：①由于委托人、第三方原因，使监理工作受到阻碍或延误，以致增加了工作量或延续时间；②增加监理工作的范围和内容等。如由于委托人或承包人的原因，承包合同不能按期竣工而必须延长的监理工作时间。

附加监理工作的范围或内容属于监理合同的变更，双方应另行签订补充协议，并具体商定报酬额或报酬的计算方法，附加监理工作的酬金＝附加工作天数×合同约定的报酬/合同约定的监理服务天数。

3. 额外监理工作的报酬

额外监理工作是指正常工作和附加工作以外的工作，即非监理人自己的原因而暂停或终止监理业务，其善后工作及恢复监理业务，不超过 42 天的准备工作时间。

额外监理工作的范围或内容属于监理合同的变更，双方应另行签订补充协议，并具体商定报酬额或报酬的计算方法，额外监理工作的酬金＝额外工作天数×合同约定的报酬/合同约定的监理服务天数。

五、违约责任

（一）委托人的违约责任

1. 委托人应当履行监理合同约定的义务，如有违反则应当承担违约责任，赔偿给监理人造成的经济损失。监理人处理委托业务时，因非监理人原因的事由受到损失的，可以向委托人要求补偿损失。

2. 委托人如果向监理人提出的索赔要求不能成立，则应当补偿由该索赔所引起的监理人的各种费用支出。

（二）监理人的违约责任

1. 不按照委托监理合同的约定履行监理义务，对应当监督检查的项目不检查或者不按照规定检查，给委托人造成损失的，应当承担相应的赔偿责任。

2. 与承包单位串通为承包单位谋取非法利益，给委托人造成损失的，与承包单位承担连带责任。

3. 监理人在责任期内，应当履行约定的义务。如果因监理人过失而造成了委托人的经济损失，应当向委托人赔偿。累计赔偿总额不应超过监理报酬总额（除去税金）。

4. 监理人对承包人违反合同规定的质量要求和完工（交图、交货）时限，不承担责任。

5. 因不可抗力因素导致监理合同不能全部或部分履行，监理人不承担责任。

6. 监理人向委托人提出赔偿要求不能成立时，监理人应当补偿由于该索赔所导致委托人的各种费用支出。

第四节 工程造价咨询合同

一、工程造价咨询合同的概述

（一）工程造价咨询合同的概念

工程造价咨询合同是委托人与受托人（工程造价咨询单位）约定，由工程造价咨询单位处理委托人委托的工程项目的可行性研究，投资估算及评价，工程概算、预算，工程结算，竣工决算，工程招标标底，投标报价的编制和审核，以及对工程造价进行监控，提供有关工程造价信息资料等业务工作的合同。

（二）工程造价咨询合同的特点

1. 受托人主体的特定性

受托的工程造价咨询单位，是指接受委托，对建设项目工程造价的确定与控制提供专业服务，出具工程造价成果文件的中介组织或咨询服务机构。工程造价咨询单位应当取得《工程造价咨询单位资质证书》，并在资质证书核定的范围内从事工程造价咨询业务。工程造价咨询单位资质等级分为甲、乙两级。甲级工程造价咨询单位可在全国范围内承接各类建设项目的工程造价咨询业务；乙级工程造价咨询单位可在省、自治区、直辖市范围内承接中、小型建设项目的工程造价咨询业务。工程造价咨询单位必须亲自处理委托的事务，不得不经委托人同意将委托的事务委托他人。

2. 工程造价咨询合同标的的特殊性

工程造价咨询合同标的是对建设项目工程造价的确定与控制提供专业服务，即处理委托人委托的工程项目的可行性研究，投资估算及评价，工程概算、预算，工程结算，竣工决算，工程招标标底，投标报价的编制和审核，以及对工程造价进行监控、提供有关工程造价信息资料等业务工作。

3. 工程造价咨询合同为有偿双务合同

工程造价咨询合同为有偿双务合同，国家对工程造价咨询合同的收费标准实行政府指导价格，具体规定见国家计划委员会制定的《建设项目前期工作咨询收费暂行规定》等文件。

二、工程造价咨询合同的内容

工程造价咨询合同一般包括下列主要内容：①当事人的名称、地址；②咨询项目的名称、委托内容、要求、标准；③履行期限；④咨询费、支付方式和时间；⑤违约责任和纠纷解决方式；⑥当事人约定的其他内容。

实践中，在山东省采用山东省建设委员会和山东省工商行政管理局联合制定的《山东省工程造价咨询合同》(LPT－98－007)，该文本包括山东省工程造价《咨询合同》、《标准条件》、《专用条件》三部分、《标准条件》适用于各个工程项目造价咨询委托，各个委托方和工程造价咨询单位都应当遵守。《专用条件》是各个工程项目根据自己的个性和所处的自然和社会环境，由委托方和工程造价咨询单位协商一致后进行填写。双方如果认为需要，还可在其中增加约定的补充条款和修正条款。

三、工程造价咨询合同的履行

(一) 双方的权利与义务

1. 委托人的权利

委托人的权利：①要求工程造价咨询单位亲自处理委托事务的权利；②要求工程造价咨询单位按合同规定报告的权利；③委托人有权要求工程造价咨询单位更换不称职的咨询专业人员，直到终止合同；④要求损害赔偿的权利，工程造价咨询单位因过失给委托人造成损害的，委托人可要求损害赔偿；⑤工程造价咨询单位超越委托权限给委托人造成损害的，委托人可要求损害赔偿。

2. 工程造价咨询单位的权利

工程造价咨询单位的权利：①要求支付报酬和费用的权利；②工程造价咨询单位在咨询过程中，对提供的资料不明确可向委托人提出书面报告的权利；③工程造价咨询单位在咨询过程中，有权提出与本业务的第三方进行核对或查问的权利；④工程造价咨询单位在咨询过程中，有到工程现场勘察的权利。

3. 委托方的义务

委托方的义务：①委托人应负责与委托工程造价咨询业务有关的所有第三方间的协调，为工程造价咨询单位提供外部条件；②委托人应当在双方约定的时间内，免费向咨询单位提供与本工程咨询业务有关的工程资料；③委托人应当在约定的时间内就工程造价咨询单位书面提交并要求作出答复的一切事宜作出书面答复。工程造价咨询单位要求第三方提供有关资料时，委托方应尽快转达，并负责资料转送；④委托方应当授权熟悉本工程造价咨询业务情况，能迅速作出决定的代表，负责与工程造价咨询单位联系。

4. 工程造价咨询单位的义务

工程造价咨询单位的义务：①向委托人提供工程造价咨询的资质证明材料，及承担本合同业务的专业人员名单（资格），咨询工作计划，完成合同专用条件中约定的工程造价咨询范围内业务；②工程造价咨询单位在履行本合同的义务期间，应运用合理科学技能，为委托人提供与其工程造价咨询资质水平相适应的咨询意见，客观公正地维护各方的合法权益；③在本合同期内和合同终止后，未征得有关方同意，不得泄露与本合同业务活动有关的保密资料；④除委托方书面同意外，工程造价咨询单位职员不应接受工程造价咨询合同约定以外的与工程造价咨询项目有关的任何报酬。工程造价咨询单位不得参与可能与合同规定的与委托方利益相冲突的任何活动。

(二) 工程造价咨询酬金

正常的工程造价咨询业务，附加工作和额外工作的酬金，按照工程造价咨询合同专用条件约定的方法计取，并按约定的时间和数额支付。

工程造价咨询酬金标准时应根据委托方委托项目内容繁简程度，工作量大小，按照国家有关规定在合同中约定，当事人不得违反国家有关最低收费标准的规定，任意压低工程造价咨询费。在合同签定时可约定预付50%预付款，剩余部分待咨询结果定案时一次付清。如果由于委托方及第三方阻碍或延误而使工程造价咨询单位发生附加工作也应当支付酬金，并应约定好计算附加酬金的计算方法和计取时间。如果经双方协商同意，可以设立奖罚条款。

如果委托方在规定的支付期限内未支付工程造价咨询酬金，自规定支付之日起，应当向工程造价咨询单位补偿应支付的酬金利息。利息额按规定支付期限最后一日银行活期贷款利率乘以拖欠酬金时间计算。

如果委托方对工程造价咨询单位提交的支付通知书中酬金或部分酬金项目提出异议，应当在收到支付通知书24小时内向工程造价咨询单位发出异议的通知，但委托方不得拖延其他无异议酬金项目的支付。

因工程造价咨询业务特殊，咨询专业人员须外出考察，经委托方同意其所需费用随时向委托方实报实销。工程造价咨询单位如须另聘专家协助，在委托的工程造价咨询业务范围内其费用由工程造价咨询单位承担；在委托的工程造价咨询业务范围以外其费用由委托方承担。

四、合同生效、变更与终止

本合同自双方签字盖章之日起生效。由于委托方或第三方的原因使工程造价咨询单位工作受到阻碍或延误以致增加了工作量或持续时间，则工程造价咨询单位应当将此情况与可能产生的影响及时通知委托方。由此增加的工作量视为附加工作，完成工程造价咨询工作的时间应当相应延长，并得到额外的酬金。

在工程造价咨询合同签订后，发生不可归责于工程造价咨询单位的实际情况，使工程造价咨询单位不能全部或部分执行工程造价咨询业务时，工程造价咨询单位应当立即通知委托方。该工程造价咨询业务的完成时间应予延长。当恢复执行工程造价咨询业务时，双方应当约定由此而增加的酬金及时间。

委托人如果要求工程造价咨询单位全部或部分暂停执行工程造价咨询业务或终止合同，则应当在15天前通知工程造价咨询单位，工程造价咨询单位应当立即停止工程造价咨询业务。

工程造价咨询单位由于非自身的原因而暂停或终止执行工程造价咨询业务，其善后工作以及恢复执行工程造价咨询业务的工作，应视为额外工作，有权得到额外的时间和酬金。合同的协议终止并不影响各方应有的权利和应当承担的责任。

五、双方的违约责任

（一）委托方的违约责任

委托方应当履行工程造价咨询合同约定的义务，如有违反则应当承担违约责任，并赔偿给工程造价咨询单位造成的经济损失；委托方如果向工程造价咨询单位提出赔偿或其他要求不成立，则应补偿由该索赔或其他要求所引起工程造价咨询单位的各种费用支出。

（二）工程造价咨询单位的违约责任

工程造价咨询单位责任期内，应当履行工程造价咨询合同中约定的义务，如果因工程造价咨询单位的过失而造成了经济损失，应当向委托方进行赔偿，累计赔偿总额不应超过工程造价咨询酬金总额（除去税金）；工程造价咨询单位对因委托方或第三方不能及时核对或答复所提出的问题，导致合同不能全部或部分履行，咨询单位不承担责任。

六、争议的解决

因违反或终止合同而引起的对损失和损害的赔偿，委托方与工程造价咨询单位之间应当协商解决；如未能达成一致，可提交当地工程造价主管部门协调；仍未达成一致时，根据双方约定提交仲裁机关仲裁，或向人民法院起诉。

第五节 建设工程施工合同

一、施工合同概述

（一）施工合同的概念

施工合同即建筑安装工程承包合同，是发包人（业主）和承包人（承包商）为完成商定的建筑安装工程，明确相互权利、义务关系的合同。

施工合同的当事人是发包人和承包人，承发包双方签订施工合同，必须具备民事权利能力和民事行为能力。对合同范围内的工程实施建设时，发包人必须具备组织协调能力；承包人应当依法取得相应等级的资质证书，并在其资质等级许可的范围内承揽工程；禁止承包人超越本单位资质等级许可的业务范围或者以其他承包人的名义承揽工程；禁止承包人允许其他单位或者个人以本单位的名义承揽工程；承包人不得转包或者违法分包工程。

（二）施工合同的特点

1. 合同标的的特殊性

施工合同的标的是建设工程项目，施工合同的标的特殊性在于建筑产品的不动性与施工生产的流动性，施工队伍、施工机械必须围绕建筑产品不断移动。另外，施工合同的标的特殊性在于建筑产品生产的单体性。由于建筑产品的类别庞杂，其外观、结构、使用目的、使用人都各不相同，每一个建筑产品都需单独设计和施工（即使可重复利用标准设计或重复使用图纸，也应采取必要的修改设计才能施工），即建筑产品是单体性生产。

2. 合同履行期限的长期性

建筑物的施工由于结构复杂，体积大，建筑材料类型多，工作量大，使得工期都较长（与一般工业产品的生产相比）。而合同履行期限肯定要长于施工工期，因为工程建设的施工应当在合同签订后才开始，且需加上合同签订后到正式开工前的一个较长的施工准备时间和工程全部竣工验收后，办理竣工结算及保修期的时间。在工程的施工过程中，还可能因为不可抗力、工程变更、材料供应不及时等原因而导致工期顺延。所有这些情况，决定了施工合同的履行期限具有长期性。

3. 合同内容的多样性和复杂性

虽然施工合同的当事人只有两方面（这一点与大多数合同相同），但其涉及主体却有许多种。与大多数合同相比较，施工合同的履行期限长，标的额大，涉及的法律关系包括劳动关系、保险关系、运输关系等，具多样性和复杂性。这就要求施工合同的条款应当尽量详尽。施工合同除了应具备合同的一般条款外，应对安全施工、专利技术使用、发现地下障碍和文物，工程分包，不可抗力，工程设计变更，材料设备的供应、运输、验收等内容作出规定。在施工合同的履行过程中，除施工企业与发包人的合同关系外，还涉及与劳务人员的劳动关系，与保险公司的保险关系，与材料设备供应商的材料设备购销关系，与运输企业的货物运输关系等。所有这些，使得施工合同的内容具有多样性和复杂性。

4. 合同管理的严格性

由于施工合同的履行会对国家、社会、公民产生较大和长期的影响，国家对施工合同的管理是十分严格的。这主要体现在以下几个方面：

(1) 对合同签订管理的严格性

签订施工合同必须以国家批准的投资计划为前提，初步设计和总概算已经批准。即使是国家投资以外的，以其他方式筹集的投资也要受到当年的贷款规模和批准限额的限制，纳入当年投资规模的平衡，并经过严格的审批程序。同时，还要得到相关部门，如规划、环保等部门的批准。

(2) 对合同履行管理的严格性

在施工合同的履行过程中，除了合同当事人、监理工程师要对合同进行严格管理外，合同的主管机关（工商行政管理机关）、金融机构、建设行政主管机关，都要对施工合同的履行进行监督和管理。

(3) 对合同主体管理的严格性

国家对施工合同的主体有严格的管理制度。发包人必须具备组织协调能力；承包人必须具备有关部门核定的资质等级并持有营业执照等证明文件。无营业执照或无承包资质证书的施工企业不能作为施工合同的主体，资质等级低的施工企业不能越级承包施工项目。

5. 承包人对建设工程的施工质量负责

承包人对建设工程的施工质量负责。承包人必须按照工程设计图纸和施工技术标准施工，不得擅自修改工程设计，不得偷工减料；承包人在施工过程中发现设计文件和图纸有差错的，应当及时提出意见和建议；承包人必须按照工程设计要求，施工技术标准和合同约定，对建筑材料、建筑构配件、设备和商品混凝土进行检验，检验应当有书面记录和专人签字；未经检验或者检验不合格的，不得使用；承包人必须建立、健全施工质量的检验制度，严格工序管理，作好隐蔽工程的质量检查和记录；隐蔽工程在隐蔽前，承包人应当通知建设单位和建设工程质量监督机构；施工人员对涉及结构安全的试块、试件以及有关材料，应当在建设单位或者工程监理单位监督下现场取样，并送具有相应资质等级的质量检测单位进行检测。承包人对施工中出现质量问题的建设工程或者竣工验收不合格的建设工程，应当负责返修。

(三) 施工合同的种类

1. 按工程承包的范围分类

(1) 总包合同。即总承包单位承包发包人建筑工程项目的全部工作，包括勘察设计、供应、施工，甚至包括项目前期筹划、方案选择、可行性研究和项目建设后的运营管理。总承包单位向发包人承担全部工程责任。

(2) 专项工程施工合同。这是通常意义上的工程施工合同。承包人仅承包建筑安装工程的施工。发包人也可能将工程分解成许多专业工程或工作（例如土建、电器安装、设备安装、装饰等）分别委托给几个承包人。承包人之间没有合同关系，各承包人完成各自与发包人之间的合同责任，向发包人负责。发包人负责各承包人之间的工作协调。工程施工合同是最为常见，也是最重要的工程承包合同。

2. 按合同的计价方法分类

计价方法是工程承包合同最重要特征之一。不同的计价方法则有不同性质的合同，典型的和常见的有如下三大类：

(1) 总价合同。发包人以一个总价的形式将工程委托给承包人，承包人以总价投标报价，双方签订合同，并以总价结算。按照所订合同中价格调整的具体规定，总价合同又可分为许多种，常用的有：①固定总价合同。即合同总价一次包死，不因环境因素（如通货膨胀，法律等）变化而调整，承包人承担全部风险。通常仅因设计和合同工程范围变化才允许调整合同总价。这种合同用于工期较短（一般不超过一年），且要求十分明确的项目；②可调总合同。承包人以总价投标，并以总价结算。这个总价在合同执行中可以因工资、物价、法律等因素的变化而调整。这种合同，发包人承担了通货膨胀的风险，而承包人承担其他风险，一般适用于工期较长（一年以上）的项目；③固定工程量总价合同。发包人要求投标者在投标时按单价合同办法分别填报分项工程单价，从而计算出工程总价，据之签订合同。原定工程项目全部完成后，根据合同总价付款给承包人。如果改变设计或增加新项目，则用合同中已确定的单价来计算新的工程量和调整总价，这种方式适用于工程量变化不大的项目。

(2) 单价合同。单价合同的特点是单价优先，实际工程价款按该单价和实际工程量结算，承包人对单价承担责任。在实际工程中单价合同又分为以下三种形式：①估价工程量单价合同。这种合同是以工程量表和工程单价表为基础和依据来计算合同价格的。通常是由发包人委托咨询单位按分部分项工程列出工程量表及估算的工程量，由承包人以此为基础填报单价，据此计算出合同总价作为投标报价之用。但在每月结账时，以实际完成的工程量结算。在工程全部完成时以竣工图最终结算工程的总价格。这种合同对双方风险都不大，所以是比较常用的一种形式；②纯单价合同。采用这种形式的合同，发包人只向承包人给出发包工程的有关分部分项工程以及工程范围，不需对工程量作任何规定。承包人在投标时只需要对这种给定范围的分部分项工程作出报价即可，而工程量则按实际完成的数量结算。这种合同形式主要适用于没有施工图，工程不明，却急需开工的紧迫工程；③单价与包干混合式合同。以单价合同为基础，但对其中某些不易计算工程量的分项工程（如施工导流、小型设备购置与安装调试）采用包干办法，而对能用某种单位计算工程量的，均要求报单价，按实际完成工程量及合同上的单价结账。

(3) 成本加酬金合同。这种合同形式主要适用于工程内容及其技术经济指标尚未全面确定，投标报价的依据尚不充分的情况下，发包人因工期要求紧迫，必须发包的工程；或者发包人与承包人之间具有高度的信任，承包人在某些方面具有独特的技术、特长和经验的工程。以这种形式签订的建筑安装承包合同，有两个明显缺点：一是发包人对工程总价不能实施实际的控制；二是承包人对降低成本没有动力。因此采用这种合同形式，其条款必须非常严格。下面是成本加酬金合同的几种形式：①成本加固定百分比酬金合同。根据这种合同，发包人对承包人支付的人工、材料和施工机械使用费、其他直接费、施工管理费等按实际直接成本全部据实补偿，同时按照实际直接成本的固定百分比付给承包人一笔酬金，作为承包人的利润。这种合同形式，建筑安装工程总造价及付给承包人的酬金随工程成本而水涨船高，不利于鼓励承包人降低成本，这也是此种形式的弊病所在，因此很少被采用；②成本加固定金额酬金合同。这种合同形式与成本加固定百分比酬金合同相似。其不同之处仅在于所增加费用是一笔固定金额的酬金。酬金一般是按估算的工程成本的一定百分比确定，数额是固定不变的。采用上述两种合同计价方式时,为了避免承包人为获得更多的酬金而对工程成本不加控制,往往在承包合同中规定一些"补充条款",以鼓励承包人节约资金,降低成本;③成本加奖罚合同。采用这种形式的合同,首先要确定一个目标成本,这个目标成本是根据粗略估算的工程量和单价表编制出来的。在这些基础上,根据目标成本来确定酬金的数额,可以是百分数的形式,也可以是一笔固定酬金。然后,根据工程实际成本支出情况,另外确定一笔奖金,当实际成本低于目标成本时,承包人除从发包人获得实际成本、酬金补偿外,还可根据成本降低额来得到一笔奖金。当实际成本高于目标成本时,承包人仅能从发包人得到成本和酬金的补偿。此外,视实际成本高出目标成本情况,若超过合同规定的限额,还要处以一笔罚金。除此之外,还可设工期奖罚;④最高限额成本加固定最大酬金合同。在这种形式的合同中,首先要确定限额成本、报价成本和最低成本,当实际成本没有超过最低成本时,承包人花费的成本费用及应得酬金等都可以得到发包人的支付,并与发包人分享节约额;如果实际工程成本在最低成本和报价成本之间,承包人只能得到成本和酬金;如果实际工程成本在报价成本与最高限额成本之间,则只有全部成本可以得到支付;实际工程成本超过最高限额成本,则超过部分,发包人不予支付。

二、施工合同的签订

(一)施工合同签订合同的方式

我国《建筑法》第19条规定:"建筑工程依法实行招标发包,对不适于招标发包的可以直接发包。"我国《招标投标法》第3条规定,下列工程项目的施工必须实行招标方式签订合同:①大型基础设施、公用事业等关系社会公共利益、公众安全方面的项目;②全部或部分使用国有资金投资或者国家融资的项目;③使用国际组织或者外国政府贷款、援助资金的项目;④法律或者国务院对必须进行招标的其他项目的范围有规定的,依照其规定。

(二)施工合同的招标投标

2001年5月31日建设部颁布了89号令《房屋建筑和市政基础设施工程施工招标投标管理办法》。房屋建筑和市政基础设施工程(以下简称工程)的施工单项合同估算价在200万元人民币以上,或者项目总投资在3000万元人民币以上的,必须进行招标。省、自治区、直辖市人民政府建设行政主管部门报经同级人民政府批准,可以根据实际情况,规定本地区必须进行工程施工招标的具体范围和规模标准,但不得缩小本办法确定的必须进行施工招标的范围。房屋建筑工程,是指各类房屋建筑及其附属设施和与其配套的线路、管道、设备安装工程及室内外装修工程。市政基础设施工程,是指城市道路、公共交通、供水、排水、燃气、热力、园林、环卫、污水处理、垃圾处理、防洪、地下公共设施及附属设施的土建、管道、设备安装工程。

1. 发包人的招标

工程施工招标由招标人依法组织实施。招标人不得以不合理条件限制或者排斥潜在投标人,不得对潜在投标人实行歧视待遇,不得对潜在投标人提出与招标工程实际要求不符的过高的资质等级要求和其他要求。

工程施工招标应当具备下列条件:①按照国家有关规定需要履行项目审批手续的,已经履行审批手续;②工程资金或者资金来源已经落实;③有满足施工招标需要的设计文件及其他技术资料;④法律、法规、规章规定的其他条件。

工程施工招标分为公开招标和邀请招标。依法必须进行施工招标的工程,全部使用国有资金投资或者国有资金投资占控股或者主导地位的，应当公开招标；但经国家计委或者省、自治区、直辖市人民政府依法批准可以进行邀请招标的重点建设项目除外，其他工程可以实行邀请招标。招标人采用邀请招标方式的，应当向3个以上符合资质条件的施工企业发出投标邀请书。

工程有下列情形之一的，经县级以上地方人民政府建设行政主管部门批准，可以不进行施工招标：①停建或者缓建后恢复建设的单位工程，且承包人未发生变更的；②施工企业自建自用的工程，且该施工企业资质等级符合工程要求的；③在建工程追加的附属小型工程或者主体加层工程，且承包人未发生变更的；④法律、法规、规章规定的其他情形。

依法必须进行施工招标的工程，招标人自行办理施工招标事宜的，应当具有编制招标文件和组织评标的能力：①有专门的施工招标组织机构；②有与工程规模、复杂程度相适应并具有同类工程施工招标经验，熟悉有关工程施工招标法律法规的工程技术、概预算及工程管理的专业人员。不具备上述条件的，招标人应当委托具有相应资格的工程招标代理机构代理施工招标。

招标人自行办理施工招标事宜的，应当在发布招标公告或者发出投标邀请书的5日前，向工程所在地县级以上地方人民政府建设行政主管部门备案，并报送下列材料：①按照国家有关规定办理审批手续的各项批准文件；②证明材料包括专业技术人员的名单、职称证书或者执业资格证书及其工作经历的证明材料；③法律、法规、规章规定的其他材料。招标人不具备自行办理施工招标事宜条件的，建设行政主管部门应当自收到备案材料之日起5日内责令招标人停止自行办理施工招标事宜。全部使用国有资金投资或者国有资金投资占控股或者主导地位，依法必须进行施工招标的工程项目，应当进入有形建筑市场进行招标投标活动。政府有关管理机关可以在有形建筑市场集中办理有关手续，并依法实施监督。

依法必须进行施工公开招标的工程项目，应当在国家或者地方指定的报刊、信息网络或者其他媒介上发布招标公告，并同时在中国工程建设和建筑业信息网上发布招标公告。招标公告应当载明招标人的名称和地址，招标工程的性质、规模、地点以及获取招标文件的办法等事项。

招标人可以根据招标工程的需要，对投标申请人进行资格预审，也可以委托工程招标代理机构对投标申请人进行资格预审。实行资格预审的招标工程，招标人应当在招标公告或者投标邀请书中载明资格预审的条件和获取资格预审文件的办法。资格预审文件一般应当包括资格预审申请书格式，申请人须知，以及需要投标申请人提供的企业资质、业绩、技术装备、财务状况和拟派出的项目经理与主要技术人员的简历、业绩等证明材料。经资格预审后，招标人应当向资格预审合格的投标申请人发出资格预审合格通知书，告知获取招标文件的时间、地点和方法，并同时向资格预审不合格的投标申请人告知资格预审结果。在资格预审合格的投标申请人过多时，可以由招标人从中选择不少于7家资格预审合格的投标申请人。

招标人应当根据招标工程的特点和需要，自行或者委托工程招标代理机构编制招标文件。招标文件应当包括下列内容：①投标须知。包括工程概况，招标范围，资格审查条件，工程资金来源或者落实情况（包括银行出具的资金证明），标段划分，工期要求，质量标准，现场踏勘和答疑安排，投标文件编制、提交、修改、撤回的要求，投标报价要求，投标有效期，开标的时间和地点，评标的方法和标准等；②招标工程的技术要求和设计文件；③采用工程量清单招标的，应当提供工程量清单；④投标函的格式及附录；⑤拟签订合同的主要条款；⑥要求投标人提交的其他材料。依法必须进行施工招标的工程，招标人应当在招标文件发出的同时，将招标文件报工程所在地的县级以上地方人民政府建设行政主管部门备案。建设行政主管部门发现招标文件有违反法律、法规内容的，应当责令招标人改正。招标人对已发出的招标文件进行必要的澄清或者修改的，应当在招标文件要求提交投标文件截止时间至少15日前，以书面形式通知所有招标文件收受人，并同时报工程所在地的县级以上地方人民政府建设行政主管部门备案。该澄清或者修改的内容为招标文件的组成部分。

招标人设有标底的，应当依据国家规定的工程量计算规则及招标文件规定的计价方法和要求编制标底，并在开标前保密。一个招标工程只能编制一个标底。

2. 承包人的投标

施工招标的投标人是响应施工招标，参与投标竞争的施工企业。投标人应当具备相应的施工企业资质，并在工程业绩、技术能力、项目经理资格条件、财务状况等方面满足招标文件提出的要求。投标人对招标文件有疑问需要澄清的，应当以书面形式向招标人提出。

投标人应当按照招标文件的要求编制投标文件，对招标文件提出的实质性要求和条件作出响应。招标文件允许投标人提供备选标的，投标人可以按照招标文件的要求提交替代方案，并作出相应报价作备选标。投标文件应当包括下列内容：①投标函；②施工组织设计或者施工方案；③投标报价；④招标文件要求提供的其他材料。

招标人可以在招标文件中要求投标人提交投标担保。投标担保可以采用投标保函或者投标保证金的方式。投标保证金可以使用支票、银行汇票等，一般不得超过投标总价的2%，最高不得超过50万元。投标人应当按照招标文件要求的方式和金额，将投标保函或者投标保证金随投标文件提交招标人。

投标人应当在招标文件要求提交投标文件的截止时间前，将投标文件密封送达投标地点。招标人收到投标文件后，应当向投标人出具标明签收人和签收时间的凭证，并妥善保存投标文件。在开标前，任何单位和个人均不得开启投标文件。在招标文件要求提交投标文件的截止时间后送达的投标文件，为无效的投标文件，招标人应当拒收。提交投标文件的投标人少于3个的，招标人应当依法重新招标。投标人在招标文件要求提交投标文件的截止时间前，可以补充、修改或者撤回已提交的投标文件。补充、修改的内容为投标文件的组成部分，并应当按照规定送达、签收和保管。在招标文件要求提交投标文件的截止时间后送达的补充或者修改的内容无效。

两个以上施工企业可以组成一个联合体，签订共同投标协议，以一个投标人的身份共同投标。联合体各方均应当具备承担招标工程的相应资质条件。相同专业的施工企业组成的联合体，按照资质等级低的施工企业的业务许可范围承揽工程。投标人不得以低于其企业成本的报价竞标，不得以他人名义投标或者以其他方式弄虚作假，骗取中标。

3. 开标、评标和中标

开标应当在招标文件确定的提交投标文件截止时间的同一时间公开进行；开标地点应当为招标文件中预先确定的地点。开标由招标人主持，邀请所有投标人参加。开标应当按照下列规定进行：由投标人或者其推选的代表检查投标文件的密封情况，也可以由招标人委托的公证机构进行检查并公证。经确认无误后，由有关工作人员当众拆封，宣读投标人名称、投标价格和投标文件的其他主要内容。招标人在招标文件要求提交投标文件的截止时间前收到的所有投标文件，开标时都应当当众予以拆封、宣读。开标过程应当记录，并存档备查。

在开标时，投标文件出现下列情形之一的，应当作为无效投标文件，不得进入评标：①

投标文件未按照招标文件的要求予以密封的；②投标文件中的投标函未加盖投标人的企业及企业法定代表人印章的，或者企业法定代表人委托代理人没有合法、有效的委托书（原件）及委托代理人印章的；③投标文件的关键内容字迹模糊、无法辨认的；④投标人未按照招标文件的要求提供投标保函或者投标保证金的；⑤组成联合体投标的，投标文件未附联合体各方共同投标协议的。

评标由招标人依法组建的评标委员会负责。依法必须进行施工招标的工程：①其评标委员会由招标人的代表和有关技术、经济等方面的专家组成，成员人数为5人以上单数；②其中招标人，招标代理机构以外的技术、经济等方面专家不得少于成员总数的三分之二；③评标委员会的专家成员，应当由招标人从建设行政主管部门及其他有关政府部门确定的专家名册或者工程招标代理机构的专家库内相关专业的专家名单中确定；④确定专家成员一般应当采取随机抽取的方式；⑤建设行政主管部门的专家名册应当拥有一定数量规模并符合法定资格条件的专家；⑥省、自治区、直辖市人民政府建设行政主管部门可以将专家数量少的地区的专家名册予以合并或者实行专家名册计算机联网；⑦与投标人有利害关系的人不得进入相关工程的评标委员会。评标委员会成员的名单在中标结果确定前应当保密。

评标委员会应当按照招标文件确定的评标标准和方法，对投标文件进行评审和比较，并对评标结果签字确认；设有标底的，应当参考标底。评标委员会可以用书面形式要求投标人对投标文件中含义不明确的内容作必要的澄清或者说明。投标人应当采用书面形式进行澄清或者说明，其澄清或者说明不得超出投标文件的范围或者改变投标文件的实质性内容。

评标可以采用综合评估法、经评审的最低投标价法或者法律法规允许的其他评标方法。采用综合评估法的，应当对投标文件提出的工程质量、施工工期、投标价格、施工组织设计或者施工方案、投标人及项目经理业绩等，能否最大限度地满足招标文件中规定的各项要求和评价标准进行评审和比较。以评分方式进行评估的，对于各种评比奖项不得额外计分。采用经评审的最低投标价法的，应当在投标文件能够满足招标文件实质性要求的投标人中，评审出投标价格最低的投标人，但投标价格低于其企业成本的除外。

评标委员会完成评标后，应当向招标人提出书面评标报告，阐明评标委员会对各投标文件的评审和比较意见，并按照招标文件中规定的评标方法，推荐不超过3名有排序的合格的中标候选人。招标人根据评标委员会提出的书面评标报告和推荐的中标候选人确定中标人。使用国有资金投资或者国家融资的工程项目，招标人应当按照中标候选人的排序确定中标人。当确定中标的中标候选人放弃中标或者因不可抗力因素提出不能履行合同的，招标人可以依序确定其他中标候选人为中标人。招标人也可以授权评标委员会直接确定中标人。

有下列情形之一的，评标委员会可以要求投标人作出书面说明并提供相关材料：①设有标底的，投标报价低于标底合理幅度的；②不设标底的，投标报价明显低于其他投标报价，有可能低于其企业成本的。经评标委员会论证，认定该投标人的报价低于其企业成本的，不能推荐为中标候选人或者中标人。

招标人应当在投标有效期截止时限30日确定中标人。投标有效期应当在招标文件中载明。依法必须进行施工招标的工程，招标人应当自确定中标人之日起15日内，向工程所在地的县级以上地方人民政府建设行政主管部门提交施工招标投标情况的书面报告。书面报告应当包括下列内容：①施工招标投标的基本情况，包括施工招标范围，施工招标方式，资格审查，开评标过程和确定中标人的方式及理由等；②相关的文件资料，包括招标公告或者投标邀请书，投标报名表，资格预审文件，招标文件，评标委员会的评标报告（设有标底的，应当附标底），中标人的投标文件。委托工程招标代理的，还应当附工程施工招标代理委托合同。建设行政主管部门自收到书面报告之日起5日内未通知招标人在招标投标活动中有违法行为的，招标人可以向中标人发出中标通知书，并将中标结果通知所有未中标的投标人。

招标人和中标人应当自中标通知书发出之日起30日内，按照招标文件和中标人的投标文件签订书面合同；招标人和中标人不得再行签订背离合同实质性内容的其他协议。签订书面合同后7日内，中标人应当将合同送县级以上工程所在地的建设行政主管部门备案。

中标人不与招标人签订合同的，投标保证金不予退还并取消其中标资格，给招标人造成的损失超过投标保证金数额的，应当对超过部分予以赔偿；没有提交投标保证金的，应当对招标人的损失承担赔偿责任。招标人无正当理由不与中标人签订合同，给中标人造成损失的，招标人应当给予赔偿。招标文件要求中标人提交履约担保的，中标人应当提交。招标人应当同时向中标人提供工程款支付担保。

评标委员会经评审，认为所有投标文件都不符合招标文件要求的，可以否决所有投标。依法必须进行施工招标工程的所有投标被否决的，招标人应当依法重新招标。

（三）施工合同的主要内容

1. 施工合同的主要内容

施工合同的主要内容包括：工程范围，词语定义及合同文件，双方一般权利和义务，质量标准和验收，合同工期和施工组织设计，合同价款及支付、分包、转包与肢解工程的规定，不可抗力，保险与担保的规定，合同的生效，解除与终止，违约责任与索赔等内容。

在实践中，当事人可以参照原建设部、国家工商行政管理局1999年12月24日颁布的《建设工程施工合同（示范文本）》（GF－1999－0201）。《建设工程施工合同（示范文本）》是由协议书、通用条款、专用条款三部分组成。

2. 合同文件及解释顺序

合同文件应能相互解释，互为说明。除专用条款另有约定外，组成本合同的文件及优先解释顺序如下：①本合同协议书；②中标通知书；③投标书及其附件；④本合同专用条款；⑤本合同通用条款；⑥标准、规范及有关技术文件；⑦图纸；⑧工程量清单；⑨工程报价单或预算书。合同履行中，发包人与承包人有关工程的洽商、变更等书面协议或文件视为本合同的组成部分。当合同文件内容含糊不清或不相一致时，在不影响工程正常进行的情况下，由发包人与承包人协商解决。双方也可以提请负责监理的工程师作出解释。双方协商不成或不同意负责监理的工程师的解释时，按合同有关争议的条款处理。

三、施工合同的履行

（一）双方的一般性权利和义务

1. 发包人的权利和义务

发包人按协议条款约定的时间和内容完成以下工作：①办理土地征用、拆迁补偿、平整施工场地等工作，使施工场地具备施工条件，并在开工后继续负责解决以上事项的遗留问题；②将施工所需水、电、电讯线路从施工场地外部接至协议条款约定地点，并保证施工期间的需要；③开通施工场地与城乡公共道路的通道，以及协议条款约定的施工场地内的主要交通干道，满足施工运输的需要，保证施工期间的畅通；④向承包人提供施工场地的工程地质和地下管网线路资料，对资料的真实准确性负责；⑤办理施工许可证及其他施工所需证件、批件和临时用地、停水、停电、中断道路交通，爆破作业等的申报批准手续；⑥将水准点与坐标控制点，以书面形式交给承包人，并进行现场交验；⑦组织承包人和设计单位进行图纸会审和设计交底；⑧协调处理施工场地周围地下管线和邻近建筑物、构筑物、古树名木的保护工作，承担有关费用；⑨发包人应做的其他工作，双方在专用条款内约定。发包人可以将以上部分工作委托承包人办理，双方在专用条款内约定，其费用由发包人承担。发包人未能履行以上各项义务，导致工期延误或给承包人造成损失的，发包人赔偿承包人有关损失，顺延延误的工期。

2. 承包人的权利和义务

承包人按协议条款约定的时间和内容完成以下工作：①根据发包人委托，在其设计资质等级和业务允许的范围内，完成施工图设计或与工程配套的设计，经工程师确认后使用，发包人承担由此发生的费用；②向工程师提供年、季、月工程进度计划及相应进度统计报表；③根据工程需要，提供和维修非夜间施工使用的照明、围栏设施，并负责安全保卫；④按协议条款约定的数量和要求，向发包人代表提供在施工现场办公和生活的房屋及设施，发包人承担由此发生的费用；⑤遵守政府有关主管部门对施工场地交通、施工噪声以及环境保护和安全生产等的管理规定，按规定办理有关手续，并以书面形式通知发包人，发包人承担由此发生的费用，因承包人责任造成的罚款除外；⑥已竣工工程未交付发包人之前，承包人按协议条款约定负责已完工程的成品保护工作，保护期间发生的损坏，承包人自费予以修复。发包人要求承包人采取特殊措施保护的工程部位和相应的追加合同价款，在协议条款内约定；⑦按合同的要求做好施工现场地下管线和邻近建筑物、构筑物、古树名木的保护工作；⑧保证施工场地清洁符合环境卫生管理的有关规定，交工前清理现场达到协议条款约定的要求，承担因自身原因违反有关规定造成的损失和罚款；⑨承包人应做的其他工作，双方在专用条款内约定。承包人未能履行以上各项义务，造成发包人损失的，承包人赔偿发包人有关损失。

3. 工程师

（1）工程师的权限

工程师是指本工程监理单位委派的总监理工程师或发包人指定的履行本合同的代表，其具体身份和职权由发包人、承包人在专用条款中约定。实行工程监理的，发包人应在实施监理前将委托的监理单位名称、监理内容及监理权限以书面形式通知承包人。不实行工程监理的，本合同中工程师专指发包人派驻施工场地履行合同的代表，其具体职权由发包人在专用条款内写明。

监理单位委派的总监理工程师在本合同中称工程师，其姓名、职务、职权由发包人、承包人在专用条款内写明。工程师按合同约定行使职权，发包人在专用条款内要求工程师在行使某些职权前需要征得发包人批准的，工程师应征得发包人批准。发包人派驻施工场地履行合同的代表在本合同中也称工程师，其姓名、职务、职权由发包人在专用条款内写明，但职权不得与监理单位委派的总监理工程师职权相互交叉；双方职权发生交叉或不明确时，由发包人予以明确，并以书面形式通知承包人。合同履行中，发生影响发包人、承包人双方权利或义务的事件时，负责监理的工程师应依据合同在其职权范围内客观公正地进行处理。一方对工程师的处理有异议时，按关于争议的条款处理。除合同内有明确约定或经发包人同意外，负责监理的工程师无权解除本合同约定的承包人的任何权利与义务。

（2）工程师的委派和指令

工程师可委派工程师代表，行使合同约定的自己的职权，并可在认为必要时撤回委派。

委派和撤回均应提前7天以书面形式通知承包人，负责监理的工程师还应将委派和撤回通知发包人。委派书和撤回通知作为本合同附件。工程师代表在工程师授权范围内向承包人发出的任何书面形式的函件，与工程师发出的函件具有同等效力。承包人对工程师代表向其发出的任何书面形式的函件有疑问时，可将此函件提交工程师，工程师应进行确认。工程师代表发出指令有失误时，工程师应进行纠正。除工程师或工程师代表外，发包人派驻工地的其他人员均无权向承包人发出任何指令。

工程师的指令、通知由其本人签字后，以书面形式交给项目经理，项目经理在回执上签署姓名和收到时间后生效。确有必要时，工程师可发出口头指令，并在48小时内给予书面确认，承包人对工程师的指令应予执行。工程师不能及时给予书面确认的，承包人应于工程师发出口头指令后7天内提出书面确认要求。工程师在承包人提出确认要求后48小时内不予答复的，视为口头指令已被确认。

承包人认为工程师指令不合理，应在收到指令后24小时内向工程师提出修改指令的书面报告，工程师在收到承包人报告后24小时内作出修改指令或继续执行原指令的决定，并以书面形式通知承包人。紧急情况下，工程师要求承包人立即执行的指令或承包人虽有异议，但工程师决定仍继续执行的指令，承包人应予执行。因指令错误发生的追加合同价款和给承包人造成的损失由发包人承担，延误的工期相应顺延。本款规定同样适用于由工程师代表发出的指令、通知。

工程师应按合同约定，及时向承包人提供所需指令，批准并履行约定的其他义务。由于工程师未能按合同约定履行义务造成工期延误，发包人应承担延误造成的追加合同价款，并赔偿承包人有关损失，顺延延误的工期。

如需更换工程师，发包人应至少提前7天以书面形式通知承包人，后任继续行使合同文件约定的前任的职权，履行前任的义务。

4. 项目经理

项目经理是指承包人在专用条款中指定的负责施工管理和合同履行的代表，项目经理的姓名、职务在专用条款内写明。承包人依据合同发出的通知，以书面形式由项目经理签字后送交工程师，工程师在回执上签署姓名和收到时间后生效。

项目经理按发包人认可的施工组织设计（施工方案）和工程师依据合同发出的指令组织施工。在情况紧急且无法与工程师联系时，项目经理应当采取保证人员生命和工程、财产安全的紧急措施，并在采取措施后48小时内向工程师送交报告。责任在发包人或第三人，由发包人承担由此发生的追加合同价款，相应顺延工期；责任在承包人，由承包人承担费用，不顺延工期。

承包人如需更换项目经理，应至少提前7天以书面形式通知发包人，并征得发包人同意。后任继续行使合同文件约定的前任的职权，履行前任的义务。发包人可以与承包人协商，建议更换其认为不称职的项目经理。

（二）质量标准与验收

1. 适用标准、规范和图纸

包括：①双方在专用条款内约定适用国家标准、规范的名称；②没有国家标准、规范但有行业标准、规范的，约定适用行业标准、规范的名称；③没有国家和行业标准、规范的，约定适用工程所在地地方标准、规范的名称。发包人应按专用条款约定的时间向承包人提供一式两份约定的标准、规范。国内没有相应标准、规范的，由发包人按专用条款约定的时间向承包人提出施工技术要求，承包人按约定的时间和要求提出施工工艺，经发包人认可后执行。发包人要求使用国外标准、规范的，应负责提供中文译本。本条所发生的购买、翻译标准、规范或制定施工工艺的费用，由发包人承担。

发包人应按专用条件约定的日期和套数，向承包人提供图纸。承包人需要增加图纸套数的，发包人应代为复制，复制费用由承包人承担。发包人对工程有保密要求的，应在专用条款中提出保密要求，保密措施费用由发包人承担，承包人在约定保密期限内履行保密义务。承包人未经发包人同意，不得将本工程图纸转给第三人。工程质量保修期满后，除承包人存档需要的图纸外，应将全部图纸退还给发包人。承包人应在施工现场保留一套完整图纸，供工程师及有关人员进行工程检查时使用。

2. 质量标准与验收

(1) 工程质量

工程质量应当达到协议书约定的质量标准，质量标准的评定以国家或行业的质量检验评定标准为依据。因承包人原因工程质量达不到约定的质量标准，承包人承担违约责任。双方对工程质量有争议，由双方同意的工程质量检测机构鉴定，所需费用及因此造成的损失，由责任方承担。双方均有责任，由双方根据其责任分别承担。

(2) 检查、返工和重新检验

承包人应认真按照标准、规范和设计图纸要求以及工程师依据合同发出的指令施工，随时接受工程师的检查检验，为检查检验提供便利条件。工程质量达不到约定标准的部分，工程师一经发现，应要求承包人拆除和重新施工，承包人应按工程师的要求拆除和重新施工，直到符合约定标准。因承包人原因达不到约定标准，由承包人承担拆除和重新施工的费用，工期不予顺延。

工程师的检查检验不应影响施工正常进行。如影响施工正常进行，检查检验不合格时，影响正常施工的费用由承包人承担。除此之外影响正常施工的追加合同价款由发包人承担，相应顺延工期。因工程师指令失误或其他非承包人原因发生的追加合同价款，由发包人承担。

无论工程师是否进行验收，当其要求对已经隐蔽的工程重新检验时，承包人应按要求进行剥离或开孔，并在检验后重新覆盖或修复。检验合格，发包人承担由此发生的全部追加合同价款，赔偿承包人损失，并相应顺延工期。检验不合格，承包人承担发生的全部费用，工期不予顺延。

(3) 隐蔽工程和中间验收

工程具备隐蔽条件或达到专用条款约定的中间验收部位，承包人进行自检，并在隐蔽或中间验收前48小时以书面形式通知工程师验收。通知包括隐蔽和中间验收的内容、验收时间和地点。承包人准备验收记录，验收合格，工程师在验收记录上签字后，承包人可进行隐蔽和继续施工。验收不合格，承包人在工程师限定的时间内修改后重新验收。工程师不能按时进行验收，应在验收前24小时以书面形式向承包人提出延期要求，延期不能超过48小时。工程师未能按以上时间提出延期要求，不进行验收，承包人可自行组织验收，工程师应承认验收记录。经工程师验收，工程质量符合标准、规范和设计图纸等要求，验收24小时后，工程师不在验收记录上签字，视为工程师已经认可验收记录，承包人可进行隐蔽或继续施工。

(4) 工程试车

双方约定需要试车的，试车内容应与承包人承包的安装范围一致。设备安装工程具备单机无负荷试车条件,承包人组织试车,并在试车前 48 小时以书面形式通知工程师。通知包括试车内容、时间、地点。承包人准备试车记录,发包人根据承包人要求为试车提供必要条件。试车合格,工程师在试车记录上签字。工程师不能按时参加试车,须在开始试车前 24 小时以书面形式向承包人提出延期要求,延期不能超过 48 小时。工程师未能按以上时间提出延期要求,不参加试车,应承认试车记录。

设备安装工程具备无负荷联动试车条件,发包人组织试车,并在试车前 48 小时以书面形式通知承包人。通知包括试车内容、时间、地点和对承包人的要求,承包人按要求做好准备工作。试车合格,双方在试车记录上签字。

由于设计原因试车达不到验收要求,发包人应要求设计单位修改设计,承包人按修改后的设计重新安装。发包人承担修改设计、拆除及重新安装的全部费用和追加合同价款,工期相应顺延。由于设备制造原因试车达不到验收要求,由该设备采购一方负责重新购置或修理,承包人负责拆除和重新安装。设备由承包人采购的,由承包人承担修理或重新购置、拆除及重新安装的费用,工期不予顺延;设备由发包人采购的,发包人承担上述各项追加合同价款,工期相应顺延。由于承包人施工原因试车达不到验收要求,承包人按工程师要求重新安装和试车,并承担重新安装和试车的费用,工期不予顺延。试车费用除已包括在合同价款之内或专用条款另有约定外,均由发包人承担。工程师在试车合格后不在试车记录上签字,试车结束 24 小时后,视为工程师已经认可试车记录,承包人可继续施工或办理竣工手续。投料试车应在工程竣工验收后由发包人负责,如发包人要求在工程竣工验收前或需要承包人配合时,应征得承包人同意,另行签订补充协议。

(5) 工程变更

① 工程设计变更

施工中发包人需对原工程设计进行变更,应提前 14 天以书面形式向承包人发出变更通知。变更超过原设计标准或批准的建设规模时,发包人应报规划管理部门和其他有关部门重新审查批准,并由原设计单位提供变更的相应图纸和说明。承包人按照工程师发出的变更通知及有关要求,进行下列需要的变更:更改工程有关部分的标高、基线、位置和尺寸;增减合同中约定的工程量;改变有关工程的施工时间和顺序;其他有关工程变更需要的附加工作。因变更导致合同价款的增减及造成的承包人损失,由发包人承担,延误的工期相应顺延。

施工中承包人不得对原工程设计进行变更。因承包人擅自变更设计发生的费用和由此导致发包人的直接损失,由承包人承担,延误的工期不予顺延。

承包人在施工中提出的合理化建议涉及对设计图纸或施工组织设计的更改及对材料、设备的换用,须经工程师同意。未经同意擅自更改或换用时,承包人承担由此发生的费用,并赔偿发包人的有关损失,延误的工期不予顺延。工程师同意采用承包人合理化建议,所发生的费用和获得的收益,发包人、承包人另行约定分担或分享。

② 其他变更

合同履行中发包人要求变更工程质量标准及发生其他实质性变更,由双方协商解决。

(6) 材料设备供应

① 发包人供应材料设备

实行发包人供应材料设备的,双方应当约定发包人供应材料设备的一览表,作为本合同附件。一览表包括发包人供应材料设备的品种、规格、型号、数量、单价、质量等级、提供时间和地点。发包人按一览表约定的内容提供材料设备，并向承包人提供产品合格证明，对其质量负责。发包人在所供材料设备到货前 24 小时，以书面形式通知承包人，由承包人派人与发包人共同清点。发包人供应的材料设备，承包人派人参加清点后由承包人妥善保管，发包人支付相应保管费用。因承包人原因发生丢失损坏，由承包人负责赔偿。发包人未通知承包人清点，承包人不负责材料设备的保管，丢失损坏由发包人负责。

发包人供应的材料设备与一览表不符时，发包人承担有关责任。发包人应承担责任的具体内容，双方根据下列情况在专用条款内约定：材料设备单价与一览表不符，由发包人承担所有价差；材料设备的品种、规格、型号、质量等级与一览表不符，承包人可拒绝接收保管，由发包人运出施工场地并重新采购；发包人供应的材料规格、型号与一览表不符，经发包人同意，承包人可代为调剂串换，由发包人承担相应费用；到货地点与一览表不符，由发包人负责运至一览表指定地点；供应数量少于一览表约定的数量时，由发包人补齐，多于一览表约定数量时，发包人负责将多出部分运出施工场地；到货时间早于约定，由发包人承担因此发生的保管费用；到货时间迟于一览表约定的供应时间，发包人赔偿由此造成的承包人损失，造成工期延误的，相应顺延工期。

发包人供应的材料设备使用前，由承包人负责检验或试验，不合格的不得使用，检验或试验费用由发包人承担。发包人供应材料设备的结算方法，双方在专用条款内约定。

②承包人采购材料设备

承包人负责采购材料设备的，应按照专用条款约定及设计和有关标准要求采购，并提供产品合格证明，对材料设备质量负责。由承包人采购的材料设备，发包人不得指定生产厂或供应商。承包人在材料设备到货前 24 小时通知工程师清点。

承包人采购的材料设备与设计或标准要求不符时，承包人应按工程师要求的时间运出施工场地，重新采购符合要求的产品。承担由此发生的费用，由此延误的工期不予顺延。

承包人采购的材料设备在使用前，承包人应按工程师的要求进行检验或试验，不合格的不得使用，检验或试验费用由承包人承担。工程师发现承包人采购并使用不符合设计或标准要求的材料设备时，应要求承包人负责修复、拆除或重新采购，并承担发生的费用，由此延误的工期不予顺延。

承包人需要使用代用材料时，应经工程师认可后才能使用，由此增减的合同价款双方以书面形式议定。

(7) 安全施工

①安全施工与检查

承包人应遵守工程建设安全生产有关管理规定，严格按安全标准组织施工，并接受行业安全检查人员依法实施的监督检查，采取必要的安全防护措施，消除事故隐患。承包人安全措施不力造成事故的责任和因此发生的费用，由承包人承担。

发包人应对其在施工场地的工作人员进行安全教育，并对他们的安全负责。发包人不得要求承包人违反安全管理的规定进行施工。因发包人原因导致的安全事故，由发包人承担相应责任及发生的费用。

②安全防护

承包人在动力设备、输电线路、地下管道、密封防震车间、易燃易爆地段以及交通要道附近施工时，施工开始前应向工程师提出安全防护措施，经工程师认可后实施，防护措施费用由发包人承担。

实施爆破作业，在放射、毒害性环境中施工（含储存、运输、使用）及使用毒害性、腐蚀性物品施工时，承包人应在施工前14天以书面形式通知工程师，并提出相应的安全防护措施，经工程师认可后实施，由发包人承担安全防护措施费用。

③事故处理

发生重大伤亡及其他安全事故，承包人应按有关规定立即上报有关部门并通知工程师，同时按政府有关部门要求处理，由事故责任方承担发生的费用。发包人、承包人对事故责任有争议时，应按政府有关部门的认定处理。

（8）竣工验收

建设工程竣工验收应当具备下列条件：①完成建设工程设计和合同约定的各项内容；②有完整的技术档案和施工管理资料；③有工程使用的主要建筑材料、建筑构配件和设备的进场试验报告；④有勘察、设计、施工、工程监理等单位分别签署的质量合格文件；⑤有承包人签署的工程保修书。建设工程经验收合格的，方可交付使用。工程具备竣工验收条件，承包人按国家工程竣工验收有关规定，向发包人提供完整竣工资料及竣工验收报告。双方约定由承包人提供竣工图的，应当在专用条款内约定提供的日期和份数。

发包人收到竣工验收报告后28天内组织设计、施工、工程监理等有关单位进行竣工验收，并在验收后14天内给予认可或提出修改意见。承包人按要求修改，并承担由自身原因造成修改的费用。发包人收到承包人送交的竣工验收报告后28天内不组织验收，或验收后14天内不提出修改意见，视为竣工验收报告已被认可。工程竣工验收通过，承包人送交竣工验收报告的日期为实际竣工日期。工程按发包人要求修改后通过竣工验收的，实际竣工日期为承包人修改后提请发包人验收的日期。发包人收到承包人竣工验收报告后28天内不组织验收，从第29天起承担工程保管及一切意外责任。

因特殊原因，发包人要求部分单位工程或工程部位甩项竣工的，双方另行签订甩项竣工协议，明确双方责任和工程价款的支付方法。

工程未经竣工验收或竣工验收未通过的，发包人不得使用。发包人强行使用时，由此发生的质量问题及其他问题，由发包人承担责任。

（三）合同工期与施工组织设计

1. 合同工期

约定合同工期是指发包人、承包人在协议书中约定，按总日历天数（包括法定节假日）计算的承包天数。开工日期是指发包人、承包人在协议书中约定，承包人开始施工的绝对或相对的日期。竣工日期是指发包人、承包人在协议书中约定，承包人完成承包范围内工程的绝对或相对的日期。

2. 进度计划

承包人应按专用条款约定的日期，将施工组织设计和工程进度计划提交工程师，工程师按专用条款约定的时间予以确认或提出修改意见，逾期不确认也不提出书面意见的，视为同意。群体工程中单位工程分期进行施工的，承包人应按照发包人提供图纸及有关资料的时间，按单位工程编制进度计划，其具体内容双方在专用条款中约定。承包人必须按工程师确认的进度计划组织施工，接受工程师对进度的检查、监督。工程实际进度与经确认的进度计划不符时，承包人应按工程师的要求提出改进措施，经工程师确认后执行。因承包人的原因导致实际进度与进度计划不符，承包人无权就改进措施提出追加合同价款的要求。

3. 开工及延期开工

承包人应当按照协议书约定的开工日期开工。承包人不能按时开工,应当不迟于协议书约定的开工日期前7天,以书面形式向工程师提出延期开工的理由和要求。工程师应当在接到延期开工申请后的48小时内以书面形式答复承包人。工程师在接到延期开工申请后48小时内不答复,视为同意承包人要求,工期相应顺延。工程师不同意延期要求或承包人未在规定时间内提出延期开工要求,工期不予顺延。

因发包人原因不能按照协议书约定的开工日期开工,工程师应以书面形式通知承包人,推迟开工日期。发包人赔偿承包人因延期开工造成的损失,并相应顺延工期。

4. 暂停施工

工程师认为确有必要暂停施工时,应当以书面形式要求承包人暂停施工,并在提出要求后48小时内提出书面处理意见。承包人应当按工程师要求停止施工,并妥善保护已完工程。承包人实施工程师作出的处理意见后,可以书面形式提出复工要求,工程师应当在48小时内给予答复。工程师未能在规定时间内提出处理意见,或收到承包人复工要求后48小时内未予答复,承包人可自行复工。因发包人原因造成停工的,由发包人承担所发生的追加合同价款,赔偿承包人由此造成的损失,相应顺延工期;因承包人原因造成停工的,由承包人承担发生的费用,工期不予顺延。

5. 工期延误

因以下原因造成工期延误,经工程师确认,工期相应顺延:①发包人未能按专用条款的约定提供图纸及开工条件;②发包人未能按约定日期支付工程预付款、进度款,致使施工不能正常进行;③工程师未按合同约定提供所需指令、批准等,致使施工不能正常进行;④设计变更和工程量增加;⑤一周内非承包人原因停水、停电、停气造成停工累计超过8小时;⑥不可抗力;⑦专用条款中约定或工程师同意工期顺延的其他情况。发生以上情况后14天内,承包人就延误的工期以书面形式向工程师提出报告。工程师在收到报告后14天内予以确认,逾期不予确认也不提出修改意见,视为同意顺延工期。

6. 工程竣工

承包人必须按照协议书约定的竣工日期或工程师同意顺延的工期竣工。因承包人原因不能按照协议书约定的竣工日期或工程师同意顺延的工期竣工的,承包人承担违约责任。

施工中发包人如需提前竣工,双方协商一致后应签订提前竣工协议,作为合同文件组成部分。提前竣工协议应包括承包人为保证工程质量和安全采取的措施,发包人为提前竣工提供的条件以及提前竣工所需的追加合同价款等内容。

(四)合同价款与支付

1. 合同价款及调整

合同价款是指发包人、承包人在协议书中约定,发包人用以支付承包人按照合同约定承包范围内全部工程并承担质量保修责任的款项。招标工程的合同价款由发包人、承包人依据中标通知书中的中标价格在协议书内约定。非招标工程的合同价款由发包人、承包人依据工程预算书在协议书内约定。追加合同价款,指在合同履行中发生需要增加合同价款的情况,经发包人确认后按合同价款的方法增加的合同价款。合同价款在协议书内约定后,任何一方不得擅自改变。

下列三种确定合同价款的方式,双方可在专用条款内约定采用其中一种:①固定价格合同。双方在专用条款内约定合同价款包含的风险范围和风险费用的计算方法,在约定的风险范围内合同价款不再调整。风险范围以外的合同价款调整方法，应当在专用条款内约定；②可调价格合同。合同价款可根据双方的约定而调整，双方在专用条款内约定合同价款调整方法；③成本加酬金合同。合同价款包括成本和酬金两部分，双方在专用条款内约定成本构成和酬金的计算方法。

可调价格合同中合同价款的调整因素包括：①法律、行政法规和国家有关政策变化影响合同价款；②工程造价管理部门公布的价格调整；③一周内非承包人原因停水、停电、停气造成停工累计超过 8 小时；④双方约定的其他因素。发生以上情况后 14 天内，承包人将调整原因、金额以书面形式通知工程师，工程师确认调整金额后作为追加合同价款，与工程款同期支付。工程师收到承包人通知后 14 天内不予确认也不提出修改意见，视为已经同意该项调整。

2. 工程预付款

实行工程预付款的，双方应当在专用条款内约定发包人向承包人预付工程款的时间和数额，开工后按约定的时间和比例逐次扣回。预付时间应不迟于约定的开工日期前 7 天。发包人不按约定预付，承包人在约定预付时间 7 天后向发包人发出要求预付的通知，发包人收到通知后仍不能按要求预付，承包人可在发出通知后 7 天停止施工，发包人应从约定应付之日起向承包人支付应付款的贷款利息，并承担违约责任。

3. 工程量的确认

承包人应按专用条款约定的时间，向工程师提交已完工程量的报告。工程师接到报告后 7 天内按设计图纸核实已完工程量（以下称计量），并在计量前 24 小时通知承包人，承包人为计量提供便利条件并派人参加。承包人收到通知后不参加计量，计量结果有效，作为工程价款支付的依据。工程师收到承包人报告后 7 天内未进行计量，从第 8 天起，承包人报告中开列的工程量即视为被确认，作为工程价款支付的依据。工程师不按约定时间通知承包人，致使承包人未能参加计量，计量结果无效。对承包人超出设计图纸范围和因承包人原因造成返工的工程量，工程师不予计量。

4. 确定变更价款

承包人在工程变更确定后 14 天内，提出变更工程价款的报告，经工程师确认后调整合同价款。变更合同价款按下列方法进行：①合同中已有适用于变更工程的价格，按合同已有的价格变更合同价款；②合同中只有类似于变更工程的价格，可以参照类似价格变更合同价款；③合同中没有适用或类似于变更工程的价格，由承包人提出适当的变更价格，经工程师确认后执行。承包人在双方确定变更后 14 天内不向工程师提出变更工程价款报告时，视为该项变更不涉及合同价款的变更。工程师应在收到变更工程价款报告之日 14 天内予以确认，工程师无正当理由不确认时，自变更工程价款报告送达之日起 14 天后视为变更工程价款报告已被确认。工程师不同意承包人提出的变更价款，按本通用条款关于争议的约定处理。

5. 工程款（进度款）支付

在确认计量结果后 14 天内，发包人应向承包人支付工程款（进度款）。按约定时间发包人应扣回的预付款，与工程款（进度款）同期结算。调整的合同价款及工程变更调整的合同价款及其他条款中约定的追加合同价款，应与工程款（进度款）同期调整支付。发包人超过约定的支付时间不支付工程款（进度款），承包人可向发包人发出要求付款的通知，发包人收到承包人通知后仍不能按要求付款，可与承包人协商签订延期付款协议，经承包人同意后可延期支付。协议应明确延期支付的时间和从计量结果确认后第 15 天起计算应付款的贷款利息。发包人不按合同约定支付工程款（进度款），双方又未达成延期付款协议，导致施工无法进行，承包人可停止施工，由发包人承担违约责任。

6. 竣工结算

工程竣工验收报告经发包人认可后28天内，承包人向发包人递交竣工结算报告及完整的结算资料，双方按照协议书约定的合同价款及专用条款约定的合同价款调整内容，进行工程竣工结算。发包人收到承包人递交的竣工结算报告及结算资料后28天内进行核实，给予确认或者提出修改意见。发包人确认竣工结算报告后通知经办银行向承包人支付工程竣工结算价款。承包人收到竣工结算价款后14天内将竣工工程交付发包人。

发包人收到竣工结算报告及结算资料后28天内无正当理由不支付工程竣工结算价款，从第29天起按承包人同期向银行贷款利率支付拖欠工程价款的利息，并承担违约责任。

发包人收到竣工结算报告及结算资料后28天内不支付工程竣工结算价款，承包人可以催告发包人支付结算价款。发包人在收到竣工结算报告及结算资料后56天内仍不支付的，承包人可以与发包人协议将该工程折价，也可以由承包人申请人民法院将该工程依法拍卖，承包人就该工程折价或者拍卖的价款优先受偿。

工程竣工验收报告经发包人认可后28天内，承包人未能向发包人递交竣工结算报告及完整的结算资料，造成工程竣工结算不能正常进行或工程竣工结算价款不能及时支付，发包人要求交付工程的，承包人应当交付；发包人不要求交付工程的，承包人承担保管责任。

发包人、承包人对工程竣工结算价款发生争议时，按通用条款关于争议的约定处理。

（五）分包

工程分包，是指经合同约定或发包单位认可，从工程总包单位承包的工程中承包部分工程的行为。违法分包是指下列行为：①总承包单位将建设工程分包给不具备相应资质条件的单位；②建设工程总承包合同中未有约定，又未经建设单位认可，承包单位将其承包的工程交由其他单位完成；③施工总包单位将建设工程的主体结构的施工分包给其他单位；④分包单位将承包的建设工程再次分包。

工程转包，是指承包单位承包建设工程后，不履行合同约定的责任和义务，将其承包的全部工程转给他人或者将其承包的全部工程肢解以后以分包的名义分别转给其他单位承包的行为。包括：①建筑施工企业将承包的工程全部包给其他承包人，从中提取回扣者；②承包单位将其承包的全部工程肢解以后以分包的名义转包给他人；③总包单位将工程的主要部分或群体工程（指结构技术要求相同的）中半数以上的单位工程包给其他承包人者。肢解发包就是将应由一个承包单位完成的建设工程肢解成若干部分发包给几个承包单位的行为。我国严禁肢解发包。

1. 总包、分包单位的法律责任

总包、分包单位的法律责任：①总承包单位不得将工程分包给不具备相应资质条件的单位；②除总包合同中的约定的分包外，总承包单位进行分包必须经发包人同意；③总承包单位可以将承包工程的一部分或几个部分发包给具有相应资质的分包单位，而不能将全部工程都分包出去；④施工总承包的，建设工程主体结构的施工必须由总承包单位自行完成；⑤总承包单位和分包单位就分包工程的工作成果对发包单位承担连带责任；⑥禁止分包单位将其承包的工程再行分包。

2. 分包单位的合同义务

分包单位的合同义务：①保证分包工程质量，确保分包单位按合同规定的工期完成；②

按施工组织总设计编制分包工程的施工组织设计或施工方案，参加总包单位的综合平衡；③编制分包工程的预（决）算，施工进度计划；④及时向总包单位提供分包工程的计划、统计、技术、质量等有关资料。

工程分包不能解除承包人任何责任与义务。承包人应在分包场地派驻相应管理人员，保证本合同的履行。分包单位的任何违约行为或疏忽导致工程损害或给发包人造成其他损失，承包人承担连带责任。分包工程价款由承包人与分包单位结算。发包人未经承包人同意不得以任何形式向分包单位支付各种工程款项。

（六）保修责任

1. 质量保修

建设工程自办理竣工验收手续后，在规定的期限内，因勘察、设计、施工、材料等原因造成的质量缺陷，应当由承包人负责维修。所谓质量缺陷是指工程不符合国家或行业现行的有关技术标准、设计文件以及合同中对质量的要求。承包人应按法律、行政法规或国家关于工程质量保修的有关规定，对交付发包人使用的工程在质量保修期内承担质量保修责任。承包人应在工程竣工验收之前，与发包人签订质量保修书，作为本合同附件形式出现。质量保修书的主要内容包括：①质量保修项目内容及范围；②质量保修期；③质量保修责任；④质量保修金的支付方法。

2. 最低保修期限的规定

在正常使用条件下，建设工程的最低保修期限为：①基础设施工程、房屋建筑的地基基础工程和主体结构工程，为设计文件规定的该工程的合理使用年限；②屋面防水工程、有防水要求的卫生间、房间和外墙面的防渗漏，为5年；③供热与供冷系统，为2个采暖期、供冷期；④电气管线、给排水管道、设备安装和装修工程，为2年。其他项目的保修期限由发包方与承包方约定。建设工程在保修范围和保修期限内发生质量问题的，承包人应当履行保修义务，并对造成的损失承担赔偿责任。

3. 质量保修责任

属于保修范围和内容的项目，承包人应在接到修理通知之日后7天内派人修理。承包人不在约定期限内派人修理，发包人可委托其他人员修理，保修费用从质量保修金内扣除；发生紧急抢修事故（如上水跑水、暖气漏水漏气、燃气漏气等），承包人接到事故通知后，应立即到达事故现场抢修；非承包人施工质量引起的事故，抢修费用由发包人承担；在国家规定的工程合理使用期限内，承包人确保地基基础工程和主体结构的质量；因承包人原因致使工程在合理使用期限内造成人身和财产损害的，承包人应承担损害赔偿责任。

4. 质量保修金的支付

工程质量保修金一般不超过施工合同价款的3%，发包人在质量保修期满后14天内，将剩余保修金和利息返还承包人。

（七）不可抗力、保险和担保

1. 不可抗力

不可抗力包括因战争、动乱、空中飞行物体坠落或其他非发包人、承包人责任造成的爆炸、火灾，以及专用条款约定的风、雨、雪、洪、震等自然灾害。不可抗力事件发生后，承包人应立即通知工程师，并在力所能及的条件下迅速采取措施，尽力减少损失，发包人应协助承包人采取措施。工程师认为应当暂停施工的，承包人应暂停施工。不可抗力事件结束后48小时内承包人向工程师通报受害情况的损失情况，以及预计清理和修复的费用。不可抗力事件持续发生，承包人应每隔7天向工程师报告一次受害情况。不可抗力事件结束后14天内，承包人向工程师提交清理和修复费用的正式报告及有关资料。

因不可抗力事件导致的费用及延误的工期由双方按以下方法分别承担：①工程本身的损害，因工程损害导致第三人人员伤亡和财产损失以及运至施工场地用于施工的材料和待安装的设备的损害，由发包人承担；②发包人、承包人人员伤亡由其所在单位负责，并承担相应的费用；③承包人机械设备损坏及停工损失，由承包人承担；④停工期间，承包人应工程师要求留在施工场地的必要的管理人员及保卫人员的费用由发包人承担；⑤工程所需清理、修复费用，由发包人承担；⑥延误的工期相应顺延。

因合同一方迟延履行合同后发生不可抗力的，不能免除迟延履行方的相应责任。

2. 保险

工程开工前，发包人为建设工程和施工场地内的自有人员及第三人人员生命财产办理保险，支付保险费用。运至施工场地内用于工程的材料和待安装设备，由发包人办理保险，并支付保险费用。发包人可以将有关保险事项委托承包人办理，费用由发包人承担。承包人必须为从事危险作业的职工办理意外伤害保险，并为施工场地内自有人员生命财产和施工机械设备办理保险，支付保险费用。保险事故发生时，发包人、承包人有责任尽力采取必要的措施，防止或者减少损失。具体投保内容和相关责任，发包人、承包人在专用条款中约定。

3. 担保

发包人、承包人为了全面履行合同，应互相提供以下担保：①发包人向承包人提供履约担保，按合同约定支付工程价款及履行合同约定的其他义务；②承包人向发包人提供履约担保，按合同约定履行自己的各项义务。

一方违约后，另一方可要求提供担保的第三人承担相应责任。提供担保的内容、方式和相关责任，发包人、承包人除在专用条款中约定外，被担保方与担保方还应签订担保合同，作为本合同附件。

四、合同生效、解除与终止

双方在协议书中约定合同生效方式。发包人、承包人协商一致，可以解除合同。发生通用条款约定的情况，停止施工超过56天，发包人仍不支付工程款（进度款），承包人有权解除合同。承包人将其承包的全部工程转包给他人或者肢解以后以分包的名义分别转包给他人，发包人有权解除合同。

有下列情形之一的，发包人、承包人可以解除合同：①因不可抗力因素致使合同无法履行；②因一方违约（包括因发包人原因造成工程停建或缓建）致使合同无法履行。一方在发生上述情况要求解除合同时，应以书面形式向对方发出解除合同的通知，并在发出通知前7天告知对方，通知到达对方时合同解除。对解除合同有争议的，按通用条款关于争议的约定处理。

合同解除后，承包人应妥善做好已完工程和已购材料、设备的保护和移交工作，按发包人要求将自有机械设备和人员撤出施工场地。发包人应为承包人撤出提供必要条件，支付以上所发生的费用，并按合同约定支付已完工程价款。已订的材料、设备由订货方负责退货或解除订货合同，不能退还的货款和因退货、解除订货合同发生的费用，由发包人承担，因未及时退货造成的损失由责任方承担。除此之外，有过错的一方应当赔偿因合同解除给对方造成的损失。合同解除后，不影响双方在合同中约定的结算和清理条款的效力。

发包人、承包人履行合同全部义务，竣工结算价款支付完毕，承包人向发包人交付竣工工程后，本合同即告终止。合同的权利义务终止后，发包人、承包人应当遵循诚实信用原则，履行通知、协助、保密等义务。

五、违约与争议

1. 违约责任

（1）发包人的违约责任

发包人不按时支付工程预付款，不按合同约定支付工程款，导致施工无法进行；无正当理由不支付工程竣工结算价款以及发包人不履行合同义务或不按合同约定履行义务的其他情况。发包人承担违约责任，赔偿因其违约给承包人造成的经济损失，顺延延误的工期。双方在专用条款内约定发包人赔偿承包人损失的计算方法或者发包人应当支付违约金的数额或计算方法。

（2）承包人的违约责任

因承包人原因不能按照协议书约定的竣工日期或工程师同意顺延的工期竣工，因承包人原因工程质量达不到协议书约定的质量标准以及承包人不履行合同义务或不按合同约定履行义务的其他情况，承包人承担违约责任，赔偿因其违约给发包人造成的损失。双方在专用条款内约定承包人赔偿发包人损失的计算方法或者承包人应当支付违约金的数额或计算方法。一方违约后，另一方要求违约方继续履行合同时，违约方承担上述违约责任后仍应继续履行合同。

2. 争议

发包人、承包人在履行合同时发生争议，可以和解或者要求有关主管部门调解。当事人不愿和解、调解或者和解、调解不成的，双方可以在专用条款内约定以下一种方式解决争议：①双方达成仲裁协议，向约定的仲裁委员会申请仲裁；②向有管辖权的人民法院起诉。

发生争议后，除非出现下列情况的，双方都应继续履行合同，保持施工连续，保护好已完工程：①单方违约导致合同确已无法履行，双方协议停止施工；②调解要求停止施工，且为双方接受；③仲裁机构要求停止施工；④法院要求停止施工。

第六节 FIDIC土木工程施工合同条件

一、FIDIC土木工程施工合同条件简介

（一）FIDIC土木工程施工合同条件简介

FIDIC是国际咨询工程师联合会（The Federation Internationale des Ingenieurs Conseils）法文的缩写。该机构是国际公认的工程承包管理的权威机构，是世界银行及其附属组织及地区性银行（如亚洲银行）推荐的权威咨询机构，总部设在瑞士洛桑，于1913年成立。它的会员在每个国家只允许有一个，目前共有80多个会员国。FIDIC下设许多专业委员会，主要有业主/咨询工程师关系委员会（CCRC）、土木工程合同委员会（CECC）、执行委员会（EC）；风险管理委员会（ENVC）；质量管理委员会（QMC）等。中国工程咨询协会代表我国，于1996年在南非开普敦加入，成为FIDIC的正式会员。

国际工程承包中，FIDIC合同条件适用广泛。50年来，FIDIC合同条件随着社会发展，

不断完善、修订和更新。20世纪50年代，二战的硝烟刚刚散去，资本主义世界的建筑承包商抓住时机，向海外市场拓展，跨国的土木工程方兴未艾。但是，各国的经济、法律的商务习惯各不相同，为了圆满完成土木工程施工项目，迫切需要一种国际社会广泛接受的合同文件。于是，1957年由国际咨询工程师联合会（FIDIC）和欧洲建筑工程联合会（FIEC）在英国土木工程师学会（ICE）的合同条件基础上，制定了第一版FIDIC土木工程施工合同条件。该文件是基于国际土木施工合同的迅速发展的需要，主要沿用英国的传统作法和法律体系，包括通用条件和专用条件两部分。1963年修订为第二版。第二版没有修改第一版的内容，只增加了第三部分——适用于疏浚工程的特殊条件。第三版是1977年出版的，对第二版做了较大修改，同时还出版了"土木工程合同文件注释"。1983年，FIDIC执行委员会授权其下属的土木工程委员会（CECC）负责监督第三版的使用和第四版的编制工作，于1987年9月在瑞士的洛桑举行的FIDIC年会上通过并发行了《土木工程合同条件》第四版，而后又于1988年发行了第四版的第一次修订本。第四版出版后，又于1989年出版了一本更加详细的"土木工程施工合同应用指南"，1992年又发行了第四版的第二次修订本。1990年编制了《业主/咨询工程师标准服务协议书》，1987年编制了《电气与机械工程合同条件》（第三版），1994年发行了《土木工程分包合同条件》，1995年发行了《设计－建造与交钥匙合同条件》。1999年9月FIDIC出版了四本新编的FIDIC合同条件（均为1999年第1版），它们是《施工合同条件》(Conditions of Contract for Construction)（也称"新红皮书"）、《工程设备和设计—建造合同条件》(Conditions of Contract for Plant and Design-Build)（也称"新黄皮书"）、《设计采购施工（EPC）/交钥匙工程合同条件》(Conditions of Contract for EPC/Turnkey Projects)（也称"银皮书"）以及《合同简短格式》(Short Form of Contract)（也称"绿皮书"）。2006年出版了《施工合同条件》（多边开发银行协调版）。2008年出版了《设计、建造与运营项目合同条件》（也称"金皮书"）。

（二）1999版FIDIC合同条件简介

FIDIC于1999年出版的四种新版的合同条件，是在继承了以往合同条件的优点基础上，在内容、结构和措辞等方面做了较大修改，进行了重大的调整。下面，将1999版四种合同条件的适用范围和特点做简要介绍。

1.1999版四种合同条件的适用范围

（1）《施工合同条件》

《施工合同条件》推荐用于有雇主或其代表——工程师设计的建筑或工程项目，主要用于单价合同。在这种合同形式下，通常由工程师负责监理，由承包商按照雇主提供的设计施工，但也可以包含由承包商设计的土木、机械、电气和构筑物的某些部分。

（2）《生产设备和设计——施工合同条件》

《生产设备和设计——施工合同条件》推荐用于电气和（或）机械设备供货和建筑或工程的设计与施工，通常采用总价合同。由承包商按照雇主的要求，设计和提供生产设备和（或）其他工程，可以包括土木、机械、电气和建筑物的任何组合，进行工程总承包。但也可以对部分工程采用单价合同。

（3）《设计采购施工（EPC）/交钥匙工程合同条件》

《设计采购施工（EPC）/交钥匙工程合同条件》可适用于以交钥匙方式提供工厂或类似设施的加工或动力设备、基础设施项目或其他类型的开发项目，采用总价合同。这种合同条件下，项目的最终价格和要求的工期具有更大程度的确定性；由承包商承担项目实施的全部责任，雇主很少介入。即由承包商进行所有的设计、采购和施工，最后提供一个设施配备完整、可以投产运行的项目。

（4）《简明合同格式》

《简明合同格式》适用于投资金额较小的建筑或工程项目。根据工程的类型和具体情况，这种合同格式也可用于投资金额较大的工程，特别是较简单的、或重复性的、或工期短的工程。在此合同格式下，一般都由承包商按照雇主或其代表——工程师提供的设计实施工程，但对于部分或完全由承包商设计的土木、机械、电气和（或）构筑物的工程，此合同也同样适用。

2. 1999版四种合同条件的特点

新版的FIDIC合同条件，同过去版本比较具有以下特点：

①在编排格式上统一化。新版中的通用条件部分均分为20条，条款的标题以至部分条款的内容能一致的都尽可能一致。

②四种新版合同条件的使用范围大大拓宽，适用的项目种类更加广泛。

③与老版本相比较新版条款的内容作了较大的改进和补充。

④在编写思想上也有了新的变化。新版本尽可能地在通用条件中做出全面而细致的规定，便于用户在专用条件中自行修改编写。

⑤新版本对业主、承包商双方的职责、业务以及工程师的职权都作了更为严格而明确的规定，提出了更高的要求。

⑥新版合同条件在语言上比以前的老版本简明，句子的结构也相对简单清楚，因此比老版本更易懂、易读。

（三）2006年多边开发银行协调版FIDIC土木工程施工合同条件简介

1999年，FIDIC发布了《施工合同条件》（新红皮书），但多边开发银行仍然指定使用1987年第四版FIDIC《土木工程合同条件》（旧红皮书），FIDIC不得不与多边开发银行协商，修订新红皮书。2005年5月FIDIC首次发布《施工合同条件》（多边开发银行协调版）。在2005年5月版的基础上，根据各个多边开发银行的要求，做了部分文字上的修改，并于2006年3月发布第二版。截至2006年9月，参与编制并承诺采用多边开发银行版的多边开发银行有：非洲开发银行、亚洲开发银行、黑海贸易开发银行、加勒比海开发银行、欧洲复兴开发银行、泛美开发银行、国际复兴开发银行、伊斯兰开发银行，北欧开发基金。《施工合同条件》（多边开发银行协调版）用于银行参与投资的项目，在通用条件中加入了以往多边开发银行在专用条件中使用的标准措辞，避免了多边发展银行对招标文件中的通用合同条件频繁修改，提高了招标工作的效率，减少了不确定性和发生争端的可能性。该版本未对1999版FIDIC《施工合同条件》（新红皮书）作根本性的改变，通用条件共包括20条，176款，增加了13款。与1999版《施工合同条件》相比，调整的内容主要包括以下几个方面：（1）调整了1999年FIDIC《施工合同条件》（新红皮书）的"亲承包商"路线，转向"亲业主"和"亲东道国"，因而对业主和承包商的风险分担更加合理，并增加和强化了劳动、卫生、安全、环境的保护条款以及反腐败和反欺诈条款。（2）在"腐败和欺诈行为"一款中对此类行为给出了多种定义，以适用于不同的多边发展银行。（3）"通用合同条件"在措辞和一些条款的规定（如支付条款、职员和劳工条款）上更加符合多边发展银行贷款项目的程序和做法。本节主要根据2006年多边开发银行协调版，介绍FIDIC土木工程施工合同条件的主要内容，包括：①业主、工程师和承包商的权利与义务；②材料、工艺、设备与竣工试验；③开工、延误、暂停和竣工；④计量、估价、变更和合同价款；⑤风险、保险与不可抗力；⑥合同终止；⑦索赔、争端和仲裁。

二、业主、工程师和承包商

1. 业主
(1) 业主向承包商提供施工现场

在承包商提交履约保函后，业主应按投标书附录中的规定，给予承包商使用和占有现场的权利。如业主未能按规定提供，承包商有权索赔工期、费用及利润。

(2) 业主应向承包商提供协助和配合

业主应协助承包商获得工程所在国的有关法律文本，以及获得有关的（如劳工、物资进出口）许可证、营业执照等。

业主应保证在现场的业主的人员及业主的其他承包商与（本合同的）承包商合作，并注意安全和环保。

(3) 业主提供资金安排证明

如承包商提出要求，业主应在28天内向承包商提交其资金安排的证明。如业主对自己的资金安排作出重大的变动，也应通知承包商。如业主要求承包商垫资，则应在签署合同协议书后28天内，向承包商提供支付保函，否则工程师不发开工通知。在专用条件后还附有业主支付保函的格式。

如果银行通知业主，暂停发放用于工程部分或全部支付的贷款，业主应该在收到通知后的7天内通知承包商，并附上相关说明，包括通知的日期，同时抄送工程师。如果业主在收到此暂停通知的60天后才能得到替代资金，用于支付承包商，则业主应在该通知中包含合理的证据，证明此资金是可以获得的。

(4) 业主索赔的权利

业主有权依据合同规定向承包商索赔工期、费用和利润。业主或工程师得知索赔事件发生时应尽快（索赔事件发生后的28天内）发出通知并提出依据，工程师应按要求商定或确定索赔的款额和工期。业主有权在付款证书中直接扣减索赔款额或另外向承包商索赔。

2. 工程师
(1) 工程师的权利和职责范围

工程师的职员应为合格的技术人员和专业人员。业主任命工程师为业主管理项目，履行合同中规定的职责，代表业主行使合同中明文规定或隐含的权利，但工程师无权改变合同，无权解除业主或承包商的任何职责、义务或责任。如业主要限制在合同通用条件中规定的工程师的权利，必须在专用条件中注明。业主对工程师职责的任何变动应及时书面通知承包商。工程师的任何批准、检查、证书、同意、通知、建议、检验、指令和要求均不解除承包商在合同中的任何责任。除非另有明文规定，否则工程师为回应承包商的要求所采取的任何行动，均应在收到承包商要求的28天内，用书面形式通知承包商。发布变更令；同意或决定竣工时间的延长和/或额外的费用；批准由承包商提交的建议书；决定各种适用货币的支付金额时，应在采取行动前获得业主特别的指示和批准。按照合同规定小于中标合同金额的百分比的变更，工程师可直接决定。此外，如果工程师认为有紧急情况发生，危及生命或工程或邻近区域的财产，他可以指示承包商执行相应的工作以减轻和降低风险。该指令不解除承包商的任何合同责任和义务。无论工程师是否取得业主的批准，承包商均应立即执行工程师的这类指令。工程师确定该变更指令导致合同价的增加额度,并通知承包商,同时抄送给业主。

(2) 工程师的委托

工程师可以书面形式将其权利委托给其助理(包括一名驻地工程师和生产设备、材料的独立检查员等),也可随时撤销委托。助理应具有适当的资质,能履行委派的任务、行使相应的权利,并能流利地使用交流语言。

助理认可的某项工作,不等于是工程师的最后认可,工程师有权拒绝。如承包商对助理的决定有异议,他可向工程师反映,工程师可对之确认、撤回或修改。

(3) 工程师的指示

工程师为了实施工程,可根据合同向承包商发布指示,承包商只能从工程师或其助理处接受指示。工程师一般应发布书面指示,必要时也可用口头指示,在此情况下,承包商应在接到口头指示两个工作日内发出对工程师口头指示书面确认的函,如工程师收到此函后,两个工作日内不书面答复,视为认可工程师或其助理的书面指示。

(4) 工程师的替换

业主如欲替换工程师,需将人选提前42天通知承包商。如果承包商认为替代人选不合适,他有权告知业主他反对的理由并附详细说明。业主则应对反对意见予以充分的考虑。

(5) 工程师的决定

当工程师需对任何事项表示同意或作出决定时,应与各方协商,力争达成协议。否则,工程师应按照合同作出公平的决定,将决定通知双方并附详细依据。如任一方有异议,可依索赔、争议和仲裁的条款解决,但在最终解决前,应先执行工程师的决定。除另有规定外,工程师自收到有关索赔或请求后,应在28天内将商定意见或决定通知对方并附详细依据。

3. 承包商

(1) 承包商的一般义务

根据工程师指令进行施工和修补缺陷。提供合同规定的人员、物品、生产设备和承包商的文件,并对现场作业和施工方法的安全性和可靠性、承包商的文件、临时工程以及合同要求的生产设备和材料的选用负责。工程中所采用的全部生产设备、材料和服务的供应商都应来自银行规定的国家。

承包商对业主提供的永久工程的设计和规范不负责任,但如合同要求承包商负责设计某一部分永久工程时,则承包商应:

①按照合同规定的程序,向工程师提交该部分的承包商的文件;

②这些承包商的文件应符合规范和图纸要求,并用交流语言编写,以使这部分设计符合合同要求;

③使自己设计的工程,在工程竣工时,达到合同规定的目标;

④提交竣工文件和操作维修手册。

承包商应按合同规定或工程师指示与业主的人员、业主的其他分包商及公共当局人员合作。如这些合作和服务导致了承包商不可预见的费用,则构成变更。

承包商在施工中不得干扰公众的便利以及人们正常使用的公共或私人道路,并应保障业主免受由于干扰所造成的各类损失。

(2) 承包商的履约保证

承包商应按合同规定的金额、货币、时间、机构和格式向业主提交履约保证。并应保证在缺陷通知期期满和收到履约证书前,履约保证一直有效。业主在收到履约证书副本后21

天内应将履约保证退还承包商。业主有权根据合同从履约保证中索赔。

无论合同中的其他条款有无限制，如果由于成本、法律变化或变更原因，工程师决定某币种的合同价格增加或减少累积超过25%。则承包商应按工程师的要求，以该种货币同样的百分比相应的增加或减少该币种履约保证的额度。

（3）承包商的代表

承包商的代表即承包商指派的"施工项目经理"，代表承包商执行合同及接受工程师的指令。该"代表"可在合同中事先指定，或开工前提出人选报工程师批准，但不得私自更换。承包商的代表离开工地时可委托替代人员，但须经工程师同意。也可将职责或权利委托其下属，但须事先通知工程师。承包商的代表应能流利地使用合同规定的交流语言。如果承包商代表的委托替代人员不能流利使用合同规定的语言，承包商应聘用工程师认为足够的翻译人员，并确保能在所有的工作时间内胜任翻译工作。

（4）分包商

承包商对分包商的一切行为和过失负责，并不得将整个工程分包出去。开工后选择分包商需工程师批准。但材料供应商和合同中已列入的分包商无需批准。在可能时承包商应给予当地承包商公平、合理的机会，使其成为他的分包商。分包工作开工前28天应通知工程师。业主有权要求将分包合同的权益转让给业主。承包商应确保其分包商也遵守保密事项条款。

分包合同中应包括在缺陷通知期期满后将分包合同的权益转让给业主的条款。转让生效后，承包商不再对业主负责分包商的工作。

（5）指定分包商

指定分包商是指在合同中由业主指定的分包商以及在工程实施过程中，工程师通过下达变更令指定的分包商。

承包商只要向工程师提出了以下证明材料和理由，就有权拒绝雇用指定分包商。

①指定分包商的能力不足、资源不足或财力不足；

②指定分包商不接受他应保障承包商免受因他的渎职、误用材料引起的损失；

③指定分包商不接受在分包合同中规定指定分包商应承担承包商相应的合同责任，以及他自身未能履约时的相应责任，也不接受仅当承包商在收到业主对指定分包商的支付款后才对指定分包商进行支付的规定。

承包商对指定分包商的支付要依据分包合同的规定，并经工程师签证。承包商对指定分包商的支付以及管理费用由业主从暂定金额中支付。按照合同规定，承包商对指定分包商支付显示在指定分包商的发票上的由承包商批准的金额，工程师按照该分包合同签证。

工程师在向承包商签发支付证书（包含对指定分包商的支付）之前，可要求承包商证明该指定分包商已收到以前签发证书中应付给他的款项。如承包商不能提供证据，也未向工程师说明他未支付的理由并证明他已将扣款的理由告知指定分包商，则业主可自行向指定分包商直接支付，并从向承包商的支付款中扣回该笔款额。

三、材料、工艺、设备与竣工试验

1. 材料与施工质量

（1）材料

承包商在将材料用于工程之前，应自费向工程师提交样品和资料，取得工程师的同意。样品包括制造厂商和合同规定的样品，工程师可用变更指令的方式要求附加样品，样品上应列明原产地和在工程中的用途。

承包商应至少提前21天将准备进场的生产设备和其他重要物品通知工程师。一切货物的包装、装卸、运输、接收和保管均由承包商负责。承包商应保障业主不因其他方的索赔而受到损失。

（2）施工实施

承包商应按照合同规定的方法、公认的良好惯例、恰当的施工工艺和方法进行生产设备的制造、材料的加工生产以及工程的其他作业。若合同无规定，应使用适当的设备和无公害的材料。

承包商应遵守安全规章，文明施工，提供安全措施，保证好现场人员的安全。如果施工影响到公众和邻近单位人员，应提供必要的防护措施。

（3）质量保证

承包商应按合同要求建立一套质量保证体系，工程师有权对该体系进行审查。每一阶段实施前，在承包商批准之后，应将工作程序及文件送工程师参阅。执行质量保证体系并不解除承包商的任何合同责任。

（4）现场数据

业主应在基准日期之前及以后向承包商提供现场水文、地质、环境等相关数据和资料。承包商对上述数据和资料的解释负责，并应对之进行视察和检查。承包商被认为已取得了他所需要的相关事项，包括（但不限于）：

①现场状况和性质，包括地下条件；
②水文、气候条件；
③工作范围以及工程所需物资；
④工作所在国的法律、程序及劳务惯例；
⑤对各项施工条件（交通、食宿、水电等）的要求。

（5）道路

承包商应至少了解清楚进入现场道路的适用性，选择合适的运输工具和路线，承包商应自费修建和维护进入现场所需的临时道路及设置标志。业主对因使用进场道路引起的索赔不负责任。承包商对进场路线适宜性和可用性的认可始于基准日期。

除非合同另有规定，业主应提供工程需要的进场通道及现场占有权，包括专用和/或临时的道路通行权。承包商应自担风险和费用，并取得用于工程项目可能需要的现场以外的任何附加的道路通行权或设施使用权。

（6）放线

承包商应依据工程师提供的数据负责对全部工程进行放线和定位。承包商应对工程师提供的数据进行校核，如果一个有经验的承包商仍未能发现业主方原始数据的错误且导致了损失，则承包商可索赔工期、费用和利润。

（7）现场作业

承包商应将施工作业及其人员、设备限制在现场范围内，如需增加现场需工程师同意。施工现场应及时清除垃圾，保持清洁，保证安全。在收到接收证书后。承包商应清理好现场，仅留下维修必需的设备和材料。

承包商应采取一切措施保护现场内外的环境，限制污染和噪声，以减少对公众和财产的损害。承包商还应保证在施工时向空中及地面排放的污物不超过规范和相关法律规定的限定值。

承包商有权拒绝未经授权的人员进入现场。有权进入现场的人员仅限于业主的人员、承包商的人员以及业主和工程师通知承包商可进入现场的其他承包商人员。

2. 设备、材料的归属

(1) 承包商的设备

承包商对一切承包商的设备负责。承包商的施工设备运到现场后，不经工程师同意不得运出现场，但运送人员及货物的车辆除外。

(2) 业主的设备和免费供应的材料

业主应按规范中说明的细节安排和价格将业主的设备租给承包商使用。除了在承包商的人员操作、驾驶、指挥或占用时由承包商负责外，其余时间均由业主负责。

如规范中规定业主向承包商提供免费材料，则业主应对材料自付费用、自担风险并运到工地指定地点。承包商在收到材料后，应检查数量和质量。发现问题应立即通知工程师并要求业主整改。如材料已移交承包商保管，发现数量或质量问题仍由业主负责。

(3) 设备和材料的所有权

生产设备和材料成为工程一部分时，其所有权才视为业主所有。在工程暂停而承包商有权得到该相关付款时，（以先发生的条件为准）该设备和材料即归属业主所有，但应符合工程所在国的法律。

3. 检查与检验

(1) 检查

业主的人员应有权在合理的时间内进入现场及天然料场，有权在生产设备制造、材料加工期间，检查、检验、测量和试验设备用材、工艺和进度。承包商应为上述工作提供方便，但业主方的检查并不解除承包商的任何义务和责任；在任何工作将要隐蔽、包装、储运之前，承包商应通知工程师及时前来检查，如工程师不来检查也应及时告知承包商，如承包商未通知工程师，当工程师要求时，承包商应自费打开已覆盖的工作供检查，随后复原。

(2) 检验

本款规定适用于合同规定的所有检验（除"竣工后检验"）。

承包商为检验提供的服务包括：合格的人员；设备和仪器；电力、材料等消耗品；文件及有关资料。检验的时间和地点由工程师和承包商商定。工程师可根据变更条款改变检验地点和要求或指示增加附加检验，如这类项目检验不合格，承包商应承担费用。

工程师应将检验意图至少提前24小时通知承包商，如他未另发指示而又未来参加检验，则以承包商自行检验的结果为准。承包商应在检验后立即向工程师提交检验报告，如工程师未参加检验，则应认可该检验结果，若检验合格，工程师应在报告上签署或另发检验证书。如工程师变更了已约定好的检验，则承包商有权索赔工期、费用和利润。

(3) 补救工作

尽管已进行过检验或颁发了检验证书，工程师仍可要求承包商：

①更换不符合合同要求的材料和生产设备；

②返工不符合合同要求的工作；

③在意外情况时，实施为了工程安全的工作。

承包商应尽快执行，如果承包商没有执行，业主可另外雇工执行并向承包商索赔。

(4) 拒收

如果对任何生产设备、材料或工艺检验不合格时，工程师可拒收，承包商应立即恢复缺陷使之达到合同要求;工程师有权要求对修复缺陷之处按相同的条件重新检验,如果由之导致业主增加了费用,业主可索赔。

4. 竣工验收

(1) 提交竣工验收报告

承包商在根据规定提交各种文件后,应要求进行竣工检验;承包商应至少提前21天将可以进行每项竣工检验的日期通知工程师。检验应在此后14天内,按工程师指定的日期进行;如业主提前使用了工程,竣工检验时应考虑到有关影响;通过竣工检验后,承包商应尽快向工程师提交正式的检验报告。

(2) 延误的检验

如竣工检验被业主方延误,在14天内不能进行,则应视为业主在本应完成竣工检验的日期接收了工程或区段;如竣工检验被承包商延误,工程师可通知承包商在接到通知后21天内检验,承包商应将确定的检验日期通知工程师;如承包商未能在接到通知后21天内进行竣工检验,业主的人员可自行进行检验,风险和费用由承包商承担,承包商应认可检验结果。

(3) 重新检验

如工程未通过竣工检验,可按拒收的规定处理;工程师和承包商任何一方均可要求按照相同条件重新进行检验。

(4) 未能通过重新检验

如对工程或某个区段进行重新检验后仍未通过,则工程师有权:

①下令再次重复竣工检验;

②如工程中的问题使该工程或某个区段对业主基本上没有使用价值时,业主可拒收并按未能补救缺陷的规定处理;或

③如业主提出要求,工程师可在对合同价格减扣后,颁发接收证书。

如果在合同中没有规定减扣方法,业主可要求:

①双方商定仅限于弥补业主损失的减扣额,并在签发接收证书前支付给业主;或

②按业主的索赔和确定的规定,由工程师和双方商定或确定。

5. 业主的接收

(1) 工程和区段的接收

当工程已按合同要求完工,通过竣工检验并颁发了接收证书时,业主应接收工程;当承包商认为工程(或某区段)已完工,可在向业主移交之前的14天内,通知工程师,申请工程(或区段)的接收证书。工程师在收到申请后28天内,应:

①向承包商颁发接收证书,注明竣工日期以及在缺陷通知期中应完成的扫尾工作;或

②拒绝申请,指出承包商应完善的事项,当承包商完成后,可再度申请。

如果工程师在收到申请28天内,既不颁发接收证书又不拒绝申请,且工程基本符合合同要求,则可视为在28天的最后一天接收证书已签发。

(2) 部分工程的接收

在业主的自主决定下,工程师可为部分永久工程颁发接收证书,此后,业主即可使用该部分工程;如业主在颁发接收证书前,确实使用了任何部分工程,则:

①开始使用日期即为业主接收日期;

②自使用日开始,承包商将保管责任移交给业主;且

③如承包商要求，工程师应颁发该部分接收证书。

在工程师颁发该部分接收证书后，应要求承包商在缺陷通知期期满前进行竣工检验。如果由于业主的提前使用导致承包商增加了费用，承包商可索赔费用和利润；如果对某部分工程（或区段）颁发了接收证书，则剩余工程的误期损害赔偿费的日费率应按工程价值相应减少，但误期损害赔偿费的最高限额不变。

(3) 对竣工检验的干扰

如由于业主方原因致使竣工检验在14天内不能进行，则应视为业主在本应完成竣工检验的日期接收了工程或区段；工程师应为之颁发接收证书，同时要求承包商在缺陷通知期期满前进行竣工检验，并应在检验前14天通知工程师。如果由于业主方原因拖延了竣工检验，招致了工期延误或增加了费用，承包商有权索赔工期、费用和利润。

6. 缺陷责任

(1) 完成扫尾工作和修复缺陷

为使工程、承包商的文件和每个区段在缺陷通知期期满时达到合同要求（合理的损耗除外），承包商应在工程师指示的合理时间内完成接收证书中注明的扫尾工作，并且是在工程（或区段）的缺陷通知期期满前完成缺陷的修复。如发现缺陷或损害，业主应通知承包商。

(2) 修补缺陷的费用

以下原因造成的缺陷，应由承包商承担风险和费用：

①承包商负责的设计；

②生产设备、材料和工艺不符合合同要求；或

③承包商未能遵守任何其他义务。

上述原因之外的原因造成的缺陷，业主应立即通知承包商修复并按变更处理。

(3) 缺陷通知期的延长

如果由于缺陷使工程、某区段或某生产设备无法按预定目的使用，业主有权索赔工期（即延长缺陷通知期，但延长期不得超过2年）；

如由于业主方原因导致暂停了材料和生产设备的交付和/或安装时，则此类材料或设备原定的缺陷通知期届满2年之后，承包商不再承担修复缺陷的义务。如果缺陷是承包商的责任，业主有权延长缺陷通知期。

(4) 未修复缺陷

如承包商未及时修复缺陷，业主可通知承包商在限定的日期前修复缺陷；如届时承包商仍未修复应由他自费修复的缺陷，则业主可：

①自行或委托他人修复缺陷，由承包商支付费用，但承包商对此工作即不再承担责任；

②由工程师与双方商定或决定减扣合同价款；或

③如出现的问题使业主基本上不能获得工程或其主要部分的预期使用价值，业主可终止全部或该主要部分的合同，收回全部或部分工程款、融资费以及工程拆除、清理现场等费用。

(5) 移走有缺陷的工作

如缺陷不能就地修复，业主可允许承包商将此部分生产设备移出现场修复；此时业主可要求承包商按照移出生产设备的全部重置成本增加履约保函额度，或提供其他担保。

(6) 进一步的检验

如果修复工作可能影响工程性能，工程师应在修复后28天内发出通知，要求重新进行

合同规定的任何检验；进行检验的条件应与以前一致，检验费用由应承担维修费的责任方承担。

（7）履约证书

只有当工程师向承包商颁发了履约证书（在其中注明承包商完成合同义务的日期），才能认为承包商的义务已经完成；工程师应在最后一个缺陷通知期期满日之后28天内颁发履约证书；或在承包商提供所有承包商文件、完成了所有工程施工和检验、修复所有缺陷的条件下尽快颁发；履约证书副本提交业主。只有颁发履约证书才应被视为构成对工程的认可。

颁发履约证书后，合同各方仍应完成当时未履行的任何义务，为此，合同仍然有效。

收到履约证书后，承包商应从现场撤走承包商的设备和多余的材料，并清理现场，否则，业主有权出售承包商的设备及清理现场，费用由承包商支付，或由出售设备的余款支付，多退少补。

四、进度、开工、延误、暂停和竣工

1. 进度

（1）进度报告

进度报告由承包商每月编写提交，一式六份。第一次包含的期间是由开工日期至第一个月末，之后每月一次。并在下个月7日之前提交。进度报告一直保持到承包商完成所有扫尾工作为止。

进度报告内容包括：

①工程进展情况：包括设计、承包商的文件，采购、制造、施工、安装以及分包商工作情况；

②设备制造和现场进度的照片；

③生产设备和材料厂商情况、工作、进度以及运达日期等；

④该月投入的承包商的设备和人员；

⑤质量保证文件，材料的检验结果和合格证书；

⑥业主和承包商的索赔清单；

⑦安全环保和公共关系方面的问题；

⑧实际进度与计划进度对比，影响进度的事件及补救措施。

（2）进度计划

承包商应在收到开工通知28天内，向工程师提交一份详细的进度计划。当进度有变动时，应提交一份修订的进度计划。

进度计划的内容包括：

①工程实施顺序；

②指定分包商的工作；

③合同中规定的检查、检验的安排；以及

④一份支持报告，包括：各阶段的施工方法，人员和施工设备的数量等。

如果工程师在收到进度计划后21天内，未提出意见，则承包商可据此工作。业主的人员也可据此安排自己的工作；承包商应及时将未来可能影响工作、增加合同价格或延误工期的事件通知工程师。工程师可要求承包商估计事件的影响，按"变更程序"一款提出建议；当工程师指出工程进度不符合要求时，承包商应及时提交一份修正的进度计划。

(3) 进度

如果工程实际进度太慢,不能按合同要求竣工,承包商又没有可能索赔工期,工程师可要求承包商提交一份修订的加快赶工的进度计划。为了赶工而增加的人员和设备费用以及其他风险费用均由承包商承担。如果赶工计划导致业主的额外费用,业主可以索赔;如果承包商未能按时竣工,还应支付误期损害赔偿费。由于出现竣工时间的延长的事件导致进度落后,工程师下令赶工,修改进度计划,产生的额外费用由业主负责,但此类额外支付不得使承包商获利。

2. 开工、延误、暂停

(1) 工程的开工

除非合同专用条件另有规定,开工日期的确定必须满足下列三个条件:满足下列全部前提条件;在工程师下达的指示中记录了双方对满足下列全部前提条件的认可;并且是承包商收到工程师开工指示的日期。

①双方签订了合同协议书,并且如果需要,该合同已获得该国相关部门的审批;

②按照业主的资金安排的规定,业主向承包商出示了其资金安排的合理证据;

③除非合同数据中另有规定,业主将现场的占用许可以及有关作为开工所需的各类许可证移交给承包商;

④承包商收到了业主的预付款并向业主提供了预付款保函;

⑤如果在收到中标函后的 180 天内,承包商仍然没有收到工程师的开工指示,则承包商根据承包商终止条款,有权终止合同。

(2) 延误

如果满足下列全部条件,承包商可提出工期索赔:

①承包商已经遵守了工程所在国合法当局制定的程序;

②当局延误或干扰了承包商的工作;

③这些延误或中断是承包商无法提前预见的。

(3) 暂停

工程师可随时指示承包商对局部或全部工程暂时停工,承包商应认真保护和保管该部分工程;工程师可通知承包商暂停工作的原因。

暂停不属于承包商的原因,则暂时停工以及复工招致了承包商的损失,承包商可以索赔工期和费用;如果暂时停工是由于承包商的设计、工艺、材料缺陷所致,或暂停后承包商未保护好工程,则承包商无权索赔。

暂停不属于承包商的原因,当生产设备的生产或生产设备和材料的运送被暂停 28 天以上,并且承包商已将这些设备和材料标明为业主的财产时,承包商有权得到这些设备和材料的付款;支付的金额应为暂停日这些物品的价值。

暂停不属于承包商的原因,如暂停超过 84 天,承包商可向工程师申请复工,如申请后 28 天内未得到复工许可,承包商可以将暂停的部分按"变更条款"视为删减项目。或如暂停影响到整个工程,承包商可按"承包商的终止"条款终止工程。但也可以不采取以上两项措施,继续等待工程师的复工指示。

(4) 复工

在发出复工许可或指示后,工程师应与承包商共同对受暂停影响的工程、生产设备和材料进行检查；承包商应负责修复暂停期间工程、生产设备和材料的任何变质或损失，但可以索赔。承包商应在收到工程师"变更与调整"的相应通知后，复工修复缺陷。

3. 竣工

（1）竣工时间

承包商应在相应的竣工时间内完成整个工程或区段。竣工的含义是：通过竣工检验；并且是完成"工程和区段的接收"一款中要求的全部工作。

（2）竣工时间的延长

如果由于下列任一原因延误了工期，承包商可索赔工期：

①发生合同变更或某些工作量有大量变化；

②本合同条件中允许承包商索赔工期的原因；

③异常不利的气候条件；

④流行病或政府行为造成人员或货物不可预见的短缺。

承包商应按索赔条款规定提出索赔。工程师在确定延长时间时，可审查已给出的延期，但只能增加延期，不能减少已批准的延期时间。

（3）未按时竣工的赔偿

如承包商未按期竣工，应向业主支付误期损害赔偿费。拖期的天数为自合同竣工日期到接收证书上写明的实际完工日期之间的天数。误期损害赔偿费是承包商（除违约外）对此类违约应负的唯一赔偿责任，拖期每一天的支付标准和最高限额均在投标书附录中规定。支付此赔偿费不解除承包商完成工程和合同中规定的其他义务和责任。

五、计量、估价、变更和合同价款

1. 计量与估价

（1）工程计量

当工程师要计量工程时，应通知承包商一方派人协助并提供所需资料，如承包商未派人参加该部分工程计量，则承包商应认可工程师的计量准确。

一般计量记录应由工程师准备，承包商应在现场对记录进行检查和协商，如达成一致，应签字确认，如未到场，则应认可工程师的记录；如承包商不认同该记录，应书面提出意见，工程师据之修改或确认；如承包商收到记录14天内未发出通知，则视为认可该记录。如承包商不认同该记录时，工程师应对其中没有异议的部分支付。

在期中支付证书、竣工报表和最终支付证书的申请中，承包商应列明他认为依据合同有权得到的金额以及详细说明款项的其他细节。

（2）计量方法

除合同另有规定，仅对永久工程的每项工作均应测量其实际完成的净值计量，并且计量方法应符合工程量表或其他适用的资料表中的规定。

（3）估价

除合同另有规定，工程师应按规定的计量方法和相应的单价或价格对各项工作进行估价，并商定或确定合同价格。

在确定每项工作适用的单价或价格时，如合同中有规定，则取规定值；如合同中未规定，则尽可能取类似值；但当合同中没有可参照的单价或价格时，在以下两种情况下，可参照有关事项或根据实施该工作的合理成本和利润，规定新的单价或价格。

①不是子项"包干",但必须满足下列全部三个条件:
a. 一项工作的数量变动超过工程量表中或其他资料表中数量的25%;
b. 变动的工程量乘以相应单价超过了中标合同金额的0.25%;
c. 此工程量变化直接造成该项工作每单位工程量成本的变动超过1%。
②变更项目:合同中无规定值或类似参考值时(变更项目不需满足上面三个条件)。

工程师在确定适宜的费率和价格前,应确定临时费率或价格用于期中支付。在承包商投标时,如果工程量表中的任何子项没有列出单价或价格,则认为该子项已包含在工程量表中其他的单价或价格中,不另外给予支付。工程师应在相关工作开始后尽快确定临时单价。

2. 变更与调整

(1) 工程变更

在颁发接收证书前,工程师有权变更,并可要求承包商就变更提出建议书;承包商应执行变更指令,但如不能得到相应货物,可暂不执行,并通知工程师;如果没有工程师的变更指令,承包商不得对永久工程做任何变动或修改。

涉及下列任一方面均可能构成变更:
①合同中任何工作内容、数量的变更(但不一定,必然构成变更);
②工作质量或特性的改变;
③工程某部分标高、位置和/或尺寸的改变;
④工程某部分的删减,但此删减的工作由他人实施的除外;
⑤永久工程所需的附加工作、生产设备、材料或服务,包括有关竣工检验、勘探工作等;
⑥实施工程顺序及时间安排的改变。

如变更对工程的顺序或进度引起实质性的改变时,承包商可通知工程师,暂不执行他的变更指令。

(2) 变更程序

若工程师在发布变更指令前要求承包商提交建议书,他应尽快提交,否则应说明原因。建议书应包括:变更工作的实施方法和计划;对工程总进度计划的调整以及变更费用的估算;工程师收到建议书后应尽快表态,此时承包商应照常工作;每一项变更均按计量与估价的规定进行估价。

承包商可随时向工程师提出建议书,只要他认为此建议可缩短工期,降低造价,提高工程运行效率和/或价值,或对业主产生其他效益;承包商应自费编制此建议书,并应按照变更程序办理。如建议书中包含设计的内容,承包商应进行该部分设计,并对之负全部责任。如承包商的建议节省了工程费用,在某些情况下他可得到奖金。

如合同价格是以一种以上货币支付,变更时应规定适用的货币及款额;为此应参照变更的工作所需货币比例和合同价格支付的货币比例。

(3) 暂定金额

暂定金额(即业主方的备用金)只有工程师才能动用,动用的款额构成合同价格的一部分。工程师指示承包商所作的涉及使用暂定金额的工作包括:
①由承包商实施的变更工作,按变更程序估价;
②由承包商从指定分包商或其他渠道采购生产设备、材料或服务,此时承包商应得到他

为此实际支付的费用以及相应的管理费和利润（按资料表或合同数据中列明的百分比）。工程师有权要求承包商提交有关报价单、发票、凭证、收据等。

（4）计日工

在合同中有计日工表的前提下，当工作中出现临时发生的或零星工作时，工程师可用变更指令的方式要求承包商按计日工进行，同时按计日工表估价。在为某项工作订购货物之前，应向工程师提交报价单。申请支付时应提交货物发票等单据。

承包商应每日向工程师提交一式两份计日工表，内容包括：按计日工计算的人员的姓名、工种和工作时间；承包商的设备和临时工程的类别、型号和使用时间；所用的材料数量和类别。工程师在核实每份报表并签字后，退还承包商一份；承包商每月将工程师签字的计日工表的价格，事先列表报工程师，之后再列入月报表，申请支付。

（5）因删减而变更

以下工作的删减构成变更，承包商有权得到费用补偿：

①如该工作未被删减，承包商将产生的费用，包含在中标合同金额内；

②删减该工作导致此金额不构成合同价格的一部分；并且此费用也不包括在任何替代工作的估价中。

如承包商不能就删减工作的价值与工程师达成一致时，他应致函工程师，并附证明材料，由工程师商定或确定此项费用，计入合同价格。

（6）因立法变动而调整

在基准日期后，如工程所在国的法律有改变（包括颁布新法、废除或修改现有法律、或对此法律的司法解释或政府解释有改变），影响承包商履约，合同价格应随之进行调整；如承包商因之遭受了损失，可以索赔工期和费用；工程师应在收到通知后，商定或确定承包商所申请的索赔。

如果在立法变动前已经调整过工期和费用，在立法变动之后不再进行调整。

（7）因费用波动而调整

在实施工程过程中，如人工、货物和其他投入的费用发生波动，则月支付款应按本款调价公式调整。当调价对一些成本的涨落不能补偿时，中标合同金额应视为已包含这些成本涨落的应急费用。调价指按资料表（工程量表）中的项目结算的部分，适用于各种货币的支付。但根据成本及现行价格估价的工作不予调整。

如现行费用指数暂时不能得到，工程师可确定一临时指数用于月支付时的调价，随后再进行调整。

3. 合同价格与支付

（1）合同价格

中标合同金额是以业主提供的现场数据、承包商的解释以及现场考察等为基础计算出来的。承包商应被认为他已确信中标合同金额是恰当的和充分的。如无其他规定，中标合同金额应包括承包商根据合同所承担的全部义务，除非专用条件中另有规定：

①合同价格是按估价条款，用各子项的单价乘以实际完成的工程量之和，再加上子项包干价，并根据合同有关规定进行调整后的最终合同结算价；

②承包商应支付合同要求其支付的一切税费（合同价格包括此税费），但立法变更时允许调整，为履行该合同而进口的承包商的设备及其必需备件，应免除进口税款；

③资料表（工程量表）中均为估计的工程量，不作为实施工程和正式结算的依据；

④承包商应在开工日后 28 天内向工程师提交资料表（工程量表）中每一包干子项的价格分解表，供工程师支付时参考。

(2) 预付款

业主应向承包商支付一笔无息预付款用于工程启动；投标书附录中应规定预付款的额度、支付次数、时间以及货币品种和比例。

工程师签发第一笔预付款证书的前提是：收到期中付款申请报表；收到履约保函；收到预付款保函（保函由业主批准的国家的相应机构，按业主同意的格式开具）。

承包商应保证预付款保函在归还全部预付款之前一直有效，但担保额度可随预付款的归还而减少。如在保函期满前 28 天仍未还清，则应延长保函有效期直到预付款全部还清为止。

除非"合同数据"中另有规定，否则由工程师通过期中支付证书中按百分比扣减的方式偿还，具体规定如下：

①开始扣还时间：当期中付款（不包括预付款和保留金的扣减与退还）超过中标合同金额与暂定金额之差的 30% 时。

②全部还清时间：按预付款货币的品种与比例，以及合同数据中规定的百分率在每次月支付证书中（不包括预付款和保留金的扣减与退还）扣还，但在工程支付款达到中标合同金额与暂定金额之差的 90% 之前，应还清全部预付款。

在业主根据业主终止合同条款和可选择的终止、支付和解除履约条款，终止合同时，承包商也应立即偿还剩余部分预付款。

(3) 申请期中支付证书

承包商应在每个月末之后，按工程师同意的格式向他提交一式六份月报表，列出认为自己有权获得的款额，同时附上进度报告等证明文件。

月报表的内容和顺序如下（以应支付的货币表示）：

①截至月末已实施的工程和承包商的文件的估算合同价值（包括变更）；

②立法变动和费用波动导致的增减款额；

③保留金的扣除：按投标书附录规定的百分率乘上述两项款额之和，一直扣到保留金限额为止；

④预付款的支付与扣还；

⑤为生产设备和材料的预支款和扣还款；

⑥其他应追加或减扣的款项，如索赔款等；

⑦扣除所有以前的支付证书中已经确认的款额。

(4) 期中支付证书的颁发

在业主收到和认可履约保证之前，不确认和办理付款。

工程师在收到月报表和证明文件后 28 天内，应向业主签发期中支付证书，包括支付金额及说明。在合同数据中规定了期中付款证书的最低金额，当承包商月报表（扣除保留金等）中的款额低于此金额时，该月即不予支付，该款额转至下月支付。

工程师应将包括工程师公平决定的支付款额的期中支付证书递送给业主和承包商。如果工程师对支付证书中的款额有任何减少或扣留应提供详细说明。

如承包商提供的货物或工作不合格，在更换和修正前，可扣发相应价值；如进行的工作和服务达不到合同要求，也可扣发相应的价值，但均不能扣发期中支付证书。工程师有权在支付证书中改正以前支付证书中的错误。工程师颁发支付证书不表明对工作的批准和接受。

(5) 支付

各种货币的应付款应汇入合同指定的付款国承包商指定的银行账户。支付第一笔预付款的时间：选择业主签发中标函后42天内，或承包商提交履约保证、预付款申请表和预付款保函之后21天内，两个日期中较晚者。

业主应在工程师收到承包商的报表和证明文件后56天内，将期中支付证书中已证明的款额支付承包商，或，当用于支付承包商的贷款暂停的情况下，业主应在工程师收到承包商的报表的14天内将承包商提交的任何报表中的款额支付给承包商，若有差错，可在下次支付中予以纠正。业主应在从工程师那里收到最终支付证书后56天内，将该支付证书中证明的款额支付承包商，或，在用于支付承包商的贷款暂停的情况下，根据承包商提出终止条款的规定，业主应在收到暂停贷款通知的56天内，将最终报表中的没有争议的那部分款额支付承包商。

(6) 延误的付款

如承包商不能按时收到业主付款，他有权按合同规定应付款的日期，就未收到的款额按月计复利收取融资费。除非专用条款另有规定，融资费应以高出支付货币所在国中央银行的贴现率3%的年利率计算，以同样货币支付。承包商有权得到上述付款而无需证明和通知，也不损害他的其他权利。

如上述规定不可行，可使用银行同业拆息率。

(7) 保留金的支付

对按区段竣工的工程，接收证书颁发后保留金的支付比例应为50%。除非专用合同条件中另有规定，工程师签发接收证书和前一半保留金的支付证书后，承包商有权用保留金保函替换另一半保留金。该保函格式和开具保函的机构应得到业主的批准。该保函的金额和货币与另一半保留金相同，并在工程全部竣工和缺陷修复之前一直有效。业主在收到此保函后，工程师应向承包商签发另一部分保留金的支付证书，并由业主支付。第二部分保留金保函的退还按照本款规定执行。业主应在收到履约证书副本后的21天内将保留金保函退还给承包商。

如果履约保证是无条件保函，并且在签发接收证书时，保函的金额比保留金的一半还要多，则不需要另开保留金保函。如果履约保函的金额在签发接收证书时少于保留金的一半，则需要另开保留金保函，但保函的金额为保留金的一半和履约保函金额的差额。

(8) 竣工报表

承包商在收到工程接收证书后的84天内，按照申请期中支付证书条款的要求向工程师提交工程竣工报表及证明文件一式六份。竣工报表中应列明：

①截止到接收证书上写明的日期，按合同要求已完成的所有工作的价值；
②承包商认为应付的其他金额；
③承包商认为根据合同规定将付给他的任何其他款项的估计数额（此数额单独列出）。

工程师应按颁发期中支付证书的规定予以确认。

(9) 申请最终支付证书

收到履约证书后56天内。承包商按工程师批准的格式，向其提交最终报表草案一式六份，附证明文件；最终报表草案中应列明：

①根据合同完成的所有工作的价值；

②承包商认为业主仍应支付给他的余额。

如工程师对此"草案"有异议，承包商应提交补充材料，双方商定对该草案进行修改后，再提交"最终报表"；

工程师要求承包商提交最终报表草案补充材料的时限规定为工程师收到上述"草案"后28天内。

如双方仍对该草案有争议，工程师应就无争议部分向业主开具一份"期中支付证书"。争议部分按索赔、争议与仲裁条款解决。承包商根据解决的结果编制"最终报表"提交业主并抄送工程师。

(10) 结清证明

承包商在提交最终报表时，应提交一份书面结清证明；结清证明上应确认，最终报表的总额即为应支付给承包商的全部和最终的合同结算款额；结清证明上可注明，直至承包商收到退还的履约保证和合同款余额的日期，结清证明才生效。

(11) 最终支付证书的颁发

在收到最终报表和结清证明后28天内，工程师应向业主发出最终支付证书；最终支付证书中应包括：

①由工程师公平决定的最终应支付的金额；

②在扣除业主已支付给承包商的款额后，还应支付给承包商的余额；或承包商需退还业主的款额。

如承包商未按规定申请最终支付证书，工程师应通知他提交，如通知后28天仍未提交，工程师可自行合理决定最终支付金额，并相应颁发最终支付证书。要求工程师同时向业主和承包商签发最终支付证书。

除最终报表和竣工报表同时都包含的款项要求外，业主不再对承包商承担有关责任；本款不限制业主因其赔偿义务或其他不当的行为应负的责任。

六、风险、保险与不可抗力

1. 风险

(1) 业主和承包商互为保障

承包商应保障业主、业主的人员及其代理人在以下情况下免于承担索赔、损失及相关的开支：

①在承包商设计和施工过程中，如出现人身伤亡或疾病时（除非是由于业主及其人员的渎职、恶意行为或违约引起）；

②由承包商设计、施工、竣工、修补缺陷等引起的。除非此类损害或损失是由于业主、业主的人员、其代理人或他们直接或间接雇用的人员的渎职、恶意行为或违约引起的，对任何财产的损害或损失。

若由于业主及其人员的过失、故意行为或违约导致人员伤亡、疾病以及人身伤害和财产损失保险条款中的例外责任事件，业主应保障承包商及其人员免于承担有关索赔、损失和相关开支。

(2) 承包商对工程的照管

从开工到接收证书颁发时，承包商应对工程和货物的照管负全部责任，除业主风险导致的原因外，损失一律由承包商自行承担。

整个工程（或区段、或部分工程）的接收证书颁发后，保管的责任即移交给业主，但承包商仍应负责扫尾工作的照管；在签发接收证书之后，如由于承包商的行为导致损失，或发生的损失是接收证书签发之前承包商负责的原因所致，他均应对损失负责。

(3) 业主的风险

业主的风险包括：

①战争、敌对行为、外敌入侵活动；

②工程所在国内叛乱、恐怖主义、非承包商人员的故意破坏、革命、暴动、政变等；

③承包商的人员之外的人员在工程所在国内的暴乱、骚乱或混乱；

④工程所在国内的军火、爆炸物资、电离辐射或放射性污染，但承包商使用此类材料除外；

⑤由音速或超音速的飞机及其他飞行器造成的压力波；

⑥除合同规定之外，业主使用或占有的任何部分永久工程；

⑦业主方负责的任何部分的工程设计；

⑧一个有经验的承包商无法合理预见并防范的自然力的作用。

如由于业主的风险导致对工程、物品或承包商的文件的损害，承包商应立即通知工程师，并按工程师的要求进行修复和补救；如承包商由此招致了损失，可按索赔条款提出工期和费用索赔；对于业主行为风险（第⑥、⑦条款）造成的损失，承包商还可以索赔利润。

2. 保险

(1) 保险的总体要求

投保方是指办理保险，并保持合同要求的各类保险有效的一方。如承包商是投保方，应遵循业主批准的条件办理保险，这些条件应与中标函日期前双方商定的投保条件一致，这些条件优先于本款其他规定；如业主是投保方，他应按照专用条件中列出的具体条件去投保；如保险单中业主和承包商均为被保险人，当发生与自己有关的投保的事项时，均可单独运用该保险单提出保险索赔。业主可替业主的人员进行保险索赔；其他被保险人员无权直接与保险公司交涉，均由承包商统一办理。

如果业主为投保方，他应按照双方在业主发出中标函之前达成的保险协议进行投保。该保险协议的优先权高于本条规定。

投保方应要求所有被保险人遵守保单规定，理赔货币应与修复损害所用货币相同；投保方在支付了保险费后，在投标书附录中规定的期限内将支付保险费的证据和保险单副本提交对方并通知工程师。

投保方应保持使保险人随时了解工程变化，并随之增减保险内容，任一方均无权对保单做出实质性的修改；若投保方未能及时补办保险，本合同另一方可去办理，并有权从投保方收回补办保险的费用，合同价格也将随之调整；

本条规定不限制合同中双方的义务、责任和职责。如投保方对应办的保险未去办理，也未征得对方同意，则发生本应能从保险公司索赔的款额应由投保方赔付。

承包商有权与任何合格国家的保险公司办理一切与合同相关的保险。

(2) 工程和承包商设备的保险

投保方应为工程、生产设备、材料和承包商的文件办理保险，投保金额应不低于全部重置成本，包括拆除、运走废弃物的费用，专业费用和利润。

保险有效期应为保险证生效至颁发履约证书的日期，保险范围为在此期间承包商负责的或造成的损失和损害。

投保方应为承包商的设备投保,保险金额不低于其全部重置价值并包括运费。保险期限为由开始运往现场至使用期结束。

如专用条款无相反规定:

①本款规定的保险由承包商以合同双方的名义办理;

②双方有权联名向保险公司投保并索赔,以之作为承担修复损失或损害的一方的用款;

③保险应覆盖形成合同的原招标文件特定要求的范围内的、由于业主使用一部分工程而对另一部分工程造成的损失,以及业主的风险中第③、⑦、⑧项风险导致的损失(但不包括按合理商业条件不能投保的风险),对业主风险的保险每次的免赔额不得大于合同数据中规定的数额,如无此规定,则不对此类业主风险保险;

④保险可以不包括下列情况的损失、损害和修复:(a) 由于设计、材料、工艺等缺陷导致处于缺陷状态的工程部分;(b) 为修复由于设计、材料或工艺缺陷造成的处于缺陷状态的工程部分而导致其他部分工程的损失和损害;(c) 业主已接收的工程部分(但承包商应对损失、损害负责的除外);(d) 未运到工程所在国的货物。

如在基准日期一年后,上述第③项应保险内容不能再按合理的商业条件继续投保,承包商应通知业主,并附证据,业主在收到此证据后,应:(a) 按索赔程序从承包商处收回此笔原定的保险费;(b) 如业主也不能按合理商业条件办理此保险,则认为业主已批准删减了此保险。

(3) 人员伤害及财产损失保险

投保方应办理第三方保险,即在履约证书颁发前,为除工程、承包商的设备、承包商人员之外可能造成的财产损害和人员伤亡办理保险;此保险对每次事件发生的保险金额应不低于投标书附录中规定的数额,事件发生的次数不限。

如专用条件没有相反的规定:

①由承包商作为投保方办理和维持保险;

②应以各方联合的名义投保;

③保险的财产应包括工程和承包商设备的保险条款未包括的,可能受承包商施工损坏的业主财产;

④可不包括以下事项引起的责任:业主在土地上实施工程和占有土地的权利;承包商施工及修补缺陷必然导致的损害;业主的风险中的某些事项(但按合理商业条件可保险者除外)。

(4) 承包商人员的保险

承包商应为其雇用的任何人员的伤亡和疾病导致的赔偿责任办理保险;业主和工程师也应由该保单得到保障,但不包括业主和业主人员的行为疏忽引起的损失。

此保险应在这些人员参与实施项目的整个期间保持有效;分包商人员的保险由分包商办理,但承包商应负责要求分包商符合本条规定。

除业主和业主人员的任何行为或疏忽引起的损失和索赔外,该保险应保障业主和工程师不对任何承包商的人员的伤害、患病、疾病或死亡承担索赔、损害赔偿费、损失和开支(包括法律费用和开支)的责任。

3. 不可抗力

(1) 不可抗力的定义

①凡满足下列全部条件的事件或情况构成不可抗力:

(a) 一方无法控制的;
(b) 在签订合同前,该方无法合理防范的;
(c) 事件发生后,该方不能合理避免或克服的;
(d) 该事件本质上不是由合同另一方引起的。
②在满足上述全部条件下,下列任一事件均为不可抗力(但不限于此):
(a) 战争、敌对行为、入侵、外敌活动;
(b) 叛乱、恐怖活动、除承包商人员之外的破坏活动、革命、暴动、军事政变或内战;
(c) 承包商人员之外的人员的暴乱、骚乱、罢工或封锁工程;
(d) 战争军火、爆炸物资、电离辐射或放射性污染,但承包商使用此类材料除外;
(e) 诸如地震、飓风、台风、火山爆发等自然灾害。

(2) 不可抗力的通知

如一方因不可抗力影响到履约,应向另一方发出通知,此通知应在不可抗力事件发生(或被觉察到)后14天内发出;发出通知后,该方应在由于不可抗力阻碍履约期间,免于履行该义务;本条的任何规定均不影响合同一方向另一方的支付义务。

(3) 不可抗力的后果

各方都应尽力使不可抗力事件对履约造成的任何延误降至最小,当一方不再受不可抗力影响时,应向另一方发出通知。

若承包商受到不可抗力影响,且按规定向业主方发出通知,则:①承包商可索赔工期;②若费用是由于不可抗力的定义中列举的第(a)、(b)、(c)、(d)类不可抗力引起的,并且(b)、(c)、(d)类的情况发生在工程所在国,则承包商可索赔费用。该费用包括为修复或重建被不可抗力损害或破坏的工程和/或货物所需的费用(如果该费用不能从工程和承包商设备的保险条款中获得保险赔偿)。

若承包商与分包商签订的分包合同中,遇到同样的不可抗力时,分包商从承包商处得到的补偿如果大于承包商从业主处得到的补偿。对于超出部分,由承包商承担,业主不予补偿,承包商也不能以此为借口而拒绝履约。

(4) 可选择的终止、支付以及解除履约

若工程被某一不可抗力事件连续耽搁84天,或间断耽搁累计超过140天,双方中的任一方均可发出终止通知,7天后合同终止生效。此时承包商发出终止合同的通知,停止工作,移交文件、生产设备、材料和其他工作,并将施工设备等撤离现场。

终止合同后,工程师应随即确定承包商完成工作的价值,并签发支付证书;该支付证书中包括的款项有:

①合同中标明了价格的任何完成的工作的款项;
②已交付给承包商的为工程订购的或承包商按合同已采购而不能退货的生产设备和材料的款项,但业主付款后,此类物品应为业主的财产,承包商应交付给业主;
③承包商在预期要完成工程的情况下,而合理招致的任何其他费用或债务;
④承包商将临时工程或施工设备运回自己本国的存放场地的遣散费;
⑤合同终止时承包商在工程上雇佣的雇员的遣返费。

(5) 解除履约

如果发生的事件(包括但不限于不可抗力的事件)双方无法控制,使得双方或一方履约已不可能或已经违法,或者合同适用的法律赋予合同双方放弃进一步履约的权利,则在一方通知另一方后,合同双方解除进一步的履约义务,但不影响履约解除之前,一方因违约而赋予另一方的权利;业主向承包商支付的款额依据可选择的终止、支付以及解除履约条款的规定执行。

七、合同终止

1. 业主提出终止

(1) 业主提出终止

如承包商有下列任一行为,业主有权终止合同:

①未按规定提交履约保证,或在接到工程师通知改正后仍不改正;

②放弃工程或公然表示不再履行合同义务;

③无正当理由,拖延开工或收到工程师有关质量问题通知后28天内不进行整改;

④未经必要的许可将整个工程分包出去,或将合同转让他人;

⑤承包商已破产、清算或已无力控制其财产;或

⑥承包商及其雇员或分包商直接或间接地向任何人行贿。但不包括支付给其雇员的合法奖励。

当出现上述任一行为时,业主可提前14天通知承包商终止合同,并要求其离开现场。在发生上述⑤、⑥情况时业主可发出通知立即终止合同。

业主终止合同不影响他根据合同应享受的权利。

此时承包商应撤离现场,并按工程师要求,将有关的货物、承包商的文件和有关设计文件交付给工程师。但仍应按业主通知,努力协助业主转让分包合同,保护人员、财产及工程的安全。

终止后,业主可自行或安排他人完成该工程,并可使用原承包商提交的上述物品和资料。在工程完工后,业主发出通知,将承包商的设备和临时工程在现场或其附近还给承包商。承包商应自费将其运走。如果承包商还欠业主款项,业主可将承包商的上述物品变卖,但扣除欠款后,应将余额归还承包商。

(2) 终止日的估价和支付

业主发出的终止通知生效后,工程师应商定或决定工程、物品、承包商的文件的价值,以及承包商根据合同完成的其他工作应得的款项。

业主发出的终止通知生效后,业主可以:

①按照业主的索赔条款的规定进行索赔;

②在确定整个工程完工的费用前,暂不向承包商支付一切款项;和/或

③在根据终止日的估价条款的规定算出应付给承包商的款项后,先从承包商处收回业主蒙受的损失、误期损害赔偿费和完成工程所需额外的费用,之后再将余额付给承包商。

(3) 业主终止合同的权利

业主有权在他需要时,随时通知承包商终止合同;终止生效日期以承包商收到业主终止通知后的28天,或业主退还履约保证后第28天,两者中较晚日期为准;终止合同后,承包商应执行停止工作并运走承包商的设备条款的规定,业主应按选择终止、支付与解约条款的规定支付。

不允许业主为了自己实施工程或安排其他承包商实施工程而终止合同。

业主不得为了避免"承包商提出终止"而提出终止。

（4）腐败或欺诈行为

"腐败行为"指采购过程或合同执行期间，通过提供、给予、接受或索取有价物品来左右政府官员的行为。"欺诈行为"指以干预采购过程或合同执行为目的，篡改或掩盖事实。"勾结行为"指两个或者两个以上的投标人在出资人知晓或不知晓情况下进行串通，人为地使报价不具竞争力。"恐吓行为"指直接或间接的伤害或者威胁伤害人员或其财产来影响其在采购阶段或者合同执行阶段的行为。

如果业主判定承包商为了获取合同或在合同实施过程中涉嫌参与贿赂、欺诈、勾结或恐吓行为，则业主可提前14天通知承包商，终止对他的雇用，同时，还可根据业主终止条款终止合同。

在工程实施过程中，如果承包商的员工涉嫌参与腐败、欺诈或威胁行为，则业主应将其逐出现场。

2. 承包商提出暂停和终止

（1）承包商暂停工作的权利

在以下任一情况下，承包商在至少提前21天通知业主后，有权暂停工作或放慢工作速度：

①工程师未按合同规定时间签发支付证书；

②业主未按合同规定提供资金证明；

③业主未按合同规定支付工程款。

一直到上述有关问题获得解决。即使承包商因此暂停工作或放慢工作速度，他仍有权对迟付的款项获得融资费，或终止合同；如承包商因暂停工作或放慢速度而受到损害，他有权索赔工期、费用和利润。如果承包商在发出终止合同通知前，已收到支付证书，或资金证明，或工程款，他应尽快合理地复工。

除上述规定外，如果银行暂停了业主用于支付承包商的部分或全部实施工程的贷款，且业主不能得到替代资金，则承包商可以通知业主暂停工程或放慢施工的速度，但该通知至少在业主收到银行暂停贷款通知的7天后方可发出。

（2）承包商提出终止

出现下列任一情况，承包商均有权终止合同：

①业主未提供资金证明，承包商就此发出通知后42日内仍未收到该证明；

②工程师未能在收到报表和证明文件后56天内签发支付证书；

③承包商在合同规定的付款时间到期后42天内未收到应付款项；

④业主实质上未履行其合同义务，致使承包商的合同资金不平衡并/或使承包商不能履行合同；

⑤业主不按合同规定签署合同协议书，或违反合同转让的规定；

⑥如拖长的暂停工程影响到整个工程时；

⑦业主已破产、被清算或已无法控制其财产；

⑧在银行暂停业主用于支付承包商部分或全部工程款贷款的情况下，如果承包商在本该收到期中支付款的14天后仍没有收到付款，则承包商可以在不影响其按照延误的付款条款索赔的权利下，立即采取以下的一项或两项措施：（a）暂停工程或放慢施工速度，或（和）（b）通知业主终止履行合同，同时抄送工程师，该终止在发出通知的14天后生效。

在上述①～⑤情况下，承包商可提前14天通知业主终止合同，⑥、⑦情况下可在通知后立即终止合同。

(3) 停止工作和承包商设备的撤离

不论由业主提出,或由承包商提出,或由于不可抗力导致的工程终止,在终止通知发出后,承包商应:

①停止所有进一步的工作。但工程师指示为保护生命、财产、工程安全的工作除外;
②移交承包商已得到付款的承包商的文件、生产设备、材料和其他工作;
③将安全所需之外的一切物品运离现场。

(4) 终止时的支付

当承包商提出终止合同后,业主应尽快:
①将履约保证退还承包商;
②根据可选择的终止、支付以及解除履约条款的规定向承包商支付;
③支付由此类终止导致的承包商的利润损失和其他损失。

八、索赔、争端和仲裁

(1) 承包商的索赔

若承包商认为他有权索赔工期和款项,他应在索赔事件发生后 28 天内向工程师发出通知,否则他将丧失该项索赔的全部权利;承包商还应提交合同要求的其他通知和支持索赔的详细材料。承包商应保持有关同期记录,工程师可查阅并可以要求复印这些记录。承包商应在索赔事件发生后 42 天内或工程师认可的期限内,提交详细的索赔报告,包括索赔依据、索赔的工期和款额。

如引起索赔的事件是连续性的,则承包商应每月递交一份报告,说明情况以及累计的索赔时间和/或款额。在索赔事件结束后 28 天内或工程师同意的期限内,递交最终索赔报告。

工程师应在收到索赔报告 42 天内(或工程师提出承包商同意的时间内)作出回应,表示批准或要求补充资料;每一份付款证书中,承包商只能得到他已证明并经工程师批准的那一部分索赔款额;工程师在决定批准承包商的工期和款项索赔之前应与双方商定或确定;本款与其他和索赔有关条款的规定互为补充,承包商如有违反,可能失去相应的索赔权。

如果工程师在本款规定的时间框架内没有做出响应,则任一方均可认为工程师拒绝该索赔,并将提交给争议委员会解决。

(2) 争议委员会的任命

如果合同双方未能在"合同数据"中规定日期前的 21 天内联合指定争议委员会,并且争议委员会是三人时,各方应指定一名成员并由另一方批准。这两名争议委员会成员将一致推荐第三名成员,而合同双方均应同意此成员作为争议委员会的主席。

合同双方与争议委员会签订协议书并商定委员及其咨询专家的报酬,双方各担负报酬的一半;双方有权共同解聘争议委员会的任何成员或任命新成员,但不能单方面行动;一般当"结清证明"生效后,争议委员会的任期届满。

如果争议委员会的任一成员拒绝此工作或由于死亡、能力不足、辞职、委任到期等原因不能履行其职责时,则应按照本条款的规定安排合适的替代人选。

(3) 对争议委员会未能达成一致

如果在任命争议委员会成员过程中发生下列任一情况:

①合同双方未能在规定日期就任命一名争议委员会成员达成一致；
②合同一方未能在规定日期向对方提出争议委员会人选（三人委员会）时，或未能批准对方提名的人选时；
③合同双方未能在规定日期就第三位争议委员会成员达成一致；
④争议委员会任一成员拒绝或不能履行职责后 42 天内，双方未能就替代人选达成一致。

此时可由投标书附录中指定的任命机构或官员，在与双方协商后任命争议委员会成员。该任命是终局性的。合同双方向任命机构或官员各支付任命工作报酬的一半。

（4）获得争议委员会的决定

合同任一方均可将争议提交争议委员会主席；合同双方均可就此争议提供附加资料和信息；争议委员会应在收到提交的争议后 84 天内作出决定，并说明理由，决定应对双方具有约束力；如果任一方对争议委员会的决定不满意，或争议委员会未能在收到一方提交材料后 84 天内作出决定，则任一方均可在此后 28 天内向另一方发出不满意通知，否则任一方均无权申请仲裁。在争议委员会调停争议过程中承包商应继续施工。在对争议委员会的决定给出不满意通知的同时，可发出启动仲裁的意向。

（5）友好解决

如果任一方对争议委员会的决定不满意的通知已发出，双方在仲裁开始之前，应努力友好解决争议；除非双方另有商定，且双方未能友好解决，仲裁可在不满意通知发出后 56 天后开始。

（6）仲裁

除非在专用合同条件中另有规定，任何争议未得到友好解决并且争议委员会的决定（如果有）也未能成为最终的和有约束力时，则应通过仲裁解决。除非另有规定：

①如果合同涉及外国承包商，则国际仲裁根据"合同数据"中所指定的机构的程序，并按照该机构的仲裁规则，或联合国贸易委员会（UNCITRAL）的仲裁规则进行仲裁；
②仲裁的地点为指定仲裁机构的总部所在的城市；
③按合同规定的语言进行；
④与当地承包商签订的合同，仲裁的程序要遵守业主所在国的法律。

合同各方代表和工程师均可以作为仲裁过程中的证人。

（7）未能遵守争议委员会的决定

如双方在规定的 28 天时间内，对争议委员会的决定未发出不满意的通知，该决定应对双方具有约束力。

如合同任一方随后不执行该决定，另一方可将此事件提交仲裁；此时其他程序（包括友好解决）均不适用，而另一方同时还享有合同规定的其他权利。

（8）争议委员会的任期届满

如争议委员会任期结束或其他情况使争议发生时没有 DAB 在工作，此时，双方可直接将争议提交仲裁。

思考题

1. 什么是建设工程合同？有哪些法律特征？

2. 勘察合同中勘查人的责任是什么？
3. 设计合同的违约责任是什么？
4. 监理合同的委托人、受托人的主要权利和义务是什么？
5. 施工合同中如何进行设计变更？
6. 施工合同中如何组织竣工验收？
7. 施工合同中进度条款是如何约定的？
8. 施工合同中工程款如何支付？
9. FIDIC 合同条件中工程师的权利和职责是什么？
10. F1DIC 合同条件中如何进行工程计量？
11. FIDIC 合同条件中业主的风险有哪些？
12. FIDIC 合同条件中如何解决合同争端？

第八章 建设工程其他相关法律法规

第一节 环境保护法

环境保护法是国家为协调人类与环境的关系，保护与改善环境而制定的调整人类因开发、利用、保护和改善环境而产生的各种社会关系的法律规范的总称。狭义的环境保护法指的是1989年12月26日实施的《中华人民共和国环境保护法》。由于工程建设与环境保护息息相关，与建设工程相关的环境保护的法律还包括《水污染防治法》、《大气污染防治法》、《环境噪声污染防治法》和《固体废物污染环境防治法》等。

一、环境保护的基本原则

我国环境保护法规定的环境保护的基本原则，是我国环境保护方针、政策在法律上的体现，是对环保方面的社会关系实施法律调整的基本指导规范，是环境保护立法、司法、执法和守法必须遵循的基本准则，是环境保护法本质的集中体现。主要包括：

1. 经济建设、社会发展同环境保护协调发展的原则

我国《环境保护法》第四条规定："国家制定的环境保护规划必须纳入国民经济和社会发展计划，国家采取有利于环境保护的经济、技术政策和措施，使环境保护工作同经济建设和社会发展相协调。"这一原则反映了经济建设、社会发展和环境保护之间是相互影响、相互制约和相互促进的关系，同时，还强调了"可持续发展"和"协调发展"的重要思想。"可持续发展"是从纵向历史上的发展过程，也就是当前需要与未来需要的关系上提出要求。"协调发展"强调从横向关系上，也就是从制约发展的基本因素的相互关系上对发展提出要求。"可持续发展"和"协调发展"的目的是保证社会的持续发展，当代人享受经济发展和社会进步的成果时，不做寅吃卯粮的蠢事，不对子孙后代构成危害。

2. 预防为主、防治结合、综合治理的原则

根据国内外环境管理的经验和教训，"预防为主"的原则是从产生环境问题的根源入手解决问题，防止出现"先污染后治理"。由于环境污染很难在短期内消除，这就需要在污染发生前采取预防措施，做到"防患于未然"。"治"是处理已经存在的环境问题。"防治结合、综合治理"是采取积极主动的防治措施，而不是被动消极的手段，并利用多种方法和手段处理可能遇到的环境问题。我国环境立法中确立的"环境影响评价"、"三同时"等环境管理制度，就是为了具体落实"预防为主、防治结合、综合治理"的原则。

3. 综合利用的原则

我国《固体废物污染环境防治法》第三条规定："国家鼓励、支持综合利用资源，对固体废物实行充分回收和合理利用，并采取有利于固体废物综合利用活动的经济、技术政策和措施。"这显示国家鼓励综合利用一些垃圾废物，做到物尽其用，减少整个社会产生垃圾的数量，实现经济效益和社会效益双丰收。

4. 污染者付费的原则

我国《环境保护法》第二十四条规定:"产生环境污染和其他公害的单位,必须把环境保护工作纳入计划,建立环境保护责任制度;采取有效措施,防治在生产建设或者其他活动中产生的废气、废水、废渣、粉尘、恶臭气体、放射性物质以及噪声振动、电磁波辐射等对环境的污染和危害。"这就是污染者付费的原则,也称"谁开发,谁养护"、"谁污染,谁治理",这体现了治理污染和保护环境的经济责任。"谁开发,谁养护"是指对环境和自然资源进行开发利用的个人或者单位,有责任对其进行恢复、整治和养护。"谁污染,谁治理"是指对环境造成污染危害的个人或者单位,有责任治理污染或补偿污染损害。《环境保护法》第二十八条更明确规定:"排放污染物超过国家或者地方规定的污染物排放标准的企事业单位,依照国家规定缴纳超标准排污费,并负责治理。水污染防治法另有规定的,依照水污染防治法的规定执行。收的超标准排污费必须用于污染的防治,不得挪作他用,具体使用办法由国务院规定。"这项条款明确给出了污染者付费的原则。

5. 依靠群众的原则

环境保护是我国的一项基本国策,保护环境,人人有责。加强环境保护,维护良好环境质量,需要公众的广泛参与。保护环境既是公民权利又是公民义务。每个公民都要自觉保护环境,这是解决环境问题的根本保证。因此保护环境必须紧紧依靠群众。

二、环境保护"三同时"制度

所谓环境保护"三同时"制度,是指建设项目需要配套建设的环境保护设施,必须与主体工程同时设计、同时施工、同时投产使用。《环境保护法》规定,建设项目中防治污染的设施,必须与主体工程同时设计、同时施工、同时投产使用。《固体废物防治法》规定,建设项目的环境影响报告书确定需要配套建设的固体废物污染环境防治设施,必须与主体工程同时设计、同时施工、同时投产使用。《环境噪声污染防治法》规定,建设项目的环境噪声污染防治设施必须与主体工程同时设计、同时施工、同时投产使用。《水污染防治法》规定,建设项目的水污染防治设施,应当与主体工程同时设计、同时施工、同时投入使用。《建设项目环境保护管理条例》对环境保护"三同时"制度进行了详细规定。

(一)设计阶段

建设项目的初步设计,应当按照环境保护设计规范的要求,编制环境保护篇章,并依据经批准的建设项目环境影响报告书或者环境影响报告表,在环境保护篇章中落实防治环境污染和生态破坏的措施以及环境保护设施投资概算。

(二)试生产阶段

建设项目的主体工程完工后,需要进行试生产的,其配套建设的环境保护设施必须与主体工程同时投入试运行。建设项目试生产期间,建设单位应当对环境保护设施运行情况和建设项目对环境的影响进行监测。

(三)竣工验收和投产使用阶段

建设项目竣工后,建设单位应当向审批环境影响评价文件的环境保护行政主管部门申请该建设项目需要配套建设的环境保护设施的竣工验收。环境保护设施竣工验收,应当与主体工程竣工验收同时进行。需要进行试生产的建设项目,建设单位应当自建设项目投入试生产之日起 3 个月内,向审批环境影响评价文件的环境保护行政主管部门申请该建设项目需要配套建设的环境保护设施竣工验收。分期建设、分期投入生产或者使用的建设项目其相应的环境保护设施应当分期验收。建设项目需要配套建设的环境保护设施经验收合格，该建设项目方可正式投入生产或者使用。

三、建设工程项目的环境影响评价制度

环境影响评价，是指对规划和建设项目实施后可能造成的环境影响进行分析、预测和评估，提出预防或者减轻不良环境影响的对策和措施，进行跟踪监测的方法与制度。

为了实施可持续发展战略，预防因规划和建设项目实施后对环境造成的不良影响，促进经济、社会和环境的协调发展，在国务院《建设项目环境保护管理条例》（1998年11月29日国务院令第253号发布）已有规定的基础上，我国于2002年10月28日公布了《中华人民共和国环境影响评价法》（以下简称《环境影响评价法》），进一步以法律的形式确立了环境影响评价制度。

（一）建设项目环境影响评价的分类管理

我国根据建设项目的影响程度，对建设项目的环境影响评价实行分类管理，建设单位应当依法组织编制相应的环境评价文件：

（1）可能造成重大环境影响的，应当编制环境影响报告书，对产生的环境影响进行全面评价。

（2）可能造成轻度环境影响的，应当编制环境影响报告表，对产生的环境影响进行分析或者专项评价；

（3）对环境影响很小、不需要进行环境影响评价的，应当填报环境影响登记表。

（二）建设项目环境影响评价文件的审批管理

根据《环境影响评价法》的规定，建设项目的环境影响评价文件，由建设单位按照国务院的规定报有审批权的环境保护行政主管部门审批；建设项目有行业主管部门的，其环境影响报告书或者环境影响报告表应当经行业主管部门预审后，报有审批权的环境保护行政主管部门审批。建设项目的环境影响评价文件未经法律规定的审批部门审查或者审查后未予批准的，该项目审批部门不得批准其建设，建设单位不得开工建设。

建设项目的环境影响评价文件经批准后，建设项目的性质、规模、地点、采用的生产工艺或者防治污染、防止生态破坏的措施发生重大变动的，建设单位应当重新报批建设项目的环境影响评价文件。建设项目的环境影响评价文件自批准之日起超过5年，方决定该项目开工建设的，其环境影响评价文件应当报原审批部门重新审核。

四、环境影响的后评价和跟踪管理

在项目建设、运行过程中产生不符合经审批的环境影响评价文件的情形的，建设单位应当组织环境影响的后评价，采取改进措施，并报原环境影响评价文件审批部门和建设项目审批部门备案；原环境影响评价文件审批部门也可以责成建设单位进行环境影响的后评价，采取改进措施。

环境保护行政主管部门应当对建设项目投入生产或者使用后所产生的环境影响进行跟踪检查，对造成严重环境污染或者生态破坏的，应当查清原因、查明责任。

五、水、大气、噪声和固体废物环境污染防治

（一）水污染防治

水污染，是指水体因某种物质的介入，而导致其化学、物理、生物或者放射性等方面特

性的改变，从而影响水的有效利用，危害人体健康或者破坏生态环境，造成水质恶化的现象。在我国，《水污染防治法》是规范水污染防治的基本法律。

1. 防止地表水污染的具体规定

（1）在生活饮用水源地、风景名胜区水体、重要渔业水体和其他有特殊经济文化价值的水体的保护区内，不得新建排污口。在保护区附近新建排污口，必须保证保护区水体不受污染。本法公布前已有的排污口，排放污染物超过国家或者地方标准的，应当治理；危害饮用水源的排污口，应当搬迁。

（2）排污单位发生事故或者其他突然性事件，排放污染物超过正常排放量，造成或者可能造成水污染事故的，必须立即采取应急措施，通报可能受到水污染危害和损害的单位，并向当地环境保护部门报告。

（3）禁止向水体排放油类、酸液、碱液或者剧毒废液。

（4）禁止在水体清洗装贮过油类或者有毒污染物的车辆和容器。

（5）禁止将含有汞、镉、砷、铬、铅、氰化物、黄磷等的可溶性剧毒废渣向水体排放、倾倒或者直接埋入地下。存放可溶性剧毒废渣的场所，必须采取防水、防渗漏、防流失的措施。

（6）禁止向水体排放、倾倒工业废渣、城市垃圾和其他废弃物。

（7）禁止在江河、湖泊、运河、渠道、水库最高水位线以下的滩地和岸坡堆放、存贮固体废弃物和其他污染物。

（8）禁止向水体排放或者倾倒放射性固体废弃物或者含有高放射性和中放射性物质的废水。向水体排放含低放射性物质的废水，必须符合国家有关放射防护的规定和标准。

（9）向水体排放含热废水，应当采取措施，保证水体的水温符合水环境质量标准，防止热污染危害。

（10）排放含病原体的污水，必须经过消毒处理；符合国家有关标准后方准排放。

2. 防止地下水污染的具体规定

（1）禁止企事业单位利用渗井、渗坑、裂隙和溶洞排放、倾倒含有毒污染物的废水、含病原体的污水和其他废弃物。

（2）在无良好隔渗地层，禁止企事业单位使用无防止渗漏措施的沟渠、坑塘等输送或者存贮含有毒污染物的废水、含病原体的污水和其他废弃物。

（3）在开采多层地下水的时候，如果各含水层的水质差异大，应当分层开采，对已受污染的潜水和承压水，不得混合开采。

（4）兴建地下工程设施或者进行地下勘探、采矿等活动，应当采取防护性措施，防止地下水污染。

（5）人工回灌补给地下水，不得恶化地下水质。

（二）大气污染防治

所谓"大气污染"是指有害物质进入大气，对人类和生物造成危害的现象。如果对它不加以控制和防治，将严重的破坏生态系统和人类生存条件。

依据《大气污染防治法》，与工程建设相关的具体规定包括：

1. 向大气排放粉尘的排污单位，必须采取除尘措施。

2. 严格限制向大气排放含有毒物质的废气和粉尘；确需排放的，必须经过净化处理，不得超过规定的排放标准。

3. 在人口集中地区和其他依法需要特殊保护的区域内，禁止焚烧沥青、油毡、橡胶、塑料、皮革、垃圾以及其他产生有毒有害烟尘和恶臭气体的物质。

4. 运输、装卸、贮存能够散发有毒有害气体或者粉尘物质的，必须采取密闭措施或者其他防护措施。

5. 在城市市区进行建设施工或者从事其他产生扬尘污染活动的单位，必须按照当地环境保护的规定，采取防治扬尘污染的措施。

（三）环境噪声污染防治

环境噪声，是指在工业生产、建筑施工、交通运输和社会生活中所产生的干扰周围生活环境的声音。环境噪声污染，则是指所产生的环境噪声超过国家规定的环境噪声排放标准，并干扰他人正常生活、工作和学习的现象。在我国，《环境噪声污染防治法》是规范噪声污染防治的基本法律。

《环境噪声污染防治法》中与工程建设有关的噪声是建筑施工噪声和交通运输噪声。建筑施工噪声，是指在建筑施工过程中产生的干扰周围生活环境的声音。交通运输噪声，是指机动车辆、铁路机车、机动船舶、航空器等交通运输工具在运行时所产生的干扰周围生活环境的声音。具体规定有：

1. 在城市市区范围内向周围生活环境排放建筑施工噪声的，应当符合国家规定的建筑施工场界环境噪声排放标准。

2. 在城市市区范围内，建筑施工过程中使用机械设备，可能产生环境噪声与污染的，施工单位必须在工程开工15日以前向工程所在地县级以上地方人民政府环境保护行政主管部门申报该工程的项目名称、施工场所和期限、可能产生的环境噪声值以及所采取的环境噪声污染防治措施的情况。

3. 在城市市区噪声敏感建筑物集中区域内，禁止夜间进行产生环境噪声污染的建筑施工作业，但抢修、抢险作业和因生产工艺上要求或者特殊需要必须连续作业的除外。

因特殊需要必须连续作业的，必须有县级以上人民政府或者其有关主管部门的证明。前款规定的夜间作业，必须公告附近居民。

4. 建设经过已有的噪声敏感建筑物集中区域的高速公路和城市高架、轻轨道路，有可能造成环境噪声污染的，应当设置声屏障或者采取其他有效的控制环境噪声污染的措施。

"噪声敏感建筑物"是指医院、学校、机关、科研单位、住宅等需要保持安静的建筑物。"噪声敏感建筑物集中区域"是指医疗区、文教科研区和以机关或者居民住宅为主的区域。

5. 在已有的城市交通干线的两侧建设噪声敏感建筑物的，建设单位应当按照国家规定间隔一定距离，并采取减轻、避免交通噪声影响的措施。

（四）固体废物污染防治

固体废物污染环境是指固体废物在产生、收集、贮存、运输、利用、处置的过程中产生的危害环境的现象。依据《固体废物污染环境防治法》，与工程建设有关的具体规定包括：

1. 产生固体废物的单位和个人，应当采取措施，防止或者减少固体废物对环境的污染。

2. 收集、贮存、运输、利用、处置固体废物的单位和个人，必须采取防扬散、防流失、防渗漏或者其他防止污染环境的措施。不得在运输过程中沿途丢弃、遗撒固体废物。

3. 在国务院和国务院有关主管部门及省、自治区、直辖市人民政府划定的自然保护区、风景名胜区、生活饮用水源地和其他需要特别保护的区域内，禁止建设工业固体废物集中贮存、处置设施、场所和生活垃圾填埋场。

4. 转移固体废物出省、自治区、直辖市行政区域贮存、处置的，应当向固体废物移出地的省级人民政府环境保护行政主管部门报告，并经固体废物接受地的省级人民政府环境保护行政主管部门许可。

5. 禁止中国境外的固体废物进境倾倒、堆放、处置。

6. 国家禁止进口不能用作原料的固体废物；限制进口可以用作原料的固体废物。

7. 露天贮存冶炼渣、化工渣、燃煤灰渣、废矿石、尾矿和其他工业固体废物的，应当设置专用的贮存设施、场所。

8. 施工单位应当及时清运、处置建筑施工过程中产生的垃圾，并采取措施，防止污染环境。

（五）危险废物污染环境防治的特别规定

危险废物，是指列入国家危险废物名录或者根据国家规定的危险废物鉴别标准和鉴别方法认定的具有危险特性的废物。依据《固体废物污染环境防治法》，与工程建设有关的具体规定有：

1. 对危险废物的容器和包装物以及收集、贮存、运输、处置危险废物的设施、场所，必须设置危险废物识别标志。

2. 以填埋方式处置危险废物不符合国务院环境保护行政主管部门的规定的，应当缴纳危险废物排污费。危险废物排污费征收的具体办法由国务院规定。危险废物排污费用于危险废物污染环境的防治，不得挪作他用。

3. 从事收集、贮存、处置危险废物经营活动的单位，必须向县级以上人民政府环境保护行政主管部门申请领取经营许可证，具体管理办法由国务院规定。禁止无经营许可证或者不按照经营许可证规定从事危险废物收集、贮存、处置的经营活动。禁止将危险废物提供或者委托给无经营许可证的单位从事收集、贮存、处置的经营活动。

4. 收集、贮存危险废物，必须按照危险废物特性分类进行。禁止混合收集、贮存、运输、处置性质不相容而未经安全性处置的危险废物。禁止将危险废物混入非危险废物中贮存。

5. 转移危险废物的，必须按照国家有关规定填写危险废物转移联单，并向危险废物移出地和接受地的县级以上地方人民政府环境保护行政主管部门报告。

6. 运输危险废物，必须采取防止污染环境的措施，并遵守国家有关危险货物运输管理的规定。禁止将危险废物与旅客在同一运输工具上载运。

7. 收集、贮存、运输、处置危险废物的场所、设施、设备和容器、包装物及其他物品转作他用时，必须经过消除污染的处理，方可使用。

8. 直接从事收集、贮存、运输、利用、处置危险废物的人员，应当接受专业培训，经考核合格，方可从事该项工作。

9. 产生、收集、贮存、运输、利用、处置危险废物的单位，应当制定在发生意外事故时采取的应急措施和防范措施，并向所在地县级以上地方人民政府环境保护行政主管部门报告；环境保护行政主管部门应当进行检查。

10. 禁止经中华人民共和国过境转移危险废物。

第二节 节约能源法

一、节能的基本原则

能源,是指煤炭、石油、天然气、生物质能和电力、热力以及其他直接或者通过加工、转换而取得有用能的各种资源。

节约能源(以下简称节能),是指加强用能管理,采取技术上可行、经济上合理以及环境和社会可以承受的措施,从能源生产到消费的各个环节,降低消耗、减少损失和污染物排放、制止浪费,有效、合理地利用能源。节约资源是我国的基本国策。2007年10月28日第十届全国人民代表大会常务委员会第三十次会议修订通过了《中华人民共和国节约能源法》,规定了节约能源的基本原则。

(一)编制节能计划的原则

国务院和县级以上地方各级人民政府应当将节能工作纳入国民经济和社会发展规划、年度计划,并组织编制和实施节能中长期专项规划、年度节能计划。

国务院和县级以上地方各级人民政府每年向本级人民代表大会或者其常务委员会报告节能工作。

(二)节能考核评价的原则

国家实行节能目标责任制和节能考核评价制度,将节能目标完成情况作为对地方人民政府及其负责人考核评价的内容。

省、自治区、直辖市人民政府每年向国务院报告节能目标责任的履行情况。

(三)国家实行节能产业政策的原则

国家实行有利于节能和环境保护的产业政策,限制发展高耗能、高污染行业,发展节能环保型产业。

国务院和省、自治区、直辖市人民政府应当加强节能工作,合理调整产业结构、企业结构、产品结构和能源消费结构,推动企业降低单位产值能耗和单位产品能耗,淘汰落后的生产能力,改进能源的开发、加工、转换、输送、储存和供应,提高能源利用效率。

国家鼓励、支持开发和利用新能源、可再生能源。

(四)节能技术创新的原则

国家鼓励、支持节能科学技术的研究、开发、示范和推广,促进节能技术创新与进步。

国家开展节能宣传和教育,将节能知识纳入国民教育和培训体系,普及节能科学知识,增强全民的节能意识,提倡节约型的消费方式。

(五)节能监督的原则

任何单位和个人都应当依法履行节能义务,有权检举浪费能源的行为。新闻媒体应当宣传法规和政策,发挥舆论监督作用。国务院管理节能工作的部门主管全国的节能监督管理工作。国务院有关部门在各自的职责范围内负责节能监督管理工作,并接受国务院管理节能工作的部门的指导。

县级以上地方各级人民政府管理节能工作的部门负责本行政区域内的节能监督管理工作。县级以上地方各级人民政府有关部门在各自的职责范围内负责节能监督管理工作,并接受同级管理节能工作的部门的指导。

二、建筑节能

（一）建筑节能概述

1. 建筑节能的概念

建筑节能是指在建筑物的规划、设计、新建（改建、扩建）、改造和使用过程中，执行节能标准，采用节能型的技术、工艺、设备、材料和产品，提高保温隔热性能和采暖供热、空调制冷制热系统效率，加强建筑物用能系统的运行管理，利用可再生能源，在保证室内热环境质量的前提下，降低其使用过程中能源消耗的活动。

2. 建筑节能标准

建筑节能的国家标准、行业标准由国务院建设行政主管部门组织制定，并依照法定程序发布。省、自治区、直辖市人民政府建设行政主管部门可以根据本地实际情况，制定严于国家标准或者行业标准的地方建筑节能标准，并报国务院标准化主管部门和国务院建设行政主管部门备案。国家鼓励企业制定严于国家标准、行业标准的企业节能标准。

3. 建筑节能的监督管理

国务院建设行政主管部门负责全国建筑节能的监督管理工作。

县级以上地方各级人民政府建设行政主管部门负责本行政区域内建筑节能的监督管理工作。

县级以上地方各级人民政府建设行政主管部门会同同级管理节能工作的部门编制本行政区域内的建筑节能规划。建筑节能规划应当包括既有建筑节能改造计划。

（二）建筑节能的实施

1. 建筑节能制度

（1）固定资产投资项目节能评估和审查制度

国家实行固定资产投资项目节能评估和审查制度。不符合强制性节能标准的项目，依法负责项目审批或者核准的机关不得批准或者核准建设；建设单位不得开工建设；已经建成的，不得投入生产、使用。具体办法由国务院管理节能工作的部门会同国务院有关部门制定。

（2）室内温度控制制度

使用空调采暖、制冷的公共建筑应当实行室内温度控制制度。具体办法由国务院建设行政主管部门制定。

（3）分户计量、按照用热量收费的制度

国家采取措施，对实行集中供热的建筑分步骤实行供热分户计量、按照用热量收费的制度。新建建筑或者对既有建筑进行节能改造，应当按照规定安装用热计量装置、室内温度调控装置和供热系统调控装置。具体办法由国务院建设行政主管部门会同国务院有关部门制定。

（4）鼓励建筑节能技术应用的制度

国家鼓励在新建建筑和既有建筑节能改造中使用新型墙体材料等节能建筑材料和节能设备，安装和使用太阳能等可再生能源利用系统。

根据 2006 年施行的《民用建筑节能规定》（建设部第 143 号令），鼓励发展下列建筑节能技术和产品：

①新型节能墙体和屋面的保温、隔热技术与材料；

②节能门窗的保温隔热和密闭技术;

③集中供热和热、电、冷联产联供技术;

④供热采暖系统温度调控和分户热量计量技术与装置;

⑤太阳能、地热等可再生能源应用技术及设备;

⑥建筑照明节能技术与产品;

⑦空调制冷节能技术与产品;

⑧其他技术成熟、效果显著的节能技术和节能管理技术。

2. 建设主体的节能义务

建筑工程的建设、设计、施工和监理单位应当遵守建筑节能标准。建设单位应当按照建筑节能法律和建筑节能标准委托工程项目的设计。建设单位不得以任何理由要求设计单位、施工单位擅自修改经审查合格的节能设计文件,降低建筑节能标准。不符合建筑节能标准的建筑工程,建设行政主管部门不得批准开工建设;已经开工建设的,应当责令停止施工、限期改正;已经建成的,不得销售或者使用。设计单位应当依据建筑节能标准的要求进行设计,保证建筑节能设计质量。施工图设计文件审查机构在进行审查时,应当审查节能设计的内容,在审查报告中单列节能审查章节;不符合建筑节能强制性标准的,施工图设计文件审查结论应当定为不合格。施工单位应当按照审查合格的设计文件和建筑节能施工标准的要求进行施工,保证工程施工质量。监理单位应当依照法律、法规以及建筑节能标准、节能设计文件、建设工程承包合同及监理合同对节能工程建设实施监理。建设行政主管部门应当加强对在建建筑工程执行建筑节能标准情况的监督检查。

房地产开发企业在销售房屋时,应当向购买人明示所售房屋的节能措施、保温工程保修期等信息,在房屋买卖合同、质量保证书和使用说明书中载明,并对其真实性、准确性负责。

建筑物业主在日常使用和装修建筑物时,不得损坏建筑物围护结构保温层和室内采暖供热管网系统。

县级以上地方各级人民政府有关部门应当加强城市节约用电管理,严格控制公用设施和大型建筑物装饰性景观照明的能耗。

三、民用建筑节能的管理规定

(一)民用建筑节能管理的概述

1. 民用建筑节能的概念

民用建筑节能,是指在保证民用建筑使用功能和室内热环境质量的前提下,降低其使用过程中能源消耗的活动。民用建筑,是指居住建筑、国家机关办公建筑和商业、服务业、教育、卫生等其他公共建筑。为了加强民用建筑节能管理,降低民用建筑使用过程中的能源消耗,提高能源利用效率,2008年10月1日国务院颁布了《民用建筑节能条例》。

2. 民用建筑节能的基本政策

国家鼓励和扶持在新建建筑和既有建筑节能改造中采用太阳能、地热能等可再生能源。在具备太阳能利用条件的地区,有关地方人民政府及其部门应当采取有效措施,鼓励和扶持单位、个人安装使用太阳能热水系统、照明系统、供热系统、采暖制冷系统等太阳能利用系统。

民用建筑节能项目依法享受税收优惠。

(二) 新建建筑节能

1. 节能材料与设备的使用

国家推广使用民用建筑节能的新技术、新工艺、新材料和新设备，限制使用或者禁止使用能源消耗高的技术、工艺、材料和设备。国务院节能工作主管部门、建设行政主管部门应当制定、公布并及时更新推广使用、限制使用、禁止使用目录。

国家限制进口或者禁止进口能源消耗高的技术、材料和设备。

建设单位、设计单位、施工单位不得在建筑活动中使用列入禁止使用目录的技术、工艺、材料和设备。

2. 建设节能主体的节能义务

(1) 城乡规划主管部门与建设行政主管部门的节能义务

编制城市详细规划、镇详细规划，应当按照民用建筑节能的要求，确定建筑的布局、形状和朝向。

城乡规划主管部门依法对民用建筑进行规划审查，应当就设计方案是否符合民用建筑节能强制性标准征求同级建设行政主管部门的意见；建设行政主管部门应当自收到征求意见材料之日起 10 日内提出意见。征求意见时间不计算在规划许可的期限内。

对不符合民用建筑节能强制性标准的，不得颁发建设工程规划许可证。

(2) 施工图审查机构的节能义务

施工图设计文件审查机构应当按照民用建筑节能强制性标准对施工图设计文件进行审查；经审查不符合民用建筑节能强制性标准的，县级以上地方人民政府建设行政主管部门不得颁发施工许可证。

(3) 建设单位的节能义务

建设单位不得明示或者暗示设计单位、施工单位违反民用建筑节能强制性标准进行设计、施工，不得明示或者暗示施工单位使用不符合施工图设计文件要求的墙体材料、保温材料、门窗、采暖制冷系统和照明设备。

按照合同约定由建设单位采购墙体材料、保温材料、门窗、采暖制冷系统和照明设备的，建设单位应当保证其符合施工图设计文件要求。

建设单位组织竣工验收，应当对民用建筑是否符合民用建筑节能强制性标准进行查验；对不符合民用建筑节能强制性标准的，不得出具竣工验收合格报告。

房地产开发企业销售商品房，应当向购买人明示所售商品房的能源消耗指标、节能措施和保护要求、保温工程保修期等信息，并在商品房买卖合同和住宅质量保证书、住宅使用说明书中载明。

(4) 设计单位、施工单位、工程监理单位的节能义务

设计单位、施工单位、工程监理单位及其注册执业人员，应当按照民用建筑节能强制性标准进行设计、施工、监理。

施工单位应当对进入施工现场的墙体材料、保温材料、门窗、采暖制冷系统和照明设备进行查验；不符合施工图设计文件要求的，不得使用。

工程监理单位发现施工单位不按照民用建筑节能强制性标准施工的，应当要求施工单位改正；施工单位拒不改正的，工程监理单位应当及时报告建设单位，并向有关主管部门报告。

墙体、屋面的保温工程施工时，监理工程师应当按照工程监理规范的要求，采取旁站、

巡视和平行检验等形式实施监理。

未经监理工程师签字，墙体材料、保温材料、门窗、采暖制冷系统和照明设备不得在建筑上使用或者安装，施工单位不得进行下一道工序的施工。

（三）既有建筑节能

1. 既有建筑节能改造的含义

既有建筑节能改造，是指对不符合民用建筑节能强制性标准的既有建筑的围护结构、供热系统、采暖制冷系统、照明设备和热水供应设施等实施节能改造的活动。

既有建筑节能改造应当根据当地经济、社会发展水平和地理气候条件等实际情况，有计划、分步骤地实施分类改造。

2. 节能改造

国家机关办公建筑、政府投资和以政府投资为主的公共建筑的节能改造，应当制定节能改造方案，经充分论证，并按照国家有关规定办理相关审批手续方可进行。各级人民政府及其有关部门、单位不得违反国家有关规定和标准，以节能改造的名义对前款规定的既有建筑进行扩建、改建。

此外的其他公共建筑和居住建筑不符合民用建筑节能强制性标准的，在尊重建筑所有权人意愿的基础上，可以结合扩建、改建，逐步实施节能改造。

实施既有建筑节能改造，应当符合民用建筑节能强制性标准，优先采用遮阳、改善通风等低成本改造措施。既有建筑围护结构的改造和供热系统的改造应当同步进行。

四、法律责任

1. 建设单位法律责任

建设单位有下列行为之一的，由县级以上地方人民政府建设行政主管部门责令改正，处 20 万元以上 50 万元以下的罚款：(1) 明示或者暗示设计单位、施工单位违反民用建筑节能强制性标准进行设计、施工的；(2) 明示或者暗示施工单位使用不符合施工图设计文件要求的墙体材料、保温材料、门窗、采暖制冷系统和照明设备的；(3) 采购不符合施工图设计文件要求的墙体材料、保温材料、门窗、采暖制冷系统和照明设备的；(4) 使用列入禁止使用目录的技术、工艺、材料和设备的。

建设单位对不符合民用建筑节能强制性标准的民用建筑项目出具竣工验收合格报告的，由县级以上地方人民政府建设行政主管部门责令改正，处民用建筑项目合同价款 2% 以上 4% 以下的罚款；造成损失的，依法承担赔偿责任。

2. 设计单位的法律责任

设计单位未按照民用建筑节能强制性标准进行设计，或者使用列入禁止使用目录的技术、工艺、材料和设备的，由县级以上地方人民政府建设行政主管部门责令改正，处 10 万元以上 30 万元以下的罚款；情节严重的，由颁发资质证书的部门责令停业整顿，降低资质等级或者吊销资质证书；造成损失的，依法承担赔偿责任。

3. 施工单位的法律责任

施工单位未按照民用建筑节能强制性标准进行施工的，由县级以上地方人民政府建设行政主管部门责令改正，处民用建筑项目合同价款 2% 以上 4% 以下的罚款；情节严重的，由颁发资质证书的部门责令停业整顿，降低资质等级或者吊销资质证书；造成损失的，依法承担赔偿责任。

施工单位有下列行为之一的,由县级以上地方人民政府建设行政主管部门责令改正,处10万元以上20万元以下的罚款;情节严重的,由颁发资质证书的部门责令停业整顿,降低资质等级或者吊销资质证书;造成损失的,依法承担赔偿责任:(1)未对进入施工现场的墙体材料、保温材料、门窗、采暖制冷系统和照明设备进行查验的;(2)使用不符合施工图设计文件要求的墙体材料、保温材料、门窗、采暖制冷系统和照明设备的;(3)使用列入禁止使用目录的技术、工艺、材料和设备的。

4. 监理单位的法律责任

工程监理单位有下列行为之一的,由县级以上地方人民政府建设行政主管部门责令限期改正;逾期未改正的,处10万元以上30万元以下的罚款;情节严重的,由颁发资质证书的部门责令停业整顿,降低资质等级或者吊销资质证书;造成损失的,依法承担赔偿责任:(1)未按照民用建筑节能强制性标准实施监理的;(2)墙体、屋面的保温工程施工时,未采取旁站、巡视和平行检验等形式实施监理的。

对不符合施工图设计文件要求的墙体材料、保温材料、门窗、采暖制冷系统和照明设备,按照符合施工图设计文件要求签字的,依照《建设工程质量管理条例》第六十七条的规定处罚。

5. 注册执业人员的法律责任

注册执业人员未执行民用建筑节能强制性标准的,由县级以上人民政府建设行政主管部门责令停止执业3个月以上1年以下;情节严重的,由颁发资格证书的部门吊销执业资格证书,5年内不予注册。

6. 房地产开发企业的法律责任

房地产开发企业销售商品房,未向购买人明示所售商品房的能源消耗指标、节能措施和保护要求、保温工程保修期等信息,或者向购买人明示的所售商品房能源消耗指标与实际能源消耗不符的,依法承担民事责任;由县级以上地方人民政府建设行政主管部门责令限期改正;逾期未改正的,处交付使用的房屋销售总额2%以下的罚款;情节严重的,由颁发资质证书的部门降低资质等级或者吊销资质证书。

7. 行政机关的法律责任

县级以上人民政府有关部门有下列行为之一的,对负有责任的主管人员和其他直接责任人员依法给予处分;构成犯罪的,依法追究刑事责任:(1)对设计方案不符合民用建筑节能强制性标准的民用建筑项目颁发建设工程规划许可证的;(2)对不符合民用建筑节能强制性标准的设计方案出具合格意见的;(3)对施工图设计文件不符合民用建筑节能强制性标准的民用建筑项目颁发施工许可证的;(4)不依法履行监督管理职责的其他行为。

各级人民政府及其有关部门、单位违反国家有关规定和标准,以节能改造的名义对既有建筑进行扩建、改建的,对负有责任的主管人员和其他直接责任人员,依法给予处分。

第三节 消防法

1998年4月29日第九届全国人民代表大会常务委员会第二次会议通过《中华人民共和国消防法》,2008年10月28日第十一届全国人民代表大会常务委员会第五次会议修订通过,自2009年5月1日起施行。

一、消防设计的审核与验收

（一）消防设计文件的审核与备案

建设工程的消防设计、施工必须符合国家工程建设消防技术标准。建设、设计、施工、工程监理等单位依法对建设工程的消防设计、施工质量负责。

1. 需要进行消防设计审核的工程范围

国务院、公安部门规定的大型的人员密集场所和其他特殊建设工程，建设单位应当将消防设计文件报送公安机关消防机构审核。公安机关消防机构依法对审核的结果负责。

依法应当经公安机关消防机构进行消防设计审核的建设工程，未经依法审核或者审核不合格的，负责审批该工程施工许可的部门不得给予施工许可，建设单位、施工单位不得施工；其他建设工程取得施工许可后经依法抽查不合格的，应当停止施工。

2. 需要进行消防设计备案的工程范围

按照国家工程建设消防技术标准需要进行消防设计的建设工程，除依法需要进行消防设计审核的工程外，建设单位应当自依法取得施工许可之日起七个工作日内，将消防设计文件报公安机关消防机构备案，公安机关消防机构应当进行抽查。

（二）消防设计竣工的验收和备案

1. 需要进行消防设计竣工验收的工程范围

按照国家工程建设消防技术标准进行消防设计的建设工程竣工，属于国务院、公安部门规定的大型的人员密集场所和其他特殊建设工程的，建设单位应当向公安消防机构申请消防验收；未经验收或者经验收不合格的，不得投入使用。

2. 需要进行消防设计竣工备案的工程范围

按照国家工程建设消防技术标准进行消防设计的建设工程竣工，建设单位在验收后应当向公安消防机构备案，公安机关消防机构应当进行抽查。经依法抽查不合格的，应当停止使用。

二、建筑消防安全措施

1. 同一建筑物由两个以上单位管理或者使用的，应当明确各方的消防安全责任，并确定责任人对共用的疏散通道、安全出口、建筑消防设施和消防车通道进行统一管理。

住宅区的物业服务企业应当对管理区域内的共用消防设施进行维护管理，提供消防安全防范服务。

2. 生产、储存、经营易燃易爆危险品的场所不得与居住场所设置在同一建筑物内，并应当与居住场所保持安全距离。

生产、储存、经营其他物品的场所与居住场所设置在同一建筑物内的，应当符合国家工程建设消防技术标准。

3. 禁止在具有火灾、爆炸危险的场所吸烟、使用明火。因施工等特殊情况需要使用明火作业的，应当按照规定事先办理审批手续，采取相应的消防安全措施；作业人员应当遵守消防安全规定。

进行电焊、气焊等具有火灾危险作业的人员和自动消防系统的操作人员，必须持证上岗，并遵守消防安全操作规程。

4. 生产、储存、装卸易燃易爆危险品的工厂、仓库和专用车站、码头的设置，应当符合消防技术标准。易燃易爆气体和液体的充装站、供应站、调压站，应当设置在符合消防安全要求的位置，并符合防火、防爆要求。

已经设置的生产、储存、装卸易燃易爆危险品的工厂、仓库和专用车站、码头，易燃易爆气体和液体的充装站、供应站、调压站，不再符合前款规定的，地方人民政府应当组织、协调有关部门、单位限期解决，消除安全隐患。

5. 生产、储存、运输、销售、使用、销毁易燃易爆危险品，必须执行消防技术标准和管理的规定。

进入生产、储存易燃易爆危险品的场所，必须执行消防安全规定。禁止非法携带易燃易爆危险品进入公共场所或者乘坐公共交通工具。

储存可燃物资仓库的管理，必须执行消防技术标准和管理的规定。

6. 建筑构件、建筑材料和室内装修、装饰材料的防火性能必须符合国家标准；没有国家标准的，必须符合行业标准。

人员密集场所室内装修、装饰，应当按照消防技术标准的要求，使用不燃、难燃材料。

7. 任何单位、个人不得损坏、挪用或者擅自拆除、停用消防设施、器材，不得埋压、圈占、遮挡消火栓或者占用防火间距，不得占用、堵塞、封闭疏散通道、安全出口、消防车通道。人员密集场所的门窗不得设置影响逃生和灭火救援的障碍物。

8. 负责公共消防设施维护管理的单位，应当保持消防供水、消防通信、消防车通道等公共消防设施的完好有效。在修建道路以及停电、停水、截断通信线路时有可能影响消防队灭火救援的，有关单位必须事先通知当地公安机关消防机构。

三、法律责任

1. 未进行消防设计审核与验收的法律责任

违反《消防法》规定，有下列行为之一的，责令停止施工、停止使用或者停产停业，并处3万元以上30万元以下罚款：

（1）依法应当经公安机关消防机构进行消防设计审核的建设工程，未经依法审核或者审核不合格，擅自施工的；

（2）消防设计经公安机关消防机构依法抽查不合格，不停止施工的；

（3）依法应当进行消防验收的建设工程，未经消防验收或者消防验收不合格，擅自投入使用的；

（4）建设工程投入使用后经公安机关消防机构依法抽查不合格，不停止使用的；

（5）公众聚集场所未经消防安全检查或者经检查不符合消防安全要求，擅自投入使用、营业的。

建设单位未依照本法规定将消防设计文件报公安机关消防机构备案，或者在竣工后未依照本法规定报公安机关消防机构备案的，责令限期改正，处5千元以下罚款。

2. 降低消防技术标准的法律责任

违反《消防法》规定，有下列行为之一的，责令改正或者停止施工，并处1万元以上10万元以下罚款：

（1）建设单位要求建筑设计单位或者建筑施工企业降低消防技术标准设计、施工的；

（2）建筑设计单位不按照消防技术标准强制性要求进行消防设计的；

（3）建筑施工企业不按照消防设计文件和消防技术标准施工，降低消防施工质量的；

(4) 工程监理单位与建设单位或者建筑施工企业串通、弄虚作假，降低消防施工质量的。

3. 危险品的场所不符合规定的法律责任

生产、储存、经营易燃易爆危险品的场所与居住场所设置在同一建筑物内，或者未与居住场所保持安全距离的，责令停产停业，并处5千元以上5万元以下罚款。

生产、储存、经营其他物品的场所与居住场所设置在同一建筑物内，不符合消防技术标准的，责令停产停业，并处5千元以上5万元以下罚款。

第四节 保险法

1995年6月30日第八届全国人民代表大会常务委员会第十四次会议通过《中华人民共和国保险法》，2002年10月28日第九届全国人民代表大会常务委员会第三十次会议通过《关于修改〈中华人民共和国保险法〉的决定》，2009年2月28日第十一届全国人民代表大会常务委员会第七次会议修订了《中华人民共和国保险法》。根据保险标的的不同，保险可分为财产保险和人身保险两大类。《保险法》规定，财产保险是以财产及其有关利益为保险标的的保险。财产保险一般包括财产损失保险、责任保险、信用保险、保证保险、农业保险等。它是以有形或无形财产及其相关利益为保险标的的一类补偿性保险。建设工程领域涉及的商业保险主要是建筑工程一切险和安装工程一切险。

一、建筑工程一切险

（一）建筑工程一切险的概念

建筑工程一切险是对建筑工程项目提供全面保险，它既对各种建筑工程及其施工过程中的物料、机器设备遭受的损失予以保险，也对因工程建设给第三者造成的人身、财产伤害承担经济赔偿责任。

（二）建筑工程一切险的内容

1. 建筑工程一切险的投保人与被保险人

建筑工程一切险的投保人是由承包商负责投保，也可由业主代为投保，但费用则由承包商负责支付。建筑工程一切险的被保险人可以是与工程建设有关的业主、承包商、监理工程师、分包商及贷款的银行等。

2. 建筑工程一切险的承保范围

(1) 建筑工程一切险适用范围

建筑工程一切险适用于所有合法的房屋工程和公共工程，包括以下工程：

①住宅、商业用房、医院、学校、剧院；

②工业厂房、电站；

③公路、铁路、飞机场；

④桥梁、船闸、大坝、隧道、排灌工程、水渠及港埠等。

(2) 建筑工程一切险承保的内容

①建筑工程本身。工程本身，是指由总承包商和分包商为履行合同而实施的全部工程，包括预备工程，如水准测量、土方等；临时工程，如引水、保护堤等；全部存放于工地，施工所必需的材料。

②施工用设施和设备。主要包括水电供应、活动房、材料库、配料棚、搅拌站、脚手架及其他类似设施。

③施工用机具。主要包括承包商所有或者租赁的大型陆上运输和施工机械、吊车及不能在公路上行驶的工地用车辆。

④清理场地费用。这是指在发生灾害事故后场地上产生了大量的残砾，为清理工地现场而必须支付的一笔费用。

⑤第三者责任。第三者责任，是指在保险期内对因工程意外事故造成的、依法应由被保险人负责的工地上及邻近地区的第三者人身伤亡、疾病或财产损失，以及被保险人因此而支付的诉讼费用和事先经保险公司书面同意支付的其他费用等赔偿责任。但是，被保险人的职工的人身伤亡和财产损失应予除外（属于意外伤害保险）。

⑥工地内现有的建筑物。这是指不在承保的工程范围内的、所有人或承包人所有的工地内已有的建筑物或财产。

⑦由被保险人看管或监护的停放于工地的财产。

(3) 建筑工程一切险承保危险与损害

建筑工程一切险承保的危险与损害涉及面很广，凡保险单中列举的除外情况之外的一切事故损失全在保险范围内，包括以下原因造成的损失：

①火灾、爆炸、雷击、飞机坠毁及灭火或其他救助所造成的损失；

②海啸、洪水、潮水、水灾、地震、暴雨、风暴、雪崩、地崩、山崩、冻灾、冰雹及其他自然灾害；

③一般性盗窃和抢劫；

④由于工人、技术人员缺乏经验、疏忽、过失、恶意行为或无能力等导致的施工拙劣而造成的损失；

⑤其他意外事件

建筑材料在工地范围内的运输过程中受到的损失和破坏，以及施工设备和机具在装卸时出现的损失等亦可纳入工程险的承保范围。

3. 建筑工程一切险的除外责任

按照国际惯例，属于除外的情况通常有以下几种：

(1) 由于军事行动、战争或其他类似事件，以及罢工、骚动、民众运动或当局命令停工等情况造成的损失；

(2) 政府命令或任何公共当局的没收、征用、销毁或毁坏；

(3) 被保险人及其代表的故意行为或重大过失引起的任何损失、费用和责任；

(4) 因原子核裂变而造成的损失；

(5) 由于合同罚款及其他非实质性损失；

(6) 大气、土地、水污染及其他各种污染引起的任何损失、费用和责任；

(7) 因施工机具本身原因即无外界原因情况下造成的损失（但因这些损失而导致的建筑事故则不属除外情况）；

(8) 因设计错误（结构缺陷）而造成的损失；

(9) 因纠正或修复工程差错（如因使用有缺陷或非标准材料而导致的差错）而增加的支出。

4. 建筑工程一切险的保险期

建筑工程一切险自保险工程在工地动工或用于保险工程的材料、设备运抵工地之时起始，至工程所有人对部分或全部工程签发竣工验收证书或验收合格，或工程所有人实际占有或使用或接收该部分或全部工程之时终止，以先发生者为准，开工日包括打地基在内（若地基在保险范围内）。施工机具保险从其被卸放到工地之日起开始生效。

保险终止日应为工程竣工验收之日或者保险单列出的终止日。

5. 建筑工程一切险的保险金额

保险金额，是指保险人承担赔偿或者给付保险金责任的最高限额。

（1）保险单明细表中列明的保险金额应不低于：

①建筑工程——保险工程建筑完成时的总价值，包括原材料费用、设备费用、建造费、安装费、运输费和保险费、关税、其他税项和费用，以及由工程所有人提供的原材料和设备的费用；

②施工用机器、装置和机械设备——重置同型号、同负载的新机器、装置和机械设备所需的费用；

③其他保险项目——由被保险人与保险人商定的金额。

（2）若被保险人是以保险工程合同规定的工程概算总造价投保，被保险人应：

①在本保险项下工程造价中包括的各项费用因涨价或升值原因而超出原保险工程造价时，必须尽快以书面通知保险人，保险人据此调整保险金额；

②在保险期限内对相应的工程细节做出精确记录，并允许保险人在合理的时候对该项记录进行查验；

③若保险工程的建造期超过3年，必须从保险单生效日起每隔12个月向保险人申报当时的工程实际投入金额及调整后的工程总造价，保险人将据此调整保险费；

④在保险单列明的保险期限届满后3个月内向保险人申报最终的工程总价值，保险人据此以多退少补的方式对预收保险费进行调整。

否则，针对以上各条规定，保险人将视为保险金额不足，一旦发生本保险责任范围内的损失时，保险人将根据本保险单总则中有关条款的规定对各种损失按比例赔偿。

6. 建筑工程一切险的免赔额

工程保险免赔额和赔偿限额的规定，是对被保险人应负责任的规定。通常，保险公司要求投保人根据其不同的损失情况，自负一定的责任，我们把由被保险人承担的损失额称之为免赔额。工程本身的免赔额为保险金额的0.5%～2%；施工机具设备等的免赔额为保险金额的5%；第三者责任险中财产损失的免赔额为每次事故赔偿限额的1%～2%，但人身伤害没有免赔额。

如果免赔额高，赔偿限额低、被保险人责任大，保险费率会降低；如果免赔额低、赔偿限额高，保险费率会相应提高。保险人向被保险人支付为修复保险标的遭受损失所需的费用时，必须扣除免赔额。支付的赔偿额极限相当于保险总额，但不超过保险合同中规定的每次事故的保险极限之和或整个保险期内发生的全部事故的总保险极限。

二、安装工程一切险

（一）安装工程一切险的概念和特点

安装工程一切险是以各种机器设备和钢结构为标的，并为机器设备的安装及钢结构工程的实施提供尽可能全面的专门保险,属于一种技术险种。

随着人们对安装工程一切险重要性认识的逐步深入,许多国家和地区已开始接受该险种,该险种主要负责承保安装各种机器、设备、储油罐、钢结构、起重机、吊车和包含机械工程因素的各种工程建设的一切损失。

(二) 安装工程一切险和建筑工程一切险的区别

(1) 建筑工程一切险的标的从开工后逐渐提高,而安装工程一切险的保险标的一开始就存放于工地,保险公司一开始就承担着全部货价的风险,风险比较集中。当机器安装好之后,试车、考核带来的危险及试车过程中发生的机器损坏的危险都相当大,这些危险在建筑工程一切险中是不存在的。

(2) 一般情况下,自然灾害造成建筑工程一切险的保险标的的损坏可能性比较大,而安装工程一切险的保险标的多数是建筑物内的安装设备,受自然灾害损坏的可能性较小,受人为事故损害的可能性较大,要加强现场被保险人的安全操作管理,严格执行操作规程。

(3) 安装工程在交接前必须经过试车考核,而在试车期内,任何潜在的因素都有可能造成损失,造成风险比较集中,因此,该时段内的保险费率占整个工期的保费的比重也比较高。另外,也不对旧机器设备承担赔付责任。

通常,安装工程一切险的风险较大,保险费率也高于建筑工程一切险。

(三) 安装工程一切险的投保人与被保险人

投保人即与保险人订立保险合同并支付保费的人。安装工程一切险的投保人可以是业主、承包商、供货商或制造商等。

(1) 业主;
(2) 制造商或供应商;
(3) 技术咨询顾问;
(4) 安装工程的信贷机构;
(5) 待安装构件的买受人等。

(四) 安装工程一切险的责任范围及除外责任

1. 安装工程一切险的保险标的

(1) 安装的机器及安装费,包括安装工程合同内要安装的机器、设备、装置、物料、基础工程(如地基等),以及为安装工程所需的各种临时设施(如水电、照明、通讯设备等);

(2) 安装工程使用的承包人的机器、设备;

(3) 附带投保的土木建筑工程项目,指厂房、仓库、办公楼、宿舍、码头、桥梁等。这些项目一般不在安装合同以内,但可在安装险内附带投保,如果土木建筑工程项目不超过总价的 20%,整个项目按安装工程一切险投保;若介于总价的 20% 和 50% 之间,该部分项目按建筑工程一切险投保;若超过 50%,整个项目按建筑工程一切险投保。

安装工程一切险还可以根据投保人的要求附加第三者责任险,此时,这与建筑工程一切险相同。

2. 安装工程一切险承保的危险和损失

安装工程一切险承保的危险和损害除包括建筑工程一切险中规定的内容外,还包括:

(1) 短路、过电压、电弧所造成的损失;
(2) 超压、压力不足和离心力引起的断裂所造成的损失;
(3) 其他意外事故,如因进入异物或因安装地点的运输而引起的意外事件等。

3. 安装工程一切险的除外责任

安装工程一切险的除外情况主要有以下几种：

（1）由结构、材料或在车间制作方面错误导致的损失；

（2）被保险人或其派遣人员蓄意破坏或欺诈行为造成的损失；

（3）因功力或效益不足而招致合同罚款或其他非实质性损失；

（4）由战争或其他类似事件，民众运动或因当局命令而造成的损失；

（5）因罢工和骚乱而造成的损失（但有些国家却不视为除外情况）；

（6）政府命令或任何公共当局的没收、征用、销毁或毁坏；

（7）大气、土地、水污染及其他各种污染引起的任何损失、费用和责任；

（8）由原子核裂化或核辐射造成的损失等。

（五）安装工程一切险的保险期限

1. 安装工程一切险的保险责任的开始和终止

安装工程一切险的保险责任，自保险工程的动工日（包括土建任务）或用于保险工程的材料、设备运抵工地至工程所有人对部分或全部工程签发完工验收证书或验收合格，或工程所有人实际占有或使用或接收该部分或全部工程终止，以先发生者为准，安装工程一切险的保险责任可以延展至为期一年的维修期满日。

安装工程一切险的保险期的展延，须征得保险人的书面同意，在保险单上加批并增收保费，否则，保险人不负责由此产生的责任和费用。

2. 试车考核期

安装工程一切险的保险期内，一般应包括一个试车考核期，考核期的长短要根据工程合同上的规定来决定。对考核期的保险责任一般不超过 3 个月，若超过 3 个月，应另行加收费用。对于旧机器设备，即安装前已被使用过的设备或转手设备，安装工程一切险不负考核期的保险责任，不承担其维修期的保险责任。这可以理解为：在一张保险单中，同时承保旧机器设备和其他新的项目，此时，该保险单仅对新设备的保险责任有效。

3. 关于安装工程一切险的保险期限应注意的有关问题

（1）当部分工程验收移交或实际投入使用时。这种情况下，保险责任自验收移交或投入使用之日即行终止，但保单上的有关附加条款或者批文应对此给予说明。

（2）试车考核期的保险责任期是指连续的时间，不是断续累计的时间，责任期一般应定为 3 个月。

（3）维修期应从实际完工验收或投入使用之日起算，不能机械地按合同规定的竣工日起算。

（六）安装工程一切险的保险金额组成

安装工程一切险的保险金额包括物质损失和第三者责任两大部分，具体包括：保险工程安装完成时的总价值、施工用机器、装置和机械设备所需的费用和被保险人与保险人商定的金额等。

第五节 税　　法

一、税收法律制度

（一）税收的分类

1. 税收的概念

税收是国家为满足社会公共需要，凭借公共权力，按照法律所规定的标准和程序，参与国民收入分配，强制地、无偿地取得财政收入的一种特定分配方式。它体现了国家与纳税人在征收、纳税的利益分配上的一种特殊关系，是一定社会制度下的一种特定分配关系。税收收入是国家财政收入的最主要来源。税收与其他分配方式相比，具有强制性、无偿性和固定性的特征。税收的强制性是指税收是国家以社会管理者的身份，凭借政权力量，依据政治权力，通过颁布法律或政令来进行强制征收。负有纳税义务的社会集团和社会成员，都必须遵守国家强制性的税收法令，在国家税法规定的限度内，纳税人必须依法纳税，否则就要受到法律的制裁。税收的无偿性是指通过征税，将社会集团和社会成员的一部分收入转归国家所有，国家不向纳税人支付任何报酬或代价。税收的这种无偿性是与国家凭借政治权力进行收入分配的本质相联系的。税收的固定性是指税收是按照国家法令规定的标准征收的，即纳税人、课税对象、税目、税率、计价办法和期限等，都是税收法令预先规定了的，有一个比较稳定的试用期间，是一种固定的连续收入。对于税收预先规定的标准，征税和纳税双方都必须共同遵守，非经国家法令修订或调整，征纳双方都不得违背或改变这个固定的比例或数额以及其他制度规定。

2. 税收的分类

根据税法所规定的征税客体性质不同，可以分为流转税、收益税、财产税、资源税和行为税。

（1）流转税

流转税是以流转额为征税对象，选择其在流转过程中的特定环节加以征收的税。我国现行的流转税主要有增值税、消费税、营业税、城市维护建设税、关税等。

（2）收益税

收益税是以纳税人的纯收益或者总收益额为征税对象，增减法定项目后加以征收的税。我国现行的收益税主要有：企业所得税、外商投资企业和外国企业所得税、个人所得税、农业税。

（3）财产税

财产税是以法定财产为征税对象，根据财产占有或者财产转移的事实，加以征收的税。财产税的基本特征是，以纳税人所占有或转移的财产（包括动产与不动产）为征税对象，纳税主体范围严格依法限定，我国现行的财产税包括：房产税、契税。

（4）资源税

资源税是对在我国境内从事国有资源开发，就资源和开发条件的差异而形成的级差收入征收的一种税。我国资源税的主要特点是，只对税法规定的资源征税，对未列入的不征税；只限于对资源的贫富及开发条件不同而形成的级差收入征税。

我国现行的资源税包括：资源税，土地增值税、城镇土地使用税、耕地占用税。

（5）行为税

行为税是针对发生特定行为，依据法定计税单位和标准，对行为人加以征收的税。行为税是国家利用税收法律形式，对某些特定行为进行规范、引导、控制和管理。

我国现行的行为税主要包括：印花税、固定资产投资方向调节税（2000年1月1日起新发生的投资额暂停征收）、车船使用税。

3. 税收的财政管理体制

我国实行分税制的财政管理体制，按照事权和分税制财权相统一的原则，结合税种的特性，划分中央与地方的税收管理权限和税收收入，可分为中央税、地方税和共享税。

中央税即属于中央固定财政收入，由中央集中管理和使用的税种。具体来说，中央税包括下列税种：关税，海关代征消费税和增值税，消费税，中央企业所得税，地方银行和外资银行及非银行金融企业所得税，铁道部门、各银行总行、各保险总公司等集中缴纳的收入（包括营业税、所得税、利润和城市维护建设税），车辆购置税。

地方税即属于地方固定财政收入，由地方管理和使用的税种。具体说来，地方税包括下列税种：营业税（不含铁道部门、各银行总行、各保险总公司集中缴纳的营业税），地方企业所得税（不含上述地方银行和外资银行及非银行金融企业所得税），个人所得税，城镇土地使用税，固定资产投资方向调节税，城市维护建设税（不含铁道部门、各银行总行、各保险总公司集中缴纳的部分），房产税，车船使用税，印花税，屠宰费，农牧业税，对农业特产收入征收的农业税（简称农业特产税），耕地占用税，契税，遗产或赠予税，土地增值税。

中央地方共享税即由中央和地方共同管理和使用的税种。具体说来，中央地方共享税包括下列税种：增值税、资源税、证券交易税等。增值税中央分享75%，地方分享25%。资源税按不同的资源品种划分，部分资源税作为地方收入，海洋石油资源税作为中央收入。证券交易税，中央与地方各分享50%。

（二）纳税人的权利和义务

纳税人是指税法规定的直接负有纳税义务的法人、其他组织和个人，是纳税义务的承担者。

1. 纳税人的权利

（1）特殊情况下延期纳税的权利

根据《税收征收管理法》的有关规定，纳税人因有特殊困难，不能按期缴纳税款的，经批准可以延期缴纳税款，但是最长不得超过三个月。纳税人未按照规定期限缴纳税款的，扣缴义务人未按照规定期限解缴税款的，税务机关除责令限期缴纳外，从滞纳税款之日起，按日加收滞纳税款万分之五的滞纳金。

（2）收取完税凭证的权利

税务机关征收税款时，必须给纳税人开具完税凭证。扣缴义务人代扣、代收税款时，纳税人要求扣缴义务人开具代扣、代收税款凭证的，扣缴义务人应当开具。

2. 纳税人的义务

（1）依法纳税

纳税人、扣缴义务人应按照法律、行政法规规定或者税务机关依照法律、行政法规的规定确定的期限，缴纳或者解缴税款。

未按规定解缴税款是指扣缴义务人已将纳税人应缴的税款代扣、代收，但没有按时缴国库的行为。

（2）出境清税

欠缴税款的纳税人或者他的法定代表人需要出境的，应当在出境前向税务机关结清应纳税款、滞纳金或者提供担保。未结清税款、滞纳金，又不提供担保的，税务机关可以通知出境管理机关阻止其出境。

（3）纳税申报

欠缴税款数额较大的纳税人在处分其不动产或者大额资产之前，应当向税务机关报告。

(三) 税务管理的制度

税务管理是税收征管程序中的基础性环节，主要包括三项制度，分别是税务登记制度、账簿凭证管理制度和纳税申报制度。

1. 税务登记制度

(1) 开业、变更及注销登记

根据《中华人民共和国税收征收管理法》（以下简称《税收征收管理法》）的有关规定，企业及其在外地设立的分支机构等从事生产、经营的纳税人，应当自领取营业执照之日起30日内，向税务机关申报办理税务登记。税务登记内容发生变化的，纳税人应当自办理工商变更登记之日起30日内或办理工商注销登记前，向税务机关申报办理变更或者注销税务登记。

从事生产、经营的纳税人应当按照国家有关规定，持税务登记证件，在银行或者其他金融机构开立基本存款账户和其他账户，并将其全部账号向税务机关报告。

(2) 税务登记证件

纳税人应当按照国家有关规定使用税务登记证件，不得转借、涂改、损毁、买卖或者伪造税务登记证件。税务登记证件具有重要作用，除按照规定不需要发给税务登记证件的，纳税人办理下列事项时，必须持税务登记证件：①开立银行账户；②申请减税、免税、退税；③申请办理延期申报、延期缴纳税款；④领购发票；⑤申请开具外出经营活动税收管理证明；⑥办理停业、歇业等。

2. 账簿凭证管理制度

根据《税收征收管理法》的有关规定，纳税人、扣缴义务人按照有关法律、行政法规和国务院财政、税务主管部门的规定设置账簿，根据合法、有效凭证记账，进行核算。从事生产、经营的纳税人、扣缴义务人必须按照国务院财政、税务主管部门规定的保管期限保管账簿、记账凭证、完税凭证及其他有关资料，账簿、记账凭证、完税凭证及其他有关资料不得伪造、变造或者擅自损毁。

3. 纳税申报管理制度

根据《税收征收管理法》的有关规定，纳税人必须依照法律、行政法规规定或者税务机关依照法律、行政法规的规定确定的申报期限、申报内容如实办理纳税申报，报送纳税申报表、财务会计报表以及税务机关根据实际需要要求纳税人报送的其他纳税资料。扣缴义务人必须依照法律、行政法规规定或者税务机关依照法律、行政法规的规定确定的申报期限、申报内容如实报送代扣代缴、代收代缴税款报告表以及税务机关根据实际需要要求扣缴义务人报送的其他有关资料。

纳税人、扣缴义务人不能按期办理纳税申报或者报送代扣代缴、代收代缴税款报告表的，经税务机关核准，可以延期申报，但应在核准的延期内办理税款结算。

二、建设工程相关的主要税种

(一) 增值税

1. 概念

增值税是对纳税人生产经营活动的增值额增收的一种税。增值额指纳税人从事生产经营活动在购入的货物或取得的劳务价值基础上新增加的价值额。

2. 征税范围和纳税人

《增值税暂行条例》第1条规定:"在中华人民共和国境内销售货物或提供加工修理、修配、劳务及进口货物的单位和个人,为增值税的纳税义务人。"

3. 税率

我国的增值税税率设计为三档,即基本税率、低税率和零税率。

4. 增值税专用发票的管理

增值税专用发票是专供一般纳税人使用的一种专门发票,为了加强管理,法律对增值税专用发票的管理作了明确的规定。

(二)营业税

1. 概念

营业税是对从事营业活动纳税人的营业额(销售额)征收的一种流转税。营业税在我国开征较早,在建国初期就实行过营业税,1958年税制改革时,将其并入了工商统一税。

2. 纳税人

《营业税暂行条例》第1条规定:"在中华人民共和国境内提供本条例所规定的劳务、转让无形资产或销售不动产的单位和个人,为营业税的纳税人。"

3. 征税范围

《营业税暂行条例》第1条规定了营业税的征税范围,即在我国境内提供应税劳务、转让无形资产或销售不动产三个方面。

(1)提供应税劳务主要包括交通运输业、建筑业、金融保险业、邮电通信业、文化体育业、娱乐业和服务业等7项。

(2)转让无形资产指转让无形资产的所有权或使用权。具体包括转让土地使用权、商标权、专利权、非专利技术、著作权、商誉等。

(3)销售不动产指有偿转让不动产所有权。具体包括销售建筑物或构筑物、销售其他土地附着物;单位将不动产无偿赠与他人,视同销售不动产;以不动产投资入股,在转让该项股权时,也视同销售不动产。

(三)城市维护建设税

1. 概念

城市维护建设税、是为筹集城市维护和建设资金对缴纳产品税(现为消费税)、增值税、营业税的单位和个人以其实际缴纳的产品税、增值税、营业税税额为计税依据而征收的一种税,属于以主税的税额为征收对象的一种附加性质的税种。

2. 征收范围、税率

(1)根据《城市维护建设税暂行条例》的规定,凡是缴纳产品税、增值税、营业税的单位和个人,都是城建税的纳税人。城市维护建设税以"三税"纳税人实际缴纳的产品税、增值税、营业税的税额作为计税依据。

(2)城市维护建设税的税率分别为:纳税人所在地在市区的,税率为7%;纳税人所在地在县城、建制镇的,税率为5%;纳税人所在地不在市区、县城或者建制镇的,税率为1%。

(四)企业所得税

1. 概念

企业所得税是对企业的生产、经营和其他所得征收的一种税。2007年3月16日第十届全国人民代表大会第五次会议通过了《中华人民共和国企业所得税》，自2008年1月1日起施行。

2. 纳税人

企业所得税的纳税人分为居民企业和非居民企业。居民企业，是指依法在中国境内成立，或者依照外国（地区）法律成立但实际管理机构在中国境内的企业。非居民企业，是指依照外国（地区）法律成立且实际管理机构不在中国境内，但在中国境内设立机构、场所的，或者在中国境内未设立机构、场所，但有来源于中国境内所得的企业。

3. 税率

企业所得税的税率为25%，居民企业应当就其来源于中国境内、境外的所得缴纳企业所得税。非居民企业在中国境内设立机构、场所的，应当就其所设机构、场所取得的来源于中国境内的所得，以及发生在中国境外但与其所设机构、场所有实际联系的所得，缴纳企业所得税。

非居民企业在中国境内未设立机构、场所的，或者虽设立机构、场所但取得的所得与其所设机构、场所没有实际联系的，应当就其来源于中国境内的所得缴纳企业所得税，适用税率为20%。

4. 应纳税所得额

企业每一纳税年度的收入总额，减除不征税收入、免税收入、各项扣除以及允许弥补的以前年度亏损后的余额，为应纳税所得额。企业以货币形式和非货币形式从各种来源取得的收入，为收入总额。包括：①销售货物收入；②提供劳务收入；③转让财产收入；④股息、红利等权益性投资收益；⑤利息收入；⑥租金收入；⑦特许权使用费收入；⑧接受捐赠收入；⑨其他收入。

（五）房产税

1. 概念

房产税是以房屋为征税客体，按照房屋的价值或房产租金向产权所有人征收的一种税。1986年9月，国务院发布了《房产税暂行条例》，自同年10月1日起征收房产税。房产税是恢复性的地方税种。

2. 征收范围

在城市、县城、建制镇和工矿区征收。房产税的纳税人是房屋的产权所有人。产权属于全民所有的，由经营者为纳税人。产权出典的，由承典人为纳税人。产权所有人、承典人不在房产所在地的，由代管人为纳税人；产权未确定及租典纠纷未解决的，由房屋代管者或使用者为纳税人。

3. 房产税的计税依据

依照房产价值计税的，房产价值由税务机关指定的房产评估机构评估或由房产所在地的税务机关参照同类房产核定。房产出租的，以房产租金收入为房产税的计税依据。

4. 税率

房产税的税率根据计税依据不同分设两种税率，依照房产余值计算缴纳的，税率为1.2%；依照房产租金收入计算缴纳的，税率为12%。

5. 免税规定

包括：国家机关、人民团体、部队自用的房产；由国家财政部门拨付事业经费的单位自用的房产；宗教、寺庙、公园、名胜古迹自用的房产；个人所有非营业用的房产；财政部国家税务总局批准免征税的房产免税。

（六）契税

1. 概念

契税是在房屋所有权转移登记时，向不动产取得人征收的一种税。契税的计税依据是房屋的价值。契税的税率分别为：买契税，按买价征收6%；典契税，按典价征收3%；交换的房屋，双方房屋价值相等的，不征契税；不相等的，其超过部分按买契税率征税。

2. 契税的减免规定

凡机关、部队、学校、党派、团体、国有企业与事业单位等有房屋买卖、承典、受赠或交换行为的免税。

对已实施城市住房制度改革的城市和县镇，以及城市中已实施住房制度改革的城区和单位，有城镇户口的正式职工（不含年收入10000元以上的城镇住户）第一次购买公有住房（包括单位自管新旧住房和房管部门管理的新旧住房）免纳契税。第二次购买房屋不能免税。

（七）土地增值税

1. 概念

土地增值税是对在我国境内转让国有土地使用权及地上建筑物和其他附着物（简称转让房地产）并取得收入的单位和个人就其土地增值额征收的一种税。这种税具有流转税和土地资源税的双重性，但该税以土地增值收税，其基本属性是土地资源，故土地增值税属于资源税范畴。

2. 纳税人

《土地增值税暂行条例》（简称《土地增值税条例》）第2条规定，凡转让国有土地使用权、地上建筑物及其附着物（简称转让房地产）并取得收入的单位和个人，为土地增值税的纳税义务人。这里规定的转让房地产是指转让国有土地使用权、地上建筑物和其他附着物产权的行为。通过继承、赠与等方式没有取得商业性收益的转让行为不在征税范围之内。

3. 计税依据和扣除项目

《土地增值税条例》规定，土地增值税是以纳税人转让房地产所取得的增值额作为计税依据的。所称"增值额"为纳税人转让房地产所取得的收入减除税法规定扣除项目金额后的余额。纳税人转让房地产取得的收入是指取得的全部收入，包括货币收入、实物收入和其他收入等。

根据《土地增值税条例》第6条规定，计算增值额的扣除项目包括如下几个方面：

(1) 取得土地使用权所支付的金额。

(2) 开发土地的成本、费用。

(3) 新建房及配套设施的成本、费用，或者旧房及建筑物的评估价格。

(4) 与转让有关的税金。

(5) 财政部规定的其他扣除项目。

《土地增值税暂行条例实施细则》（简称《土地增值税实施细则》）第7条规定：《土地增值税条例》第6条所列的计算增值额的扣除项目具体为：

(1) 取得土地使用权所支付的金额，是指纳税人为取得土地使用权所支付的地价款和按国家统一规定缴纳的有关费用。

(2) 开发土地和新建房及配套设施（以下简称房屋开发）的成本，是指纳税人房地产开发项目实际发生的成本（以下简称房屋开发成本），包括土地征用及拆迁补偿费、前期工程费、建筑安装工程费、基础设施费、公共配套设施费、开发间接费用。

土地征用及拆迁补偿费，包括土地征用费、耕地占用税、劳动力安置费及有关地上、地下附着物拆迁补偿的净支出、安置动迁用房支出等。

前期工程费，包括规划、设计、项目可行性研究和水文、地质、勘察、测绘、"三通一平"等支出。

建筑安装工程费，是指以发包方式支付给承包单位的建筑安装工程费，以自营方式发生的建筑安装工程费。

基础设施费，包括开发小区内道路，供水、供电、供气、排污、排洪、通讯、照明、环卫、绿化等工程发生的支出。

公共配套设施费，包括不能有偿转让的开发小区内公共配套设施发生的支出。

开发间接费用，是指直接组织、管理开发项目发生的费用，包括工资、职工福利费、折旧费、修理费、办公费、水电费、劳动保护费、周转房摊销等。

(3) 开发土地和新建房及配套设施的费用（以下简称房地产开发费用），是指与房地产开发项目有关的销售费用、管理费用、财务费用。

财务费用中的利息支出，凡能够按转让房地产项目计算分摊并提供金融机构证明的，允许据实扣除，但最高不能超过按商业银行同类同期贷款利率计算的金额。其他房地产开发费用，按本条(1)、(2)项规定计算的金额之和的5%以内计算扣除。

凡不能按转让房地产项目计算分摊利息支出或不能提供金融机构证明的，房地产开发费用按本条(1)、(2)项规定计算的金额之和的10%以内计算扣除。

(4) 旧房及建筑物的评估价格，是指在转让已使用的房屋及建筑物时，由政府批准设立的房地产评估机构评定的重置成本价乘以成新度折扣率后的价格。评估价格须经当地税务机关确认。

(5) 与转让房地产有关的税金，是指在转让房地产时缴纳的营业税、城市维护建设税、印花税。因转让房地产缴纳的教育费附加，也可视同税金予以扣除。

(6) 根据《土地增值税条例》第6条第(5)项规定，对从事房地产开发的纳税人可按本条第(1)、(2)项规定计算的金额之和，加计20%扣除。

《土地增值税条例》的《土地增值税实施细则》规定，如果纳税人成片受让土地使用权后，分期分批开发，分块转让的，对允许扣除项目的金额，应按转让土地使用权的面积占总面积的比例计算分摊；若按此办法仍难以计算的，也可以按建筑面积计算分摊。如果纳税人对项目完全竣工前无法按实际成本计算的，可以先按建筑面积预算，待项目完工后再按实际发生数进行清算，多退少补。

4. 税率

《土地增值税条例》第7条规定，土地增值税率实行四级超率累进税率。

(1) 增值额未超过扣除项目金额50%的部分，税率为30%。

(2) 增值额超过扣除项目金额50%，未超过扣除项目金额100%的部分，税率为40%。

(3) 增值额超过扣除项目金额100%，未超过扣除项目金额200%的部分，税率为50%。

(4) 增值额超过扣除项目金额200%的部分，税率为60%。

5. 减税免税

鉴于我国房地产及人民居住水平的条件差等实际情况，《土地增值税条例》第8条和《土地增值税实施细则》规定，有下列情形之一的，免征土地增值税。

(1) 纳税人建造普通标准住宅出售,增值额未超过扣除项目金额20%的。

(2) 因国家建设需要依法征用、收回的房地产。这是指国家城市规划、国家重点项目建设的需要而被国家征用的房地产或收回的土地使用权。

(3) 对个人因工作调动或改善居住条件转让原自用住房的,经向税务机关申报核实后,按下列情况分别处理:凡居住已满5年或5年以上的,免税;居住满3年未满5年的减半征税;居住不满3年的,按规定征税。

(八) 城镇土地使用税

1. 概念

城镇土地使用税是指在城市、县城、建制镇、工矿区范围内使用土地的单位和个人,以实际占用的土地面积为计税依据实行从量定额征收的一种税。1988年9月27日国务院颁布了《中华人民共和国城镇土地使用税暂行条例》,2006年12月31日修订。

2. 纳税人

在城市、县城、建制镇、工矿区范围内使用土地的单位和个人,为城镇土地使用税的纳税人,应当依照规定缴纳土地使用税。所称单位,包括国有企业、集体企业、私营企业、股份制企业、外商投资企业、外国企业以及其他企业和事业单位、社会团体、国家机关、军队以及其他单位;所称个人,包括个体工商户以及其他个人。

3. 计税依据

土地使用税以纳税人实际占用的土地面积为计税依据,依照规定税额计算征收。土地占用面积的组织测量工作,由省、自治区、直辖市人民政府根据实际情况确定。土地使用税每平方米年税额如下:(1) 大城市1.5元至30元;(2) 中等城市1.2元至24元;(3) 小城市0.9元至18元;(4) 县城、建制镇、工矿区0.6元至12元。

省、自治区、直辖市人民政府,应当在规定的税额幅度内,根据市政建设状况、经济繁荣程度等条件,确定所辖地区的适用税额幅度。市、县人民政府应当根据实际情况,将本地区土地划分为若干等级,在省、自治区、直辖市人民政府确定的税额幅度内,制定相应的适用税额标准,报省、自治区、直辖市人民政府批准执行。

经省、自治区、直辖市人民政府批准,经济落后地区土地使用税的适用税额标准可以适当降低,但降低额不得超过本条例第四条规定最低税额的30%,经济发达地区土地使用税的适用税额标准可以适当提高,但须报经财政部批准。

4. 免征城镇土地使用税

下列土地免缴土地使用税:(1) 国家机关、人民团体、军队自用的土地;(2) 由国家财政部门拨付事业经费的单位自用的土地;(3) 宗教寺庙、公园、名胜古迹自用的土地;(4) 市政街道、广场、绿化地带等公共用地;(5) 直接用于农、林、牧、渔业的生产用地;(6) 经批准开山填海整治的土地和改造的废弃土地,从使用的月份起免缴土地使用税5年至10年;(7) 由财政部另行规定免税的能源、交通、水利设施用地和其他用地。

除以上规定外,纳税人缴纳土地使用税确有困难需要定期减免的,由省、自治区、直辖市税务机关审核后,报国家税务局批准。

(九) 耕地占用税

1. 概念

耕地占用税是对占用耕地建房或者从事非农业建设的单位或者个人,按占用耕地的面积实行从量定额征收的一种税。2007年12月1日国务院颁布了《中华人民共和国耕地占用税暂行条例》，自 2008 年 1 月 1 日起施行。

2. 纳税人

占用耕地建房或者从事非农业建设的单位或者个人，为耕地占用税的纳税人，应当依照本条例规定缴纳耕地占用税。所称单位，包括国有企业、集体企业、私营企业、股份制企业、外商投资企业、外国企业以及其他企业和事业单位、社会团体、国家机关、部队以及其他单位；所称个人，包括个体工商户以及其他个人。

3. 税率

耕地占用税采用定额税率，耕地占用税以纳税人实际占用的耕地面积为计税依据，按照规定的适用税额一次性征收。耕地占用税的税额规定如下：(1) 人均耕地不超过 1 亩的地区（以县级行政区域为单位，下同），每平方米为 10 元至 50 元；(2) 人均耕地超过 1 亩但不超过 2 亩的地区，每平方米为 8 元至 40 元；(3) 人均耕地超过 2 亩但不超过 3 亩的地区，每平方米为 6 元至 30 元；(4) 人均耕地超过 3 亩的地区，每平方米为 5 元至 25 元。

国务院财政、税务主管部门根据人均耕地面积和经济发展情况确定各省、自治区、直辖市的平均税额。各地适用税额，由省、自治区、直辖市人民政府在本条第一款规定的税额幅度内，根据本地区情况核定。各省、自治区、直辖市人民政府核定的适用税额的平均水平，不得低于本条第二款规定的平均税额。

经济特区、经济技术开发区和经济发达且人均耕地特别少的地区，适用税额可以适当提高，但是提高的部分最高不得超过上述规定的当地适用税额的 50%，占用基本农田的，适用税额应当在规定的当地适用税额的基础上提高 50%。

4. 免征减征耕地占用税

下列情形免征耕地占用税：(1) 军事设施占用耕地；(2) 学校、幼儿园、养老院、医院占用耕地。

铁路线路、公路线路、飞机场跑道、停机坪、港口、航道占用耕地，按每平方米 2 元的税额征收耕地占用税。根据实际需要，国务院财政、税务主管部门商国务院有关部门并报国务院批准后，可以免征或者减征上述耕地占用税。

农村居民占用耕地新建住宅，按照当地适用税额减半征收耕地占用税。农村烈士家属、残疾军人、鳏寡孤独以及革命老根据地、少数民族聚居区和边远贫困山区生活困难的农村居民，在规定用地标准以内新建住宅缴纳耕地占用税确有困难的，经所在地乡（镇）人民政府审核，报经县级人民政府批准后，可以免征或者减征耕地占用税。

（十）印花税

1. 概念

印花税是对经济活动和经济交往中书立、领受的凭证征收的一种税。印花税的应税凭证是指单位和个人在经济活动和经济交往等过程中所领取或填制的、书面的，用以证明其活动，反映其经济内容，明确权利与义务的书面证明。

2. 纳税人

在我国境内书立、领受印花税法所列举凭证的单位和个人。

3. 征税范围

根据《印花税条例》的规定，印花税的征税范围有：

(1) 合同或者具有合同性质的凭证。指具有效力的协议契约，单据、确认书及其他各种名称的凭证。

(2) 产权转移书据。包括财产所有权、版权、商标专用权、专利权和专有技术使用权等产权的买卖、继承、赠与、交换等所立的书据。

(3) 营业账簿。包括单位和个人记载生产经营活动的财务会计核算账簿。

(4) 权利、许可证照。包括商标注册证、专利证书、工商营业执照、房屋产权证、土地使用证。

(5) 经财政部确定征税的其他凭证。

4. 税目和税率

印花税按照凭证的不同种类，共设置了13个税目，它们是：购销合同、加工承揽合同、建设工程勘探设计合同、建筑安装工程承包合同、财产租赁合同、货物运输合同、仓储保管合同、借款合同、财产保险合同、技术合同、产权转移书据、营业账簿和权利许可证照。其中建设工程勘探设计合同和建设安装工程承包合同包括总合同、分包合同。

印花税采用比例税率和定额税率两种形式。

印花税采用比例税率分为五个档次，即1‰、5‰、3‰、0.5‰、0.3‰。

5. 免征印花税的规定

根据《印花税条例》的《施行细则》规定，下列凭证免税：

(1) 已缴纳印花税凭证的副本或抄本免纳印花税，因为副本或者抄本视同正本使用的，应另贴印花。

(2) 财产所有人将财产赠给政府、抚养孤老伤残的社会福利单位、学校所立的书据免税。

(3) 国家指定的收购部门与村民委员会、农民个人书立的农副产品收购合同免税。

(4) 无息、贴息贷款合同免税。

(5) 外国政府或者国际金融组织向我国政府及国家金融机构提供优惠贷款书立的合同，免贴印花。

(6) 中外合资企业、合作经营企业、外资企业和外国公司企业及其他经济组织在华的营业机构、场所，凡是其生产经营收入和业务收入依照规定缴纳营业税、增值税、消费税的，其在中国境内书立、领受属于印花税暂行条例列举征税的凭证，都暂免予征收印花税。

(7) 外国公司企业在华没有设立机构、场所或设有常驻代表机构仅为本企业从事联络性的辅助活动不缴纳营业税的，其在中国境内书立、领受属于印花税暂行条例列举征税的凭证，都应缴纳印花税。但所书立、领受的信贷合同、技术贸易合同、购销合同、租赁合同纳税有困难的，可提出申请，经批准给予适当关税照顾。

第六节 劳动法律制度

劳动法是指用来调整劳动关系以及与劳动关系有密切联系的其他关系的法律规范总和。1994年7月5日第八届全国人民代表大会常务委员会第八次会议通过《中华人民共和国劳动法》，自1995年1月1日起施行。为了完善劳动合同制度，明确劳动合同双方当事人的权利和义务，保护劳动者的合法权益，构建和发展和谐稳定的劳动关系，2007年6月29日第十届全国人民代表大会常务委员会第二十八次会议通过《中华人民共和国劳动合同法》，自2008年1月1日起施行。

一、劳动关系

（一）劳动关系

劳动关系是指劳动者与用人单位（包括各类企业、个体工商户、事业单位等）在实现劳动过程中建立的社会经济关系。从广义上讲，生活在城市和农村的任何劳动者与任何性质的用人单位之间因从事劳动而结成的社会关系都属于劳动关系的范畴。从狭义上讲，现实经济生活中的劳动关系是指依照国家劳动法律法规规范的劳动法律关系，即双方当事人是被一定的劳动法律规范所规定和确认的权利和义务联系在一起的，其权利和义务的实现是由国家强制力来保障的。劳动法律关系的一方（劳动者）必须加入某一个用人单位，成为该单位的一员，并参加单位的生产劳动，遵守单位内部的劳动规则；而另一方（用人单位）则必须按照劳动者的劳动数量或质量给付其报酬，提供工作条件，并不断改进劳动者的物质文化生活。

（二）确认建立劳动关系的时间

用人单位自用工之日起即与劳动者建立劳动关系。用人单位与劳动者在用工前订立劳动合同的，劳动关系自用工之日起建立。

用人单位应当建立职工名册备查。职工名册应当包括劳动者姓名、性别、公民身份证号码、户籍地址及现住址、联系方式、用工形式、用工起始时间、劳动合同期限等内容。

（三）建立劳动关系时当事人的权利和义务

用人单位招用劳动者时，应当如实告知劳动者工作内容、工作条件、工作地点、职业危害、安全生产状况、劳动报酬，以及劳动者要求了解的其他情况；用人单位有权了解劳动者与劳动合同直接相关的基本情况，劳动者应当如实说明。

用人单位招用劳动者，不得扣押劳动者的居民身份证和其他证件，不得要求劳动者提供担保或者以其他名义向劳动者收取财物。

二、劳动保护

（一）劳动安全卫生

劳动安全卫生，又称劳动保护，是指直接保护劳动者在劳动中的安全和健康的法律保障。根据《劳动法》的有关规定，用人单位和劳动者应当遵守如下有关劳动安全卫生的法律规定：

1. 用人单位必须建立、健全劳动安全卫生制度，严格执行国家劳动安全卫生规程和标准，对劳动者进行劳动安全卫生教育，防止劳动过程中的事故，减少职业危害。

2. 劳动安全卫生设施必须符合国家规定的标准。新建、改建、扩建工程的劳动安全卫生设施必须与主体工程同时设计、同时施工、同时投入生产和使用。

3. 用人单位必须为劳动者提供符合国家规定的劳动安全卫生条件和必要的劳动防护用品，对从事有职业危害作业的劳动者应当定期进行健康检查。

4. 从事特种作业的劳动者必须经过专门培训并取得特种作业资格。

5. 劳动者在劳动过程中必须严格遵守安全操作规程。劳动者对用人单位管理人员违章指挥、强令冒险作业，有权拒绝执行；对危害生命安全和身体健康的行为，有权提出批评、检举和控告。

(二) 女职工和未成年工特殊保护

1. 女职工的特殊保护

根据我国《劳动法》的有关规定，对女职工的特殊保护规定主要包括：(1) 禁止安排女职工从事矿山井下、国家规定的第四级体力劳动强度的劳动和其他禁忌从事的劳动。(2) 不得安排女职工在经期从事高处、低温、冷水作业和国家规定的第三级体力劳动强度的劳动。(3) 不得安排女职工在怀孕期间从事国家规定的第三级体力劳动强度的劳动和孕期禁忌从事的活动。对怀孕七个月以上的女职工，不得安排其延长工作时间和夜班劳动。(4) 女职工生育享受不少于九十天的产假。(5) 不得安排女职工在哺乳未满一周岁的婴儿期间从事国家规定的第三级体力劳动强度的劳动和哺乳期禁忌从事的其他劳动，不得安排其延长工作时间和夜班劳动。

2. 未成年工特殊保护

所谓未成年工，是指年满16周岁未满18周岁的劳动者。根据我国《劳动法》的有关规定，对未成年工的特殊保护规定主要包括：(1) 不得安排未成年工从事矿山井下、有毒有害、国家规定的第四级体力劳动强度的劳动和其他禁忌从事的劳动。(2) 用人单位应当对未成年工定期进行健康检查。

三、劳动合同

(一) 劳动合同的订立

劳动合同是劳动者与用人单位确定劳动关系、明确双方权利和义务的协议。《劳动法》规定，建立劳动关系应当订立劳动合同。

1. 劳动合同当事人

劳动合同的当事人为用人单位和劳动者。《中华人民共和国劳动合同法实施条例》进一步规定了，劳动合同法规定的用人单位设立的分支机构，依法取得营业执照或者登记证书的，可以作为用人单位与劳动者订立劳动合同；未依法取得营业执照或者登记证书的，受用人单位委托可以与劳动者订立劳动合同。

2. 订立劳动合同的时间限制

已建立劳动关系，未同时订立书面劳动合同的，应当自用工之日起一个月内订立书面劳动合同。

(1) 因劳动者的原因未能订立劳动合同的法律后果

自用工之日起一个月内，经用人单位书面通知后，劳动者不与用人单位订立书面劳动合同的，用人单位应当书面通知劳动者终止劳动关系，无需向劳动者支付经济补偿，但是应当依法向劳动者支付其实际工作时间的劳动报酬。

(2) 因用人单位的原因未能订立劳动合同的法律后果

用人单位自用工之日起超过一个月不满一年未与劳动者订立书面劳动合同的，应当依劳动合同法第82条的规定向劳动者每月支付两倍的工资，并与劳动者补订书面劳动合同；劳动者不与用人单位订立书面劳动合同的，用人单位应当书面通知劳动者终止劳动关系，并依照劳动合同法第47条的规定支付经济补偿。

这里，用人单位向劳动者每月支付两倍工资的起算时间为用工之日起满一个月的次日，截止时间为补订书面劳动合同的前一日。

用人单位自用工之日起满一年未与劳动者订立书面劳动合同的，自用工之日起满一个月的次日至满一年的前一日应当依照劳动合同法的规定向劳动者每月支付两倍的工资,并视为自用工之日起满一年的当日已经与劳动者订立无固定期限劳动合同,应当立即与劳动者补订书面劳动合同。

3. 劳动合同的生效

劳动合同由用人单位与劳动者协商一致,并经用人单位与劳动者在劳动合同文本上签字或者盖章生效。劳动合同文本由用人单位和劳动者各执一份。

(二) 劳动合同的类型

劳动合同分为固定期限劳动合同、无固定期限劳动合同和以完成一定工作任务为期限的劳动合同。

1. 固定期限劳动合同

固定期限劳动合同,是指用人单位与劳动者约定合同终止时间的劳动合同。用人单位与劳动者协商一致,可以订立固定期限劳动合同。

2. 无固定期限劳动合同

无固定期限劳动合同,是指用人单位与劳动者约定无确定终止时间的劳动合同。

用人单位与劳动者协商一致,可以订立无固定期限劳动合同。有下列情形之一,劳动者提出或者同意续订、订立劳动合同的,除劳动者提出订立固定期限劳动合同外,应当订立无固定期限劳动合同:

(1) 劳动者在该用人单位连续工作满 10 年的;

(2) 用人单位初次实行劳动合同制度或者国有企业改制重新订立劳动合同时,劳动者在该用人单位连续工作满 10 年且距法定退休年龄不足 10 年的;

(3) 连续订立二次固定期限劳动合同,且劳动者没有《劳动合同法》第三十九条(即用人单位可以解除劳动合同的条件)和第四十条第一项、第二项规定(即劳动者患病或者非因工负伤,在规定的医疗期满后不能从事原工作,也不能从事由用人单位另行安排工作的;劳动者不能胜任工作,经培训或调整工作岗位,仍不能胜任工作的)的情形,续订劳动合同的。用人单位自用工之日起满一年不与劳动者订立书面劳动合同的,视为用人单位与劳动者已订立无固定期限劳动合同。

3. 以完成一定工作任务为期限的劳动合同

以完成一定工作任务为期限的劳动合同,是指用人单位与劳动者约定以某项工作的完成为合同期限的劳动合同。用人单位与劳动者协商一致,可以订立以完成一定工作任务为期限的劳动合同。

(三) 劳动合同的条款

1. 劳动合同的条款

劳动合同应当具备以下条款:(1) 用人单位的名称、住所和法定代表人或者主要负责人;(2) 劳动者的姓名、住址和居民身份证或者其他有效身份证件号码;(3) 劳动合同期限;(4) 工作内容和工作地点;(5) 工作时间和休息休假;(6) 劳动报酬;(7) 社会保险;(8) 劳动保护、劳动条件和职业危害防护;(9) 法律、法规规定应当纳入劳动合同的其他事项。

劳动合同除以上规定的必备条款外,用人单位与劳动者可以约定试用期、培训、保守秘密、补充保险和福利待遇等其他事项。

劳动合同对劳动报酬和劳动条件等标准约定不明确,引发争议的,用人单位与劳动者可以重新协商；协商不成的，适用集体合同规定；没有集体合同或者集体合同未规定劳动报酬的，实行同工同酬；没有集体合同或者集体合同未规定劳动条件等标准的，适用国家有关规定。

2. 试用期

（1）试用期的时间长度限制

劳动合同期限3个月以上不满1年的，试用期不得超过1个月；劳动合同期限1年以上不满3年的，试用期不得超过2个月；3年以上固定期限和无固定期限的劳动合同，试用期不得超过6个月。

（2）试用期的次数限制

同一用人单位与同一劳动者只能约定一次试用期。以完成一定工作任务为期限的劳动合同或者劳动合同期限不满3个月的，不得约定试用期包含在劳动合同期限内。劳动合同仅约定试用期的，试用期不成立，该期限为劳动合同期限。

（3）试用期内的最低工资

《劳动合同法》规定，劳动者在试用期的工资不得低于本单位相同岗位最低档工资或者劳动合同约定工资的80%，并不得低于用人单位所在地的最低工资标准。

（4）试用期内合同解除条件的限制

在试用期中，除劳动者有《劳动合同法》第三十九条（即用人单位可以解除劳动合同的条件）和第四十条第一项、第二项规定（即劳动者患病或者非因工负伤，在规定的医疗期满后不能从事原工作，也不能从事由用人单位另行安排工作的；劳动者不能胜任工作，经培训或调整工作岗位，仍不能胜任工作的）的情形外，用人单位不得解除劳动合同。用人单位在试用期解除劳动合同的，应当向劳动者说明理由。

3. 服务期

用人单位为劳动者提供专项培训费用，对其进行专业技术培训的，可以与该劳动者订立协议，约定服务期。劳动合同期满，但是用人单位与劳动者依照劳动合同法的规定约定的服务期尚未到期的，劳动合同应当续延至服务期满；双方另有约定的，从其约定。

劳动者违反服务期约定的，应当按照约定向用人单位支付违约金。违约金的数额不得超过用人单位提供的培训费用。用人单位要求劳动者支付的违约金不得超过服务期尚未履行部分所应分摊的培训费用。

《劳动合同法实施条例》对于这里的培训费用进一步做出了规定：包括用人单位为了对劳动者进行专业技术培训而支付的有凭证的培训费用、培训期间的差旅费用以及因培训产生的用于该劳动者的其他直接费用。

用人单位与劳动者约定了服务期，劳动者依照劳动合同法第38条的规定（即劳动者可以解除劳动合同的情形）解除劳动合同的，不属于违反服务期的约定，用人单位不得要求劳动者支付违约金。

有下列情形之一，用人单位与劳动者解除约定服务期的劳动合同的，劳动者应当按照劳动合同的约定向用人单位支付违约金：

（1）劳动者严重违反用人单位的规章制度的；

（2）劳动者严重失职，营私舞弊，给用人单位造成重大损害的；

（3）劳动者同时与其他用人单位建立劳动关系，对完成本单位的工作任务造成严重影响，或者经用人单位提出，拒不改正的；

（4）劳动者以欺诈、胁迫的手段或者乘人之危，使用人单位在违背真实意思的情况下订立或者变更劳动合同的；

（5）劳动者被依法追究刑事责任的。

用人单位与劳动者约定服务期的，不影响按照正常的工资调整机制提高劳动者在服务期间的劳动报酬。

4. 保密协议与竞业限制条款

用人单位与劳动者可以在劳动合同中约定保守用人单位的商业秘密和与知识产权相关的保密事项。对负有保密义务的劳动者，用人单位可以在劳动合同或者保密协议中与劳动者约定竞业限制条款，并约定在解除或者终止劳动合同后，在竞业限制期限内按月给予劳动者经济补偿。劳动者违反竞业限制约定的，应当按照约定向用人单位支付违约金。

竞业限制的人员限于用人单位的高级管理人员、高级技术人员和其他负有保密义务的人员。竞业限制的范围、地域、期限由用人单位与劳动者约定，竞业限制的约定不得违反法律、法规的规定。在解除或者终止劳动合同后，以上规定的人员到与本单位生产或者经营同类产品、从事同类业务的有竞争关系的其他用人单位，或者自己开业生产或者经营同类产品、从事同类业务的竞业限制期限，不得超过二年。

（四）无效的劳动合同

下列劳动合同无效或者部分无效：

1. 以欺诈、胁迫的手段或者乘人之危，使对方在违背真实意思的情况下订立或者变更劳动合同的；

2. 用人单位免除自己的法定责任、排除劳动者权利的；

3. 违反法律、行政法规强制性规定的。

对劳动合同的无效或者部分无效有争议的，由劳动争议仲裁机构或者人民法院确认。劳动合同部分无效，不影响其他部分效力的，其他部分仍然有效。劳动合同被确认无效，劳动者已付出劳动的，用人单位应当向劳动者支付劳动报酬。劳动报酬的数额，参照本单位相同或者相近岗位劳动者的劳动报酬确定。

（五）劳动合同的履行和变更

1. 劳动合同的履行

用人单位与劳动者应当按照劳动合同的约定，全面履行各自的义务。

用人单位应当按照劳动合同约定和国家规定，向劳动者及时足额支付劳动报酬。

用人单位拖欠或者未足额支付劳动报酬的，劳动者可以依法向当地人民法院申请支付令，人民法院应当依法发出支付令。

用人单位应当严格执行劳动定额标准，不得强迫或者变相强迫劳动者加班。用人单位安排加班的，应当按照国家有关规定向劳动者支付加班费。

劳动者拒绝用人单位管理人员违章指挥、强令冒险作业的，不视为违反劳动合同。

劳动者对危害生命安全和身体健康的劳动条件，有权对用人单位提出批评、检举和控告。

2. 劳动合同的变更

用人单位变更名称、法定代表人、主要负责人或者投资人等事项，不影响劳动合同的履行。

用人单位发生合并或者分立等情况，原劳动合同继续有效，劳动合同由承继其权利和义务的用人单位继续履行。

用人单位与劳动者协商一致，可以变更劳动合同约定的内容。变更劳动合同，应当用书面形式。

变更后的劳动合同文本由用人单位和劳动者各执一份。

（六）劳动合同的解除

用人单位与劳动者协商一致，可以解除劳动合同。用人单位向劳动者提出解除劳动合同并与劳动者协商一致解除劳动合同的，用人单位应当向劳动者给予经济补偿。

劳动者提前30日以书面形式通知用人单位，可以解除劳动合同。劳动者在试用期内提前3日通知用人单位，可以解除劳动合同。

1. 劳动者可以解除劳动合同的情形

《劳动合同法》规定，用人单位有下列情形之一的，劳动者可以解除劳动合同，用人单位应当向劳动者支付经济补偿：（1）未按照劳动合同约定提供劳动保护或者劳动条件的；（2）未及时足额支付劳动报酬的；（3）未依法为劳动者缴纳社会保险费的；（4）用人单位的规章制度违反法律、法规的规定，损害劳动者权益的；（5）因《劳动合同法》第26条第1款（即以欺诈、胁迫的手段或者乘人之危，使对方在违背真实意思的情况下订立或者变更劳动合同的）规定的情形致使劳动合同无效的；（6）法律、行政法规规定劳动者可以解除劳动合同的其他情形。

用人单位以暴力、威胁或者非法限制人身自由的手段强迫劳动者劳动的，或者用人单位违章指挥、强令冒险作业危及劳动者人身安全的，劳动者可以立即解除劳动合同，不需事先告知用人单位。

2. 用人单位可以解除劳动合同的情形

用人单位单方解除劳动合同，应当事先将理由通知工会。用人单位违反法律、行政法规规定或者劳动合同约定的，工会有权要求用人单位纠正。用人单位应当研究工会的意见，并将处理结果书面通知工会。

除用人单位与劳动者协商一致，用人单位可以与劳动者解除合同外，下列情形，用人单位也可以与劳动者解除合同。

（1）随时解除

劳动者有下列情形之一的，用人单位可以解除劳动合同：①在试用期间被证明不符合录用条件的；②严重违反用人单位规章制度的；③严重失职，营私舞弊，给用人单位造成重大损害的；④劳动者同时与其他用人单位建立劳动关系，对完成本单位的工作任务造成严重影响，或者经用人单位提出，拒不改正的；⑤因《劳动合同法》第26条第1款第1项（即：以欺诈、胁迫的手段或者乘人之危，使对方在违背真实意思的情况下订立或者变更劳动合同的）规定的情形致使劳动合同无效的；⑥被依法追究刑事责任的。

（2）预告解除

有下列情形之一的，用人单位提前三十日以书面形式通知劳动者本人或者额外支付劳动者一个月工资后，可以解除劳动合同：①劳动者患病或者非因工负伤，在规定的医疗期满后不能从事原工作，也不能从事由用人单位另行安排的工作的；②劳动者不能胜任工作，经过培训或者调整工作岗位，仍不能胜任工作的；③劳动合同订立时所依据的客观情况发生重大变化，致使劳动合同无法履行，经用人单位与劳动者协商，未能就变更劳动合同内容达成协议的。

(3) 经济性裁员

有下列情形之一,需要裁减人员二十人以上或者裁减不足二十人但占企业职工总数百分之十以上的,用人单位提前三十日向工会或者全体职工说明情况,听取工会或者职工的意见后,裁减人员方案经向劳动行政部门报告,可以裁减人员:①依照企业破产法规定进行重整的;②生产经营发生严重困难的;③企业转产、重大技术革新或者经营方式调整,经变更劳动合同后,仍需裁减人员的;④其他因劳动合同订立时所依据的客观经济情况发生重大变化,致使劳动合同无法履行的。

裁减人员时,应当优先留用下列人员:①与本单位订立较长期限的固定期限劳动合同的;②与本单位订立无固定期限劳动合同的;③家庭无其他就业人员,有需要扶养的老人或者未成年人的。用人单位依照以上规定裁减人员,在六个月内重新招用人员的,应当通知被裁减的人员,并在同等条件下优先招用被裁减的人员。

(4) 用人单位不得解除劳动合同的情形

劳动者有下列情形之一的,用人单位不得依照《劳动合同法》规定解除劳动合同:①从事接触职业病危害作业的劳动者未进行离岗前职业健康检查,或者疑似职业病病人在诊断或者医学观察期间的;②在本单位患职业病或者因工负伤并被确认丧失或者部分丧失劳动能力的;③患病或者非因工负伤,在规定的医疗期内的;④女职工在孕期、产期、哺乳期的;⑤在本单位连续工作满15年,且距法定退休年龄不足5年的;⑥法律、行政法规规定的其他情形。

(七) 劳动合同的终止

1. 劳动合同终止的条件

有下列情形之一的,劳动合同终止:(1) 劳动合同期满的;(2) 劳动者开始依法享受基本养老保险待遇的;(3) 劳动者死亡,或者被人民法院宣告死亡或者宣告失踪的;(4) 用人单位被依法宣告破产的;(5) 用人单位被吊销营业执照、责令关闭、撤销或者用人单位决定提前解散的;(6) 法律、行政法规规定的其他情形。

劳动合同期满,有以上情形之一的,劳动合同应当续延至相应的情形消失时终止。但是,劳动者开始依法享受基本养老保险待遇,丧失或者部分丧失劳动能力劳动的,劳动合同的终止按照国家有关工伤保险的规定执行。

2. 终止合同的经济补偿

(1) 经济补偿的情形

有下列情形之一的,用人单位应当向劳动者支付经济补偿:①劳动者依照《劳动合同法》第三十八条规定解除劳动合同的(即用人单位有法定情形,劳动者可以解除劳动合同);②用人单位依照《劳动合同法》第三十六条规定向劳动者提出解除劳动合同并与劳动者协商一致解除劳动合同的;③用人单位依照《劳动合同法》第四十条规定解除劳动合同的(即劳动者有法定情形,用人单位可以解除劳动合同);④用人单位依照《劳动合同法》第四十一条第一款规定解除劳动合同的(即依照企业破产法规定进行重整裁减人员的);⑤除用人单位维持或者提高劳动合同约定条件续订劳动合同,劳动者不同意续订的情形外,依照《劳动合同法》第四十四条第一项规定终止固定期限劳动合同的(即劳动合同期满终止劳动合同的);⑥依照《劳动合同法》第四十四条第四项、第五项规定终止劳动合同的(即用人单位被依法宣告破产的、用人单位被吊销营业执照、责令关闭、撤销或者用人单位决定提前解散,终止劳动合同的);⑦法律、行政法规规定的其他情形。

用人单位依法终止工伤职工的劳动合同的，除依照劳动合同法第47条（即补偿标准）的规定支付经济补偿外，还应当依照国家有关工伤保险的规定支付一次性工伤医疗补助金和伤残就业补助金。

（2）补偿标准

经济补偿按劳动者在本单位工作的年限，每满一年支付一个月工资的标准向劳动者支付。六个月以上不满一年的，按一年计算；不满六个月的，向劳动者支付半个月工资的经济补偿。劳动者月工资高于用人单位所在直辖市、设区的市级人民政府公布的本地区上年度职工月平均工资三倍的，向其支付经济补偿的标准按职工月平均工资三倍的数额支付，向其支付经济补偿的年限最高不超过十二年。所称月工资是指劳动者在劳动合同解除或者终止前十二个月的平均工资。

（3）支付赔偿金

用人单位违反本法规定解除或者终止劳动合同，劳动者要求继续履行劳动合同的，用人单位应当继续履行；劳动者不要求继续履行劳动合同或者劳动合同已经不能继续履行的，用人单位应当依照本法第87条［用人单位违反本法规定解除或者终止劳动合同的，应当依照本法第47条（即经济补偿额的计算）］规定的经济补偿标准的2倍向劳动者支付赔偿金。

四、劳动争议的处理

劳动争议，又称劳动纠纷，是指劳动关系当事人之间关于劳动权利和义务的争议。解决劳动争议，应当根据合法、公正、及时处理的原则，依法维护劳动争议当事人的合法权益。用人单位与劳动者发生劳动争议，当事人可以依法申请调解、仲裁、提起诉讼，也可以协商解决。2008年5月1日起施行《劳动争议调解仲裁法》规定，发生劳动争议，当事人不愿协商、协商不成或者达成和解协议后不履行的，可以向调解组织申请调解；不愿调解、调解不成或者达成调解协议后不履行的，可以向劳动争议仲裁委员会申请仲裁；对仲裁裁决不服的，除本法另有规定外，可以向人民法院提起诉讼。

（一）协商解决劳动争议

协商，是指当事人各方在自愿、互谅的基础上，按照法律、政策的规定，通过摆事实讲道理解决纠纷的一种方法。协商的方法是一种简便易行、最有效、最经济的方法，能及时解决争议，消除分歧，提高办事效率，节省费用，也有利于双方的团结和相互的协作关系。

根据《劳动争议调解仲裁法》第4条的规定，"发生劳动争议，劳动者可以与用人单位协商，也可以请工会或者第三方共同与用人单位协商，达成和解协议。"

（二）申请调解解决劳动争议

1. 调解组织

发生劳动争议，当事人可以到下列调解组织申请调解：

（1）企业劳动争议调解委员会；

（2）依法设立的基层人民调解组织；

（3）在乡镇、街道设立的具有劳动争议调解职能的组织。

企业劳动争议调解委员会由职工代表和企业代表组成。职工代表由工会成员担任或者由全体职工推举产生，企业代表由企业负责人指定。企业劳动争议调解委员会主任由工会成员或者双方推举的人员担任。

当事人申请劳动争议调解可以书面申请，也可以口头申请。口头申请的，调解组织应当当场记录申请人基本情况、申请调解的争议事项、理由和时间。

2. 调解协议书

经调解达成协议的，应当制作调解协议书。

调解协议书由双方当事人签名或者盖章，经调解员签名并加盖调解组织印章后生效，对双方当事人具有约束力，当事人应当履行。

自劳动争议调解组织收到调解申请之日起15日内未达成调解协议的，当事人可以依法申请仲裁。

3. 调解协议的履行

达成调解协议后，一方当事人在协议约定期限内不履行调解协议的，另一方当事人可以依法申请仲裁。

因支付拖欠劳动报酬、工伤医疗费、经济补偿或者赔偿金事项达成调解协议，用人单位在协议约定期限内不履行的，劳动者可以持调解协议书依法向人民法院申请支付令。人民法院应当依法发出支付令。

(三) 通过劳动争议仲裁委员会进行裁决

1. 劳动争议仲裁的特点

与其他解决方式以及《仲裁法》规定的仲裁相比，劳动争议仲裁有以下基本特点：

(1) 从仲裁主体上看，劳动争议仲裁委员会由劳动行政部门代表、工会代表和企业方面代表组成。劳动争议仲裁委员会组成人员应当是单数，是带有司法性质的行政执行机关。它不是一般的民间组织，也区别于司法结构、群众自治性组织和行政机构。

(2) 从解决对象看，劳动争议仲裁解决劳动争议，这是与《仲裁法》规定的仲裁方式的重大区别。

(3) 从仲裁实行的原则看，劳动争议仲裁实行的是法定管辖，而《仲裁法》规定的是约定管辖。

(4) 从与诉讼的关系看，当事人对劳动争议仲裁裁决不服的，可以向法院起诉。《仲裁法》规定的仲裁，则采用或裁或审的体制。

2. 劳动争议仲裁的原则

劳动争议仲裁原则是指劳动争议仲裁机构在仲裁程序中应遵守的准则，它是劳动争议仲裁的特有原则，反映了劳动争议仲裁的本质要求。

(1) 一次裁决原则

即劳动争议仲裁实行一个裁级一次裁决制度，一次裁决即为终局裁决。当事人如不服仲裁裁决，只能依法向人民法院起诉，不得向上一级仲裁委员会申请复议或要求重新处理。

(2) 合议原则

仲裁庭裁决劳动争议案件，实行少数服从多数的原则。合议原则是民主集中制在仲裁工作中的体现，其目的是为了保证仲裁裁决的公正性。

(3) 强制原则

劳动争议仲裁实行强制原则，主要表现为：当事人申请仲裁无须双方达成一致协议，只要一方申请，仲裁委员会即可受理；在仲裁庭对争议调解不成时，无须得到当事人的同意，可直接行使裁决权；对发生法律效力的仲裁文书，可申请人民法院强制执行。

3. 劳动争议仲裁委员会与仲裁庭

(1) 劳动争议仲裁委员会

劳动争议仲裁委员会是依法成立的,通过仲裁方式处理劳动争议的专门机构,它独立行使劳动争议仲裁权。省、自治区人民政府可以决定在市、县设立;直辖市人民政府可以决定在区、县设立。直辖市、设区的市也可以设立一个或者若干个劳动争议仲裁委员会。

劳动争议仲裁委员会不按行政区划层层设立。劳动争议仲裁委员会应当设仲裁员名册。仲裁员应当公道正派并符合下列条件之一:①曾任审判员的;②从事法律研究、教学工作并具有中级以上职称的;③具有法律知识、从事人力资源管理或者工会等专业工作满5年的;④律师执业满3年的。

劳动争议仲裁委员会负责管辖本区域内发生的劳动争议。劳动争议由劳动合同履行地或者用人单位所在地的劳动争议仲裁委员会管辖。双方当事人分别向劳动合同履行地和用人单位所在地的劳动争议仲裁委员会申请仲裁的,由劳动合同履行地的劳动争议仲裁委员会管辖。

(2) 仲裁庭

仲裁庭在仲裁委员会领导下处理劳动争议案件,实行一案一庭制。

仲裁庭由一名首席仲裁员、二名仲裁员组成。简单案件,仲裁委员会可以指定一名仲裁员独任处理。

仲裁庭的首席仲裁员由仲裁委员会负责人或授权其办事机构负责人指定,另两名仲裁员由仲裁委员会授权其办事机构负责人指定或由当事人各选一名,具体办法由省、自治区、直辖市自行确定。

仲裁庭组成不符合规定的,由仲裁委员会予以撤销,重新组成仲裁庭。

(3) 仲裁委员会或仲裁庭组成人员的回避

仲裁委员会组成人员或者仲裁员有下列情形之一的,应当回避,当事人有权以口头或者书面方式申请其回避:①是本案当事人或者当事人、代理人的近亲属的;②与本案有利害关系的;③与本案当事人、代理人有其他关系,可能影响公正裁决的;④私自会见当事人、代理人,或者接受当事人、代理人的请客送礼的。

4. 劳动争议仲裁的申请与受理

(1) 申请

根据《劳动争议调解仲裁法》第27条的规定,"劳动争议申请仲裁的时效期间为一年。仲裁时效期间从当事人知道或者应当知道其权利被侵害之日起计算。

前款规定的仲裁时效,因当事人一方向对方当事人主张权利,或者向有关部门请求救济,或者对方当事人同意履行义务而中断,从中断时起,仲裁时效期间重新计算。

因不可抗力或者有其他正当理由,当事人不能在本条第一款规定的仲裁时效期间申请仲裁的,仲裁时效中止。从中止时效的原因消除之日起,仲裁时效期间继续计算。

劳动关系存续期间因拖欠劳动报酬发生争议的,劳动者申请仲裁不受本条第一款规定的仲裁时效期间的限制;但是,劳动关系终止的,应当自劳动关系终止之日起一年内提出。

申请人申请仲裁应当提交书面仲裁申请,并按照被申请人人数提交副本。

仲裁申请书应当载明下列事项:

①劳动者的姓名、性别、年龄、职业、工作单位和住所,用人单位的名称、住所和法定代表人或者主要负责人的姓名、职务;

②仲裁请求和所根据的事实、理由；

③证据和证据来源、证人姓名和住所。

书写仲裁申请确有困难的，可以口头申请，由劳动争议仲裁委员会记入笔录，并告知对方当事人。

(2) 受理

劳动争议仲裁委员会收到仲裁申请之日起 5 日内，认为符合受理条件的，应当受理，并通知申请人；认为不符合受理条件的，应当书面通知申请人不予受理，并说明理由。对劳动争议仲裁委员会不予受理或者逾期未作出决定的，申请人可以就该劳动争议事项向人民法院提起诉讼。

劳动争议仲裁委员会受理仲裁申请后，应当在 5 日内将仲裁申请书副本送达被申请人。被申请人收到仲裁申请书副本后，应当在 10 日内向劳动争议仲裁委员会提交答辩书。劳动争议仲裁委员会收到答辩书后，应当在 5 日内将答辩书副本送达申请人。被申请人未提交答辩书的，不影响仲裁程序的进行。

(3) 审理

仲裁庭应当在开庭 5 日前，将开庭日期、地点书面通知双方当事人。当事人有正当理由的，可以在开庭 3 日前请求延期开庭。是否延期，由劳动争议仲裁委员会决定。

申请人收到书面通知，无正当理由拒不到庭或者未经仲裁庭同意中途退庭的，可以视为撤回仲裁申请。被申请人收到书面通知，无正当理由拒不到庭或者未经仲裁庭同意中途退庭的，可以缺席裁决。

仲裁庭裁决劳动争议案件，应当自劳动争议仲裁委员会受理仲裁申请之日起 45 日内结束。案情复杂需要延期的，经劳动争议仲裁委员会主任批准，可以延期并书面通知当事人，但是延长期限不得超过 15 日。逾期未作出仲裁裁决的，当事人可以就该劳动争议事项向人民法院提起诉讼。

仲裁庭裁决劳动争议案件时，其中一部分事实已经清楚，可以就该部分先行裁决。

(4) 执行

当事人对仲裁裁决不服的，自收到裁决书之日起 15 日内，可以向人民法院起诉；期满不起诉的，裁决书即发生法律效力。但是，下列劳动争议，除《劳动争议调解仲裁法》另有规定外，仲裁裁决为终局裁决，裁决书自作出之日起发生法律效力：

①追索劳动报酬、工伤医疗费、经济补偿或者赔偿金，不超过当地月最低工资标准 12 个月金额的争议；

②因执行国家的劳动标准在工作时间、休息休假、社会保险等方面发生的争议。

当事人对发生法律效力的调解书和裁决书，应当依照规定的期限履行。一方当事人逾期不履行的，另一方当事人可以依照民事诉讼法的有关规定向人民法院申请强制执行。

(四) 通过人民法院处理劳动争议

人民法院受理劳动争议案件的条件：其一是争议案件已经过劳动争议仲裁委员会仲裁；其二是争议案件的当事人在接到仲裁决定书之日起 15 日内向法院提起。人民法院处理劳动争议适用《民事诉讼法》规定的程序，由各级人民法院民庭受理，实行两审终审。

思考题

1. 环境保护的基本原则有哪些？

2. 什么是环境保护"三同时"制度?
3. 新建民用建筑节能有哪些主要的规定?
4. 设计单位违反节能法律法规应承担哪些法律责任?
5. 哪些工程需要消防设计审查和备案?
6. 工程建设中应当采取哪些消防措施?
7. 简述建筑工程一切险的保险责任。
8. 简述房产税的概念和征收范围。
9. 劳动合同一般应具备哪些条款?

参 考 文 献

[1] 国务院法制局农林城建司，建设部体改法规司，建筑业司．中华人民共和国建筑法释义［M］．北京：中国建筑工业出版社，1997年．

[2] 全国人大常委会法制工作委员会经济室，国务院法制办农业资源环保法制司，住房和城乡建设部规划司，政策规划司编．中华人民共和国城乡规划法解说［M］．北京：知识产权出版社，2008年．

[3] 国家计委政策法规司，国务院法制办财政金融法制司．中华人民共和国招标投标法释义［M］．北京：中国计划出版社，1999年．

[4] 刘薇．房地产基本制度与政策［M］．北京：化学工业出版社，2010年．

[5] 刘文锋．建设法规概论［M］．北京：高等教育出版社，2011年．

[6] 刘亚臣，朱昊．建设法规［M］．北京：机械工业出版社，2006年．

[7] 高玉兰．建设工程法规［M］．北京：北京大学出版社，2011年．

[8] 马文婷，隋灵灵．建筑法规［M］．北京：人民交通出版社，2009年．

[9] 何伯森．国际工程合同与合同管理［M］．北京：中国建筑工业出版社，2010年．

[10] 全国二级建造师执业资格考试书编写委员会．建设工程法规及相关知识［M］．北京：中国建筑工业出版社，2011年．